Revista de Direito Tributário

72

MALHEIROS EDITORES

Revista de Direito Tributário

Publicada sob os auspícios do

Instituto Geraldo Ataliba — IDEPE — Instituto Internacional de Direito Público e Empresarial e do
IBET — Instituto Brasileiro de Estudos Tributários

ISS 0102-7956

REVISTA DE DIREITO TRIBUTÁRIO
publicação trimestral de
MALHEIROS EDITORES LTDA.
Rua Paes de Araújo, 29, 17º andar - conj. 171
CEP: 04531-940 - São Paulo, SP
Tels. 822-9205 - 820-9718 - 820-5549
Fax. 829-2495
Diretor Responsável: Álvaro Malheiros
Diretora: Suzana Fleury Malheiros

Assinaturas e comercialização:
CATAVENTO DISTRIBUIDORA
DE LIVROS S.A.
Rua Conselheiro Ramalho, 928
CEP 01325-000 - São Paulo - SP
Tel. 289-0811 - Fax. 251-3756
Supervisão Gráfica: Vânia Lúcia Amato
Composição: Editora Frase Ltda.
Impressão: Paym Gráfica e Editora Ltda.

SUMÁRIO

CADERNOS DE DIREITO TRIBUTÁRIO

CONTRIBUIÇÕES SOCIAIS
— **Ricardo Lobo Torres** 7

A TAXA DE FISCALIZAÇÃO DOS MERCADOS DE TÍTULOS E VALORES MOBILIÁRIOS (TAXA DE FISCALIZAÇÃO DA CVM)
— **Condorcet Rezende** 22

CERTIDÃO NEGATIVA: TERATOLOGIA JURÍDICA
— **Eduardo Marcial Ferreira Jardim** 38

ANOTAÇÕES SOBRE O CABIMENTO DA ANTECIPAÇÃO DE TUTELA EM MATÉRIA TRIBUTÁRIA
— **James Marins** 47

BASE DE CÁLCULO DO ICMS NO REGIME DE SUBSTITUIÇÃO TRIBUTÁRIA PARA FRENTE — EXCLUSÃO DOS DESCONTOS INCONDICIONAIS
— **Misabel Abreu Machado Derzi e Sacha Calmon Navarro Coelho** 58

INCIDÊNCIA DO ICMS SOBRE O PREÇO DA VENDA E NÃO SOBRE O VALOR DO FINANCIAMENTO
— **Heron Arzua** 76

OS CRÉDITOS DE ICMS E A REDUÇÃO DA BASE DE CÁLCULO
— **José Eduardo Soares de Melo** 82

RESPONSABILIDADE TRIBUTÁRIA E CONCESSÃO DE ISENÇÕES EM FACE DO PRINCÍPIO DA CAPACIDADE CONTRIBUTIVA
— **Aurélio Pitanga Seixas Filho** 89

ATOS JUDICIAIS NA SUSPENSÃO DA EXIGIBILIDADE DO CRÉDITO TRIBUTÁRIO
— **Alberto Nogueira** 95

NOTAS E COMENTÁRIOS

REFORMA TRIBUTÁRIA: DE SALOMÃO A SOUTO, UMA ARMADILHA
— **José Roberto Vieira** 112

PREJUDICIAL DA LIDE PENAL TRIBUTÁRIA
— **Antônio Corrêa** 116

BASES PARA UMA METODOLOGIA DA PESQUISA EM DIREITO
— **João Maurício Adeodato** 121

O ICMS E AS OPERAÇÕES COM A ZONA FRANCA DE MANAUS
— **Carlos Alberto de Moraes Ramos Filho** 133

HARMONIZAÇÃO DA LEGISLAÇÃO TRIBUTÁRIA NO MERCOSUL
— **Alessandra Machado Brandão Teixeira** 142

A MEDIDA PROVISÓRIA 1.621-30/97 E A SUPRESSÃO DE DIREITOS DO CONTRIBUINTE
— **Reinaldo Pizolio** 154

A NATUREZA JURÍDICA DA CONTRIBUIÇÃO AO COMPLEMENTO DO FINANCIAMENTO DO SEGURO DE ACIDENTES DO TRABALHO-SAT E SUA MANIFESTA INCONSTITUCIONALIDADE NOS MOLDES COMO ESTÁ SENDO EXIGIDA
— **Ricardo Conceição Souza** 163

CONFERÊNCIAS E DEBATES

SAUDAÇÃO DO PROFESSOR EROS ROBERTO GRAU AO PROFESSOR PAULO DE BARROS CARVALHO, PROFERIDA NA SESSÃO SOLENE DE POSSE NO CARGO DE PROFESSOR TITULAR DE DIREITO TRIBUTÁRIO DA FACULDADE DE DIREITO DA UNIVERSIDADE DE SÃO PAULO 168

DISCURSO DE POSSE DO PROFESSOR PAULO DE BARROS CARVALHO NO CARGO DE PROFESSOR TITULAR DE DIREITO TRIBUTÁRIO NA FACULDADE DO LARGO DE SÃO FRANCISCO, PROFERIDO NA SESSÃO SOLENE DE 14.12.1998 171

XIX JORNADAS LATINO-AMERICANAS DE DIREITO TRIBUTÁRIO (LISBOA, 11-16.10.98) 176

I CONGRESSO INTERNACIONAL DE DIREITO TRIBUTÁRIO (VITÓRIA-ES, 12-15-8.98)

CONCLUSÕES 180

CONCLUSÕES POR PAINÉIS 183

COMISSÃO JULGADORA DAS MONOGRAFIAS 195

MONOGRAFIAS:

— CONSIDERAÇÕES SOBRE A PRESUNÇÃO DE LEGITIMIDADE DO LANÇAMENTO TRIBUTÁRIO E SUA RELAÇÃO COM AS PROVAS
Susy Gomes Hoffmann 196

— A VEDAÇÃO CONSTITUCIONAL À ISENÇÃO HETERÔNOMA NO ÂMBITO DOS TRATADOS INTERNACIONAIS E A QUESTÃO DA SOBERANIA
Daniela Ribeiro de Gusmão 208

— IMUNIDADE TRIBUTÁRIA E FINALIDADES ESSENCIAIS DA PESSOA IMUNE
Silvia Faber Torres 220

— O FUNDAMENTO CONSTITUCIONAL DOS CONSELHOS DE CONTRIBUINTES
Gustavo Amaral 233

— OS TRIBUTOS NO SISTEMA CONSTITUCIONAL BRASILEIRO
Márcio Severo Marques 238

JURISPRUDÊNCIA 249

Revista de Direito Tributário

CADERNOS DE DIREITO TRIBUTÁRIO

Fundador: Rubens Gomes de Souza (†)

CADERNOS DE DIREITO TRIBUTÁRIO

CONTRIBUIÇÕES SOCIAIS

RICARDO LOBO TORRES

Professor Titular de Direito Financeiro da Faculdade de Direito da UERJ

1. Conceito. 2. Natureza. 3. Parafiscalidade e fiscalidade. 4. Limitações constitucionais. 5. Princípios constitucionais tributários: 5.1 Justiça: 5.1.1 Capacidade contributiva — 5.1.2 Custo/benefício — 5.1.3 Solidariedade do grupo — 5.2 Eqüidade: 5.2.1 Eqüidade entre gerações — 5.2.2 Eqüidade entre gêneros — 5.3. Segurança jurídica: 5.3.1 Legalidade: a) O poder específico de legislar sobre tributo — b) Reserva da lei complementar — 5.3.2 Irretroatividade — 5.3.3 Anterioridade — 5.3.4 Destinação pública.

1. Conceito

As contribuições sociais subsumem-se no conceito genérico de contribuição. É a contraprestação devida pela assistência prestada pelo Estado a determinado grupo da sociedade de que decorra benefício especial para o cidadão que dele participa. Dois elementos, portanto, são imprescindíveis para caracterizá-la: a atividade estatal dirigida ao grupo e o benefício individual do cidadão.

A atividade estatal, como nas contribuições em geral, é prestada *uti universi*, ou seja, sem a consideração do interesse ou da vontade do indivíduo. Dirige-se ao grupo, ainda que os indivíduos que o compõem não se encontrem em relação hierárquica ou de trabalho, como acontece com os profissionais autônomos ou com os sócios das empresas.[1]

Por outro lado, na contribuição social existe a vantagem individual auferida pelo obrigado, que pode ser futura e aleatória.

A contribuição social aproxima-se dos outros tributos sob muitos aspectos.[2] Aproxima-se dos impostos na medida em que a prestação pública é indivisível, o que levou alguns juristas, infundadamente, a considerar a contribuição previdenciária paga pelos empregadores como imposto.[3] Asse-

1. STF: 2ª T., RE 66.153-RJ, rel. Min. Adalício Nogueira, j. 2.5.69, *RTJ* 50/139; 2ª T., RE 67.779, rel. Min. Themístocles Cavalcanti, j. 29.9.69, *RTJ* 52/65; 1ª T., RE 66.127-RJ, rel. Min. Amaral Santos, j. 23.10.69, *RTJ* 33/40; 1ª T., RE 66.319-SP, rel. Min. Aliomar Baleeiro, j. 13.5.69, *RTJ* 53/42.

2. STF, 2ª T., RE 94.419-2-PR, rel. Min. Francisco Rezek, j. 30.8.83, *DJU* 23.9.83: "As contribuições previdenciárias não são impostos ou taxas, mas contribuições especiais".

3. Cf. Gaston Jéze, *Cours Élémentaire de Science des Finances*, Paris, Giard & Brière, 1909, p. 509; Geraldo Ataliba, "Regime constitucional da parafiscalidade", *RDA* 86/22, 1966; Marco Aurélio

melha-se às taxas porque nelas existe também a vantagem especial do obrigado, que é um *plus* em comparação com a vantagem geral da comunidade, o que também motivou, por parte de alguns juristas, sua assimilação às taxas,[4] no que concerne às contribuições previdenciárias dos empregados.

A Constituição Federal de 1988 abriu, entretanto, a possibilidade de criação de contribuições sobre o faturamento e o lucro, que são figuras anômalas incompatíveis com o verdadeiro conceito de contribuição. Confundem-se com a figura do imposto (de renda ou de vendas), por lhes faltar a característica contraprestacional típica das contribuições especiais. A mesma coisa acontece com a contribuição sobre a movimentação financeira (CPMF), criada pela EC 12/96, que é o mesmo imposto sobre a movimentação financeira (IPMF), instituído pela EC 3/93, agora travestido de contribuição especial. Na realidade, são "impostos com destinação especial" (*Zwecksteuern, imposte di scopo*).

2. Natureza

As contribuições sociais até a Constituição de 1967, na sua redação originária, não se incluíam no sistema tributário;[5] com a EC 1/69 passaram a ter sua instituição autorizada pelo arts. 21, § 2º, I, juntamente com a de outros tributos; com a EC 8/77, foram retiradas daquele art. 21, § 2º, I, passando a integrar o art. 43, X, que cuidava da competência legislativa genérica da União. A doutrina inclinou-se, à unanimidade, com o advento da EC 1/69, a considerar as contribuição sociais como tributo.[6] Depois da EC 8/77, entretanto, que as retirou do elenco topográfico dos tributos (o do art. 21, § 2º, I), as opiniões se dividiram: alguns juristas insistiram em que a alteração constitucional não havia modificado a natureza tributária da contribuição, com o quê, praticamente, passaram a defender uma natureza supraconstitucional para aquele ingresso;[7] outros, entretanto, defenderam que a modificação topográfica e de competência implicou a alteração da própria natureza do ingresso[8] — posição,

Greco, "A chamada contribuição previdenciária", *RDP* 19/385.

4. Cf. G. Jèze, ob. cit., p. 509; G. Ataliba, ob. cit., p. 25; Marco Aurélio Greco, ob. cit., p. 385.

5. Cf. art. 121, § 1º, da CF de 1934, que autorizou a cobrança de "contribuição igual da União, do empregador e do empregado em favor da velhice, da maternidade e nos casos de acidentes de trabalho ou de morte"; art. 137, "m", da CF de 1937; art. 157, XVI, da CF de 1946; art. 158, XVI, da CF de 1967 — todos subordinados ao capítulo "Da Ordem Econômica e Social".

6. Cf. Aliomar Baleeiro, *Limitações Constitucionais ao Poder de Tributar*, Rio de Janeiro: Forense, 1977, p. 289; Rubens Gomes de Sousa, "Natureza tributária da contribuição do FGTS", *RDA* 115/39, 1974.

7. Aires Fernandino Barreto, "As contribuições no sistema constitucional tributário", in Ives Gandra da Silva Martins (coord.), "Contribuições especiais Fundo PIS/PASEP", *Caderno de Pesquisas Tributárias* 2/25, São Paulo, Resenha Tributária, 1977; Américo M. Lacombe, "Natureza da contribuição previdenciária", *RDT* 13-14/260: "(...) qualquer analista que pretender estudar a natureza jurídica da contribuição social, referida no último artigo (43, X), chegará à inexorável conclusão de que se trata da mesma contribuição previdenciária, referida anteriormente, e que possui natureza de tributo"; Carlos Mário da Silva Velloso, "A decadência e a prescrição do crédito tributário: as contribuições previdenciárias. A Lei n. 6.830, de 22.9.80. Disposições inovadoras", *RDT* 9-10/201: "O simples fato, pois, de ter a EC 8, de 1977, alterado a redação do inciso I do § 2º do art. 21 da EC 1, de 1969, dali retirando a contribuição previdenciária, não seria suficiente para alterar-lhe a natureza jurídica. Não seria colocando um nome de mulher num homem que este deixaria de ser homem. O que importa, repito, é a natureza jurídica do instituto"; Sacha Calmon Navarro Coelho, "Natureza tributária da contribuição para o FUNRURAL", *RDT* 5/301: "Por primeiro, causa espécie que duas figuras absolutamente iguais do ponto de vista ontológico e jurídico sejam consideradas diferentes pela jurisprudência, a quem caberia afirmar a aludida identidade".

8. Cf. Bernardo Ribeiro de Moraes, "Contribuições especiais no ordenamento jurídico brasileiro", in Ives Gandra da Silva Martins (coord.), "Contribuições especiais Fundo PIS/PASEP", *Caderno de Pesquisas Tributárias* 2/73, São Paulo, Resenha Tributária, 1977; Edvaldo Brito, "Problemas jurídicos da contribuição para o Fundo PIS", in Ives Gandra da Silva Martins (coord.), "Contribuições especiais Fundo PIS/PASEP", *Cadernos de Pesquisas Tribu-*

esta, que foi adotada também pelo STF, que só reconhece a natureza tributária das contribuições sociais no interregno entre as Emendas Constitucionais de 1969 (n. 1) e de 1977 (n. 8).[9] Como considerávamos uma das diferenciais específicas do tributo a sua emanação do poder tributário de legislar regulado pelos arts. 18, 21, 22, 23 e 24 da CF, pareceu-nos que realmente já não havia motivos para se atribuir natureza tributária às contribuições sociais.[10] Relevante observar, ainda, que o fato de retirar as contribuições sociais do elenco dos tributos não implicava subtraí-las à incidência do princípio da legalidade genérica do Estado de Direito, mas, apenas, do princípio da estrita legalidade tributária.[11]

Com o advento da Constituição Federal de 1988 novas modificações foram introduzidas. As contribuições sociais voltaram ao bojo da Constituição Tributária, reaparecendo no elenco das contribuições especiais da competência privativa da União (art. 149). Claro que o *argumento topográfico*, que prevaleceu quando da edição da EC 8/77, deve ser invocado no sentido inverso, para se reconhecer às contribuições sociais a recuperação da natureza tributária, não obstante seja formalista e epidérmico. Estariam essas contribuições sociais, a nosso ver, melhor colocadas no campo da Constituição Social; porém, desde que o constituinte fez a opção pelo seu retorno à Constituição Tributária, não há fundamento para se buscar uma natureza supraconstitucional para o ingresso que sirva de obstáculo à sua movimentação pelo Texto Fundamental. Mas não é apenas o argumento topográfico que pode ser utilizado na controvérsia até hoje existente no direito brasileiro,[12] posto que se deve levar em consideração alguns outros pontos: 1) grande parte da doutrina brasileira, preponderantemente positivista, rejeitava a orientação do STF no sentido da natureza não-tributária das contribuições sociais sob o regime da EC 8/77, buscando subordinar o ingresso a um princípio de legalidade absoluta,[13] que, a nosso ver, embora vitorioso, em nada fortalecia os direitos fundamentais do contribuinte e ainda veio a colaborar para a subversão dos conceitos básicos sobre a matéria nos anos posteriores; 2) havia por parte do constituinte de 1988 a atitude socializante e paternalista da indiscriminada intervenção no domínio social, o que conduzia ao engordamento da noção de tributo e de Estado; 3) copiou-se o sistema da Dinamarca, Noruega e Suécia de

tárias 2/127, São Paulo, Resenha Tributária, 1977; Luiz Mélega, "Natureza jurídica da contribuição de previdência social", in Brandão Machado (coord.), *Direito Tributário. Estudos em Homenagem ao Prof. Ruy Barbosa Nogueira*, São Paulo, Saraiva, 1984, p. 390; Brandão Machado, "São tributos as contribuições sociais?", in Tavolaro/Brandão Machado/Ives Gandra Martins (coords.), *Princípios Tributários no Direito Brasileiro e Comparado. Estudos em Homenagem a Gilberto de Ulhôa Canto*, Rio de Janeiro, Forense, 1988, p. 72.

9. Cf. Pleno, RE 86.595-BA, rel. Min. Xavier de Albuquerque, j. 7.6.78, *RTJ* 87/271, no qual o Min. Moreira Alves afirmou: "Por isso mesmo, e para retirar delas o caráter de tributo, a Emenda Constitucional n. 8/77 alterou a redação desse inciso (...) o que indica, sem qualquer dúvida, que essas contribuições não se enquadram entre os tributos, aos quais já aludia, e continua aludindo, o inciso I desse mesmo art. 43"; 1ª T., RE 100.325.1-CE, rel. Min. Soares Muñoz, j. 28.6.83, *DJU* 12.8.83.

10. Ricardo Lobo Torres, *Sistemas Constitucionais Tributários*, Rio de Janeiro, Forense, 1986, p. 660.

11. Cf. Josef Isensee, "Steuerstaat als Staatsform", *Festschrift für Hans Peter Ipsen*, 1977, p. 430.

12. Defendem a natureza não-tributária das contribuições sociais, entre outros: Ruy Barbosa Nogueira, *Curso de Direito Tributário*, São Paulo, Saraiva, 1989, p. 128; Valdir de Oliveira Rocha, "Natureza jurídica das contribuições do art. 149 da Constituição", *Repertório IOB de Jurisprudência* 1, n. 8.471, 1995: "(...) entendo que as contribuições do art. 149 da Constituição não têm natureza jurídica de tributo. Fossem tributos e não haveria necessidade de dizer que as normas gerais previstas no art. 146 e certos princípios tributários se lhes aplicam".

13. Cf. Ives Gandra da Silva Martins, *Sistema Tributário na Constituição de 1988*, São Paulo, Saraiva, 1991, p. 121: "mostrei a necessidade de se outorgar às contribuições sociais o mesmo regime dos demais tributos, especialmente dos impostos, visto que, se a elas não fossem aplicadas as regras restritivas da competência residual da União, a incidência seria o veículo escolhido pela União para suprir suas crônicas deficiências de caixa, sempre que vedadas as demais vias".

prestações públicas gratuitas na área da saúde (art. 196), abandonando-se o regime contributivo até então vigente e ainda hoje seguido nos Estados Unidos, França, Alemanha e demais países não-escandinavos e adotando-se o critério de transferir para as empresas e a sociedade em geral a obrigação de financiá-lo através de "impostos" sobre o faturamento e o lucro, embora apelidados de contribuições sociais. O STF, acertadamente, deu pela natureza tributária das contribuições sociais.[14]

A situação no direito estrangeiro é igualmente confusa. Na Espanha inúmeras modificações da legislação conduziram a doutrina a concluir que as cotas da seguridade social se sujeitam a alguns princípios da fiscalidade (legalidade, não-confiscatoriedade)[15] e se tornam impostos com destinação especial por força do disposto no art. 26, 2, da *Ley General Tributaria*: "Participan de la naturaleza de los impuestos las denominadas exacciones parafiscales quando se exijan sin especial consideración a servicios o actos de la Administración que beneficien o afecten al sujeto pasivo". Na Itália o próprio ingresso destinado ao financiamento das prestações de saúde tem o apelido de *taxa* (*tassa sulla salute*); a Corte Constitucional, entretanto, considera as cotas destinadas ao serviço sanitário nacional de natureza não-tributária;[16] mas a doutrina majoritariamente se manifesta no sentido de que as entradas destinadas à seguridade social se caracterizam como impostos com destinação especial (*imposte di scopo*).[17] Na Alemanha a legislação e a construção teórica têm mais coerência e profundidade; as contribuições sociais, principalmente as destinadas à seguridade social (*Sozialversicherungsbeiträge*), se colocam fora do campo tributário, que abrange os impostos, taxas e contribuições (*Steuern, Gebühren, Beiträge*), aparecendo ora subordinadas ao conceito de ingresso ou tributo especial (*Sonderabgabe*),[18] ora de modo autônomo frente aos tributos;[19] são ingressos não-fiscais (*nichtfiskalisch*) ou quase-fiscais (*Quasi-Steuern*).[20] Caracterizam-nas as seguintes notas: não se vinculam ao art. 105, que autoriza a criação dos impostos (*Steuern*), mas ao art. 74 da CF, que prevê as contribuições para a seguridade (*die öffentliche Fürsorge*); têm natureza causal, visando à garantia dos direitos do grupo a que pertence o contribuinte; fundamentam-se na solidariedade, e não na capacidade contributiva; destinam-se a fundos especiais, que se não confundem com as despesas globais do Estado; se houver abuso na edificação do seu conceito, que lhes retire a natureza contraprestacional, passam a seguir o regime constitucional dos impostos com destinação especial (*Zwecksteurn*).[21]

3. *Parafiscalidade e fiscalidade*

Enquanto a *fiscalidade* se caracteriza pela destinação dos ingressos ao Fisco, a *parafiscalidade* consiste na sua destinação

14. Cf. Pleno, RE 138.284, rel. Min. Carlos Mário Velloso, j. 1.7.92, *RTJ* 143/313; Pleno, RE 150.755, rel. Min. Sepúlveda Pertence, j. 18.11.92, *RDA* 193/107, 1993.

15. Cf. Juan Martin Queralt *et allii*, *Curso de Derecho Financiero y Tributario*, Madri, Tecnos, 1995, p. 116; Cesar Albiñana, *Sistema Tributario Español y Comparado*, Madri, ed. ICE, 1983, p. 569.

16. Sentença 431, de 1987.

17. Cf. Pasquele Russo, *Lezioni di Diritto Tributario*, v. 1, Milão, Giuffrè, 1992, p. 31; Augusto Fantozzi, *Diritto Tributario*, Turim UTET, 1991, p. 65; Lello Gangemi, *Tratado de Hacienda Pública*, v. 1, Madri, ed. Derecho Financiero, 1964, p. 428.

18. Cf. Tipke/Lang, *Steuerrecht. Köln: O. Schmidt*, 1989, p. 75; Paul Henseler, *Begriffsmerkmale und Legitimation von Sonderabgaben*, Baden-Baden, Nomos Verlagsgesellschaft, 1984, p. 138; Werner Patzig, "Steuern, Gebühren, Beiträge und Sonderabgaben", *Die öffentliche Verwaltung*, 1981, p. 732.

19. Cf. Ferdinand Kirchhof, *Grundriss des Abgabenrechts. Steuern, Gebühren, Beiträge EG und Sonderabgaben*, Heidelberg, C. F. Müller, 1991, que as classifica como específica categoria de ingressos especiais (*Sonderlasten*), ao lado dos *Sonderabgaben*.

20. Cf. Loltran Schemmel, *Quasi-Steuern*, Wiesbaden, Karl-Bräner-Institut, 1980, p. 12.

21. Cf. Tipke/Lang, ob. cit., p. 75; Wolfgang Richter, *Zur Verfassungsmässigkeit von Sonderabgaben*, Baden-Baden, Nomos, 1977, p. 48; W. Patzig, ob. cit., p. 736.

ao *Parafisco*, isto é, aos órgãos que, não pertencendo ao núcleo da administração do Estado, são paraestatais, incumbidos de prestar serviços paralelos e inessenciais através de receitas paraorçamentárias. A parafiscalidade, portanto, não deveria se confundir com a fiscalidade, nem as prestações parafiscais com os tributos, eis que constituiria autêntica *contradictio in terminis* falar em "tributos paratributários" ou em "fiscalidade parafiscal': o que é paratributário não pode ser tributário, e o que é fiscal não pode ser ao mesmo tempo parafiscal.[22] Em tema de parafiscalidade existe, de início, um problema lingüístico, pois inúmeros autores consideram o termo "parafiscal" — como dizia Aliomar Baleeiro[23] — um "neologismo afortunado" mas não lhe dão, do ponto de vista semântico, um conteúdo ou um significado compatível com o novo significante, senão que lhe atribuem o mesmo significado do velho termo "fiscal" ou "tributário".[24] Dito de outro modo: grande parte da doutrina aceita a palavra "parafiscalidade", mas lhe recusa o significado, esvaziando-lhe o sentido.[25]

O conceito de parafiscalidade firmou-se após a II Guerra Mundial para abarcar os ingressos destinados à previdência social e a outros encargos intervencionistas do Estado, exercidos pelos órgãos paralelos à Administração direta. Empregou-o o *Relatório Schuman*, na França, e a doutrina se dividiu, considerando-o alguns como um conceito autônomo, enquanto outros o inseriram na própria fiscalidade.

Morselli[26] destacou-se entre os que defendiam a especificidade do fenômeno parafiscal, com afirmar que a parafiscalidade é produto da descentralização institucional e que, embora semelhante à fiscalidade do ponto de vista técnico, dela se separa no que concerne à essência e ao valor; enquanto os impostos fiscais ou políticos visam a obter recursos para as atividades fundamentais do Estado com base no princípio da capacidade contributiva, os ingressos parafiscais, cobrados com base no princípio da solidariedade ou do altruísmo, procuram atender às despesas inessenciais, relacionadas com a previdência social e o interesse de grupos, que nos últimos anos foram atribuídos ao Estado. Morselli[27] sublinhava a intransitividade entre os dois fenômenos, decorrente da existência do *interiore politico nell'imposta tradizionale* — dimensão, esta, inexistente na parafiscalidade, que se situa fora do fato político original.

Preponderou, entretanto, a outra corrente. A parafiscalidade, entendida por alguns como termo de imerecida fortuna,[28] foi considerada como fenômeno fiscal e as prestações parafiscais como tributos, assim

22. Contra: A. Theodoro Nascimento, *Preços, Taxas e Parafiscalidade*, Rio de Janeiro, Forense, 1977, p. 423: "A essa categoria tributária (...) o legislador brasileiro denominou de contribuição parafiscal"; Rubens Gomes de Sousa, "A previdência social e os Municípios", *RDA* 115/93, 1974, que admite "uma dicotomia apenas metodológica entre tributos fiscais e tributos parafiscais". Na Itália também há autores que defendem a natureza tributária dos *contributi parafiscali* — cf. Giovanni Ingrosso, *I Contributi nel Sistema Tributario Italiano*, Nápoles, CEDEJ, 1964, p. 310.

23. *Uma Introdução à Ciência das Finanças*, Rio de Janeiro, Forense, 1981, p. 269.

24. O próprio Aliomar Baleeiro (*Direito Tributário Brasileiro*, Rio de Janeiro, Forense, 1981, p. 586) pode servir de exemplo: "As contribuições parafiscais, em resumo, são tributos, e, como tais, não escapam aos princípios da Constituição". Nem mesmo Emanuele Morselli ("El punto de vista teorico della parafiscalità", *Archivio Finanziario* 9/226) escapou do equívoco, pois, embora separe a fiscalidade da parafiscalidade, utiliza com imprecisão a palavra "imposto": "Il concetto d'imposta parafiscale, come essenzialmente diverso da quello di imposta fiscale (...)".

25. É ainda Baleeiro (*Uma Introdução à Ciência das Finanças*, cit., p. 270) quem reconhece: "Se a palavra foi feliz, o conceito por ela fixado não vem obtendo recepção encorajadora, do ponto de vista teórico". Ylves José de Miranda Guimarães (*A Situação Atual da Parafiscalidade no Direito Tributário*, São Paulo, José Bushatsky, 1977, p. 134), ao defender a natureza tributária das contribuições sociais, conclui, coerentemente, que o vocábulo "parafiscalidade" "pode ser riscado, por inútil e vazio de conteúdo pragmático".

26. Ob. cit., pp. 217 e ss.

27. Ibidem, p. 227.

28. Cf. A. Fantozzi, *Diritto Tributario*, cit., p. 66.

pelas doutrinas italiana[29] e francesa[30] como pelas que sofreram a influência daquelas duas: a brasileira,[31] a espanhola[32] e a argentina.[33] Aliomar Baleeiro ofereceu a síntese das principais características visualizadas pela doutrina: "a) delegação do poder fiscal do Estado a um órgão oficial ou semi-oficial autônomo; b) a destinação especial ou 'afetação' dessas receitas aos fins específicos cometidos ao órgão oficial ou semi-oficial investido daquela delegação; c) exclusão dessas receitas delegadas do orçamento geral (seriam, então, 'paraorçamentárias', *para-budgetaires*, segundo Laferrière); d) conseqüentemente, subtração de tais receitas à fiscalização do Tribunal de Contas ou órgão de controle da execução orçamentária".[34] A Constituição brasileira, como era natural que acontecesse, recebeu a influência da doutrina e emburilhou, pela EC 1/69, sob o conceito de tributo (art. 21, § 2º, I), toda a parafiscalidade. De notar que essa orientação da doutrina e do direito positivo de inúmeros países correspondia a uma política econômica de inspiração keynesiana e à exagerada intervenção do Estado nos domínios do econômico e do social.

Mas as coisas mudaram. A crise econômica mundial surgida na década de 70, com reflexos dramáticos no Brasil, fez com que se reavaliasse o papel do Estado Social de Direito e se extirpassem do rol das suas funções essenciais aquelas que só lhe deveriam caber em caráter supletivo e subsidiário, como sejam a propriedade de empresas, a intervenção no mercado e a previdência social. Ao mesmo tempo recuperou-se a consciência de que a categoria "tributo" possui entre os seus elementos característicos a destinação às despesas essenciais do Estado, inconfundível com a destinação específica da arrecadação a este ou àquele órgão, que realmente não tem influência para a elaboração do conceito.[35] Finalmente, superou-se o preconceito positivista que reduzia a noção de tributo à norma, ao processo ou à relação jurídica,

29. Achille Donato Giannini, *I Concetti Fondamentali del Diritto Tributario*, Turim, UTET, 1956, p. 79; Giovanni Ingrosso, *I Contributi nel Sistema Tributario Italiano*, cit., p. 309; Caetano Zingali, "Il concetto di tributo nella più recente elaborazione giurisprudenziale", *Archivo Finanziario* 5/224, 1956; Gian Antonio Micheli, *Curso de Direito Tributário*, São Paulo, Ed. RT, 1978, p. 111; P. Russo, ob. cit., p. 31.

30. Jean-Guy Mérigot ("Elementos de uma teoria da parafiscalidade", *RDA* 33/66, 1953) considera a parafiscalidade como "conceito híbrido e de expectativa, concebível enquanto os pensamentos político, econômico e financeiro modernos não tiverem realizado suas síntese e unidade"; Lucien Mehl (*Elementos de Ciência Fiscal*, Barcelona, Bosch, 1964, p. 201) coloca o fenômeno da parafiscalidade entre a taxa e o imposto; Laferrière & Waline (*Traité Élémentaire de Science et de Législation Financières*, Paris, LGDJ, 1952, p. 243), afirmando que "la recette parafiscale (...) est d'une autre nature que la recette fiscale", classificam-na como imposto; Maurice Duverger (*Droit Constitutionnel et Institutions Politiques*, Paris, PUF, 1956, p. 99) também assimila a parafiscalidade às *impositions*.

31. Cf. Gilberto de Ulhôa Canto, "Alcuni aspetti giuridico-costituzionali della parafiscalità nel Brasile", *Archivio Finanziario* 5/38, 1956; Alfredo Augusto Becker, *Teoria Geral do Direito Tributário*, São Paulo, Saraiva, 1972, p. 350; Geraldo Ataliba, "Regime constitucional da parafiscalidade", cit., p. 26: "em nada, absolutamente nada, difere a parafiscalidade do regime tributário normal"; Rubens Gomes de Sousa, "A previdência social e os Municípios", *RDA* 115/87; Amílcar de Araújo Falcão, *Direito Tributário Brasileiro. Aspectos Concretos*, Rio de Janeiro, Financeiras, 1960, p. 247; Ylves José de Miranda Guimarães, *A Situação Atual da Parafiscalidade no Direito Tributário*, São Paulo, José Bushatsky, 1977, p. 133.

32. Cf. Fernando Sainz de Bujanda, *Notas de Derecho Financiero*, t. 1, v. 2, Madri, Universidade de Madri, 1976, p. 148; Cortés Domingues & Martin Delgado, ob. cit., I, p. 204; Pérez de Ayala & Eusebio González, *Curso de Derecho Tributario*, v. 1, Madri, Ed. Derecho Financiero, 1978, p. 156.

33. Cf. Carlos Giuliani Fonrouge, *Derecho Financiero*, Buenos Aires, Depalma, 1977, p. 945: "Las contribuciones denominadas parafiscales no constituyen una categoría jurídica distinta de la tributación general o política"; Héctor B. Villegas, *Curso de Finanzas, Derecho Financiero y Tributario*, Buenos Aires, Depalma, 1975, p. 120. Na Colômbia prevalece o mesmo entendimento: cf. Mauricio Plazas Vega, *El Liberalismo y la Teoría de los Tributos*, Bogotá, Temis, 1995, p. 327.

34. *Uma Introdução à Ciência das Finanças*, cit., p. 271.

35. Cf. R. L. Torres, *Sistemas Constitucionais Tributários*, cit., p. 194.

esvaziando-a dos julgamentos de valor, e, com isso, se estremou o fundamento da *solidariedade social*, típico da parafiscalidade, da idéia de capacidade contributiva, exclusiva dos tributos. A doutrina, retomando algumas contribuições de Morselli, passou a recusar a contraditória idéia de uma fiscalidade parafiscal ou de uma parafiscalidade fiscal, colocando o fenômeno da parafiscalidade, de suma importância, fora do campo tributário.[36] A EC 8/77 aderiu a essa nova ordem de idéias, retirando do elenco dos tributos as contribuições sociais, que infundadamente a eles se acrescera pela EC 1/69. A parafiscalidade, a nosso ver, poderia realmente constituir um "neologismo afortunado", mas desde que tivesse significado diferente do de fiscalidade.

Sucede que em 1988 assistiu-se ao retrocesso em tema de parafiscalidade. As contribuições sociais, como vimos acima, retornaram à Constituição Tributária (art. 149) e readquiriram a sua natureza fiscal. Desapareceu, assim, o fenômeno da parafiscalidade no direito brasileiro, diluindo-se no da fiscalidade. Se a parafiscalidade é um conceito heurístico, é claro que depende da existência de figuras específicas da Constituição Social para que possa sobreviver, posto que compreende as prestações não-fiscais que, destinadas às despesas inessenciais assumidas supletivamente pelo Estado para a garantia dos direitos sociais, são cobradas com base na competência para legislar sobre o direito social. Se as novas normas da Constituição Federal de 1988 eram irracionais, nem por isso poderiam ser consideradas inconstitucionais, como acabou por declarar o próprio STF. Já observou Ramón Valdés Costa que: "Este régimen *(tributário)* en principio no es aplicable a las obligaciones en favor de otros entes jurídicos, aunque sean prestaciones pecuniarias creadas también por ley. Nada obsta, sin embargo, a que el legislador extienda total o parcialmente aquel régimen a estas otras obligaciones, pero ello requiere texto expreso, y que esa extensión sea constitucionalmente posible".[37] A diluição da parafiscalidade na fiscalidade, sobre denotar a opção pela ampliação do papel do Estado Providencial, teve o demérito de estabelecer a confusão entre a capacidade contributiva e a solidariedade, atividade essencial e inessencial, proteção aos pobres e aos miseráveis, garantia do mínimo existencial e dos direitos sociais, gratuidade e onerosidade das prestações públicas na área da saúde (gratuidade que, obviamente, só existia para os usuários do serviço, pois os ônus recaíam sobre terceiros). O desaparecimento da parafiscalidade na vigência constitucional de 1988 pode ser detectado ainda pela consideração da questão orçamentária: as contribuições sociais deixaram de ser paraorçamentárias (*para-budgetaires, off budget*) para se transformarem em fontes orçamentárias; o orçamento da seguridade social no Brasil seguiu caminho heterodoxo, que não encontra paralelo de monta no direito comparado, a não ser em Portugal, passando a integrar a lei orçamentária anual, juntamente com o orçamento fiscal (art. 165, § 5º); na vertente da despesa destaca

36. Cf. Isensee, ob. cit., p. 430; Georg Strickrodt, "Parafiskalismus", in *Handwörterbuch des Steuerrechts*, v. 2, Munique, Beck, 1972, p. 822; Sérgio Francisco de la Garza, "La naturaleza jurídica de las cuotas de seguridad social en el derecho mexicano", *RDT* 3/42, que distingue claramente entre os tributos e as *exaciones paratributarias*; Francesco Forte, "Parafiscalità", in *Novissimo Digesto Italiano*, v. 12, p. 382, também considera a parafiscalidade em sua relação com os entes territoriais e não-territoriais, aduzindo que funciona "como processo substitutivo do mecanismo do mercado" ao influir, em equilíbrio com os tributos, sobre a escolha de bens públicos; Ramón Valdés Costa, *Curso de Derecho Tributario*, Buenos Aires, Depalma, 1996, p. 214: "Dentro de este tipo de prestaciones una importante distinción jurídica se impone entre las prestaciones efetuadas a los organismos estatales, por una parte, y a los organismos no-estatales por otra. Las primeras tienen todas las características de los tributos, mientras que las segundas presentan características jurídicas particulares que impiden darles la misma calificación".

37. *Curso de Derecho Tributario*, cit., p. 215. No mesmo sentido K. Vogel, "Der Finanz und Steuerstaat", cit., p. 1.178.

recursos para entidades e órgãos do Fisco e do Parafisco; quanto à receita, possui fontes não-contributivas (transferências do orçamento fiscal custeadas pela arrecadação dos impostos em geral), contributivas diretas (contribuições previdenciárias dos empregados e patronais calculadas sobre as folhas de pagamento) e contributivas indiretas (contribuições sociais sobre o lucro e o faturamento, pagas pelas empresas, que têm características de imposto com destinação especial).

Uma averbação final: a expressão "prestações parafiscais" é um tanto ambígua, como o próprio vocábulo "parafiscalidade", e pode abranger também as contribuições econômicas e até os preços públicos. Preferimos, todavia, adotar o conceito menos abrangente da parafiscalidade, reservando à expressão "não-fiscalidade" a função genérica de compreender também as prestações extrafiscais (contribuições econômicas nos sistemas em que não aparecem como tributos) e as patrimoniais (preços públicos).

4. Limitações constitucionais

A contribuição social não sofre a limitação das liberdades fundamentais, isto é, sua cobrança não está sujeita à observância das normas constitucionais sobre as imunidades. A contribuição social aproxima-se dos impostos; mas, à diferença destes, não constitui um dever fundamental do cidadão, firmado no espaço aberto pela liberdade, ou seja, não constitui um correspectivo dos direitos fundamentais. A contribuição é paga no interesse direto do grupo a que pertence o cidadão,[38] como um dever social para financiar as despesas estatais necessárias à proteção de seus direitos socais, inconfundíveis com os direitos fundamentais ou direitos da liberdade, que geram para todos os cidadãos, independentemente do grupo econômico, social ou profissional a que pertençam, o dever fundamental de pagar tributo. Se a contribuição social não é um dever fundamental, nem visa à proteção das liberdades, segue-se que a autolimitação da liberdade, expressa sob a forma do *status negativus* das imunidades constitucionais, não lhe é aplicável. Os direitos sociais encontram na contribuição social seu veículo de financiamento, sendo toda a matéria estranha aos direitos fundamentais; aqueles direitos, entretanto, que, pela sua importância, se classificam como direitos fundamentais não têm a atividade de proteção estatal financiada pelas contribuições sociais, mas pelos tributos, prevalecendo, aí, as limitações constitucionais. As entidades filantrópicas, por exemplo, tinham direito à isenção da contribuição previdenciária patronal concedida pela lei ordinária, mas não à imunidade constitucional;[39] hoje, pelo art. 195, § 6º, da CF/88, gozam da imunidade garantida inclusive na ausência de lei ordinária que a reconheça.[40] O STF tem declarado que as pessoas jurídicas de direito público não estão imunes à multa pelo não-recolhimento de contribuições previdenciárias, pois, como disse o Min. Thompson Flores, "não se pode beneficiar dessa qualidade porque, em contratando o seguro por acidente do trabalho de seus empregados, operou como mero particular, sujeitando-se, pois, às decorrências dessa condição".[41]

38. Cf. Emanuele Morselli, "Il punto di vista teorico della parafiscalità", *Archivio Finanziario* 9/228, 1960.

39. Cf. STF: 2ª T., RE 69.100-RJ, rel. Min. Bilac Pinto, j. 20.8.74, *RTJ* 73/778; 1ª T., RE 91.088-RJ, rel. Min. Thompson Flores, j. 16.10.79, *RTJ* 94/1.266; 1ª T., RE 92.800-RJ, rel. Min. Rafael Mayer, j. 28.8.80, *RTJ* 96/447.

40. STF, Pleno, MI 232-1-RJ, rel. Min. Moreira Alves, j. 2.8.91, *DJU* 27.3.92.

41. STF, 2ª T., RE 70.089, j. 1.3.71, *RTJ* 58/479. No mesmo sentido: 1ª T., RE 68.417-PA, rel. Min. Amaral Santos, j. 3.3.70, *RTJ* 54/258; 1ª T., RE 73.402-SP, rel. Min. Luiz Gallotti, j. 24.3.72, *RTJ* 62/210; 2ª T., RE 73.721-SP, rel. Min. Elói da Rocha, j. 17.4.72, *RTJ* 62/251; 1ª T., RE 73.461-SP, rel. Min. Oswaldo Trigueiro, j. 24.3.72, *RTJ* 63/215; 2ª T., RE 75.062-ES, rel. Min. Thompson Flores, j. 8.2.73, *RTJ* 67/8.813.

Quanto às outras limitações constitucionais, devem ser respeitadas: as contribuições sociais não podem ser tão elevadas que signifiquem o confisco da propriedade alheia, a proibição do exercício das profissões ou a inibição da liberdade de comércio.[42]

5. *Princípios constitucionais tributários*

As contribuições sociais subordinam-se a diversos princípios constitucionais tributários, vinculados assim às idéias de justiça e eqüidade que à de segurança jurídica.

5.1 *Justiça*

Com o retorno do pensamento jurídico à consideração da justiça, ocorrido nas últimas décadas, tornou-se ponto fundamental a discussão sobre a justiça que informa a arrecadação das contribuições sociais. A problemática da exclusão social e da natureza contributiva da seguridade social aproxima-se, hoje, da abordagem fundada na teoria da justiça de cunho não-utilitarista, que se positiva nos princípios constitucionais tributários que passamos a examinar.

5.1.1 Capacidade contributiva

O princípio da capacidade contributiva, a rigor, não se aplica ao tema das contribuições sociais, que se subordina essencialmente ao princípio da solidariedade do grupo.

Mas, diante das anômalas contribuições sobre o faturamento e o lucro, admitidas pela Constituição Federal de 1988 — que, na realidade, são impostos incidentes sobre a renda ou as vendas, por nelas não haver a contraprestação estatal em favor do contribuinte —, a capacidade contributiva passa a servir de fundamento para sua cobrança. Só a riqueza e a capacidade de pagar das empresas e da parcela da sociedade que indiretamente suporta o ônus financeiro de tais contribuições podem explicar a incidência. De notar que nos países escandinavos que nos serviram de modelo para a instituição do sistema universal e gratuito de saúde a fonte de financiamento é o imposto de renda,[43] que, obviamente, encontra fundamento jurídico na capacidade contributiva. Os autores que adotam uma posição saudosista com referência ao Estado Providencial, como é o caso de Rosanvallon,[44] também advogam a gratuidade das prestações de saúde e indicam como fonte de financiamento o imposto de renda. A doutrina estrangeira aponta a injustiça, e não raro a inconstitucionalidade, da cobrança de contribuições sociais que perdem sua natureza causal, transformando-se em autênticos "impostos com destinação especial" (*Zwecksteuern*), nos quais a responsabilidade tributária recai sobre quem não aufere benefícios da ação estatal, nem participa do grupo protegido.[45] No Brasil a discussão sobre a constitucionalidade perdeu o interesse porque a própria Constituição Federal criou a anomalia. Observe-se que as contribuições sociais só puderam se transformar em impostos com destinação especial porque houve a manipulação do conceito de capacidade contributiva, facilitada por nele se infiltrar como uma de suas justificativas éticas e jurídicas a *solidariedade*, a rigor inconfundível com a *solidariedade do grupo*, como adiante se verá.

42. Cf. Rupert Scholz, *Sozialstaat zwischen Wachstums-und Rezessionsgesellschaft*, Heidelberg, Müller Juristischer Verlag, 1981, p. 46; Detlef Merten, "Sozialrecht. Sozialpolitik", in E. Benda, W. Maihofer e H. J. Vogel, *Handbuch des Verfassungsrechts*, Berlim, Walter de Gruyter, 1983, p. 782; Luiz Mélega, "Natureza jurídica da contribuição de previdência social", in Brandão Machado (coord.), *Direito Tributário. Estudos em Homenagem ao Prof. Ruy Barbosa Nogueira*, São Paulo, Saraiva, 1984, p. 392.

43. Cf. *Modelos de Coparticipación del Usuario en la Financiación de la Sanidad Publica*, Madri, Fundación de Ciencias de la Salud/Ed. Doce Calles, 1995, p. 20.

44. *La Nouvelle Question Sociale. Repenser l'État Providence...*, Paris, Seuil, 1995, p. 79.

45. Cf. Tipke/Lang, ob. cit., p. 76; Schemmel, ob. cit., p. 122.

A capacidade contributiva aparece também como justificativa parcial das contribuições sociais de finalidade previdenciária na obra dos juristas que defendem possuírem elas simultaneamente a natureza de imposto (a parte do empregador) e de taxa (a parte do empregado). Haveria até mesmo uma certa influência da capacidade contributiva no que concerne às cotas dos empregados, que são cobradas progressivamente, dentro de certos parâmetros.[46] Mas o princípio que verdadeiramente informa a cobrança das contribuições sociais é o da solidariedade do grupo.

5.1.2 Custo/benefício

O princípio do custo/benefício não se compatibiliza com o sistema das contribuições sociais. Os autores que procuraram cindir aquela categoria de ingressos estabeleceram uma certa relação com o benefício individual auferido, pelo menos no que concerne à cota previdenciária dos empregados. Mas ficaram em minoria, como já vimos.

5.1.3 Solidariedade do grupo

Esta é uma das diferenças específicas da categoria das contribuições sociais, que a estrema dos outros tributos: enquanto estes se impõem com fundamento nos princípios da capacidade contributiva e do custo/benefício, aquelas são exigidas em nome da solidariedade do grupo. O cidadão deve pagar a contribuição social porque pertence ao grupo que terá a defesa de seus direitos sociais patrocinada pelo Estado mediante o financiamento representado por aquele ingresso. Não seria justo cobrir as despesas com a garantia dos direitos sociais de certos grupos através da arrecadação dos impostos gerais. Cada grupo social deve assumir a responsabilidade de prover as despesas com a proteção estatal de que carece.

46. Cf. A. Fantozzi, ob. cit., p. 67.

Coube a Morselli,[47] indiscutivelmente, realçar essa característica típica da parafiscalidade: *principio di solidarietà* ou *principio altruistico*. O discurso positivista de reação às idéias de Morselli fundou-se até na negação da validade dos valores jurídicos, em especial o da capacidade contributiva que informa os impostos.[48] Rubens Gomes de Souzsa criticava o jurista italiano, dizendo que "a capacidade contributiva não é um elemento jurídico do conceito de tributo, mas um elemento pré-jurídico da escolha, pelo legislador, das hipóteses de tributação e de sua medida".[49] A recusa do princípio da solidariedade levou alguns outros juristas de índole positivista a cindir a categoria das contribuições previdenciárias, assimilando a cota dos empregadores aos impostos em geral e a dos empregados às taxas, tendo em vista que apenas estes receberiam benefícios do Estado.[50]

Com a retomada das preocupações valorativas pelo direito tributário e com as novas regras da legislação positiva, voltam os autores a reafirmar que o fundamento das contribuições é a *solidariedade*, e não a capacidade contributiva.[51] Alguns juristas alemães chamam a atenção para a necessidade de não se confundirem as contribuições para a seguridade social (*Sozialversicherungsrechtlichen Beiträgen*), que se subsumem no conceito mais amplo de tributos especiais parafiscais (*parafiskalischen Sonderabgaben*), com os impostos e os tributos, salientando ser relevante a dis-

47. Ob. cit., p. 227.

48. G. Ingrosso (ob. cit., p. 320) preferiu diluir o princípio da solidariedade no da capacidade contributiva.

49. "A previdência social e os Municípios", *RDA* 115/89.

50. V. nota 3.

51. Cf., entre outros: Enrico Potito, *L'Ordinamento Tributario Italiano*, Milão, Giuffrè, 1978, p. 29; A. Kaufmann, *Tendenzen im Rechtsdenken der Gegenwart*, Tübingen, J. C. B. Mohr, 1976, p. 37; R. Lüdeke, "Kosten und Ausgabendämpfung in Gesundheitswesen als Problem einer Zielgerichteten Krankenversicherung", *Finanzarchiv* 37(1)/77, 1979; Fantozzi, ob. cit., que fala em *contributo de solidarietà*.

tinção para que se consiga vencer a crise do Estado Fiscal,[52] tendo em vista que a assimilação dos *Sonderabgaben* aos impostos conduziria à sua extensão a quem esteja fora do grupo beneficiado, diluindo-se a idéia de solidariedade social.[53] Muito para notar que a solidariedade, como assinala a doutrina germânica, cria o *sinalagma* não apenas entre o Estado e o indivíduo que paga a contribuição, mas entre o Estado e o grupo social a que o contribuinte pertence, considerado este às vezes em função do trabalho e da profissão, e outras vezes em razão de situações existenciais (velhice, doença, gravidez, morte etc.).[54] Porém, a solidariedade não se esgota em ser uma atitude frente ao Estado, senão que também opera dentro do próprio grupo: o princípio da igualdade e da proporcionalidade devem ser respeitados;[55] os subgrupos, como os dos patrões e dos empregados, seguem diferentes subprincípios derivados do princípio maior da solidariedade, como sejam os do equilíbrio de riscos e do dever de assistência;[56] a solidariedade é uma decorrência da responsabilidade social do empregador (*sozialen Verantwortung von Arbeitgebern*).[57]

De modo que no regime da Constituição Federal de 1988 a solidariedade do grupo é o princípio da justiça que fundamenta as contribuições sociais de natureza previdenciária incidentes sobre a folha de salários, embora não o seja relativamente às que recaem sobre o faturamento e o lucro. A solidariedade fundamenta ainda as contribuições profissionais e as econômicas.

O princípio da solidariedade, de dimensão constitucional, vincula a cobrança das contribuições sociais, que passam a exibir a natureza causal.[58] Se não houver os laços de solidariedade entre os que pagam o ingresso e os que recebem o benefício estatal e, conseguintemente, se inexistir a contraprestação estatal em favor do grupo será inconstitucional a cobrança da contribuição social, exceto naqueles casos previstos na própria Constituição, em que incidem sobre o faturamento, o lucro e a movimentação financeira, adquirindo a natureza de "imposto com destinação especial",[59] no qual a solidariedade será apenas uma justificativa ética da capacidade contributiva,[60] como já deixou transparecer o próprio STF.[61]

52. Cf. Christian Seidl, "Krise oder Reform des Steuerstaats?", *Steuer und Wirtschaft* 64(3)/210, 1987.

53. Werner Patzig, "Steuern, Gebühren, Beiträgen und Sonderabgaben", *DÖV*, 1981, p. 736.

54. Cf. Detlef Merten, "Sozialrecht. Sozialpolitik", in E. Benda, W. Maihofer e H. J. Vogel, *Handbuch des Verfassungsrechts*, Berlim, Walter de Gruyter, 1983, p. 784; Rupert Scholz, *Sozialstaat zwischen Waschstums-und Rezessionsgesellschaft*, Heidelberg, Müller Juristischer Verlag, 1981, p. 46; Eike von Hippel, *Der Schutz des Schwächeren*, Tübingen, J. C. B. Mohr, 1979, p. 176.

55. Cf. Rupert Scholz, in Maunz, Dürig, Herzog, *Grundgesetz. Kommentar*, Munique, C. H. Beck, 1995, p. 69.

56. Cf. H. W. Kruse, *Steuerrecht*, Munique, C. H. Beck, 1969, p. 19: "O seguro social é uma exceção entre as contribuições. Aqui não prevalece o princípio tributário *(das abgabenrechtliche Prinzip)* da fruição de uma vantagem pessoal, mas a idéia de equilíbrio social. O fundamento consiste no equilíbrio de risco *(Risikoausgleich)* por parte dos trabalhadores assegurados e o dever de assistência geral *(allgemeine Fürsorge)* dos patrões para com os empregados".

57. P. Henseler, ob. cit., p. 170.

58. Contra: Brandão Machado, ob. cit., p. 84: "(...) as contribuições sociais têm seus pressupostos desvinculados da atuação do Estado. A sua receita, sim, está vinculada aos fins que justificam a sua criação, não aos fatos geradores das respectivas obrigações".

59. Tipke/Lang (ob. cit., p. 76) anotam ser criticável, por injusta (*zu Unrecht*), a contribuição (*Sonderabgabe*) que recai sobre a generalidade dos contribuintes, perdendo a natureza de ingresso causal (*Kausalabgabe*).

60. Para a distinção entre a solidariedade como fundamento ético da capacidade contributiva e da liberdade fiscal e a solidariedade do grupo, que informa o conceito de contribuição social, v. Ricardo Lobo Torres, "Solidariedade e justiça fiscal", in *Estudos de Direito Tributário em Homenagem à Memória de Gilberto de Ulhôa Canto*, Rio de Janeiro, Forense, 1998, pp. 299-306.

61. Pleno, RE 150.764-1, rel. Min. Marco Aurélio, j. 16.12.92, *RTJ* 147/1.062: "A teor do disposto no art. 195 da Constituição Federal, incumbe à sociedade, como um todo, financiar, de forma direta e indireta, nos termos da lei, a seguridade social, atribuindo-se aos empregadores a participação mediante bases de incidência próprias — folha de salários, o faturamento e o lucro".

5.2 Eqüidade

5.2.1 Eqüidade entre gerações

As contribuições sociais vinculam-se ao princípio da eqüidade entre gerações. Devem ser fixadas de tal forma que as gerações mais novas não se responsabilizem pelos benefícios devidos às mais antigas. Este, porém, é um dos mais graves problemas atuais da seguridade social, diante do envelhecimento das populações, causado pela queda dos índices de mortalidade precoce, e dos novos recursos tecnológicos no campo da Medicina.[62]

5.2.2 Eqüidade entre gêneros

O sistema das contribuições sociais deve observar a questão da eqüidade entre homens e mulheres. Embora as mulheres nem sempre participem do processo produtivo, exercendo suas atividades no recesso do lar, à margem do regime contributivo, nem por isso devem ser excluídas dos benefícios sociais, especialmente se divorciadas ou viúvas.[63]

5.3 Segurança jurídica

5.3.1 Legalidade

a) *O poder específico de legislar sobre tributo* — Sabemos que existe a competência para legislar sobre tributos ao lado da competência legislativa genérica. Enquanto o tributo é criado com base na competência legislativa específica desenhada nos arts. 145 a 156 da CF, os demais ingressos encontram sua fundamentação em dispositivos que versam a respeito da competência para legislar sobre matéria não-tributária: os preços públicos são instituídos de acordo com a competência para a intervenção no domínio econômico traçada no art. 175, parágrafo único, III; as compensações financeiras são autorizadas pelo art. 20. As contribuições sociais, no texto de 1988, aparecem no art. 149, que autoriza sua instituição "observado o disposto no art. 150, I", isto é, o princípio da legalidade tributária, que proíbe à União, aos Estados e aos Municípios "exigir ou aumentar tributo sem lei que o estabeleça".

Esse é o cerne da argumentação topográfica que conclui no sentido de que as contribuições sociais voltaram a ter natureza tributária em virtude da sua reinclusão no corpo da Constituição Tributária. O STF utilizou o mesmo argumento para concluir, no sentido inverso, na vigência da EC 8/77, que as contribuições sociais não tinham natureza tributária.[64] É sugestivo observar que com base na mesma referência ao art. 150, I, outros autores chegam a conclusão diversa, entendendo que a referência ao princípio da legalidade tributária só adquire sentido porque as contribuições sociais não têm natureza tributária.[65]

Na Alemanha Federal os impostos instituem-se com amparo no art. 105 da Lei Fundamental, incluído no capítulo da Constituição Financeira; as contribuições econômicas encontram fundamento no art. 74, item 11, que autoriza a legislação sobre o direito econômico (*das Recht der Wirtschaft*), e as contribuições socais são cobradas com base no art. 74, item 7, que estabelece a competência legislativa concorrente para "a assistência social" (*die öffentliche Fürsorge*).[66]

62. Cf. Rosanvallon, ob. cit., p. 42; Michael Boskin Michael *et allii*, "Social security: a financial appraisal across and within generations", *National Tax Journal* 40(1)/22, 1987; Martin Feldstein/ Andrew Samwick, "Social security rules and marginal tax rates", *National Tax Journal* 45(1)/19, 1992.

63. Cf. Diane Sainsbury, *Gender, Equality and Welfare States*, Cambridge, Cambridge University Press, 1996, p. 61.

64. V. nota 9.

65. Cf., por todos, Valdir de Oliveira Rocha, "Natureza jurídica das contribuições do art. 149 da Constituição", cit., n. 8.471.

66. Cf. Paul Kirchhof, *Besteuerungsgewalt und Grundgesetz*, Frankfurt, Athenäum, 1973, p. 72; C. Starck, "Überlegungen zum verfassungsrechtlichen Steuerbegriff", *Festschrift für Gerhard Wacke*, 1972, p. 227; Tipke/Lang, ob. cit., p. 75. Contra: Wolfgang Richter, *Zur Verfassungsmässigkeit von Sonderbgaben*, Baden-Baden, Nomos Verlags Gesellschaft,

No México, segundo a interpretação de Sergio de la Garza,[67] a competência para legislar sobre tributos está fixada no art. 73, VII, enquanto a legalidade das contribuições paratributárias deriva do art. 123, IV e XXIX, o que determina a diversidade das respectivas naturezas jurídicas.

b) *Reserva da lei complementar* — A CF/88 reza, no art. 149, que as contribuições sociais competem exclusivamente à União e serão instituídas observado o disposto no art. 146, III — isto é, por lei complementar que lhes defina os respectivos fatos geradores, bases de cálculo e contribuinte.

Excluem-se do princípio da reserva da lei complementar as contribuições sociais referidas no art. 195 da CF, que incidem sobre a folha de salários, o faturamento e o lucro, como acertadamente já decidiu o STF,[68] eis que o próprio texto constitucional já lhes define o fato gerador e a base de cálculo.

5.3.2 Irretroatividade

O art. 149 subordina a instituição das contribuições sociais ao princípio da proibição de retroatividade estampado no art. 150, III, "a", que veda a cobrança de tributo em relação a fatos geradores ocorridos antes do início da vigência da lei que os houver instituído ou aumentado.

A contribuição sobre o lucro instituída pela Lei 7.689, de 15.12.88, teve o seu art. 8º declarado inconstitucional, por pretender atingir os fatos geradores ocorridos no ano de 1988.[69]

5.3.3 Anterioridade

As contribuições sociais vinculam-se ao princípio da anterioridade previsto no art. 195, § 6º, conforme expressa determinação do art. 149.

Essa anterioridade é específica das contribuições do art. 149 e significa que a lei nova só se aplica depois do prazo de 90 dias da sua publicação. As contribuições para o SENAI, SENAC e SESI, autorizados pelo art. 240 da CF, escapam dessa regra especial, para se subordinarem ao princípio geral da anterioridade (art. 150, III, "b").

5.3.4 Destinação pública

Os impostos definem-se pela circunstância de servirem de meio para a consecução das tarefas essenciais do Estado, ligadas à proteção das liberdades e dos direitos fundamentais. As contribuições sociais, ao contrário, têm o objetivo de financiar despesas inessenciais do Estado, que são aquelas tendentes a proteger os direitos sociais dos cidadãos. Na Alemanha as contribuições não-tributárias (*Sonderabgaben*) revertem para os fundos especiais, à margem do orçamento fiscal.[70] Coube também a Morselli chamar a atenção para a historicidade do fenômeno parafiscal, anotando que as novas finalidades e o câmbio profundo na estrutura e na vida do Estado moderno despertaram a necessidade da criação dos impostos parafiscais, inconfundíveis com os impostos políticos, pois "a índole e a forma dos tributos são determinadas pela natureza das necessidades públicas".[71] A crítica positivista que se seguiu retirou a destinação do ingresso às necessidades es-

1977, p. 76, que fala em uma competência não-escrita (*eine ungeschriebene Kompetenz*).

67. Ob. cit., p. 41.

68. Cf. Pleno, RE 138.284, rel. Min. Carlos Velloso, j. 1.7.92, *RTJ* 143/313: "As contribuições do art. 195, I, II e III, da Constituição não exigem, para a sua instituição, lei complementar. Apenas a contribuição do § 4º do mesmo art. 195 é que exige para a sua instituição lei complementar, dado que essa instituição deverá observar a técnica da competência residual da União (CF, art. 195, § 4º; CF, art. 154, I). Posto estarem sujeitas à lei complementar do art. 146, III, da Constituição, porque não são impostos, não há necessidade de que a lei complementar defina o seu fato gerador, base de cálculo e contribuintes (CF, art. 146, III, 'a')".

69. Cf. Pleno, RE 138.284, rel. Min. Carlos Velloso, j. 1.7.92, *RTJ* 143/313.

70. Cf. Tipke/Lang, ob. cit., p. 75; Patzig, ob. cit., p. 736.

71. Ob. cit., p. 218.

senciais do Estado dentre os elementos específicos da fiscalidade, confundindo-a com a destinação específica a este ou àquele órgão, que realmente não qualifica o tributo.[72] A conseqüência disso foi a própria ampliação do conceito de Estado, que passou a ter entre os seus "objetivos primordiais"[73] a defesa dos direitos sociais. O tempo veio demonstrar que a assimilação das contribuições sociais aos tributos, com a transformação da previdência social em uma das principais missões do Estado, não serviu à causa dos mais fracos e ainda contribuiu para o crescimento do Leviatã. Aliás, o próprio Morselli já havia afirmado que a absorção da parafiscalidade pela fiscalidade levaria ao coletivismo, à confusão entre o econômico e o financeiro e entre o público e o privado.[74] A contribuição social, por conseguinte, desvirtua-se toda vez que seja utilizada para resolver problemas políticos ou extrafiscais[75] ou para atender às necessidades gerais do Estado.

O problema da destinação constitucional tornou-se muito controvertido com a criação das contribuições sociais incidentes sobre o faturamento e o lucro, cujo produto arrecadado seria destinado às ações de saúde e ao financiamento da seguridade. As empresas brasileiras em grande número se rebelaram contra a nova ordem constitucional e procuraram resolver o conflito perante o Judiciário. Alegavam principalmente que a falta de referibilidade entre o pagamento das contribuições sociais (FINSOCIAL e contribuição sobre o lucro) e a contraprestação estatal, por um lado, e o recolhimento do tributo à Receita Federal e não ao INSS, de outra parte, conspurcavam a integridade do conceito de contribuição, que passava a se confundir com o de imposto, tornando-a inconstitucional. Não creio que assim fosse: o absurdo consistia em transmudar a natureza do ingresso — de contribuição parafiscal para tributo; mas, sendo tributo, pouco importa se será recolhido ao Fisco (Receita Federal) ou ao Parafisco (INSS), se ambos têm responsabilidade no campo da seguridade social; menos ainda importa que seja vera contribuição ou que apresente as características de imposto com destinação especial, se foi autorizado pela própria Constituição.

Importante setor da doutrina brasileira manifestou-se no sentido da inconstitucionalidade. Gilberto de Ulhôa Canto escreveu: "Além da referibilidade que deve haver entre o sujeito passivo da contribuição para a seguridade social e a própria atividade a cujo custeio o produto da contribuição é destinado, tratando-se de contribuição direta ela tem de ser arrecadada e administrada pelos próprios órgãos aos quais afetos os serviços, traço este tradicional da parafiscalidade, que a Carta em vigor imprimiu às contribuições para a seguridade social. Esse requisito, básico, fundamental, não é atendido pela legislação sobre o FINSOCIAL, ora em vigor".[76]

72. Cf. Geraldo Ataliba, "Regime constitucional da parafiscalidade", cit., p. 29.

73. Giuliani Fonrouge, ob. cit., v. I, p. 245: "Puede afirmarse, sin temor a errar, que la regulación económica y la seguridad social constituyen actualmente objetivos primordiales impuestos por la evolución de los pueblos y hasta figuran como exigencias ineludibles en algunas constituciones"; G. Ingrosso (ob. cit., p. 304) diz que o financiamento da previdência visa a atender ao "interesse geral indiviso", o que é "uma propriedade do tributo".

74. Ob. cit., p. 726.

75. Discute-se na Alemanha a respeito do cabimento da criação de uma contribuição a ser paga pelo empresário que utilizar robô em sua indústria (*Maschinen-Beitrag*). A crítica, hostil à proposição, vem-se centrando no argumento de que não se pode atribuir às contribuições a finalidade política geral de zelar pelo nível de emprego (cf. Alfred Boss, "Mashinen-Beitrag zur Sozialversicherung?", *Steuer und Wirtschaft* 58/761, 1981.

76. *Direito Tributário Aplicado*, Rio de Janeiro, Forense Universitária, 1992, p. 359. No mesmo sentido: Ives Gandra da Silva Martins, *A Constituição Aplicada*, Belém, CEJUP, 1991, p. 20,e "Questões constitucionais sobre Cruzados Novos", *FINSOCIAL, Imposto de Renda. Estudos*. São Paulo, Resenha Tributária, 1991, p. 35; Misabel Abreu Machado Derzi, "Contribuição para o FINSOCIAL", *RDT* 55/220, 1991: "(...) A Constituição Federal cassou a capacidade tributária ativa da União (só a tendo o INSS), falecendo à União aptidão para figurar como credora no pólo ativo da relação tributária, para exigir e administrar o tributo".

Mas o STF deu pela constitucionalidade da cobrança. Ao julgar litígio referente à contribuição social sobre o lucro das pessoas jurídicas (Lei 7.689, de 15.12.88), concluiu: "Irrelevância do fato de a receita integrar o orçamento fiscal da União. O que importa é que ela se destina ao financiamento da seguridade social".[77] O FINSOCIAL também foi considerado constitucional,[78] salvo no que concerne ao aumento de alíquotas, tendo o STF firmado a seguinte orientação: "A teor do disposto no art. 195 da Constituição Federal, incumbe à sociedade, como um todo, financiar, de forma direta e indireta, nos termos da lei, a seguridade social, atribuindo-se aos empregadores a participação mediante bases de incidência próprias — folha de salários, o faturamento e o lucro".[79]

77. Pleno, RE 138.284, j. 1.7.92, *RTJ* 143/313, 1992. O Min. Relator, Carlos Velloso, disse, em seu voto: "Daí que a administração direta também tem receita de seguridade social, já que não se pode compreender orçamento apenas de despesas. Por conseguinte, a Constituição não veda (ao revés, admite) a arrecadação de contribuição social para financiamento da seguridade social pela administração direta da União, não se podendo inquinar de inconstitucional a Lei n. 7.689/88, pelo fato de a contribuição por ela criada ser arrecadada pela própria União, através da Secretária da Receita Federal (arts. 6º e 7º), nem pela remissão à legislação do imposto de renda para disciplinar a administração, lançamento, consulta, cobrança, penalidades, garantias e procedimento administrativo, no que couber (parágrafo único do art. 7º), visto que não há vedação constitucional para tanto".

78. Pleno, RE 150.755, j. 18.11.92, *RTJ* 149/259. O Min. Relator, Sepúlveda Pertence, transcreveu alguns trechos do voto do Juiz Fábio Bittencourt da Rosa, do TFR da 4ª Região: "No entanto, a tendência social da Constituição Federal de 1988, e a constatação de que boa parte da população brasileira vivia à margem da proteção à saúde, fez com que se optasse por um sistema misto de seguridade e previdência social no Brasil (...). Então, os descontos sofridos pelos empregados em seus salários financiam tão-somente a previdência social (...). As contribuições sobre o lucro e sobre o faturamento, que têm suportado os ônus do sistema de saúde e assistência social, administrado por outras entidades que não o INSS, como se viu, não haverão de ser arrecadadas por esta entidade autárquica".

79. Pleno, RE 150.764-1, rel. Min. Marco Aurélio, j. 16.12.92, *RTJ* 147/1.024.

CADERNOS DE DIREITO TRIBUTÁRIO

A TAXA DE FISCALIZAÇÃO DOS MERCADOS DE TÍTULOS E VALORES MOBILIÁRIOS (Taxa de Fiscalização da CVM)

CONDORCET REZENDE

Diretor-Presidente da Associação Brasileira de Direito Financeiro-ABDF

1. A lei que criou a CVM. 2. Os dispositivos da Constituição de 1988 que autorizam a criação de "taxa pelo exercício de poder de polícia" e os pertinentes artigos do Código Tributário Nacional. 3. A lei que criou a "Taxa de Fiscalização da CVM". 4. A jurisprudência sobre a Taxa de Fiscalização da CVM. 5. As manifestações doutrinárias sobre as taxas cobradas em razão do exercício do poder de polícia. 6. Nosso entendimento.

1. A lei que criou a CVM

1.1 A Lei 6.385, de 7.12.76, que dispôs sobre o mercado de valores mobiliários, criou a Comissão de Valores Mobiliários (doravante CVM), atribuindo-lhe a natureza de autarquia, vinculando-a ao Ministério da Fazenda e dando-lhe jurisdição sobre todo o território nacional.

1.2 Dentre as atribuições cometidas à CVM pelo art. 8º da lei encontram-se as de: "(...) III — fiscalizar permanentemente as atividades e os serviços do mercado de valores mobiliários, de que trata o art. 1º, bem como a veiculação de informações relativas ao mercado, às pessoas que dele participem, e aos valores nele negociados; (...) V — fiscalizar e inspecionar as companhias abertas, dada prioridade às que não apresentem lucro em balanço ou às que deixem de pagar o dividendo mínimo obrigatório".

1.3 As atividades e serviços do mercado imobiliário a serem fiscalizados pela CVM, nos termos do art. 1º da lei, são os seguintes: I — emissão e distribuição de valores mobiliários no mercado; II — negociação e intermediação no mercado de valores mobiliários; III — organização, funcionamento e operações das Bolsas de Valores; IV — administração de carteiras e custódia de valores mobiliários; V — auditoria das companhias abertas.

2. Os dispositivos da Constituição de 1988 que autorizam a criação de "taxa pelo exercício de poder de polícia" e os pertinentes artigos do Código Tributário Nacional

2.1 A Constituição Federal de 1988 (doravante CF/88), em seu art. 145, II, estabelece que compete à União, aos Estados, ao Distrito Federal e aos Municípios instituir "taxas, em razão do exercício do poder de polícia (...)".

2.2 O Código Tributário Nacional (doravante CTN), em seu art. 78 e respectivo parágrafo, assim dispõe sobre o exercício do poder de polícia como fato gerador da taxa:

"Considera-se poder de polícia a atividade da administração pública que, limitando ou disciplinando direito, interesse ou liberdade, regula a prática de ato ou abstenção de fato, em razão de interesse público concernente à segurança, à higiene, à ordem, aos costumes, à disciplina da produção e do mercado, ao exercício de atividades econômicas dependentes de concessão ou autorização do Poder Público, à tranqüilidade pública ou ao respeito à propriedade e aos direitos individuais ou coletivos.

"Parágrafo único. Considera-se regular o exercício do poder de polícia quando desempenhado pelo órgão competente nos limites da lei aplicável, com observância do processo legal e, tratando-se de atividade que a lei tenha como discricionária, sem abuso ou desvio de poder."

2.3 Por outro lado, estabelece a CF/88 em seu art. 145, § 2º, que "as taxas não poderão ter base de cálculo própria de impostos".

3. A lei que criou a "Taxa de Fiscalização" da CVM

3.1 Em 20 de dezembro de 1989 foi sancionada a Lei 7.940, que instituiu a Taxa de Fiscalização dos mercados de títulos e valores mobiliários.

3.2 Em seu art. 2º, essa lei diz que "constitui fato gerador da taxa o exercício do poder de polícia legalmente atribuído à Comissão de Valores Mobiliários — CVM".

3.3 Em seu art. 3º, define a lei como contribuintes da taxa "as pessoas naturais e jurídicas que integram o sistema de distribuição de valores mobiliários, as companhias abertas, os fundos e sociedades de investimento, os administradores de carteira e depósitos de valores mobiliários, os auditores independentes, os consultores e analistas de valores mobiliários e as sociedades beneficiárias de recursos oriundos de incentivos fiscais obrigados a registro na Comissão de Valores Mobiliários — CVM".

3.4 Dispõe o art. 4º que a taxa é devida: I — trimestralmente, de acordo com os valores expressos em Bônus do Tesouro Nacional — BTN, nos casos especificados nas Tabelas "A", "B" e "C"; II — por ocasião do registro, de acordo com a alíquota correspondente, incidente sobre o valor da operação, nos casos da Tabela "D".

3.5 As Tabelas anexas à Lei 7.940/89 assim estabelecem:

Tabela "A" — Taxa progressiva, de acordo com o Patrimônio Líquido do Contribuinte

Contribuintes	Classe do PL em BTN	Valor da Taxa em BTN
Companhias abertas	até 10.000.000	1.500
	de 10 M a 50 M	3.000
	acima de 50 M	4.000
Sociedades beneficiárias de incentivos fiscais	até 1.000.000	700
	de 1 M a 3 M	1.300
	acima de 3 M	2.000
Corretoras, bancos de investimento, Bolsas de Valores e de futuros, distribuidoras e bancos múltiplos com carteira de investimento	até 500.000	1.000
	de 500 M a 1.500 M	3.000
	acima de 1.500.000	4.000

Contribuintes	Classe do PL em BTN	Valor da Taxa em BTN
Fundos mútuos de ações, fundos de conversão, fundos de investimento e carteiras de títulos e valores mobiliários — capital estrangeiro	Acima de 5.000.000	9.500

Obs.: **1.** Patrimônio líquido relativo a 31 de dezembro do ano anterior, convertido em BTN pelo valor em vigor na data.

2. O valor da taxa para os fundos mútuos de ações, fundos de conversão, fundos de investimento e carteiras de títulos e valores mobiliários — capital estrangeiro cujos patrimônios líquidos sejam inferiores a 5.000.000 BTN será correspondente a 0,1% do respectivo patrimônio líquido.

3. Não haverá superposição ou dupla cobrança de taxas de fiscalização

Tabela "B"

Contribuinte		Valor da Taxa
Prestadores de serviços de auditoria independente		500
Prestadores de serviços de ações escriturais, de custódia fungível e de emissão de certificados		3.000
Prestadores de serviços de administração de carteira, de consultor de valores mobiliários e em outras atividades correlatas		
	pessoa natural	200
	pessoa jurídica	400

Tabela "C" — Taxa progressiva, de acordo com o n. de estabelecimentos do contribuinte

Contribuinte	Número de estabelecimentos (sede e filiais)	Valor da Taxa (BTN)
Prestadores de serviços de Auditoria independente — pessoa jurídica	até 2 estabelecimentos	1.000
	3 ou mais estabelecimentos	2.000
	mais de 4 estabelecimentos	3.000

Tabela "D" — Taxa estabelecida em função do valor do registro

Tipo de operação	Alíquota
Registro de emissão de ações para distribuição pública	0,30
Registro de emissão de debêntures para distribuição pública	0,30
Registro de emissão de bônus de subscrição para distribuição pública	0,16
Registro de distribuição secundária	0,64
Registro de ofertas públicas de compra, venda e permuta de valores mobiliários	0,64

3.6 A simples leitura das tabelas anexas à Lei 7.940/89 mostra que a Tabela "D" viola abertamente a regra do art. 145, § 2º, da CF/88, que diz não poderem ter as taxas base de cálculo *própria* de imposto. Ao mandar aplicar a alíquota sobre o valor da emissão dos valores mobiliários cujo registro é feito pela CVM, está a lei descumprindo aquele dispositivo constitucional, sem qualquer sombra de dúvida. Mas o objetivo deste trabalho não é examinar a constitucionalidade da Tabela "D", anexa à citada lei, mas da Tabela "A", que estabelece a alíquota da taxa tomando por referencial de enquadramento o patrimônio líquido das empresas.

4. A jurisprudência sobre a Taxa de Fiscalização da CVM

4.1 É maciça a jurisprudência dos TRFs e do STJ no sentido da constitucionalidade da Taxa de Fiscalização cobrada com base na Tabela "A" anexa à Lei 7.940/89, sob o fundamento principal de que o patrimônio líquido das empresas catalogadas na Tabela "A" não constitui base de cálculo da malsinada taxa, mas simples elemento referencial que permite enquadrar as empresas numa das faixas em que se divide a referida tabela. Assim, não ocorreria qualquer inconstitucionalidade por violação da regra contida no § 2º do art. 145 da CF/88, segundo a qual as taxas não poderão ter base de cálculo própria de imposto.

4.2 A título ilustrativo, passamos a reproduzir algumas dessas decisões, inclusive as prolatadas pelo STJ, no mesmo sentido:

STJ, 1ª Turma, AgRg 27.926-6, rel. Min. Garcia Vieira, v.u.:

"Agravo regimental — Taxa de Fiscalização-CVM. São inconfundíveis os conceitos de patrimônio líquido e capital. A taxa em exame tem base de cálculo diversa da do imposto. Não ocorreu violação do art. 77 do CTN e do art. 145, § 2º, da CF de 1988. Agravo improvido" (*DJU* Seção I, 5.4.95, p. 5.813).

STJ, 2ª Turma, AgRg 31.786-3-PE, rel. Min. Antônio de Pádua Ribeiro, v.u.:

"Tributário — Taxa de Fiscalização dos Mercados de Títulos e Valores Mobiliários — Ofensa ao parágrafo único do art. 77 do CTN — Não caracterização. I — A expressão final do parágrafo único do art. 77 do CTN, segundo a qual a taxa não pode 'ser calculada em função do capital das empresas', está abrangida na sua primeira parte ('a taxa não pode ter base de cálculo ou fato gerador idênticos aos que correspondam a imposto'). Isso porque patrimônio líquido (capital efetivo das empresas) é expressão adequada para o cálculo de imposto, e não para o cálculo de taxas, posto que nenhuma relação tem com a atividade estatal. Questão que, no caso, se adstringe ao exame de matéria constitucional. II — Embargos declaratórios rejeitados" (*DJU*, Seção I, 29.8.94, p. 22.186).

TRF-1ª Região, AMS 91.01.07458-0-PI, rela. Juíza Eliana Calmon:

"Tributário — Taxa de Fiscalização do Mercado de Valores Mobiliários — Lei n. 7.940/89 — Legitimidade passiva — Constitucionalidade. 1. A União está legitimada, em litisconsórcio com a CVM, a responder ao *mandamus* em ataque à exigência da exação: à primeira cabe a arrecadação (art. 8º da Lei n. 7.940/89), enquanto à segunda destinam-se os recursos da arrecadação. 2. A base de cálculo da taxa questionada faz do patrimônio líquido fator de referência para a cobrança, não sendo, portanto, sua base de cálculo. 3. A proibição inserta no parágrafo único do art. 77 do CTN refere-se a capital e não a patrimônio, conceitos distintos, e que, por isso mesmo, não enseja a alegada ilegalidade. 4. Recursos providos. Sentença reformada para cassar a segurança" (4ª T., j. 31.8.92, v.u., *DJU*, Seção II, 10.9.92, p. 27.786).

No mesmo sentido as decisões proferidas nas Ap. cíveis 94.01.31712-7-DF e 93.0135040-8/DF.

TRF-5ª Região, AMS 47.910-PE, rel. Juiz Castro Meira:

"Tributário — Taxa de Fiscalização da CVM — Validade — Poder de polícia. 'É válida a cobrança da Taxa de Fiscalização dos Mercados de Títulos e Valores Mobiliários (Lei n. 7.940/89), com base em tabelas, por faixas de contribuintes' (Súmula n. 15 deste Tribunal). A CVM exerce o poder de polícia no mercado de modo permanente, e não intermitente. Precedentes. Apelação da impetrante improvida. Apelações da Fazenda Nacional e da CVM e remessa oficial providas" (1ª T., j. 18.4.95, v.u., *DJU*, Seção II, 12.5.95, p. 28.519).

4.3 Os argumentos em que fundadas as decisões proferidas pelos TRFs e pelo STJ são, basicamente, os seguintes: que os conceitos de patrimônio líquido e de capital são diversos, não havendo violação do disposto no art. 77 do CTN; que o patrimônio líquido é tomado apenas como referencial para enquadramento do contribuinte nas faixas das tabelas anexas à lei, e não como base de cálculo da taxa, pelo quê não ocorre violação do art. 145, § 2º, da CF/88; que o poder de polícia de que investida a CVM se exerce de forma permanente, e não intermitente.

5. *As manifestações doutrinárias sobre as taxas cobradas em razão do exercício do poder de polícia*

5.1 Vários tributaristas manifestaram-se sobre as taxas cobradas em razão do exercício do poder de polícia e todos concluem no sentido de que o *quantum* da exação há de estar necessariamente vinculado ao custo, para a Administração Pública, daquela atividade, levando-se em consideração sua intensidade e extensão.

5.2 Para Edivaldo Brito:

"A alíquota da taxa de polícia tem de ser proporcional, isto é, estabelecida em termos percentuais ao parâmetro mensurável, de modo a que o *quantum* do tributo será maior ou menor conforme sejam maiores ou menores as diligências e atos que corporifiquem a atividade administrativa provocada pelo contribuinte.

"Se (a taxa) for estabelecida tomando circunstâncias alheias ao efetivo exercício do poder de polícia estará desnaturando o tributo" (*RDT* 7-8/233 e ss.).

5.3 Cássio Pinto César Júnior, comentando acórdão do STF que dera por legítima taxa de licença de localização que levava em consideração a área do imóvel, afirma: "Sendo o fato imponível da taxa a atividade administrativa de fiscalização, é certo que sua base de cálculo deverá se achar em relação de inerência ou de congruência com esse fato, o que arreda qualquer base que não satisfaça essa condição, ressalvada a hipótese de ficção. Como a área de ocupação do estabelecimento não é inerente à atividade estatal, não lhe diz respeito e independe totalmente do comportamento administrativo, resta claro que não pode ser considerada aquele 'fato que foi transfigurado em cifra' e do qual há de se retirar a participação que a pessoa tributante tem na magnitude escolhida" (*RDT* 29-30/336 e ss.).

5.4 Edgard Neves da Silva, tratando das taxas de conservação de estradas municipais, teve oportunidade de afirmar: "Assim, elege o legislador, de acordo com o aspecto do fato gerador que se realça, uma medida econômica ou numérica, mas não poderá esquivar-se do próprio fato tributado. Toma o valor venal, o rendimento líquido, o preço do serviço, o valor fundiário, para bases de cálculo de impostos; o custo da atividade estatal, para as taxas, tendo em vista seus respectivos fatos geradores: exercício do poder de polícia e utilização de serviço público".

E, mais adiante: "sendo o fato gerador das taxas representado por uma atividade estatal, a sua mensuração econômica deverá ser feita em função do custo — ônus — dessa atividade, ou seja, o *quantum* despendido pelo Estado".

E, ainda: "Portanto, o que importa é que a grandeza econômica do fato gerador das taxas é representada pelo despendido (custo) para a consecução da atividade estatal".

E, finalmente: "Se, como vimos, a base de cálculo tem relação direta com o fato gerador, aspecto material, no caso das taxas esta ligação será sempre com a atividade estatal; nenhuma relação, porém, terá com o sujeito passivo contribuinte, ou mesmo com seus bens" (*RDT* 23-24/211 e ss.).

5.5 Eduardo Domingos Bottallo, escrevendo sobre a taxa de licença (*Taxa Municipal de Renovação de Licença de Funcionamento de Estabelecimentos Comerciais e Industriais*), faz as seguintes observações: "Por outras palavras, esta base imponível deve circunscrever-se a elementos ínsitos à ação do ente estatal que se coloca como credor (sujeito ativo) da obrigação tributária de que se cuida, não podendo ser medida ou dimensionada pela apropriação de elementos estranhos ou inconsistentes com essa ação". E, no mesmo diapasão: "a base de cálculo das taxas decorrentes do poder de polícia deve unicamente medir o valor da atuação estatal desenvolvida".

5.6 Aires Fernandino Barreto, em sua monografia *Base de Cálculo, Alíquota e Princípios Constitucionais* (São Paulo, Ed. RT, 1987), faz as seguintes afirmativas: "as taxas têm por base dimensionável exclusivamente a atividade do Estado"(p. 62); "a dimensão é de dado numérico único (que não varia de fato para fato), por isso uniforme, porque a grandeza é ínsita à atuação estatal única" (p. 63); "O valor da atuação poderá estar representado pelo custo efetivo, presumido, estimado, arbitrado ou social da atuação e a sua fixação poderá tomar em conta a intensidade e freqüência da atuação, mas estas (freqüência e intensidade) serão sempre meros parâmetros para determinar-se o valor e não a própria base de cálculo; dizer que a lei prevê importância maior, consoante mais intensa ou freqüente for a atuação, reforça a tese de que a base de cálculo é o valor da atuação. Obviamente, será maior ou menor conforme for maior ou menor a intensidade ou freqüência da atividade do Estado; inversamente, nas taxas a base de cálculo é única: o valor da atuação estatal. Em sendo a base de cálculo o valor da atuação do Estado, fato interno à Administração — que nada tem a ver com a atuação do particular e, portanto, não toma em conta atributos inerentes ao sujeito passivo ou relativos à matéria sobre a qual se refere a taxa —, é fato único, de dimensão única" (p. 66).

5.7 Roque Carrazza, participando do seminário sobre "Temas Atuais de Direito Tributário", promovido em conjunto pelo IDEPE — Instituto Internacional de Direito Público e Empresarial e o TRF da 3ª Região, ao pronunciar-se sobre a taxa cobrada em razão do exercício do poder de polícia, teve oportunidade de afirmar: "Portanto, a taxa de serviço deve ter por base de cálculo a expressão econômica, ainda que aproximada, do serviço prestado ou posto à disposição do contribuinte; do mesmo modo, a lei que instituir a taxa de polícia deverá tomar por base de cálculo desse tributo a expressão econômica das diligências que levaram à prática do ato de polícia".

Pois bem, depois do exame dos aspectos teóricos das taxas, nas suas duas modalidades (serviços e polícia), o ilustre professor paulista passa ao estudo, exatamente, da Taxa de Fiscalização do Mercado de Títulos e Valores Mobiliários:

"*Taxa de Fiscalização do Mercado de Títulos e Valores Mobiliários.* Estou me referindo à 'Taxa de Fiscalização do Mercado de Títulos e Valores Mobiliários', que está sendo cobrada pela Comissão de Valores Mobiliários (CVM). Essa 'taxa' foi instituída pela Lei 7.940, de 20 de dezembro de 1989, que, em, seus arts. 1º e 2º, estabelece: 'Art. 1º. Fica instituída a Taxa de Fiscalização do Mercado de Valores Mobiliários'. 'Art. 2º. Constitui fato gerador da taxa o exercício do poder de polícia legalmente atribuído à Comissão de Valores Mobiliários'.

"Aparentemente, a lei em questão criou uma taxa de polícia. Mas só aparentemente. Vamos ver melhor por quê.

"Eu disse há poucos instantes que para que nasça, de modo válido, a taxa de polícia é mister que haja uma atividade concreta do Poder Público, diretamente relacionada com o contribuinte. É preciso, pois, que o Poder Público pratique um ato administrativo *in concreto*, removendo um obstáculo jurídico para a prática de um ato ou impondo a abstenção de um fato, sempre nos termos da lei.

"A Comissão de Valores Mobiliários faz isso? Ou, dito de outro modo, ela exerce o poder de polícia em relação às empresas fiscalizadas? Não! Vamos entender o porquê dessa resposta negativa indo ao art. 4º, inciso I, da lei em questão, que aponta a base de cálculo dessa taxa: 'A taxa é devida trimestralmente, de acordo com os valores expressos em Bônus do Tesouro Nacional, nos casos especificados nas Tabelas 'A', 'B' e 'C'.

"O exame dessas tabelas — que obviamente não farei, para não maçá-los — revela que a base de cálculo eleita pelo legislador ordinário é o patrimônio líquido das empresas. Vejam que interessante: estamos aqui diante de uma taxa progressiva, de acordo com o patrimônio líquido das empresas; quanto maior o patrimônio líquido das empresas, tanto maior o montante do tributo devido. Ora, a base cálculo eleita, pelo legislador ordinário, para esta 'taxa' é base de cálculo própria de imposto; de imposto sobre o patrimônio e de imposto inconstitucional, na medida que criado por veículo inidôneo (*lei ordinária, e não lei complementar*).

"Vou tentar explicar-me melhor. Os impostos, inclusive federais, têm que ser criados por lei ordinária. Esta a regra geral. Mas os impostos da competência residual da União, *ex vi* do art. 154, inciso I, do Texto Supremo, só podem ser instituídos por lei complementar. Ora, o imposto sobre o patrimônio está no campo residual da União. Logo, só poderia ter sido criado por meio de lei complementar, o que, no caso em exame, não ocorreu.

"Portanto, a situação com a qual nos deparamos é essa: estamos diante de um tributo que tem hipótese de incidência de taxa de polícia e base de cálculo de imposto sobre o patrimônio. Trata-se de um tributo que não pode, a meu ver, ser validamente exigido do contribuinte.

"Permitam-se mais um pouco de teoria. Que é base de cálculo? Base de cálculo é dimensão da materialidade do tributo. É, como quer Geraldo Ataliba, a perspectiva dimensível do aspecto material da hipótese de incidência tributária. Conforme predica a melhor doutrina, entre a hipótese de incidência do tributo e sua base de cálculo deve existir uma relação de inerência, sob pena de o tributo não poder ser exigido. A base de cálculo de algum modo deve estar embutida na hipótese de incidência do tributo. Se houver um descompasso entre a hipótese de incidência de tributo e sua base de cálculo, o contribuinte está livre do tributo; ele não tem por que efetuar seu pagamento.

"É o que se deu com a 'Taxa de Valores Mobiliários'. Ao eleger o patrimônio líquido da empresa como base de cálculo deste tributo, o legislador ordinário levou em conta o patrimônio da empresa, e não o custo, ainda que aproximado, do ato de polícia diretamente referido à empresa fiscalizada. Elegeu uma base de cálculo inadequada, ou seja, uma base de cálculo de imposto. Há, aí, pois, aquele descompasso, ao qual há pouco aludi, entre a hipótese de incidência do tributo e sua base de cálculo. Esse descompasso deve beneficiar a quem? Ao contribuinte. Estamos, pois, diante de uma taxa de polícia inconstitucional, e esperamos que esta inconstitucionalidade seja reconhecida pelo Poder Judiciário" (*RDT* 58/168 e 169).

6. Nosso entendimento

6.1 Desde a edição do Decreto-lei 2.416, de 17.7.1940 (que, por pressão de Estados e Municípios, propositadamente definiu a "taxa" de forma a confundi-la com o imposto, ao dizer que a taxa, além de ser a contraprestação de serviços específicos prestados ou postos à disposição do contribuinte, destinava-se também "ao custeio de atividades especiais do Estado ou do Município, provocadas por conveniências de caráter geral ou de determinados grupos de pessoas"), vem a doutrina jurídica nacional tentando firmar os dois conceitos de forma clara e precisa, a fim de evitar possam os entes tributantes, pela sua manipulação, criar impostos de competência alheia, sob o manto de uma taxa qualquer.

6.2 Nessa luta contra a deformação de nosso sistema tributário empenharam-se nossos mais ilustres tributaristas, destacando-se Aliomar Baleeiro, Geraldo Ataliba, Gilberto de Ulhôa Canto e Rubens Gomes de Sousa, cujos pareceres e arrazoados timbram por separar as duas figuras de forma a impedir possam elas confundir-se para permitir sua má utilização pelo Poder Público.

6.3 Com a edição do Código Tributário Nacional tudo parecia resolvido quanto à definição de taxa, embora a redação do parágrafo único do art. 77 ainda desse margem à inadequada utilização desse tributo, ao dizer que a taxa não poderia ter base de cálculo ou fato gerador idênticos aos que correspondam a imposto, nem ser calculada em função do capital das empresas. Essa ressalva final permitia que se criassem taxas calculadas em função de outros elementos pertinentes às empresas que não seu capital, tais como o ativo e o patrimônio líquido, o que viria a desestruturar o sistema tributário nacional, na forma em que concebido pelo legislador constituinte.

6.4 A CF/67 não resolveu a questão ao dispor, em seu art. 19, § 2º, que "para cobrança das taxas não se poderá tomar como base de cálculo a que tenha servido para a incidência dos impostos". A regra constitucional era imperfeita, na medida em que permitia que os entes públicos tomassem para base de cálculo das taxas qualquer elemento que não tivesse sido adotado para base de cálculo de um dos impostos que integram nosso sistema constitucional tributário; em outras palavras, permitia-se, segundo o entendimento de alguns, que os entes públicos se apropriassem de elementos relativos ao contribuinte, e não ao custo dos serviços públicos, para servir de base de cálculo de taxas, o que subvertia inteiramente a sistemática adotada pela Constituição em matéria de repartição das fontes de receita fiscal.

6.5 O art. 145, § 2º, da CF/88 resolveu a questão, dando nova redação ao dispositivo e estabelecendo que "as taxas não poderão ter base de cálculo *própria* de impostos" (grifou-se). Já agora não se há de perquirir se há algum imposto que tenha tomado tal ou qual elemento para sua base de cálculo; deve-se apurar, apenas, se tal ou qual elemento é próprio para a incidência de imposto. E próprios para a incidência de impostos são todos os elementos ligados ao contribuinte (seu patrimônio, sua renda, suas transações etc.).

6.6 Como vimos no item 5 acima, ensina a melhor doutrina que a cobrança de impostos está vinculada a elementos pertinentes ao contribuinte; tanto o fato gerador quanto a base de cálculo dos impostos vinculam-se às atividades, patrimônio, renda ou interesses econômicos dos contribuintes. Já na cobrança das taxas tal não pode ocorrer; as taxas hão de estar vinculadas à atividade da Administração Pública, quer na prestação de serviços, quer no exercício do poder de polícia. Assim, enquanto a base de cálculo dos impostos representa um valor ligado ao contribuinte (montante de sua renda, valor de seu imóvel, valor da operação que pratique, nos impostos *ad valorem*; ou a unidade de medida adotada pela lei tributária, nos impostos de alíquota específica), a taxa há de estar ligada, única, exclusiva e necessariamente, ao custo do serviço público prestado ao contribuinte ou posto à sua disposição, ou ao custo do exercício do poder de polícia.

6.7 Em magnífico voto proferido no julgamento do REsp 2.174-SP, o ilustrado Min. Américo Luz transcreve voto do saudoso Min. Geraldo Sobral no qual S. Exa., apoiando-se em parecer da Procuradoria da Justiça do Estado de São Paulo, afirma:

"Saliente-se que, no caso, a lei municipal determina que o cálculo da taxa seja feito 'em função da natureza da atividade, do número de empregados ou de outros fatores pertinentes, de conformidade com as Tabelas anexas (...)' (art. 6º da Lei n. 9.670/83). O exame de tal Tabela (fls. 404) revela que a disciplina do tributo levou em conta, no objeto da exação, qualidades externas e estranhas ao exercício do poder de polícia — natureza da atividade do contribuinte e o número de empregados —, sem qualquer pertinência ou inerência com o fato gerador, que, nos termos do art. 1º da Lei n. 9.670/83, é 'a atividade municipal de fiscalização'".

6.8 É preciso lembrar que os impostos tanto podem ter alíquotas *ad valorem* (que incidem sobre a renda, o patrimônio, as transações ou outros elementos ligados ao contribuinte) quanto "alíquotas específicas", que incidem sobre a unidade de medida adotada pela lei tributária (quantidade, peso, volume ou outra unidade ligada à atividade do contribuinte). Nesse sentido, dispõe o CTN, em seu art. 20, I e II, ao tratar do imposto de importação, cuja alíquota pode ser "específica" (hipótese em que a base de cálculo será a unidade de medida adotada pela lei tributária) ou *ad valorem* (hipótese em que a base de cálculo é, normalmente, o custo CIF da mercadoria posta no porto brasileiro de destino). Mas não apenas o imposto de importação comporta a adoção de alíquota específica; o mesmo se dá com o imposto de exportação (art. 23 do CTN); da mesma forma o IPI incidente sobre bebidas e cigarros, produtos, esses, que são classificados em categorias, em função de certos elementos a eles pertinentes, ficando cada categoria sujeita a um imposto de alíquota específica. Em outras palavras, para a incidência do IPI sobre cigarros e bebidas tomam-se referenciais para fins de enquadramento do produto em determinada classe, à qual corresponde certa alíquota específica.

6.9 Veja-se, por exemplo, o uísque, cuja classificação abrange desde a classe "A" até a classe "Z", dependendo da capacidade do recipiente e dos preços de venda. Assim, esses dois elementos são os referenciais que servirão para enquadramento do produto e para a determinação da alíquota específica aplicável. Nos termos do Anexo I à Lei 7.798, de 10.7.89, o uísque, se vendido em recipientes de até 180ml e preço não superior a determinado valor, será classificado na Tabela "A", à qual corresponde o imposto de R$ 0,08 por garrafa (SRF, AD 4, de 23.1.97, *DOU* 24.1.97, p. 1.383).

6.10 Alguns doutrinadores entendem que os conceitos de "alíquota" e "base de cálculo" não se ajustam às taxas, que são cobradas em valores fixos. Não concordamos com esse entendimento, porque é possível determinar-se a alíquota e a base de cálculo na maioria das taxas, especialmente naquelas que são a contraprestação de serviços específicos prestados ao contribuinte. Assim, quando o cidadão requer a uma repartição pública a expedição de uma certidão e a repartição lhe cobra R$ 1,00 por página, podemos identificar a base de cálculo (que é o número de páginas) e a alíquota (que é o montante cobrado por página). Não fosse isso verdade, e o art. 145, § 2º, da CF/88 estaria dispondo sobre hipótese impossível, já que as taxas não teriam base de cálculo. Ao dizer que as taxas não podem ter base de cálculo própria de imposto, a vigente Constituição impede que se tome para base de cálculo das taxas, ou para referencial de enquadramento do contribuinte em faixas de tributação, elemento pertinente ao contribuinte. Que o IPI o faça em relação aos cigarros e à bebida é possível, porque se trata de imposto (e é próprio do imposto tomar elementos vinculados ao contribuinte para base de cálculo ou para referencial de enquadramento em faixas tributárias); mas, para a cobrança de taxas, quer a base de cálculo, quer o referencial para enquadramento do contribuinte, hão de estar necessariamente ligados ao custo do serviço público prestado ao cidadão ou posto à sua disposição, ou ao custo da atividade fiscalizadora.

6.11 Seria inaceitável que o Governo Federal passasse a cobrar taxas pela expedição de passaportes tomando a renda do cidadão quer como base de cálculo direta, quer como referencial para a classificação em tabela onde consignados os valores correspondentes à taxa a cobrar de cada categoria. A renda do contribuinte é elemento absolutamente estranho ao custo de expedição de passaportes e não pode ser levada em consideração nem mesmo como simples referencial.

6.12 Da mesma forma, inconcebível que o INMETRO, que fiscaliza balanças, bombas de gasolina e taxímetros, passasse a cobrar a taxa de fiscalização em função da receita das lojas, dos postos ou dos taxistas; ou em razão da marca ou do valor do carro em que instalado o taxímetro. E isso seria impossível ainda que esses valores não fossem tomados propriamente como base de cálculo direta da taxa, mas como referenciais para a delimitação de faixas de valores.

6.13 Da mesma forma, inaceitável seria que o INMETRO passasse a cobrar a taxa de fiscalização de taxímetros das empresas proprietárias de táxis em valores constantes de tabela que variassem em função do patrimônio líquido das empresas, sem levar em consideração o número de taxímetros vistoriados.

6.14 A taxa de fiscalização, cobrada em razão do exercício do poder de polícia, há de estar ligada ao custo que essa atividade impõe ao órgão público que a desenvolve. Assim, é questão de verificar o custo homem/hora de determinada atividade fiscalizadora, levando em consideração todos os dados pertinentes, tais como a distância a ser percorrida pelas equipes de fiscalização, o número de estabelecimentos a serem fiscalizados, o tempo a ser gasto na atividade, a maior ou menor dificuldade de acesso aos dados a serem fiscalizados, seu volume e complexidade. Enfim, tudo que influencie a quantificação do custo homem/hora do serviço.

6.15 Nessa ordem de idéias, é interessante verificar que a Tabela "B" relativa à Taxa de Fiscalização da CVM aplica alíquota específica para certos prestadores de serviços, que pagam a taxa trimestralmente, nos valores fixados na tabela, da mesma forma que os contribuintes pessoas físicas pagam o imposto municipal sobre serviços.

6.16 Também a Tabela "C" estabelece o valor da taxa em função do número de estabelecimentos mantidos pelos prestadores dos serviços de auditoria.

6.17 Portanto, mostra-se a taxa perfeitamente legítima nas incidências capituladas nas Tabelas "B" e "C", que estabelecem um valor trimestral fixo por contribuinte e um valor trimestral por estabelecimento.

6.18 Nas Tabelas "A" e "D", todavia, mostra-se a taxa ilegítima, porque no primeiro caso toma como referencial elemento absolutamente estranho ao custo do serviço de fiscalização (qual seja, o patrimônio líquido do contribuinte), e no segundo faz incidir o percentual da taxa sobre o valor de emissão dos títulos.

6.19 Na Tabela "A" a lei define como contribuintes da taxa: num primeiro grupo, as companhias abertas (estabelecendo três patamares, em função do patrimônio líquido das empresas); num segundo grupo, as sociedades beneficiárias de incentivos fiscais (também distribuídas em três patamares em função do patrimônio líquido); num terceiro grupo, as sociedades corretoras, os bancos de investimento, as Bolsas de Valores e de futuros, as distribuidoras e bancos múltiplos com carteira de investimento (igualmente divididos em três patamares em função do patrimônio líquido), e, num quarto e último grupo, os fundos mútuos de ações, fundos de conversão, fundos de investimento e carteiras de títulos e valores mobiliários — capital estrangeiro (com um só valor, em função do nível do patrimônio líquido).

6.20 Para cada patamar de cada um dos quatro grupos a lei estabelece um valor fixo em BTN, que vai aumentando em função do patrimônio líquido do contribuinte. Ora, a atividade fiscalizadora da CVM não é maior ou menor em razão do patrimônio líquido dos contribuintes, não tendo esse elemento qualquer pertinência com a intensidade, extensão e/ou freqüência da ação daquela autarquia. Seria perfeitamente aceitável que a lei estabelecesse um valor fixo trimestral para cada grupo de contribuintes, sem, todavia, fazê-lo variar em função do patrimônio líquido ou de qualquer outro elemento ligado ao contribuinte que não guarde relação com a atividade fiscalizadora da CVM.

6.21 Patrimônio líquido, nos termos do art. 178, § 1º, "d", da Lei das Sociedades por Ações (Lei 6.404/76), é o somatório do capital social, reservas de capital, reservas de reavaliação, reservas de lucros e lucros ou prejuízos acumulados. É valor que pode aumentar sem que tal fato decorra de atividade operacional da empresa, mas de simples aumento de lucro em razão de maior aperto nas despesas, como o enxugamento da empresa, por exemplo. De outro lado, se duas empresas sujeitas à fiscalização da CVM têm política de distribuição de lucros diferente, aquela que distribuir integralmente o lucro acabará pagando a taxa em valor inferior ao que pagará a empresa que capitalizar ou mantiver em reserva os lucros, pois terá patrimônio líquido maior; ora, havendo aumento do patrimônio líquido, a empresa poderá mudar de faixa na Tabela "A", passando a pagar a Taxa da CVM em valor maior sem que tenha ocorrido qualquer aumento no serviço de fiscalização que justifique um pagamento maior da Taxa. Donde ficar demonstrado que não há qualquer relação entre os valores cobrados pela CVM e o custo do exercício do poder de polícia. Assim, não se pode sequer presumir que a um maior valor de patrimônio líquido deva necessariamente corresponder uma maior atividade de fiscalização ou uma maior dificuldade no seu exercício. Por outro lado, no início de suas atividades o capital e o patrimônio líquido da empresa se igualam, pelo quê a cobrança da taxa de fiscalização nesse período viria a malferir o art. 77, parágrafo único, do CTN, que não permite seja a taxa calculada em função do capital das empresas — o que ocorrerá no início das atividades sociais (fato que contraria um dos fundamentos das decisões judiciais anteriormente citadas).

6.22 Note-se que o quarto grupo citado está sujeito à taxa trimestral de 9.500 BTN desde que as empresas nele incluídas tenham patrimônio líquido superior a 5.000.000 de BTN; se seu patrimônio líquido for inferior, diz a *Observação 2* constante da Tabela "A" que essas empresas pagarão, a título de taxa de fiscalização, valor correspondente a 0,1% do respectivo patrimônio líquido, regra que viola literalmente o disposto no art. 145, § 2º, da CF/88.

6.23 A inconstitucionalidade da Tabela "A" está no fato de que ela prevê a incidência da taxa, efetivamente, sobre o montante do patrimônio líquido do contribuinte, embora de forma indireta, violando a regra do art. 145, § 2º, da CF/88, como passamos a demonstrar.

6.24 Vejamos o primeiro grupo da Tabela "A", integrado pelas companhias abertas. Nesse grupo os contribuintes estão divididos em três faixas, a saber: de patrimônio líquido até 10.000.000 de BTN, de patrimônio líquido de 10.000.001 a 50.000.000 de BTN e de patrimônio líquido superior a 50.000.000 de BTN. O valor da taxa para cada uma dessas faixas é o seguinte, respectivamente: 1.500 BTN, 3.000 BTN e 4.000 BTN. Portanto, uma companhia aberta que tenha patrimônio líquido de 5.000.000 de BTN pagará, trimestralmente, 1.500 BTN, valor que corresponde a 0,030% do seu patrimônio líquido; a que tiver patrimônio líquido de 10.000.000 de BTN, pagará, trimestralmente, 0,015% do mesmo; a que tiver patrimônio líquido de 20.000.000 pagará 3.000 BTN, que correspondem a 0,015% do patrimônio líquido; a que tiver patrimônio líquido de 50.000.000 de BTN pagará valor correspondente a 0,006% do mesmo e a que tiver patrimônio líquido de 60.000.000 pagará valor correspondente a 0,0066% do mesmo.

6.25 Assim, estabelecendo a taxa em valor fixo, mas graduado em função do patrimônio, está a lei que criou a Taxa de Fiscalização da CVM fazendo o tributo incidir sobre esse patrimônio, embora de forma indireta. É o quanto basta para que se caracterize a inconstitucionalidade da exação, por malferir o art. 145, § 2º, da CF/88.

6.26 Nem se pretenda que qualquer valor fixo adotado pela lei poderá sempre ser reduzido a um percentual do capital, do patrimônio, do lucro ou da receita da empresa, porque o valor fixo não varia em função desses elementos.

6.27 Diversamente do que ocorre com as taxas cobradas em razão de serviços específicos e divisíveis prestados ao contribuinte ou *postos à sua disposição*, no caso das taxas cobradas pelo exercício poder de polícia esse exercício há de ser *efetivo*. Assim, não basta que o órgão fiscalizador esteja aparelhado para exercer a fiscalização; é indispensável que ele a exerça em relação a cada contribuinte de quem pretende cobrar a taxa. Esse o fundamento para as decisões do STF que negaram legitimidade à taxa de renovação da licença de localização que os Municípios pretendiam cobrar anualmente de forma automática, sem que exercessem efetivamente qualquer tipo de fiscalização naquela oportunidade.

6.28 O mesmo há de aplicar-se à Taxa de Fiscalização cobrada pela CVM. Se há cobrança trimestral, segundo as tabelas anexas à lei, é indispensável que naquele trimestre tenha a CVM exercido a fiscalização das empresas contribuintes. Já nesse ponto pode duvidar-se da possibilidade física da CVM de realizar tal fiscalização, levando-se em consideração o número de empresas sujeitas a fiscalização e o diminuto quadro de funcionários daquela autarquia disponíveis para a função.

6.29 Para que o sistema tributário nacional mantenha-se íntegro é necessário não apenas que as taxas não tenham base de cálculo própria de impostos (como estabelece o art. 145, § 2º, da CF/88), mas que seu *quantum* esteja ligado ao preço do serviço prestado ou disponibilizado ao contribuinte, ou, no caso das taxas de polícia, que essas guardem relação com o custo do efetivo e regular exercício desse poder. E esse custo, como é curial, não pode estar referenciado a elementos relativos ao contribuinte que de forma alguma o afetam. Ele há de estar exclusivamente baseado no custo homem/hora que o exercício da fiscalização impõe ao órgão público. É interessante notar que a própria CVM, no Parecer de Orientação CVM-30, de 30.9.96, reconhece que a taxa há de estar ligada ao custo do serviço prestado, ao afirmar:

"Dispõe, ainda, o referido § 1º do art. 100 que a companhia poderá cobrar pelo custo do fornecimento de certidões. A lei anterior (Decreto-lei n. 2.627/1940) já incluíra a mesma regra, estipulando, ademais, a cobrança de remuneração módica pelo serviço. A lei atual não repetiu esta qualificação do custo a ser cobrado.

"Nem por isso a companhia poderá dificultar o acesso do interessado às certidões, cobrando valores injustificáveis, *subentendendo-se que a cobrança há de ser compatível com o custo do serviço* (...)"(grifou-se).

6.30 De fato, muito embora afirmem algumas decisões judiciais que a CVM exerce suas funções fiscalizadoras de modo permanente, e não intermitente — e a CVM realmente fiscaliza as informações periódicas e as demonstrações financeiras das companhias abertas, as negociações realizadas e assim por diante —, a fiscalização da CVM há de ser concreta e individualizada, e não difusa. Explico-me. Diz o art. 149 da CF que compete exclusivamente à União instituir contribuições de "interesse das categorias profissionais ou econômicas", como instrumento de sua atuação nas respectivas áreas. Daí serem os advogados obrigados a pagar a contribuição para a OAB, que exerce uma fiscalização difusa sobre o exercício da profissão, agindo, as mais das vezes, por denúncia. Assim, embora nem todos os advogados sejam efetiva e individualmente fiscalizados pela OAB, todos têm que pagar a contribuição. Com a Taxa de Fiscalização o caso é diferente. Não basta que a CVM tenha poderes de fiscalizar e que os exerça em relação a tais ou quais empresas ou a tais ou quais negócios. É indispensável que essa fiscalização se exerça sobre todas as empresas das quais se quer cobrar a taxa, pois, como dito, *o fato gerador do tributo é o exercício da fiscalização*. Assim, se uma empresa fica sem realizar qualquer atividade ou negócio durante o período de um ano e se não sofre qualquer fiscalização direta da CVM, não pode ser contribuinte da taxa naquele ano.

6.31 Não obstante a jurisprudência de nossos TRFs e do próprio STJ sustentar que a referência ao patrimônio líquido das empresas contribuintes é mero expediente para enquadrá-las nos patamares das tabelas anexas à lei, entendemos que, na forma como a Tabela "A" foi concebida, o patrimônio líquido é, por via indireta, base de cálculo da taxa; e, ainda que fosse mero referencial, como querem essas decisões, é um referencial inadequado, porque totalmente desvinculado do custo que a efetiva fiscalização impõe à CVM, além de vinculado a elemento ligado ao contribuinte, o que é próprio de imposto, mas não de taxa.

6.32 A taxa de serviços apresenta dois pressupostos inarredáveis: a) que o serviço seja efetivamente prestado ao contribuinte ou que seja posto à sua disposição; b) que haja uma relação (ainda que não exata) entre o custo total do serviço e o valor da taxa cobrado de cada contribuinte.

6.33 A taxa cobrada em razão do exercício do poder de polícia apresenta, também, dois pressupostos inarredáveis: a) que o poder de polícia seja efetivamente exercido relativamente a determinado contribuinte (não bastando que o órgão público tenha tal competência e disponha de um departamento de fiscalização; é indispensável que a fiscalização efetivamente se exerça, e não que ela seja potencial, por poder se exercer); por isso, o dispositivo constitucional outorga tal competência "em razão do exercício do poder de polícia" (e não em razão da competência para exercer o poder de polícia), e a lei que criou a malsinada taxa diz que seu fato gerador é o exercício da fiscalização; b) seu valor há de estar, necessariamente, ligado ao custo que o serviço de fiscalização impõe ao órgão público; assim, em princípio, há que se verificar o custo homem/hora em função dos vários fatores que podem influir no custo do serviço, tais como as distâncias a percorrer, o número de estabelecimentos a fiscalizar, o volume de documentação a pesquisar e outros elementos ligados ao exercício da fiscalização. Jamais poderá o valor da taxa de polícia estar vinculado, direta ou indiretamente, quer como base de cálculo ou como referencial, a elemento pertinente ao contribuinte e estranho ao custo do serviço de fiscalização para o órgão público que o exerce.

6.34 É ainda Roque Carrazza quem preleciona: "Conquanto não haja uma perfeita adequação entre o custo da atividade estatal e o montante exigido a título de taxa, deve, no mínimo, haver entre ambos uma correlação lógica. Quero com isso destacar que, ao contrário do que acontece com os impostos, as pessoas políticas não podem criar taxas com o fito exclusivo de carrear dinheiro para os cofres públicos. Portanto, a taxa de serviço deve ter por base de cálculo a expressão econômica, ainda que aproximada, do serviço prestado ou posto à disposição do contribuinte; do mesmo modo, a lei que instituir a taxa de polícia deverá tomar por base de cálculo desse tributo a expressão econômica das diligências que levaram à prática do ato de polícia" (*RDT* 58/166).

6.35 O art. 7º da Lei 6.385/76 enumera os recursos de que disporá a CVM para custear as despesas necessárias ao seu funcionamento, e dentre tais recursos não se encontra — nem se poderia encontrar — a Taxa de Fiscalização, que, na realidade, não pode ter por finalidade custear as despesas necessárias ao funcionamento da CVM, mas apenas a de cobrir os custos do exercício da atividade de fiscalização. Se esse custo não é apurado, e a taxa é cobrada em função de elemento estranho ao exercício do poder de polícia — qual seja, o patrimônio líquido das sociedades sujeitas à fiscalização da CVM —, esta estará, de fato, utilizando tais recursos para o custeio de despesas de outra natureza, contrariando a lei que instituiu a taxa, cujo art. 2º declara que "constitui fato gerador da taxa o exercício do poder de polícia legalmente atribuído à Comissão de Valores Mobiliários — CVM". Portanto, sem o efetivo exercício da fiscalização não ocorre o fato gerador da taxa, e sem ocorrer seu fato gerador não surge a obrigação de pagá-la.

6.36 De várias formas tentaram nossas Constituições e o Código Tributário Nacional evitar que o Poder Público manipulasse as taxas para torná-las verdadeiros impostos. Mas, como vimos inicialmente, essas tentativas foram frustradas, porque as palavras da lei não eram suficientes para impedir a existência de brechas por onde a fértil imaginação fiscal escapava para conseguir iludir as peias que o sistema pretendia impor-lhe no tocante à cobrança de taxas. Assim, a única forma que temos para dar cumprimento aos mandamentos constitucionais é vê-los como guardiães de um sistema em que impostos e taxas têm naturezas e finalidades diversas e, assim, impedir o desvirtuamento do próprio sistema. Para tanto, não basta ver se a base tomada para cálculo das taxas se identifica com algum imposto existente no sistema ou se ela é própria de impostos; é preciso ir além e verificar se o valor de referência tomado para determinação do *quantum* da taxa não leva, indiretamente, a que se tomem elementos pertinentes ao contribuinte mas não ao serviço ou ao exercício da fiscalização.

6.37 Em recente entrevista concedida ao *Jornal do Brasil*, o ilustre Presidente da CVM faz declarações que jogam luz nova sobre a real natureza da Taxa de Fiscalização e reforçam nosso entendimento no sentido de que tal exação é inconstitucional.

6.38 Em resposta a críticas feitas à atuação da CVM por José Luís Bulhões Pedreira, disse o Presidente da CVM: "(...) Concordo que, se tivéssemos condições de dispor dos recursos, que hoje são arrecadados com a Taxa de Fiscalização do Mercado de Capitais, e que, pela estrutura orçamentária do país, não são disponíveis para a CVM (...)".

6.39 Comentando sobre esse esclarecimento do Presidente da CVM, disse Bulhões Pedreira: "É uma ilegalidade. O que ocorre é que uma taxa para uma determinada finalidade vai financiar o Tesouro".

6.40 Ao que respondeu o Presidente da CVM: "Essa é uma questão concreta. O nosso orçamento está atrelado ao Orçamento Geral da União, portanto (...)". E, depois de esclarecer que os recursos obtidos com a cobrança da Taxa de Fiscalização estão aplicados em títulos, prossegue: "Quando se aplica o dinheiro em títulos, você está colocando esse dinheiro na caixa única do Tesouro" (*Jornal do Brasil*, coluna "Pinga-Fogo/CVM na berlinda", 15.6.97, p. 24).

6.41 Fica, portanto, muito claro que a CVM não é efetivamente beneficiária dos recursos auferidos através da cobrança da Taxa de Fiscalização, cuja destinação deveria ser o financiamento do serviços de fiscalização que a ela incumbem.

6.42 Em decisão datada de 19.4.90 o STF declarou inconstitucional a sobretarifa de telecomunicações, porque ela não se destinava ao próprio concessionário que prestava os serviços, mas ia para um fundo que era administrado pela TELEBRÁS, sendo posteriormente integrada ao Orçamento Geral da União (TP, RE 117.315, rel. Min. Moreira Alves, *RTJ* 132/873).

6.43 Mutatis mutandis, uma Taxa de Fiscalização cujo fato gerador é o exercício do poder de polícia pela CVM e que tem o produto de sua arrecadação subtraído da CVM e integrado à caixa única do Tesouro, na realidade, não é Taxa de Fiscalização, mas imposto. E, como imposto, essa pretensa Taxa de Fiscalização não pode subsistir, porque, incidindo, ou sendo calculada, em função do patrimônio líquido das empresas colocadas sob a jurisdição da

CVM, constitui imposto novo, isto é, não incluído entre os que se acham enumerados no texto constitucional. Assim, só poderia ele ser validamente instituído por lei complementar (art. 154 da CF/88), com atendimento das condições estabelecidas nesse dispositivo constitucional. Ora, a Taxa de Fiscalização da CVM, como visto, foi instituída por lei ordinária (Lei 7.940, de 20.12.89), o que é suficiente para caracterizar-lhe a inconstitucionalidade.

6.44 Os apertos de caixa do Tesouro Nacional não podem ser resolvidos pelo aumento do imposto de renda e do IPI, porque esses dois impostos são compartilhados com Estados e Municípios e, assim, o produto de sua arrecadação não beneficiaria integralmente a União. Daí o recurso às "contribuições sociais", cujo produto não é compartilhado com as demais esferas de nossa Federação.

6.45 A vingar a Taxa de Fiscalização arrecadada pela CVM mas cujo produto se integra à caixa única do Tesouro, dentro em breve teremos a criação de uma centena de taxas de fiscalização, para serem arrecadadas por todos os órgãos federais, estaduais e municipais cujas atribuições incluam algum tipo de fiscalização, e calculadas em função do "patrimônio líquido" (mero elemento referencial...) das empresas fiscalizadas. E, assim, passaria o Tesouro a arrecadar fundos substanciais totalmente divorciados do custo efetivo do serviço de fiscalização.

6.46 Segundo entendemos, quer seja a taxa arrecadada pela CVM, quer seja arrecadada pela SRF, ela constituirá imposto na parcela que exceda o custo do serviço de fiscalização que deve financiar.

6.47 O STF, em sua composição plena, no julgamento do RE 167.992, além de declarar a inconstitucionalidade da "taxa de licenciamento de importação" criada pela Lei 2.145/53(com a redação da Lei 7.690/88), por violar o art. 145, § 2º, da CF, *assentou o princípio de que o valor da taxa há de estar referido à atuação estatal que constitui a sua hipótese de incidência* (*RTJ* 161/58 e ss.).

6.48 No julgamento do RE 182.737, que versa exatamente sobre a Taxa de Fiscalização cobrada pela CVM e que foi suspenso em razão do pedido de vista do Min. Marco Aurélio, o Relator, Min. Carlos Velloso, proferiu voto no sentido de que também às taxas se aplica o princípio da capacidade contributiva explicitado no art. 145 § 1º, do texto constitucional e que, assim, não haveria inconstitucionalidade na cobrança da indigitada taxa em função do patrimônio líquido das empresas.

6.49 Sobre o tema assim se manifestou o sempre lembrado Gilberto de Ulhôa Canto: "Outro ponto a destacar é a restrição dos princípios do caráter pessoal e observância da capacidade econômica fixados no § 1º do art. 145 apenas aos *impostos*. A limitação parece-me lógica pelas características da espécie tributária, que não pressupõe relação entre o contribuinte e qualquer serviço ou vantagem que o beneficie, de sorte que no caso das *taxas*, por exemplo, os serviços públicos específicos e divisíveis prestados ao contribuinte ou postos à sua disposição, como o exercício regular do poder de polícia, nada têm a ver com a capacidade econômica do contribuinte" (grifos do original) (in "Capacidade contributiva", *Cadernos de Pesquisas Tributárias* 14/11 e 12, São Paulo, Resenha Tributária, 1989).

6.50 Mesmo que se admita a aplicação do princípio da capacidade contributiva às taxas, como fazem alguns doutrinadores, ainda quando o art. 145, § 1º, da CF/88 fale em *impostos*, parece indispensável que o elemento de exteriorização da capacidade contributiva tenha relação direta com a fiscalização exercida pelo órgão público. Assim, admissível seria tomar-se o número de estabelecimentos(como previsto na Tabela "C" da própria Lei 7.940/89) ou o número de operações a fiscalizar, mas jamais o patrimônio líquido, que não guarda relação necessária com a fiscalização, sendo certo que uma empresa pode ter volumoso patrimônio líquido e mínima atividade operacional a ser fiscalizada, como, inversamente, pode ter diminuto patrimônio líquido mas estar em grande atividade operacional, que exija estrita fiscalização da CVM.

6.51 Em conclusão: a Taxa de Fiscalização cobrada pela CVM, na forma da Tabela "A" , mostra-se inconstitucional por diversos motivos: *em primeiro lugar* porque toma por referencial o "patrimônio líquido" do contribuinte, que, obviamente, nenhuma relação guarda com o custo do serviço de fiscalização; *em segundo lugar* porque, na forma como elaborada a Tabela "A", o "patrimônio líquido" é, embora de forma indireta, base de cálculo da taxa, fato que viola o art. 145, § 2º, da CF/88; *em terceiro lugar* porque a CVM não dispõe de recursos humanos suficientes para fiscalizar todos os contribuintes que a lei põe sob sua vigilância, o que leva à conclusão de que a taxa é cobrada sem que haja o efetivo exercício do poder de polícia (fato gerador da taxa) relativamente a todos os seus contribuintes; *em quarto lugar* porque o produto da arrecadação da taxa não se destina integralmente à CVM, mas se integra no Orçamento Geral da União, o que demonstra que sua destinação efetiva não é custear o serviço de fiscalização, mas financiar o Tesouro; *em quinto lugar* porque todo valor que exceda o custo do serviço de fiscalização é, efetivamente, um imposto sobre o patrimônio das empresas fiscalizadas, embora cobrado sob a denominação de taxa, inexistindo lei complementar que tenha autorizado a criação de tal imposto; e, *finalmente*, porque, ainda que se admita a aplicabilidade do conceito de "capacidade contributiva" às taxas (lendo-se "tributos" onde o art. 145, § 1º, da CF/88 fala em *impostos*), o elemento exteriorizador dessa capacidade deve ter relação direta com a fiscalização exercida pelo Poder Público, o que não ocorre com o "patrimônio líquido" das empresas, elemento estranho à intensidade, extensão ou freqüência da ação fiscalizadora da CVM.

CADERNOS DE DIREITO TRIBUTÁRIO

CERTIDÃO NEGATIVA: TERATOLOGIA JURÍDICA

EDUARDO MARCIAL FERREIRA JARDIM

1. Introdução

A certidão negativa de tributos representa documento comprobatório da inexistência de débitos por parte do contribuinte em relação à Fazenda Pública.

Instrumento tão a gosto da burocracia ineficiente, encontra-se contemplado em inúmeros textos normativos, desde o Texto Excelso — art. 195, § 3º, bem como em diplomas infraconstitucionais de índole nacional, a teor do Código Tributário Nacional e da Lei de Licitações — até em legislações ordinárias de tributos específicos, além de decretos e atos administrativos. A Carta Magna versou a matéria ao estatuir que a contratação com o Poder Público somente poderá ser efetivada por contribuinte que não tenha débito com a Seguridade Social.

O Código Tributário Nacional trata do assunto por meio do art. 205, ao estabelecer que a lei poderá exigir a prova da quitação de tributos por meio de certidão negativa, a qual deverá ser expedida no prazo de 10 dias a contar do respectivo pedido.* Mercê de sua condição de lei de natureza nacional, o Código se limita a estabelecer os parâmetros norteadores do assunto, deixando ao talante do legislador ordinário o mister de implementar a matéria.

A Lei de Licitações, de seu turno, cataloga a prova de regularidade fiscal como um dos requisitos necessários à fase de habilitação. Já no plano da legislação dos tributos por espécie, a certidão emerge como exigência imprescindível para que os contribuintes possam realizar uma série de operações, a exemplo de venda e compra de bens móveis do ativo, bens imóveis, contrato com o Poder Público e inúmeras outras. Embora a exigência de certidões negativas seja pacificamente aceita pela comunidade social, considero-a inaceitável como condição para que o contribuinte possa realizar determinados atos jurídicos. Com efeito, darei pressa em questionar algumas situações específicas em que a aludida certidão representa requisito necessário para a concretização de determinados desígnios do contribuinte, particularmente as seguintes: participação em procedimen-

* "Art. 205. A lei poderá exigir que a prova da quitação de determinado tributo, quando exigível, seja feita por certidão negativa, expedida à vista de requerimento do interessado, que contenha todas as informações necessárias à identificação de sua pessoa, domicílio fiscal e ramo de negócio ou atividade e indique o período a que se refere o pedido.

"Parágrafo único. A certidão negativa será sempre expedida nos termos em que tenha sido requerida e será fornecida dentro de 10 (dez) dias da data da entrada do requerimento da repartição."

to licitatório, contrato com o Poder Público e alienação de bens.

2. Comentos genéricos

Suponha-se a seguinte situação: num procedimento licitatório a empresa "A" apresenta a proposta mais vantajosa, pois desfruta de condições para realizar a obra — objeto da licitação — por menor custo e em menor espaço de tempo que os demais proponentes, além de encontrar-se credenciada a fazê-lo com qualificação técnica inigualável, em face de sua experiência e tradição. Nada obstante, a aludida empresa seria excluída do procedimento por ausência da certidão negativa.

Imagine-se, também, que o óbice no tocante à obtenção do referido documento não decorra da circunstância de o contribuinte ser um devedor contumaz ou um sonegador, até porque a precariedade do controle de débitos por parte da Fazenda Pública, não raro, enseja o registro de débitos inexistentes. Posto isto, chega-se à seguinte conclusão: a empresa que reúne condições de realizar uma dada obra pública por melhor preço, mais rapidamente e com melhor instrumentação tecnológica não poderá fazê-lo em virtude da falta da certidão negativa!

Como se vê, o interesse público fica prejudicado em virtude de uma formalidade burocrática destituída de qualquer sentido lógico. Aliás, esse anacronismo medieval traduz um meio pelo qual a Fazenda Pública procura suprir a sua falta de capacitação no sentido de bem gerenciar a tributação. Quer dizer, embora a ordem jurídica coloque instrumentos ágeis e eficazes em prol da Fazenda Pública para que esta busque a satisfação de seus créditos tributários, ela se mostra incapaz de bem exercer legitimamente as suas prerrogativas e, por isso, culmina por recorrer a uma fórmula mais confortável, vale dizer, por meio da exigência da certidão negativa, ainda que essa via afronte direitos e garantias do contribuinte. Deveras, na hipótese tematizada a bisesdrúxula exigibilidade acutila prerrogativas constitucionalizadas do contribuinte, seja o direito ao exercício de qualquer trabalho, ofício ou profissão, gizado no art. 5º, XIII, sejam aquelas relativas ao livre exercício de qualquer atividade econômica, contempladas, diga-se de passo, no parágrafo único do art. 170 do Texto Excelso. Nem se alegue que o disposto no art. 170 autorizaria a certidão negativa em virtude da cláusula *nos termos da lei,* máxime porque a norma integrativa jamais poderia contradizer o substrato do comando.

Sobremais, a igualdade entre os contribuintes não repousa na existência ou não de débitos tributários, mas da própria condição de sujeitos passivos de obrigação tributária. Ao demais, sublinhe-se, a eventual existência de débitos não guarda nexo plausível que autorize discriminar contribuintes no tocante ao direito de participar de certame licitatório, bem como contratar com o Poder Público ou alienar bens.

Noutras situações a aludida aberração obsta à alienação de bens móveis ou imóveis do contribuinte, consoante dispõe o art. 47, I, "b" e "c", da Lei 8.212, de 24.7.91, afrontando, destarte, as garantias retrocitadas, sobre desrespeitar o direito de propriedade, o qual, a teor dos demais, simboliza apanágio inscrito no Diploma Excelso.

A exigência de certidão negativa concernente à Seguridade Social para efeito de contratar com o Poder Público, por sua vez, exprime norma constitucional — no caso, o art. 195, § 3º, o qual, entrementes, antolha-se absolutamente incompatível com o direito ao livre exercício de atividade econômica, conjugado com a igualdade, os quais representam arquiprincípios constitucionais genéricos, asseguradores de direitos e garantias, sobre qualificados como cláusulas pétreas e que, por isso mesmo, não podem ser invalidados nem mesmo por norma constitucional que não revista a feição de princípio, como é o caso da regra ora discutida. A bem ver, diga-se, *à vol d'oiseaux*, a existência de norma constitucional inconstitucional se verifica sempre que ocorrer um entrechoque insuperável entre uma norma-princípio e uma simples norma. Ninguém teria dúvida, por exemplo, de que a norma consagradora da forma federativa de Estado ocupa um patamar superior em relação à norma constitucional que trata das práticas desportivas não-formais, assim como o jogo de peteca ou tênis de praia ou afins. Isso se dá em virtude do campo de abrangência racional imerso no conteúdo daquele postulado constitucional, cujo comando irradia seus efeitos para todos os recantos do universo jurídico, diferentemente, pois, em relação ao segundo dispositivo retrocitado.

3. *A exigência de certidão negativa de tributos ao lume de primados constitucionais*

Conforme prefalado, a exigibilidade de certidões negativas, a exemplo do quanto consta em diplomas de índole tributária e administrativa, exprime absurdez vitanda, absolutamente incompaginável com uma série de princípios constitucionais, dentre eles o postulado assegurador do livre exercício de qualquer trabalho, ofício ou profissão, gravado no art. 5º, XIII, o primado proclamador da livre atividade econômica, insculpido no art. 170, parágrafo único, bem como o vetor que prestigia o direito de propriedade e o direito concernente à igualdade.

Por conseguinte, nas dobras deste estudo, a exigência de certidão negativa de débitos tributários será submetida ao crivo dos princípios normativos retrocitados, os quais não podem ser infirmados por legislação infraconstitucional, conforme verificado no direito pátrio. O escopo destas reflexões hospeda o desígnio de mostrar, à saciedade, o quão absurda se depara a referida exigibilidade.

Posto isto, passemos ao exame dos mencionados princípios constitucionais intersertos nos arts. 5º, XIII; 170, parágrafo único; 5º, XXII; e 150, II.

3.1 Liberdade de trabalho, ofício ou profissão, observadas as qualificações estatuídas em lei, ao consoar do quanto dispõe o art. 5º, XIII

a) *Avaliação da locução "qualquer trabalho, ofício ou profissão"* — Deveras, o comando imerso no art. 5º, XIII, do Texto Excelso consagra o livre exercício de qualquer trabalho, ofício ou profissão, atendidas as qualificações profissionais que a lei estabelecer.

Preambularmente, cumpre firmar o alcance das locuções "trabalho, ofício ou profissão", contidas na fraseologia do aludido mandamento constitucional sob exame.

Com efeito, a carga semântica das aludidas expressões diz respeito não só às pessoas físicas, como também às pessoas jurídicas. Nesse sentido, aliás, é o magistério abalizado de Pinto Ferreira, que abraça incisivamente o ponto de vista ora exposto. Ao versar o assunto, num primeiro momento, o emérito jurista se reporta à doutrina francesa, bem assim a doutrinador pátrio, encampando, pois, a opinião retrocitada. São suas palavras: "O conceito de liberdade de profissão, de origem francesa, é amplo e abrange a liberdade de comércio e a de indústria. No Brasil, ambas são apenas facetas diversas de um mesmo direito, como relembra Alcino Pinto Falcão, complexo de subgênero" (in *Comentários à Constituição Brasileira*, v. I, São Paulo, Saraiva, p. 88). Ao diante, o renomado autor torna a invocar a doutrina comparada — agora, a alemã —, e nessa trilha menciona o pensar de Hans Juergen Abraham, para quem: "A liberdade de profissão não é somente a liberdade de exercer determinada profissão, pois cabe também às pessoas jurídicas" (*Bonner Kommentar*, Hamburg, 1950). Outrossim, sublinhando o seu entendimento, Pinto Ferreira aduz que "o preceito constitucional é amplo e abrangente, para assegurar a liberdade de escolha de profissão ou tipo de trabalho, indústria ou comércio, extensivo às pessoas jurídicas". Rematando, sublinha: "O exercício da atividade mercantil baseia-se destarte no preceito constitucional da liberdade de profissão" (*RT* 306/767).

Ante os comentos expostos, fulcrados em doutrinadores de tomo, torna-se lídimo depreender que a liberdade relativa a qualquer trabalho, ofício ou profissão tem como destinatários tanto pessoas físicas como jurídicas. Tais considerações objetivam mostrar que o referido preceito representativo de direitos e garantias individuais — e, por isso mesmo, categorizado como cláusula pétrea — enlaça também as pessoas jurídicas, as quais haverão de permanecer a salvo de restrições indevidas, nem mesmo em normas constitucionais não qualificadas como princípios, e muito menos no plano infraconstitucional. Por isso, é lídimo dessumir que a prerrogativa de participar de licitações ou de contratar com o Poder Público não pode ser objeto de qualquer coartação, sob pena de negação do referido princípio constitucional.

b) *Apreciação da cláusula "atendidas as qualificações profissionais que a lei estabelecer", gizada nas dobras do art. 5º, XIII* — Em primeiro lugar, força é reconhecer que o epíteto da norma constitucional *in casu* culmina por imprimir-lhe aspecto eficacial relativo e suscetível de restrição. Equivale dizer, trata-se de regra que opera os seus efeitos desde logo, embora passível de restringência por norma integrativa infraconstitucional.

Firmada a *eficácia restringível*, na esteira das lições de Maria Helena Diniz e Michel Temer, ou *contida*, consoante predica José Afonso da Silva, importa agora delimitar a fronteira da aludida restringibilidade, tudo com o desígnio de demonstrar que a exigência de certidões negativas para determinadas finalidades acutila o primado constitucional objeto das presentes reflexões.

A liberdade no tangente ao trabalho, ofício ou profissão pode sofrer modelações infraconstitucionais, desde que a norma integrativa estipule a exigência de qualificação profissional própria a determinado mister ou que estatua condição preordenada a proteger o interesse público nas áreas da segurança e da saúde. Exemplifica a primeira hipótese a profissão de advogado, médico, engenheiro, contador e outras, para as quais é imprescindível uma habilitação especial. Ilustra a segunda a instalação de indústria pirotécnica e a industrialização de produtos farmacêuticos, dentre outras, uma vez que o legislador infraconstitucional deve expedir normas volvidas a compatibilizar o exercício da atividade com a segurança pública e com a saúde pública.

Por óbvio, o tema circunscreve-se ao âmbito das atividades lícitas, pois as ilícitas não se situam no campo da restringência, mas da proibição, a teor do quanto ocorre à luz da legislação penal e contravencional. Retomando o âmbito das atividades lícitas, é evidente que o legislador infraconstitucional pode e deve delimitar o direito ao livre exercício de qualquer trabalho, ofício ou profissão, fazendo-o nos estritos balizamentos dispostos no Diploma Magno, falecendo-lhe poderes, logicamente, para condicionar a aludida liberdade ao cumprimento de requisitos estranhos à qualificação profissional ou desconectados com a segurança pública ou a saúde pública.

Por isso, no respeitante à qualificação, por exemplo, é legítima a norma que exige o título de bacharel em Direito e a conseqüencial inscrição na Ordem dos Advogados como requisito imprescindível para o exercício da Advocacia. É pertinente também a existência de legislação vedando a atividade advocatícia em zonas estritamente residenciais. Como se vê, os exemplos oferecidos cogitam de normas restritivas, mas de indisputável legitimidade, porquanto guardam estreita correlação lógica com o interesse público, resguardando o exercício da profissão em sua plenitude.

Da mesma forma, no tangente à delimitação de trabalho, ofício ou profissão em função do interesse público relativo à segurança e à saúde, o legislador pode e deve editar normas compaginando os dois pólos, jamais instituindo uma exigência alheia aos quesitos mencionados, utilizando-a sob pretexto para colimar outros objetivos.

Em suma, a legitimidade da norma restringível condiciona-se à existência de inexorável correlação lógica entre a exigência por ela estipulada e a finalidade por ela perseguida. Por outro lado, se o preceito instituir uma exigência que desatenda ao aludido nexo plausível, haverá irremediável ofensa ao substrato do direito ao livre exercício de qualquer trabalho, ofício ou profissão e conseqüencial inconstitucionalidade do dispositivo com esse timbre.

3.2 Exercício da livre atividade econômica, plasmado no art. 170, parágrafo único

Em consonância do quanto sustentado em tópico precedente, o art. 5º, XIII, compreende como destinatário não só o trabalho em sua manifestação individual e personalizada, mas aloja também a pessoa jurídica em sua atividade civil e mercantil.

Não bastasse o teor daquele dispositivo, o *caput* do art. 170 atribui à livre iniciativa a feição de um dos primados da ordem econômica e financeira, enquanto o parágrafo único do aludido comando prestigia explicitamente o postulado da liberdade relativa à atividade econômica particularmente no concernente à organização de empresas.

Destarte, não padece dúvida no tocante à amplitude da livre atividade econômica entre nós, convindo ponderar que o constituinte versou a matéria por meio de norma de eficácia relativa restringível, donde o legislador infraconstitucional detém poderes para delimitar o seu campo eficacial. Por outro lado, contudo, não se pode olvidar que a regra integrativa jamais poderá negar a quintessência do comando constitucional que lhe incumbe restringir, sob pena de incorrer em manifesta inconstitucionalidade. Logo, ao considerar que a norma *in casu* condicionou o exercício de determinadas atividades ao talante do legislador infraconstitucional, fê-lo no sentido de proteger o interesse público no tangente à segurança, à salubridade, à educação e valores afins. Exemplificando: a norma restritiva pode e deve compatibilizar o interesse público no tocante à segurança com a atividade econômica de pirotecnia, até porque atividades desse jaez haverão de merecer regulação especial por parte do Estado. No exemplo ofertado, a legislação infraconstitucional não poderia ultrapassar os limites da segurança pública, senão atritaria o postulado assegurador da livre atividade econômica.

O dispositivo constitucional, a bem ver, mereceu oportunos reproches de Celso Bastos, que chegou a sugerir a sua exclusão do Texto Supremo, uma vez que sua ambigüidade poderia induzir o legislador a exercer um grau de discricionariedade intolerável com a gênese do mandamento ora examinado (in *Comentários à Constituição do Brasil*, v. 6, t. I, São Paulo, Saraiva, pp. 38 e ss.).

Como se vê, a objurgatória retrocitada afigura-se procedente por todos os títulos, uma vez que a exigência de certidão negativa de tributos traduz forma odiosa e impertinente pela qual a potestade estatal contraria o livre exercício da atividade econômica, no que ultraja valores constitucionalizados.

Em abono ao asserto suscitado, o direito comparado nos dá notícia segundo a qual os princípios gerais norteadores da ordem econômica se encontram constitucionalizados em muitos países, a exemplo da Argentina, Itália, México, Portugal, Uruguai e Venezuela, dentre outros, onde, ao revés do caso brasileiro, o constituinte não investiu o legislador infraconstitucional de poderes para restringir a dimensão da liberdade relativa à atividade econômica, ficando, assim, a salvo das nossas vicissitudes tão bem questionadas por Celso Bastos. Cabe reiterar o quanto exposto em tópicos precedentes, na dimensão em que a livre atividade econômica não comporta restrição atinente ao direito de tomar parte em licitações ou no concernente à contratação com o Poder Público.

3.3 O direito de propriedade constitucionalizado no art. 5º, XXII

O comando susomencionado contempla o direito de propriedade como um dos vetores constitucionais categorizados no rol dos direitos e garantias individuais.

Com efeito, em sua acepção romanística o direito de propriedade hospeda o *jus utendi, fruendi et abutendi*, vale dizer, o direito pelo qual as pessoas podem usar, fruir e dispor de bens corpóreos ou incorpóreos, fazendo-o com plenitude e exclusivismo.

O direito de usar consiste em obter da coisa as utilidades por ela oferecidas sem alteração de sua substância, a exemplo do que ocorre quando alguém reside no imóvel do qual é proprietário.

Já o direito de fruir significa obter da coisa os seus frutos, a teor dos rendimentos dos aluguéis de um imóvel, recebidos pelo seu proprietário.

Finalmente, o direito de dispor traduz a faculdade de consumir, transformar ou alienar um determinado bem. Exemplifica o caso a hipótese pela qual o proprietário resolve alienar ou demolir determinado imóvel situado em seu domínio.

Feitos esses comentos conceptuais, importa sublinhar que o direito de propriedade não é absoluto, encontrando-se, pois, suscetível de desapropriação por necessidade ou utilidade pública ou interesse social, assujeitando-se, outrossim, ao cumprimento da função social, sob pena de sanções ou, mesmo, de expropriação.

Tirantes as hipóteses retroenumeradas, é vedado ao legislador infraconstitucional estabelecer qualquer outra restrição ao exercício do direito de propriedade.

Obviamente, por considerar que a certidão negativa de débitos tributários não guarda qualquer relação com o instituto da desapropriação ou com a hipótese relativa à função social da propriedade, força é depreender que a sua exigência exprime providência tendente a restringir o direito de propriedade, com a agravante de fazê-lo na manifesta contramão do figurino constitucional. Por essas razões, somadas às demais já enunciadas, a legislação infraconstitucional — quer a complementar, quer a ordinária — agride de maneira contundente o Texto Excelso enquanto estipula a exigibilidade de certidões negativas como antessuposto para a alienação de imóveis, o que, desde logo, ofende o direito de propriedade, sobre afrontar, não raro, o próprio postulado da livre atividade econômica, porquanto, vez por outra, o resultado da operação de venda e compra pode representar uma forma de obtenção de recursos para o desempenho daquele mister.

3.4 Igualdade tributária insculpida no art. 150, II, da CF

Na seara tributária o princípio da igualdade ganha matizes sobremodo expressivos. Deveras, o primado da igualdade, com latitude genérica e abrangente, já impera sobranceiro em virtude de sua consagração interserta no *caput* do art. 5º da *Lex Legum*.

Com efeito, ao lado do conteúdo vinculante já contido no postulado da igualdade, genericamente considerada, o constituinte retrilhou o assunto no art. 150, II, comunicando um grau de rigidez extremo ao aludido princípio constitucional.

Obtempere-se que o texto contido no *caput* do art. 5º da *Lex Legum* já opera efeitos em todos os segmentos normativos, pois o constituinte prestigiou o princípio da igualdade com cores vivas, vedando a discriminação de qualquer natureza, daí a sua incontendível plenitude, que, logicamente, alcança também a órbita tributária.

Consoante noção cediça, a observância da igualdade pressupõe desigualação, donde exsurge como questão tormentosa identificar a idoneidade do discrímen adotado para realizar os desígnios do aludido princípio constitucional.

Na esteira de Celso Antônio Bandeira de Mello, que melhor versou o assunto, a desigualação somente será legítima se o discrímen guardar uma correlação lógica com a finalidade então perseguida. Segundo a linguagem do festejado jurista, esse enlace se dá por intermédio do chamado *nexo plausível*. Realmente, a igualdade repousa na coerência da desigualação, até porque as regras jurídicas são discriminadoras por excelência.

Em exemplário armado ao propósito, pode-se afirmar que ninguém insurgir-se-ia contra o princípio normativo segundo o qual, excetuada a hipótese de *habeas corpus*, somente advogados podem postular perante o Judiciário, fato reconhecido até por pessoas sem formação em Direito. Todavia, nem todos se deram conta de que essa regra, assim como incontáveis outras, abriga induvidosa discriminação, pois impede que médicos, engenheiros ou cidadãos sem habilitação específica possam atuar em juízo.

Ressalta à evidência a legitimidade da apontada desigualação, ainda que de modo intuitivo. Outrossim, importa pontuar que não é a simples intuição ou o bom senso que tornam a discriminação lídima, mas, sim, o denominado *nexo plausível*, ou seja, a correlação lógica entre o pressuposto — habilitação e credenciamento — e a finalidade, esta substanciada na prerrogativa de demandar na Justiça.

O mesmo ocorre nos mais variados planos da vida social, a teor da norma que exige habilitação específica para conduzir veículos, ou a regra que requer habilitação para pilotar aeronaves, incumbindo à norma, pois, discriminar sempre, embora obedecendo ao binômio *nexo plausível*, em obséquio ao altaneiro postulado constitucional da igualdade.

Ante a dimensão do princípio da igualdade, dentro do balizamento do nexo plausível, força é depreender que o aludido vetor constitucional não se compadece com a discriminação consistente em exigir certidão negativa de contribuintes para a realização de operação de venda e compra de bens, ou participação em procedimentos licitatórios, ou ainda contratação com o Poder Público.

Ao propósito, não há qualquer relação lógica entre a existência ou inexistência de débito tributário e as finalidades retromencionadas. Obviamente, o adimplemento ou inadimplemento do contribuinte em relação à Fazenda não traduz antessuposto compatível com o objetivo consistente em alienar bens ou participar de licitações ou quaisquer outras retroassinaladas. De conseguinte, é lídimo concluir que a exigência de certidão negativa afronta o postulado da igualdade, já em sentido genérico, senão também na sua significação específica.

4. Outras considerações

Tirantes os aspectos das inconstitucionalidades que circundam a exigência de certidão negativa de tributos com relação a determinadas situações, o assunto não se escoima de outras vicissitudes que também comprometem direitos dos contribuintes.

Destarte, fazendo abstração das inconstitucionalidades indicadas, se por hipótese não houvesse um desconcerto irremovível entre a referida exigência e o Texto Excelso, mesmo assim à questionada exigibilidade faleceria densidade jurídica.

O asserto justifica-se na proporção em que o Poder Executivo descumpre o prazo legal de 10 dias estatuído no parágrafo único do art. 205 do CTN, o qual é contado a partir da entrada do requerimento na repartição competente.

É sempre oportuno grafar que o aludido decurso temporal não representa uma faculdade da Administração, mas um dever, em consonância, aliás, com a própria natureza da função administrativa, cuja seiva consiste na expedição de atos infralegais, nos angustos termos da lei. Essa observação não escapou da arguta reflexão de Yoshiaki Ichiara, que assim atremou: "No sistema jurídico brasileiro, a exigência das certidões negativas representa, em realidade, um poder-dever da Administração. Em alguns casos, a Administração Pública pode exigir a apresentação da certidão negativa; entretanto, tem sempre o dever de fornecê-la" (*Direito Tributário — Uma Introdução*, 1ª ed., São Paulo, Atlas, 1980, p. 141). Inobstante não concorde com a admissibilidade da exigência, como quer o autor citado, abraço, no mais, o seu acurado ponto de vista.

Por vezes, ainda, a Fazenda aponta o débito, mas não fornece o documento correspondente, dificultando, assim, a obtenção de prova tendente a lastrear a impetração de mandado de segurança, acaso equivocado o entendimento administrativo.

Por conseguinte, se configurado o descumprimento omissivo ou mesmo comissivo por parte da Fazenda Pública, resta ao desafortunado contribuinte bater às portas do Judiciário, o qual, não raro, resolve ouvir a autoridade coatora antes de decidir sobre a concessão da liminar, rendendo margem, por essa forma, a inexorável comprometimento de direito inalienável dos contribuintes.

Em suma, admitida a possibilidade de obtenção da certidão em juízo, empós o exaurimento do prazo decendial perante a Administração, num primeiro momento, e depois do trâmite processual, ouvida a autoridade coatora, o aludido documento seria disponibilizado extemporaneamente, pelo quê, por essa ótica, também, configurar-se-ia mais uma afronta a direito do contribuinte. Nem se diga que o contribuinte teria o resguardo do art. 207 do CTN, enquanto este comando dispensa a apresentação do documento comprobatório da quitação de tributos na hipótese de o contribuinte encontrar-se em situação suscetível de perecimento de direito. A bem ver, essa norma não é respeitada *sponte propria*, o que obriga o contribuinte a bater às portas do Judiciário, ficando, por conseguinte, exposto ao comprometimento de seus direitos em face do descompasso temporal entre a necessidade da certidão e a possível solução advinda da edição de norma individual. Merece lembrar, também, casos em que o contribuinte nada deve, mas a Fazenda Pública registra débito inexistente, compelindo-o a comparecer ao órgão da arrecadação e à Procuradoria da Fazenda, sujeitando-se a filas ainda pela madrugada, condicionadas a senhas, como se estivéssemos em estado de guerra, violando valores constitucionalizados. Por incredível que possa parecer, tais fatos se verificam amiúde, em face de erro da Fazenda, e não do contribuinte.

5. Conclusões

5.1 A exigibilidade de certidão negativa de tributos como requisito indispensável para a alienação de bens ofende o direito de propriedade, pois restringe indevidamente um dos substratos daquele primado constitucional — no caso, o *jus abutendi*.

5.2 Quando a certidão é exigida na fase de habilitação em procedimento licitatório ou na contratação com o Poder Público, verifica-se manifesta afronta ao postulado da liberdade de qualquer trabalho, ofício ou profissão, bem como ao vetor da livre atividade econômica, porquanto os postulados em apreço, mercê de sua condição de normas-princípios cristalizadas como cláusulas pétreas, se afiguram insuscetíveis de restrições por simples normas constitucionais, muito menos por disposições infraconstitucionais dessa têmpera, máxime porque as apontadas restringências implicam profanar valores constitucionalizados.

5.3 Outrossim, a exigência da aludida certidão macula o direito relativo à igualdade, quer em sentido genérico, quer em acepção estritamente tributária, uma vez que o discrímen representado pela *certidão* não guarda qualquer correlação lógica com referência às finalidades que ensejam sua exigência, vale dizer, disposição de bens, exercício da livre atividade econômica, participação em certame licitatório ou contratação com o Poder Público.

5.4 Afora a induvidosa inconstitucionalidade que permeia a exigência de certidões negativas de tributos, impende considerar, outrossim, que os órgãos da Fazenda Pública, ou os que lhes fazem as vezes, não cumprem o mandamento estatuído no parágrafo único do art. 205 do CTN, uma vez que não expedem a certidão no decêndio legal, conforme determina o comando retrocitado — fato, diga-se de passo, agravado pela ausência de mecanismos administrativos ou judiciais que assegurem o exercício temporâneo do direito do contribuinte.

5.5 O parecer ora propugnado encontra ressonância nas lições autorizadas de Luciano Ferreira Leite, Oswaldo Caron e Régis Fernandes de Oliveira, que, ao analisarem o capítulo relativo às certidões negativas, assim se pronunciaram: "Na aplicação da lei — é preceito do art. 5º da Lei de Introdução ao Código Civil — o juiz atenderá aos fins sociais a que ela se dirige e às exigências do bem comum. Ora, a finalidade do preceito em exame outra não será senão a de precaver o fisco contra a sonegação do imposto. Portanto, desde que se comprove a inscrição do contribuinte, comprovado estará que o fisco já se encontra habilitado para exercer a arrecadação pelos meios que lhe são próprios, mesmo porque, como argumentou o eminente Des. Medeiros Júnior, relator do acórdão proferido na Ap. cível n. 118.622, de São Paulo, publicado na *RT* 404/227 e *Julgados* VIII/42, são de todos conhecidas as dificuldades que se antepõem à obtenção de certidões negativas, por isso que tomar o preceito do artigo ao pé da letra seria dificultar com demasias injustas o exercício legítimo de um direito. Com esses argumentos a 5ª Câmara deste mesmo Tribunal deu como satisfeita a exigência legal em hipótese em que o agravante não conseguira a prova da quitação do imposto do exercício imediatamente anterior à propositura da ação, negando provimento ao agravo" (*Jurisprudência Tributária — Código Tributário Nacional*, v. 2º, São Paulo, Max Limonad, 1977, p. 1.085).

5.6 À derradeira, pondero que a irresignação enunciada diz respeito à exigibilidade da certidão negativa para o exercício de determinados direitos, restando legítima, todavia, enquanto guarda interesse do contribuinte no sentido de certificar-se de sua situação perante a Fazenda Pública. Aliás, esse aspecto da certidão já foi lembrado por Baleeiro (*Direito Tributário Brasileiro*, 4ª ed., Rio de Janeiro, Forense, 1972, p. 562), sendo, ao depois, encampado pelo Diploma Magno promulgado em outubro de 1988, conforme oportuna observação de Aurélio Pitanga Seixas Filho (in *Comentários ao Código Tributário Nacional*, obra coletiva coordenada por Carlos Válder do Nascimento, Rio de Janeiro, Forense, 1997, p. 503).

6. Propostas

6.1 O contribuinte desfruta do direito de impetrar mandado de segurança preventivo objetivando afastar a esquipática exigência consubstanciada em certidões negativas de tributos.

6.2 As entidades qualificadas no art. 103 do Texto Excelso podem deflagrar a ação direta de inconstitucionalidade almejando expungir do sistema a questionada exigência da certidão negativa de tributos.

6.3 Por derradeiro, resta a possibilidade metajurídica, segundo a qual o Congresso Nacional pode revogar as normas que versam sobre a debatida exigibilidade.

CADERNOS DE DIREITO TRIBUTÁRIO

ANOTAÇÕES SOBRE O CABIMENTO DA ANTECIPAÇÃO DE TUTELA EM MATÉRIA TRIBUTÁRIA

JAMES MARINS

Professor de Direito Financeiro e Tributário da PUC-PR
– Coordenador da Pós-Graduação em Direito Tributário e Processual Tributário da PUC-PR
– Professor Licenciado da Faculdade Paulista de Direito da PUC-SP
– Membro da Academia Brasileira de Direito Empresarial – Advogado em Curitiba

1. Efetividade da tutela judicial em matéria tributária como tendência hodierna nos sistemas jurídicos ocidentais. 2. Mandado de segurança, ação cautelar e antecipação de tutela em matéria tributária. 3. Probabilidade; âmbito da antecipação; conteúdo da satisfatividade em matéria tributária; reversibilidade. 4. A suspensão de exigibilidade do crédito tributário através de antecipação de tutela, inexistência de óbice legal. 5. Breve panorama jurisprudencial sobre antecipação de tutela em matéria tributária.

1. Efetividade da tutela judicial em matéria tributária como tendência hodierna nos sistemas jurídicos ocidentais

A profunda transmudação que marca os sistemas jurídicos contemporâneos exige a constante atualização no trato das disciplinas jurídicas, quadro em que o Direito Processual assume especial relevo diante do crescente anseio pela justiça, coletiva ou individual; aspirações legítimas que quando frustradas, terminam por ser deduzidas diante do Poder Judiciário, de cujas funções espera-se adequada efetividade.

Nesta crescente aspiração por efetiva justiça insere-se a incansável busca pelo Direito justo, e, a partir disso, busca-se a afirmação de um Direito Tributário justo como forma de florescimento e distribuição da justiça tributária sob o ponto de vista do Direito,[1] reclamando a adequada construção da disciplina jurídica do Direito Processual Tributário. Tal é a grandeza de que se reveste esta disciplina, que para Enrico Allorio[2] deve ser enfrentada como verdadeiro *banco de provas do Direito Processual Civil* enquanto que para Francesco Carnelutti, em texto magistral do início dos anos 30, o Processo Tributário expõe à prova o próprio Direito Público moderno.[3-4]

1. José Juan Ferreiro Lapatza, *Curso de Derecho Financiero Español*, Ed. Marcial Ponz, 18ª ed., Madrid, 1996, p. 323.

2. Enrico Allorio, *Diritto Processuale Tributario,* Torino, Unione Tipografico, 4ª ed., 1963, p. 10.

3. Francesco Carnelutti, "Introduzione allo studio del diritto processuale tributario", p. 112., in *Riv. Dtto. Proc. Civ.*, n. 2, 1932.

4. Sainz de Bujanda, *Sistema de Derecho Financiero*, Madrid, Ed. Facultad de Derecho de la

Dessarte, pode-se afirmar, de forma ampla, que a teorização do Processo Tributário deve ser concebida de modo a adotar forma apta a conferir *plena efetividade a postulados de espeque constitucional*[5] – princípios de Direito justo – como a legalidade e a tipicidade em matéria tributária[6] (princípios formais que têm por finalidade galvanizar e materializar os princípios materiais da isonomia, generalidade e capacidade contributiva), a inafastabilidade da tutela jurisdicional, a preventividade da lesão (*acesso efetivo* à justiça) e o devido processo legal – inegáveis corolários da justiça fiscal ou, na esteira das idéias de Larenz, princípios de Direito Tributário justo.[7]

No campo fiscal a insatisfação com o sistema tributário é marca presente nas últimas décadas. A proteção ao cidadão contribuinte – outrora matéria desprestigiada por legisladores e aplicadores – passa a figurar entre as mais recentes conquistas da cidadania, implicando no necessário aprimoramento do sistema de solução dos conflitos fiscais.

A proliferação de conflitos em matéria tributária assume ritmo dramático em face principalmente da contraditoriedade e ininteligibilidade do sistema tributário,[8] assoberbando os órgãos administrativos e, sobretudo, judiciários. Este quadro, sucesso do Estado Constitucional e Democrático de Direito, reforça a necessidade de que se deduza a plena efetividade da tutela judicial em matéria tributária como imperativo jurídico insuscetível de ver-se angustiado por "conformismos" ou "resignações".

Como adverte Magin Pont Mestres:[9] "Este estraño fenómeno que tradicionalmente se ha vivenciado con cierto conformismo, consecuencia de la deformación generada por la impuesta y resignada aceptación de la superioridad y dominio de la Administración tributaria frente al contribuyente, se halla en trance de creciente contestación basada en la proclamación constitucional de los derechos fundamentales de las personas, entre los que adquiere relevancia muy especial el derecho a obtener la tutela efectiva de los jueces y tribunales en el ejercicio de sus derechos e intereses legítimos – art. 24.1 de la Constitución – y el derecho a la presunción de inocencia – art. 24.2."

Esta tendência, qual seja, a "batalha pelas medidas cautelares", extremamente atual e de alcance mundial, atinge direta e especialmente o Processo Tributário em seus novos regimes, principalmente na Europa, e também em face das dificuldades

Universidad Complutense, 1985, pp. 729 e ss., em admirável obra, faz profícua análise da doutrina produzida no campo do Processo Tributário, destacando a importância dos trabalhos de Allorio e Carnelutti no desenvolvimento desta disciplina.

5. James Marins, "Decisões tributárias administrativas e controle judicial", *RDT* 19/36-59. Como já tivemos a oportunidade de escrever em ensaio a propósito do tema: "A mais formidável contribuição que se pode oferecer ao estudo do Direito Processual Tributário é a compreensão rigorosa de suas especialíssimas singularidades, ensejando que as soluções que se lhe configurem próprias e adequadas, nasçam iluminadas e vetoradas pelo influxo dos elementares e pétreos postulados que informam vigorosamente o Direito Tributário e o Direito Processual Civil. No curso desse mister, estarão sobrepairando princípios que alicerçam as estruturas básicas de nosso Estado Constitucional e Democrático de Direito, como as garantias individuais da isonomia e da capacidade contributiva em confronto com o princípio da supremacia do interesse público sobre o do particular, e os da informalidade e celeridade da atuação administrativa em atrito com as garantias decorrentes do *due process of law*".

6. Alberto Xavier, *Conceito e Natureza do Acto Tributário*, Coimbra, Livraria Almedina, 1972, p. 607.

7. Karl Larenz, *Derecho Justo – Fundamentos de Ética Jurídica*, tradução de Luiz Diez-Picazo, Madrid, Civitas, 1993, p. 21

8. Ferrero Lapatza, "Poder Tributario y tutela judicial efectiva", in *Estudos em homenagem a Geraldo Ataliba (1 – Direito Tributário)*, coletânea de coordenação de Celso Antônio Bandeira de Mello, São Paulo, Malheiros Editores, 1997, pp. 89-104.

9. Para um completo panorama do assunto no Direito espanhol consulte-se a obra coletiva de coordenação de Magin Pont Mestres denominada *La suspensión de los actos de liquidación tributaria y el problema de las garantías (Necesario equilibrio entre la potestad de ejecutoriedad de la Administración y el derecho a la tutela judicial efectiva de los contribuyentes*, Madrid, Marcial Pons, 1994.

causadas na aplicação do Direito Comunitário (também fenômeno absorvido mundialmente), como se vê de emblemática obra de Eduardo García de Enterría.[10]

Semelhantes aspirações têm ensejado, a exemplo do Brasil, necessárias e expressivas modificações legislativas, como registra Trovato[11] ao comentar o novo Processo Tributário italiano: "Una novità di rilievo introdota nel nuovo processo tributario à la previsione contenuta nell'art. 47 e cioè la possibilità di tutela cautelare data al contribuente avverso gli atti dell'Amministrazione finanziaria. (...) Il legislatore delegato ha eliminato l'anomalia precitata[12] nell'ambito del nuovo processo tributario provvedendo a disciplinare il procedimento di sospensione cautelare dell'atto impugnato davanti al proprio giudice naturale e cioè al giudice tributario competente. (...) Per concludere, può ben dirsi che il procedimento cautelare non è altro che un giudizio autonomo finalizzato ad una pronuncia con effetti limitati che intende tutelare, con un provvedimento anticipatorio, le posizioni giuridiche soggetive del contribuente in attesa della sentença de primo grado."

No Direito argentino é igualmente crescente a evolução doutrinária e legal – seguida timidamente pela jurisprudência do *Tribunal Fiscal de la Nación* – no tema da suspensão judicial da executoriedade do ato administrativo.

Rodolfo Spisso, em expressiva obra monográfica denominada *Tutela Judicial Efectiva en Materia Tributária*, realça a realidade argentina, sob o prisma da proteção dos direitos individuais em face dos poderes tributários, enfatizando que "Finalmente, la sanción de la ley 19.549 incorporó el instituto de la suspensión del acto administrativo (art. 12), que significó un trascendente avance en la materia, que aún no ha tenido en la jurisprudencia la acogida y el desarrollo que hubiera sido de desear en orden a lograr una efectiva tutela de los derechos de los administrados. (...) Tanto la Administración como el juez deben suspender la ejecutoriedad del acto administrativo si aprecian que se dan cualquiera de las causales enunciadas en el art. 12 de la Ley 19.549, que tienden a asegurar el derecho a la tutela judicial efectiva".[13]

Em nosso país – que talvez tenha sofrido em menor medida os nefastos influxos de regimes autoritários como ocorreu na Alemanha de Hitler ou na Itália de Mussolini – a efetividade do processo já há muito tem recebido da doutrina e da jurisprudência a elevada atenção que deve ser dispensada ao tema. Esta batalha pela efetividade processual toma ascendente valor nos assuntos judiciais tributários, território onde tem se robustecido a consciência jurídica dos aplicadores do Direito, nos Tribunais de todo o País, a afastar a aplicação de normas restritivas da plena autonomia do Poder Judiciário em proferir decisões nas lides que lhes são submetidas; normas ou interpretações restritivas que não traduzem senão *contradições ao interesse comum* (Lapatza) refletido na Constituição, na medida em que buscam impedir que possa o

10. Eduardo García de Enterría, *La batalla por las medidas cautelares*, Madrid, Civitas, 1995, p. 25.

11. Sergio Trovato, *Lineamenti del nuovo processo tributario*, Padova, Cedam, 1996, pp. 157 e ss., especialmente pp. 167 e 180. Para este autor, os óbices à defesa dos contribuintes presentes na legislação anterior (D.P.R. 636/1972) estavam sujeitos a severas críticas por parte da doutrina, como Tesauro, Micheli, Torriani, Marona e Nazzaro, pois tais dispositivos representavam "grosso ostaculo" à plena autuação do art. 24 da Constituição italiana que elevou o direito defesa à categoria de direito inviolável em qualquer estado ou grau de procedimento.

12. No mesmo sentido Tiziana Gerlin, Andrea Grosso, Stefano Marchese e Liliana Ramonda, *La riforma del Processo Tributario*, Milão, Giuffrè, 1996, pp. 132 e 133: "Si tratta di un istituto di fondamentale importanza nell'economia del processo tributario, visto che la previsione di una tutela cautelare va a colmare un vuoto esistente nel previgente sistema del contenzioso tributario, il quale vuoto minava alla radice l'effettività della protezione delle posizioni soggettive del contribuente."

13. Rodolfo Spisso, *Tutela judicial efectiva en materia tributaria*, Buenos Aires, Depalma, 1996, pp. 79 e ss.

juiz acudir com a necessária rapidez aos pleitos de seus jurisdicionados.[14]

2. *Mandado de segurança, ação cautelar e antecipação de tutela em matéria tributária*

A disciplina da cautelaridade no processo evoluiu sensivelmente, entre nós, especialmente a partir do advento do regime do Código de Processo Civil de 1973 para o processo cautelar, marco para o notável dimensionamento que o poder geral de cautela recebe no Brasil, inclusive – e talvez até especialmente – quando se trata de conferir proteção ao cidadão diante de arbitrariedades praticadas pela Administração.

A *antecipação de tutela*, ou, mais propriamente, a *antecipação temporal dos efeitos práticos de futura e possível decisão de mérito definitiva,* de modo a que se logre obter uma mais racional distribuição do tempo no processo,[15] não é novidade no Direito pátrio. Distingue-se da medida cautelar *stricto sensu* já que esta, diferentemente da primeira, visa proteger não o direito da parte em si mesmo considerado mas sim a utilidade do processo, resguardando a situação das partes até a finalização do litígio.[16]

Sua genérica, vigorosa e renovada adoção, na nova letra do art. 273 do Código de Processo Civil, atende, notadamente, a aspirações hodiernas da sociedade organizada no que concerne a um verdadeiro Acesso à Justiça, visto sob os prismas da universalidade e da efetividade,[17] e como um sucesso do Estado Constitucional de Direito.

No Brasil, também em matéria tributária, a antecipação de tutela, seja em sede de mandado de segurança como de ação cautelar, não tem propriamente sabor de inovação. Não representa novidade pois já há muito concedem os magistrados verdadeiras tutelas antecipadas, como se dá em inumeráveis hipóteses de medidas liminares em mandado de segurança, a exemplo dos casos em que se colima a suspensão da exigibilidade de tributo tido como inconstitucional, onde, tutelando-se emergencialmente determinada coação decorrente da ilegítima aplicação de norma tributária maculada pela inconstitucionalidade (violação ou mera ameaça de violação a direito líquido e certo).

Assim se dá nesta espécie de ação constitucional pois que, através de decisão de carga precipuamente *mandamental,* se almeja a proteção *in natura* de prerrogativas tributárias do cidadão. Então, na medida liminar concedida no bojo de mandado de segurança com fulcro no art. 7º, II, parte final da Lei n. 1.533/51, antecipa-se temporalmente os efeitos práticos dessa qualidade mandamental[18-19-20] da de-

14. Ferrero Lapatza, *Poder Tributario y tutela judicial efectiva,* cit., p. 98.

15. Luiz Guilherme Marinoni, *Tutela antecipatória – Julgamento antecipado e execução imediata da sentença,* São Paulo, Ed. RT, 1997, p. 28.

16. Tanto a tutela antecipada como a medida cautelar são decisões judiciais liminares, isto é, não tem caráter de definitividade, pois, em última análise dependem necessariamente da decisão final que vier a ser proferida. A "liminar", dessarte, é gênero do qual as "medidas cautelares" ou as "tutelas antecipadas" são espécies. Por tal razão, não é distinção correta, em nosso sentir, aquela que se faz entre cautelares e liminares, nos parecendo apenas parcialmente correta a conclusão exarada no seguinte acórdão: "A tutela antecipada tem por escopo conceder o bem de vida que se objetiva com a pretensão deduzida em juízo, que difere da concessão de liminar, que tem por objetivo o de resguardar a situação das partes até a solução final do litígio" (Ac. da 3ª T. do TRF 3ª R. – v. u. – AG 03010965/96 – Rel. Juíza Ana Scartezzini – j. 12.6.96 – *DJ* 24.6.96, p. 51.042).

17. Em seu trabalho intitulado *O Aprimoramento do Processo Civil como Garantia da Cidadania* o ilustre Ministro Sálvio de Figueiredo Teixeira nos chama a atenção para esta atual e emergente realidade: "somente procedimentos rápidos e eficazes têm o condão de realizar o verdadeiro escopo do processo: ágil, seguro e moderno, sem as amarras fetichistas do passado e do presente, apto a servir de instrumento à realização da justiça, à defesa da cidadania, a viabilizar a convivência humana e a própria arte de viver" (in *As Garantias do Cidadão na Justiça,* São Paulo, Saraiva, 1993, p. 79).

18. Lucia Valle Figueiredo, sem aderir à classificação quinária das sentenças propugnada por Pontes

cisão assecuratória de direitos e garantias individuais (art. 5º, LIX da CF/88).[21]

Muitos são, em verdade, os pontos de contato entre a liminar concedida no regime do mandado de segurança e no regime do art. 273 do CPC.[22] De forma símile ao que sucede mandado de segurança, a antecipação de tutela prevista genericamente no art. 273 do Código de Processo Civil produz a antecipação dos efeitos mandamentais que possam decorrer de futura decisão meritória final, seja o *decisum* de caráter declaratório, constitutivo ou condenatório, como veremos adiante.

Na seara tributária, é bom lembrar, não se reveste de caráter de antecipação de tutela a outrora largamente utilizada "cautelar de depósito em matéria tributária", pois que, sem antecipar efeitos práticos do que se requer no pedido da ação principal (já que, com efeito, na ação principal não se pede o depósito de tributos), esta providência tem por escopo apenas assegurar a utilidade do processo, assumindo natureza tipicamente cautelar.

Todavia, caso o pedido de depósito venha acompanhado, *v. g.*, de pedido de liberação de mercadoria alfandegada, tal providência, agora sim, assume foros de verdadeira antecipação de efeitos de decisão definitiva (cautelar satisfativa), pois, se de um lado o mero depósito de valores tributários, com o fito de suspender a exigibilidade de tributos (art. 151, I do CTN), apenas resguarda a eficácia da ação principal, de outro, a liberação de mercadorias antecipa temporalmente a eficácia de futura decisão judicial meritória que venha a declarar a inexistência de relação jurídico-tributária, com conseqüente reconhecimento da ilicitude do procedimento fazendário impeditivo da internação de mercadorias no país antes do pagamento dos tributos em discussão, condenando ainda a Fazenda Pública, à liberação das mercadorias em questão.

de Miranda (a qual esposamos), vê o efeito mandamental como decorrência do próprio resultado condenatório, ou seja, da própria ordem emanada à autoridade administrativa (*Estudos de Direito Tributário*, tit. 2, "Mandado de segurança em matéria tributária – Efeitos da sentença", São Paulo, Malheiros Editores, p. 65). Como se vê, semelhante celeuma, concernente ao deslinde do embate entre as propostas de classificação das sentenças, não tem o condão de alterar a natureza jurídica das decisões judiciais. Varia, apenas, o *nomem iuris*, que cada classificação adota, parecendo-nos mais didática (Genaro Carrió) aquela primeira e assim mais útil para nossos propósitos.

19. Eduardo Arruda Alvim, em excelente monografia acerca do mandado de segurança em matéria tributária, explica acerca do encaixe na natureza mandamental da sentença proferida neste tipo de ação constitucional: "Por outras palavras, a sentença do mandado de segurança apresenta efetivamente uma especificidade tal que é correto falar-se em sentença mandamental, que não raro reveste-se também de um caráter constitutivo (desconstituindo-se o ato impugnado da autoridade coatora), mas, mais do que isso, envolve uma determinação inescusável à autoridade coatora, insuscetível de ser convertida em simples perdas e danos" (*Mandado de Segurança no Direito Tributário*, dissertação de mestrado, PUC-SP, 1997, no prelo da Ed. RT, p. 261).

20. Consulte-se ainda, nesse sentido: Hugo de Brito Machado, *Mandado de Segurança em matéria tributária*, São Paulo, Ed. RT, 1994, p. 183.

21. Para Arruda Alvim: "Há manifesta similaridade com o sentido funcional da regra do art. 7º, II, *fine*, da Lei 1.533/1951, e, por isto mesmo, *mutatis mutandis*, é possível servir-se o aplicador da lei, tendo em vista o embasamento empírico e casuístico, dos referenciais jurisprudenciais e doutrinários, para avaliar a ocorrência de fatos subsumíveis à hipótese do art. 273, I, ainda, a jurisprudência existente a respeito do art. 798, será útil, sempre observadas as diferenças existentes" ("Tutela Antecipatória – Algumas noções – Contrastes e coincidências em relação às medidas cautelares satisfativas", in *Repertório de Jurisprudência e Doutrina sobre Liminares*, Coordenação de Teresa Arruda Alvim Wambier, São Paulo, Ed. RT, 1995, p. 31).

22. Nesse aspecto Teori Albino Zavascki é categórico: "Não há dúvida de que a liminar em mandado de segurança constitui típica hipótese de antecipação de efeitos da tutela, semelhante à prevista no art. 273, I, do Código". Este autor acertadamente demonstra o quão estreitos são os pontos de contato entre estes dois institutos, como por exemplo, ao salientar a similaridade entre expressões próprias a cada um como "verossimilhança da alegação" e "relevante fundamento"; "prova inequívoca" e prova preconstituída; "fundado receio de dano irreparável" e "ineficácia da medida" (*Antecipação da Tutela*, São Paulo, Saraiva, 1997, p. 192).

3. Probabilidade; âmbito da antecipação; conteúdo da satisfatividade em matéria tributária; reversibilidade

O pedido antecipatório, fundado na nova redação do art. 273 do Código de Processo Civil, se faz possível quando concorrerem circunstâncias que demonstrem ser recomendável providência antecipada de todo o pedido ou de parte dele.

Com tal escopo, estabelece o artigo 273 do Código de Processo Civil: "O juiz poderá, a requerimento da parte, antecipar, total ou parcialmente, os efeitos da tutela pretendida no pedido inicial, desde que, existindo prova inequívoca, se convença da verossimilhança da alegação e: I – haja fundado receio de dano irreparável ou de difícil reparação; ou II – fique caracterizado o abuso de direito de defesa ou o manifesto propósito protelatório do réu. (...) § 2º Não se concederá antecipação da tutela quando houver perigo de irreversibilidade do provimento antecipado. (...)"

Em síntese pode-se afirmar serem os seguintes os requisitos legais para a antecipação da tutela: *1.* requerimento da parte; *2.* prova inequívoca; *3.* verossimilhança da alegação; *4.* fundado receio de dano irreparável ou de difícil reparação; *ou 5.* abuso de direito de defesa *ou* manifesto propósito protelatório do réu; *6.* reversibilidade do provimento antecipado.

Alguns destes requisitos, como a prova inequívoca, a verossimilhança e a irreversibilidade, no restrito âmbito deste trabalho, merecem algumas considerações voltadas para o processo tributário.

Tende a prevalecer a tese de que a prova inequívoca deve ser compreendida em conjunto com a verossimilhança, formando-se um terceiro e abrangente conceito que se traduz na *probabilidade*. Muito embora, como visto, se possa estabelecer uma paralelo com o mandado de segurança (Teori Albino Zavascki) e a ação cautelar (Arruda Alvim), certamente a probabilidade de que trata o artigo 273 não quer significar o direito líquido e certo, que, como sabemos é aquele direito comprovado de plano, sem depender de posterior dilação probatória. Por outro lado, também não se trata de simples *fumus boni iuris*, já que, ao que parece, o conceito de probabilidade a ser construído a partir do art. 273 deve ser entendido como algo mais que uma simples aparência.[23]

Nesse sentido merece destaque a decisão proferida no TRF da 4ª Região, da lavra do eminente magistrado e professor Américo Lacombe: "A finalidade da tutela antecipada é a de afastar situações que, se tivessem que aguardar ao julgamento definitivo, poderiam causar um dano irreparável a uma das partes. A lei não dimensiona nem fixa parâmetros ao magistrado para fins de sua concessão, exigindo, apenas, preenchimento dos requisitos arrolados no art. 273 do CPC, a saber: A) prova inequívoca do fato alegado, B) fundado receio de dano irreparável ou de difícil reparação e C) inexistência de perigo de irreversibili-

23. Consoante a lição de Marcelo M. Bertoldi: "Segundo a melhor doutrina este juízo de probabilidade é justamente o resultado da aferição conjunta que se faça da "prova inequívoca" com a "verossimilhança". De acordo com o artigo 273, para a antecipação da tutela, deve existir prova inequívoca e o juiz deve estar convencido da verossimilhança das alegações do autor. Ora, diante destes dois conceitos aparentemente contraditórios, já que, se há verossimilhança, significa que os fatos alegados não são inequívocos, ou se existem provas inequívocas, certamente não existe apenas verossimilhança, mas sim certeza, a doutrina vem construindo um conceito intermediário ente estes dois termos, que é a "*probabilidade*". Comentando sobre este tema, Barbosa Moreira, Cândido Dinamarco e Nelson Nery Jr. afirmam que a probabilidade deve ser entendida como sendo mais forte que a simples verossimilhança, mas, por outro lado, não tão peremptório quanto a prova inequívoca. Claro, pois se a antecipação somente for possível com a existência de prova inequívoca o instituto será indelevelmente esvaziado, por outro lado, nos termos postos, para a concessão da antecipação o juiz deve estar, se não absolutamente convencido das alegações do réu, pelo menos considerando muito difícil que sejam rebatidas de forma séria" ("Tutela Antecipada, Abuso de Direito de Defesa e Propósito Protelatório do Réu", in *Aspectos polêmicos da antecipação da tutela*, Coordenação de Teresa Arruda Alvim Wambier, São Paulo, Ed. RT, 1997, p. 213, nota n. 7).

dade do provimento antecipado. Para se chegar a convicção necessária a concessão da tutela antecipada não necessita o magistrado chegar às profundezas de uma instrução exauriente, uma vez que estas são necessárias aos julgamentos definitivos".[24]

A antecipação de tutela, havemos de assentir, não se dirige a precipitar efeitos constitutivos ou declaratórios, que, por sua própria natureza não podem existir senão em face da sentença definitiva; serve a antecipação para precipitar efeitos mandamentais que possam decorrer da natureza do pedido formulado.

É o que leciona, com propriedade, Victor Marins, ao comentar a dicção do art. 273: "O texto do Código centra-se na expressão 'antecipar, total ou parcialmente, os efeitos da tutela pretendida no pedido inicial'. A locução não é muito clara, à medida que não se refere, dentre os efeitos da sentença, àqueles que poderá antecipar. Sim, porque alguns efeitos não são, de modo nenhum, suscetíveis de ser antecipados, como, *verbi gratia*, a coisa julgada material, figura processual por muitos vista como um efeito da sentença. Igualmente, considerando a classificação quinária das sentenças, não pode ser antecipada a eficácia declaratória, imprescindível à sentença satisfativa porquanto, ao decidir sobre o mérito, retrata juízo de certeza. O mesmo se diga da eficácia constitutiva, da condenatória e da executiva, posto que todas exigem a declaração acerca da existência do direito invocado pelo autor, de modo que se constitua a relação ou situação jurídica reclamada, ou se imponha ao réu uma prestação (eficácia condenatória), ou ainda, se proceda à execução requerida. Somente a eficácia mandamental, suscetível de dispensar o suporte da eficácia declaratória em grau que possibilite juízo de certeza, portanto, presta-se a exornar decisão interlocutória sobre a lide. Isto não significa, porém, que nos pedidos cuja eficácia predominante (força) seja declaratória, ou constitutiva ou condenatória, ou executiva, o juiz não possa antecipar providência fática que decorrerá da sentença de procedência".[25]

Este efeito mandamental pode ser alcançado mesmo através de cautelares, específicas ou inespecíficas, onde concede-se, por vezes, verdadeiras antecipações de tutela, especialmente naquelas espécies denominadas "cautelares satisfativas", ou "não *stricto sensu*". Estas aliás, segundo adverte Arruda Alvim,[26] com o advento do novo regime do art. 273 do Código de Processo Civil sofrerão "esvaziamento parcial" tal é o grau de superposição entre a idéia de cautelares satisfativas e a antecipação de tutela.

A satisfatividade, então, é fenômeno peculiar à própria antecipação do efeito mandamental da sentença definitiva e não é, como pensam alguns, razão para que a medida deixe de ser concedida. Ao contrário, ao requerer a antecipação a parte busca precisamente ver antecipados temporalmente efeitos da sentença futura, ou seja a entrega antecipada do bem da vida posto sob tutela judicial.

Em matéria tributária tem caráter satisfativo, por exemplo, a liberação de mercadorias alfandegadas ou a autorização para que seja efetuada compensação de indébitos tributários. Semelhante satisfatividade não pode ser confundida com irreversibilidade do provimento. Ainda que, nos exemplos dados, se antecipe a entrega do bem da vida posto *sub judice*, sob o prisma tributário não há que se falar em irreversibilidade pois que na hipótese de futura decisão final contrária remanesce sempre o direito da Fazenda Pública em efetuar o lançamento tributário (caso ainda não o tenha feito), efetuando a cobrança, inclusive com posterior inscrição do crédito em dívida ativa com a finalidade de promover a execução fiscal.

24. Ac. da 6ª T. do TRF 3ª R. – v. u. – AG 03029524/97 – Rel. Juiz Américo Lacombe – j. 12.8.96 – *DJ* 9.9.96, p. 69.698.

25. Victor Marins, "Antecipação da tutela e tutela cautelar", in, *Aspectos polêmicos da antecipação da tutela*, coordenação de Teresa Arruda Alvim Wambier, São Paulo, Ed. RT, 1997, pp. 558 e 559.

26. Arruda Alvim, ob. cit., p. 30.

Assim se dá porque as medidas liminares em matéria tributária não têm força extintiva do crédito tributário, efeito este insuscetível de ser antecipado pois que próprio da sentença definitiva transitada em julgado (Victor Marins), e em consonância mesmo com o inciso X do art. 156 do Código Tributário Nacional.

4. A suspensão de exigibilidade do crédito tributário através de antecipação de tutela, inexistência de óbice legal

Também a medida liminar suspensiva da exigibilidade do crédito tributário (seja se concedida em mandado de segurança, ação cautelar ou por via de pedido antecipatório em ação ordinária) tem caráter satisfativo, já que antecipa parcialmente um dos efeitos da sentença final.[27]

Assim, se a sentença final for, *v.g.*, pela anulação de ato adminstrativo de lançamento (ação anulatória, constitutiva-negativa) deixa de existir o crédito tributário e, conseqüentemente, deixa de existir exigibilidade. Da mesma forma, se a sentença final for pela inexistência de relação jurídico-tributária (ação declaratória negativa) desaparece a exigibilidade tributária. Em tais hipóteses, bastante comuns, a liminar suspensiva da exigibilidade do crédito tributário assume natureza de antecipação parcial de tutela justamente porque precipita temporalmente o efeito de provável decisão de mérito que afaste definitivamente a exigibilidade tributária, seja em virtude de anulação de ato administrativo, seja em razão da declaração da inexistência de relação jurídico-tributária, tudo conforme seja o *petitum* formulado pelo contribuinte por ocasião da dedução em juízo da lide tributária.

Tais decisões judiciais tributárias, ainda que precipuamente declaratórias-negativas ou constitutivas-negativas, se favoráveis ao contribuinte, possuem também – em grau menor mas não desprezível – carga mandamental que impede atos de cobrança pela Fazenda Pública. É justamente esta irrecusável parcela mandamental dos efeitos da sentença tributária, declaratória negativa, desconstitutiva ou condenatória, que sofre antecipação (*antecipação de providência fática*) quando da decisão liminar suspensiva da exigibilidade do crédito tributário.

Argumenta-se que a suspensão da exigibilidade de tributo não pode ser obtida por via de liminar em ação cautelar ou por meio de antecipação com fulcro no art. 273 do CPC, pois, segundo alguns, tal efeito somente pode ser obtido pela via da liminar concedida em mandado de segurança, em virtude de se afigurar taxativa a previsão expressa do art. 151, IV, do Código Tributário Nacional. Tal assertiva padece de diversos vícios de lógica e de técnica jurídica, bastando, para infirmá-la, que se fixem alguns argumentos concernentes à mais elementar hermenêutica jurídica.

Em um primeiro momento é preciso que se divise as seguintes circunstâncias: nosso vigente Código Tributário Nacional (Lei n. 5.172 de 25.10.1966) é norma temporalmente posterior ao regime jurídico do mandado de segurança (Lei n. 1.533 de 31.12.1951) e anterior ao nosso Código de Processo Civil (Lei n. 5.869 de 11.1.1973). É também, obviamente, o CTN, anterior ao regime de antecipação de tutela decorrente da nova redação conferida ao art. 273 do CPC (Lei n. 8.952 de 13.12.1994).

Não poderia o legislador do CTN de 1966, ao prescrever as causas de suspensão da exigibilidade do crédito tributário, ter antevisto o futuro regime do CPC de 1973[28] e muito menos prever a existência

27. Por estas razões temos por equivocado o precedente do TRF da 5ª Região onde, em discussão referente à aplicação do PIS – Programa de Integração Social consignou-se que: "A suspensão do crédito tributário, em ação anulatória de débito fiscal, não se coaduna com a sistemática da antecipação da tutela; esta refere-se à antecipação dos próprios efeitos da sentença, enquanto que a suspensão constitui-se em medida de cautelar, tendente a assegurar a situação de fato até a prolação do *decisum*".

28. Já bastante aprimorado no regime de medidas cautelares e no poder geral de cautela, em contras-

futura de regime jurídico próprio para a antecipação de tutela (o que somente ocorreria quase 28 anos mais tarde, em 1994). Disciplinou, o legislador tributário de 66, o que lhe era dado conhecer, isto é, a possibilidade de suspensão da exigibilidade do crédito por força de liminar concedida em mandado de segurança (1951). Aliás, não se pode olvidar a anotação, sequer haveria a necessidade da previsão do inc. IV do art. 151 do CTN para que tal efeito decorrente de ordem judicial deferida em mandado de segurança pudesse ser alcançado.

Afigura-se também incorreto o argumento adicional, de que lançam mão aqueles que defendem o incabimento de medida cautelar ou antecipação de tutela em matéria tributária, consistente em dizer-se que o CTN tem natureza de lei complementar e portanto supostamente goza de superioridade hierárquica em face do CPC. Argumento francamente equívoco porque, como é cediço, o CTN foi recepcionado com caráter de lei complementar apenas e tão-somente naquilo que diga respeito a "normas gerais em matéria de legislação tributária" (art. 146 da CF), ao passo que questões relativas a processo situam-se na órbita privativa de competência ordinária da União (art. 22, inc. I da CF).

Além disso, no nosso atual regime constitucional e processual, não pode o legislador infraconstitucional pretender cercear o poder geral de cautela[29-30] conferido aos magistrados, pois, desse modo, ao tolher-se a preventividade da atividade jurisdicional, estar-se-ia comprimindo a dimensão constitucional da garantia individual do acesso à justiça expressada no art. 5º, inc. XXXV da Constituição Federal de 1988 (norma intangível e de eficácia plena).[31]

Foram ainda invocados, por Francesco Conte,[32] ilustre Procurador do Estado do Rio de Janeiro, outros argumentos que visam desqualificar a possibilidade de uso da antecipação de tutela contra a Fazenda Pública:[33] "a) em face do duplo grau de jurisdição obrigatório, a sentença somente produz efeitos depois de confirmada pelo Tribunal; b) não sendo possível a execução da própria sentença, antes de confirmada, não se pode admitir a execução de mera decisão interlocutória".

É Hugo de Brito Machado, em posição por nós esposada em sua integralidade, quem demonstra, com acerto, que semelhantes premissas não gozam de consistência, pois, o duplo grau de jurisdição não é privilégio da Administração Pública, estando também à disposição dos particulares.

Conclui o autor, aduzindo: "O argumento segundo o qual seria descabida a tutela antecipada contra a Fazenda Pública porque as sentenças contra elas proferidas são desprovidas de eficácia executiva até que sejam confirmadas pelo Tribunal, demonstra precisamente o contrário, vale dizer, demonstra o cabimento da antecipação, posto que esta, no dizer autorizado de Calmon, 'tem como especificidade empres-

te com o então vigente CPC de 1939 onde esta disciplina mostrava-se reconhecidamente incipiente e ineficaz. "Podemos, pois, afirmar que no Código de Processo Civil de 1939 o poder geral de cautela existia, porém de forma bastante limitada, no que diz respeito à sua aplicação pragmática" (Marcus Vinicius de Abreu Sampaio, *O poder geral de cautela do juiz*, São Paulo, Ed. RT, 1993, pp. 132 e ss.).

29. Cf. Victor Marins, *Tutela Cautelar – Teoria Geral e Poder Geral de Cautela*, Curitiba, Juruá Editora, 1996, pp. 211 e ss.

30. Cf. Marcus Vinicius de Abreu Sampaio, *O poder geral de cautela do juiz*, São Paulo, Ed. RT, 1993, pp. 132 e ss.

31. Tais óbices levantados ao manuseio da antecipação de tutela em matéria tributária são os mesmos que se costuma apontar à utilização das cautelares. Por isso, nesse exato sentido consulte-se, com proveito, Hugo de Brito Machado, "Ação cautelar e suspensão da exigibilidade do crédito tributário", *Repertório IOB de Jurisprudência* 1/9.470.

32. Francesco Conte, "A Fazenda Pública e a Antecipação Jurisdicional da Tutela", em *COAD-Informativo Semanal*, ADV, 25/95, p. 268, apud, Hugo de Brito Machado, "Tutela jurisdicional antecipada na repetição do indébito tributário", *Repertório IOB de Jurisprudência* 1/9.370.

33. O resumo da linha argumentativa adotada pelo citado Procurador é de Hugo de Brito Machado, ob. e loc. cits.

tar eficácia executiva, ainda que provisória, a decisão de mérito que de tal eficácia estaria desprovida'".[34]

5. *Breve panorama jurisprudencial sobre antecipação de tutela em matéria tributária*

A jurisprudência de nossos Tribunais tem preponderado no sentido da admissibilidade, em tese, da antecipação de tutela em matéria tributária. Varia apenas a interpretação, para cada caso, quanto à presença ou não dos pressupostos que ensejam sua concessão. Não há – é importante registrar – qualquer decisão no sentido de que se possa ter como genericamente incabível a medida em matéria tributária.

O próprio Superior Tribunal de Justiça, em acórdão para o qual foi relator o em. Ministro José Delgado, já se pronunciou pelo cabimento da antecipação de tutela em matéria tributária "mesmo que a requerida seja a Fazenda Pública",[35] desde que, naturalmente, estejam presentes os pressupostos legais que autorizam a concessão da medida no caso específico. Também nos Tribunais Regionais Federais registram-se variados casos de concessão de tutelas antecipadas em matéria tributária.[36]

Diversas são as matérias de natureza tributária objeto de concessão de tutela antecipada com fulcro no art. 273 do Código de Processo Civil, como por exemplo nos casos de compensações de contribuições sociais já julgadas inconstitucionais pelo Supremo Tribunal Federal, como FINSOCIAL[37] e PIS,[38] ou ainda em questões concernentes às limitações impostas na dedução de prejuízos fiscais no Imposto de Renda (art. 58 da Lei n. 8.981),[39] bem como em casos de alegação de imunidade tributária de entidades de previdência privada.[40]

Do cotejo que se faça de alguns acórdãos, vê-se que assume o caráter de tutela antecipada, *seja se concedida em sede de mandado de segurança ou em ação ordinária,* o pedido de compensação de tributos com fundamento de direito material na Lei n. 8.383/91, o que, anteriormente, vinha sendo concedido pelos nossos Tribunais em sede de mandado de segurança ou

34. Hugo de Brito Machado, ob. e loc. cits.

35. "Processual Civil. Tributário. Antecipação de Tutela. Compensação. 1. O instituto da antecipação da tutela (art. 273 do CPC) deve ser homenageado pelo juiz quando os pressupostos essenciais exigidos para a sua concessão se tornarem presentes, mesmo que a parte requerida seja a Fazenda Pública (...)" (STJ, 1ª T., RESp 0113368/96-PR, Rel. Min. José Delgado, j. 7.4.97, v. u.).

36. TRF 1ª Região: AG 0151617/96-GO. TRF 3ª Região: AG 03062324/95-SP; AG 03062324/95-SP; AG 03020492/96-SP; AG 03029524/96-SP; AG 03030205/96-SP; AG 03014567/96-SP. TRF 4ª Região: AG 0417522/96-PR; AG 04113883/96-PR; AG 0443865/96-PR; AG 0432036/96-SC. TRF 5ª Região: AG 05007800/96-PE.

37. "Havendo fundado receio de dano irreparável ou de difícil reparação, deve-se conceder a tutela antecipada, prevista no inciso I do art. 273 do CPC. São inconstitucionais as majorações da alíquota do FINSOCIAL, pois não podia o legislador "instituí-lo" novamente, sem a definição de seus elementos essenciais. Exclui-se o PIS da operação de compensação, dada sua natureza constitucional específica" (Ac. da 2ª T. do TRF 3ª R. – m. v. – MS 03062324/95 – Rel. Juiz Américo Lacombe – j. 12.6.95 – *DJ* 6.12.95, p. 84.865.).

38. "Deve ser concedida a antecipação dos efeitos da tutela, em matéria de compensação do recolhido indevidamente a título de PIS, na forma dos Decretos-lei 2.445 e 2.449/88, porquanto de tão pacífica a matéria, há que se garantir a eficácia de futura prestação jurisdicional" (Ac. da 6ª T. do TRF 3ª R. – v. u. – AG 03030205/97 – Rel. Juiz Américo Lacombe – j. 26.8.96 – *DJ* 18.9.96, p. 69.699).

39. "Presentes no feito em tramitação em primeiro grau, os requisitos quanto à verossimilhança da tese jurídica e do perigo da demora. O impedimento ou a limitação à referida compensação implica na descaracterização da base de cálculo e vulnera a regra do art. 43 do Código Tributário Nacional, norma geral tributária, que estabelece o conceito de renda, em que se inclui o de lucro" (Ac. da 1ª T. do TRF 5ª R. – v. u. – AG 5007800/96 – Rel. Juiz Castro Meira – j. 18.12.96 – *DJ* 31.1.97, p. 3.966).

40. "Hipótese em que, depois da concessão da tutela antecipada para reconhecer a imunidade da ora agravante como entidade fechada de previdência privada, a MMª juíza, inacolhendo pedido para que fossem intimadas as instituições financeiras em que se acham as aplicações da requerentes, determinou a intimação destas como litisconsortes, tendo em vista a sua condição de responsáveis tributários" (Ac. da 1ª T. do TRF 5ª R. – v. u. – AG 0509361/97 – Rel. Juiz Castro Meira – j. 19.6.97 – *DJ* 19.6.97, p. 53.562).

de ação cautelar. Cremos que semelhante compreensão ao passo que, de fato, implica em estreitamento da ação cautelar, não exclui, doutro modo, que semelhante modalidade de tutela continue a ser concedida no bojo de *writ of mandamus*, o que dependerá da forma como se propõe a ação especialmente tendo em vista o conjunto probatório de que dispõe o autor.

Em nosso sentir, embora tenha havido nos últimos tempos alguma distorção no uso do mandado de segurança em matéria tributária – distorção essa que deverá vir a ser reduzida com a correta compreensão do instituto da tutela antecipada em matéria tributária – a compensação de tributos federais ainda é matéria passível de mandado de segurança porquanto este tipo de impetração diz respeito unicamente ao assecuramento da aplicação da lei *in natura*, ou seja, via de regra, busca-se nos casos de compensação de tributos federais regidos pela Lei n. 8.383/91 a garantia do exercício pleno de prerrogativas legais sem o risco de sofrer coação por parte das autoridades administrativas tributárias.

Pode-se dizer, então, que não apenas é cabível a antecipação de tutela em matéria tributária como, de fato, sua utilização representa verdadeiro imperativo jurídico para a efetividade da tutela judicial em matéria tributária (Spisso e Lapatza), que deve ser vislumbrada como garantia do cidadão contribuinte deduzida do princípio do acesso à justiça.

Mais que isso, aliás, pode-se antever, principalmente em matéria tributária, a ocorrência de inegável "esvaziamento da ação cautelar", assim como profetizado por Arruda Alvim, e na forma como já reconhece e atesta a jurisprudência de nossos Tribunais.[41]

41. "Até o advento das modificações introduzidas no Estatuto Processual pela Lei n. 8.952/94, autorizando a possibilidade de antecipação dos efeitos da tutela pretendida na ação, a parte podia ajuizar ação cautelar preparatória visando à compensação de tributos. Após, este pleito deve ser formulado no bojo da ação principal, nos termos dos arts. 273 e seguintes do CPC",[41] reconhecendo-se ainda, nesse e em outros acórdãos do mesmo Tribunal, já por sua por sua 1ª Turma, que nesses casos não há "irreversibilidade" ou "esgotamento do objeto da ação", pois trata-se de provimento provisório dependente de decisão definitiva, que, se eventualmente desfavorável ao contribuinte, enseja a retomada da cobrança por parte da Fazenda Pública (Ac. da 1ª T. do TRF da 4ª R. – Ag 96.04.19208-3-SC – Rel. Juiz Vladimir Freitas – j. 25.6.96 – Agte: INSS.; Agdos.: Mecânica Ind. MN Ltda. e outros – *DJU*-2 21.8.96, p. 59.645 (*IOB RJ* 1/10.342). Esta posição, que vislumbramos correta sob o ponto de vista do cabimento da tutela antecipada em matéria tributária, não se encontra porém pacificada, ainda que tendente a firmar-se no TRF da 4ª Região. É o que se vê de Acórdão da mesma 1ª Turma, da lavra do em. Juiz Volkmer de Castilho firmando entendimento de que: "Inviável a autorização para compensação de créditos tributários através de antecipação da tutela por ser medida satisfativa em que não foram cumpridos os requisitos do art. 273 do CPC". Observe-se, do trecho da ementa acima destacado, que o motivo do aludido incabimento não é o fato da medida ser satisfativa, mas sim o fato de não estarem, no caso, cumpridos os requisitos do art. 273. Como visto, a mera alegação de se tratar de medida satisfativa não pode consistir-se em óbice para a concessão de tutela antecipada em matéria tributária, pois a satisfatividade é da essência da antecipação. O que a lei busca evitar é a concessão de medidas com o caráter de "irreversibilidade", conceito jurídico este inconfundível com a satisfatividade.

BASE DE CÁLCULO DO ICMS NO REGIME DE SUBSTITUIÇÃO TRIBUTÁRIA PARA A FRENTE — EXCLUSÃO DOS DESCONTOS INCONDICIONAIS

MISABEL ABREU MACHADO DERZI
Professora dos Cursos de Graduação e Pós-Graduação da Faculdade de Direito da Universidade Federal de Minas Gerais

e

SACHA CALMON NAVARRO COELHO
Professor Titular de Direito Financeiro e Tributário da Universidade Federal de Minas Gerais – Advogado

EXPOSIÇÃO E CONSULTA

NNN, que assumiu a condição de substituta tributária, foi autuada pela fiscalização do Estado de Minas Gerais. Entende este que, nas operações de venda de combustíveis a contribuintes situados em seu território, a base de cálculo do ICMS devido é o preço de venda supostamente tabelado pela própria empresa — sem a dedução dos descontos incondicionais concedidos aos seus clientes — acrescido das supostas margens de lucro dos destinatários, de acordo com percentuais presumidos pelo Fisco, independentemente do valor real das operações.

Entende a consulente, ao contrário, que a base de cálculo do imposto, no que lhe pertine, deve ser o valor real das operações, acrescido dos percentuais fixados pelo Fisco mineiro, se previstos em lei, e assim mesmo sujeitos a acerto, se excessivos ou insuficientes. Em rigor, este último aspecto da questão não lhe compete diretamente, senão que aos contribuintes substituídos, que devem ser tributados exatamente pelo valor real das operações de revenda, como é da índole dos impostos multifásicos sobre o valor adicionado, com pagamentos fracionados, haja ou não substituição tributária, simples técnica de arrecadação antecipada.

Posta assim a questão, passamos a responder à consulta. Por primeiro, faremos considerações gerais para melhor situar a matéria *in examen*, com o objetivo de clarear o perfil do ICMS e enaltecer o seu caráter plurifásico e não-cumulativo.

O problema que estamos a estudar está encartado num imposto com características constitucionais que não podem ser desprezadas pelo legislador ordinário e regulamentar.

PARECER

1. O ICMS e o IPI são impostos que somente devem onerar o consumo

É importante notar que nem o ICMS nem o IPI são impostos a serem suportados pelo contribuinte de direito (o comerciante ou industrial). São, em rigor, impostos sobre o consumo, não devendo onerar a produção ou comércio, como alerta Klaus Tipke. Disso resulta que, numa operação entre empresas, cada uma delas pode se livrar, basicamente através da dedução do imposto anterior, do ônus tributário a ela repassado pela precedente, bem como transferir à adquirente a carga fiscal devida na etapa de circulação, e assim sucessivamente, até o consumidor final. Será justo, se um empresário não conseguir a transferência, por motivo de eqüidade, que ele seja beneficiado pela isenção do imposto. É a *Billigkeitserlass*, como reiteradamente menciona Tipke. Aliás, um dos fundamentos mais importantes para a adoção do princípio da não-cumulatividade repousa na neutralidade da concorrência, argumento que sensibilizou a Corte Constitucional alemã (BVerfG). Pela mesma razão, acrescida da necessidade de uma exata compensação de fronteira entre os diferentes países-membros, a Comunidade Européia adotou o princípio da não-cumulatividade como passo essencial à harmonização do imposto.

Tais tributos não oneram a força econômica do empresário que compra e vende ou industrializa, seja contribuinte, responsável, substituto ou substituído, mas a força econômica do consumidor, segundo ensina Herting. Com base nisso, de forma quase universal, consagra-se o princípio da não-cumulatividade, inclusive na Constituição brasileira, onde se permite compensar, com o imposto devido, o imposto cobrado nas operações anteriores.

Juristas de vários países, por essa razão, insistem em chamar o IVA ou a TVA de imposto sobre o consumo, e não imposto sobre o valor acrescido ou sobre a circulação, embora, do ponto de vista técnico estrito, o consumidor final — que de fato suporta economicamente o tributo — esteja alijado da relação tributária.

Entretanto, não apenas no Brasil mas em diversos sistemas tributários forâneos, o legislador abandonou a expressão *imposto sobre o consumo* para adotar outras, como imposto sobre valor acrescido, imposto sobre operação de circulação, imposto sobre a produção industrial. Não se trata de uma preocupação eminentemente técnica, voltada a ajustar o nome ao formalismo jurídico. Antes, por motivos psicológico-tributários, quer-se vincular o imposto ao empresário, tornando-o pouco perceptível aos olhos dos consumidores-leigos e não empresários. Como explica Klaus Tipke, a cobrança se torna mais simples, possibilitando *de plumer l'oie sans trop la faire crier.*

Explicam os juristas que: "(...) em cada estágio da produção e da comercialização de um produto, um contribuinte tem a possibilidade de deduzir do imposto sobre o valor acrescido (TVA) que ele faturou para seu cliente sobre o preço de venda, aquele imposto que lhe foi faturado por seus fornecedores e que oneraram o preço de revenda (...)" (cf. "La taxe sur la valeur ajoutée", pela equipe de redação da *Revue Fiduciaire*, Paris, Ed. Groupés, 1994, p. 168; no mesmo sentido C. Lamorlette e T. Lamorlette, *Fiscalité Française — 1994-1995*, 15ª ed., Paris, Economica, 1994).

Outro ponto a realçar é que os valores das operações não podem ser *tabelados*, sob pena de distorções. *O imposto segue as oscilações e os preços do mercado, sem tergiversações.*

2. O direito universal à dedução dos créditos relativos a aquisições de todo gênero e a inconstitucional restrição ao direito de compensação por período

O princípio da não-cumulatividade é praticamente universal, sendo adotado pelos países latino-americanos e por todos os membros da Unidade Européia. A regra é o legislador procurar atingir as vendas líquidas em todos os casos em que o imposto for plurifásico, ou seja, onerar mais de uma etapa da industrialização ou da comercialização, como ocorre com o ICMS e o IPI no sistema brasileiro.

Muitos países adotam fórmulas de cálculo similares, divergindo entre si quanto à técnica admitida para a compensação. Apesar das pequenas divergências em um ponto e outro, a grande massa dos países que adota impostos plurifásicos não-cumulativos admite a dedução do imposto pago com máquinas, implementos e até imóveis adquiridos para a exploração da atividade. O mesmo se passa em todos os países da Unidade Européia, nos quais o imposto incidente nas aquisições de máquinas e implementos é dedutível pela empresa. Cabrera Fernández explica que até as despesas com impostos nos investimentos pré-operacionais, preparatórios da atividade empresarial, são compensáveis, dentro de certos limites (cf. José Manuel Cabrera Fernández, *Nuevo Impuesto sobre el Valor Anãdido*, Ed. CISS, 1993, p. 123).

Em rigor, o sistema de não-cumulatividade repousa em um princípio fundamental: *o de que os bens e serviços geradores de créditos estejam globalmente afetados ao conjunto das operações realizadas durante o período considerado de imposição (geralmente um mês ou um trimestre civil).*

Além do cumprimento dos requisitos formais, o contribuinte está sujeito apenas a essa regra essencial no exercício do direito à dedução dos créditos pelas aquisições. Em conseqüência, as exclusões e restrições ao direito à dedução se referem exatamente aos bens adquiridos que não são necessários à exploração da atividade econômica ou que *não* estão afetados exclusivamente a tal exploração, como, *v.g.*, os gastos com a compra de artigos pessoais privativos dos diretores da empresa ou de seus familiares ou de bens utilizados indistintamente para necessidades profissionais e privadas (cf. C. Lamorlette e T. Lamorlette, ob. cit., pp. 424-447).

Ora, aí está a regra sistematicamente imposta em toda a Europa e nos demais países da América Latina que, tradicionalmente, adotam impostos sobre a comercialização plurifásicos e não-cumulativos.

3. O ICMS na Constituição brasileira

A Constituição brasileira de 1988 não contém nenhuma exceção ao princípio da não-cumulatividade, salvo, exclusivamente em tema de ICMS, no que toca à isenção e não-incidência. E mesmo estas estão na Lei Maior como frutos podres, em razão dos interesses menores dos Estados-membros, assunto que fica para outra ocasião. Poderá a legislação infraconstitucional, ao disciplinar o princípio da não-cumulatividade, amesquinhá-lo, restringi-lo ou reduzi-lo? Doutrina cada vez mais sólida responde negativamente, delineando-se entre nós *o consenso de que as limitações impostas em lei complementares, convênios e regulamentos são absolutamente inconstitucionais.*

Assim, doutrina robusta hoje se consolida no sentido de que o princípio da não-cumulatividade não é cláusula vaga e imprecisa, pois a Constituição fez opções deliberadas e claras, determinando, de forma ampla, *a compensação do tributo devido com o montante cobrado nas operações anteriores, haja ou não substituição tributária.*

Assim fala o saudoso Geraldo Ataliba:

"A Constituição dá; só a Constituição poderia tirar créditos.

"É inválida e nula toda disposição infraconstitucional que retire, reduza, condicione ou exclua crédito de IPI ou ICMS.

"Resulta absolutamente inquestionável que:

"a) a compensação (e, pois, o direito de crédito) é constitucional e, portanto, não pode ser alterada pela lei, em detrimento de seu beneficiário, o contribuinte;

"b) não há caso de operação não geradora de crédito de IPI.

"Os únicos casos em que a Constituição exclui o crédito de ICMS ou nega-lhe efeitos são esses (art. 155 § 2º, *a* e *b*). Aí é dito, em princípio, que a não incidência (o que compreende a isenção):

"'a) não implicará crédito para compensação (...) nas operações (...) seguintes;

"'b) acarretará a anulação do crédito relativo às operações anteriores. (...)'

"Se o constituinte tratou de modo categórico a matéria, não pode o intérprete entender que formulou mera sugestão. Se foi taxativo (excepcionou dois casos só relativamente ao ICMS) não se pode entender que autorizou o legislador a ampliar esses casos, nem estendê-los ao IPI. (...)

"À vista do exposto, conclui-se que:

"a) a não-cumulatividade do IPI e do ICMS traduz-se em direito de compensação (abatimento);

"b) a Constituição não prevê exceções a esse direito, quanto ao IPI; e só uma exceção quanto ao ICMS;

"c) nenhuma lei pode condicionar, reduzir ou eliminar o direito de creditar-se pelo IPI ou ICMS relativo a operações anteriores;

"d) a formulação constitucional é ampla e irrestrita: toda operação tributável gera crédito;

"e) logo, o industrial (e/ou o comerciante) pode creditar-se pelo IPI (ou ICMS) relativo a todas as aquisições de peças, partes, insumos, matérias-primas, ferramentas e bens de produção (bens de capital) integrados ao ativo fixo" (cf. Parecer, nov./94, p. 14, inédito).

4. O princípio da não-cumulatividade como diretriz cogente, radicado na Constituição dirigente — Lei Complementar não pode alterar a Constituição

Demonstra a doutrina atual que não se pode mais argumentar com a idéia de que o princípio da não-cumulatividade, formulado na Constituição, depende de regulamentação livremente posta em Lei Complementar, porque o legislador só poderá atuar a partir das bitolas constitucionais. Não se venha dizer que legislador infraconstitucional pode dispor do princípio. Apesar de o art. 155, XII, *c*, estabelecer que cabe à Lei Complementar "disciplinar o regime de compensação do tributo" e, em sua ausência, provisoriamente, os convênios interestaduais (ADCT, art. 34, § 8º), é claro que a regulamentação infraconstitucional permitida não poderá restringir, alterar ou prejudicar o princípio da não-cumulatividade, que na própria Constituição tem ampla guarida. *Vasto campo poderá ser objeto de opção legislativa infraconstitucional, sem nenhuma ofensa à norma superior.* A forma de compensação será periódica, considerando-se as entradas e saídas por certo período de tempo.

Mas qual o período? Havendo saldo credor em favor do contribuinte, haverá devolução em dinheiro devida pelo Fisco, ou se transferirá o crédito para períodos de apuração posteriores? Quais os créditos excluídos da compensação, por serem relativos a bens impertinentes, não afetados à exploração? O imposto pago pela aquisição de bens do ativo de longa duração (máquinas, ferramentas, terrenos) será dedutível de uma só vez ou mediante quotas anuais ou semestrais? Qual o regime próprio relativo a bens do ativo, se esses são alienados pela empresa? Etc., etc. Inúmeras questões deveriam e poderiam ser solucionadas pela Lei Complementar regulamentadora, na disciplina da compensação do imposto, sem mutilação do princípio da não-cumulatividade, pois não é dado ao legislador e muito menos aos regulamentos — feitos por funcionários subalternos, sem voto ou sem mandato legislativo — alterar a Constituição da República.

5. A função do princípio da não-cumulatividade e seu negligenciamento pelas administrações incultas

Troncoso y Troncoso coloca em evidência que, juridicamente, o ICM é um imposto não-cumulativo e, economicamente, numa visão totalizante, um imposto sobre o valor acrescido. Ora, por que realçar esta dupla faceta? Apenas para enaltecer o extremo empenho da Constituição em valorizar o princípio da não-cumulatividade, traço marcante, principal, indeclinável do ICM (e também do ICMS atual), e sem o qual inexistem impostos sobre o valor agregado. Os comentários de Troncoso y Troncoso ao princípio da não-cumulatividade, tal como delineado na Constituição de 1969, aplicam-se integralmente à Constituição em vigor:

"A maioria dos tratadistas considera o cálculo sobre a base real como de forma pura, visto 'en aterse rigorosamente al concepto estadístico y económico del valor agregado' (Cesare Cosciani, *El Impuesto al Valor Agregado*, p. 76).

"Ainda, temos dois métodos para se alcançar o valor agregado: o de adição e o de subtração.

"No que tange ao primeiro, está representado pela soma dos pagamentos dos componentes utilizados na obtenção dos produtos onerados pela tributação. O de subtração consiste em deduzir os custos necessários para se lograr o produto final.

"O método de subtração é adotado pela maioria dos países, embora o primeiro, sob o enfoque econômico, se apresente mais correto.

"Campet, cotejando os dois métodos, assinala que 'o segundo método (subtração) é menos satisfatório para o espírito que o primeiro, porém não apresenta sua complexidade, nem os seus perigos' (cf. "Quelques aspects économiques de la taxe sur la valeur ajoutée", *Finances Publiques* 1/22, apud Félix de Luiz, in *XVII Semana de Estudios de Derecho Financiero*, p. 116).

"Todavia, o legislador constitucional adotou — embora de forma peculiar — a base financeira, conseqüentemente, *não se ateve, em hipótese alguma, ao confronto dos valores da entrada e saída da mesma mercadoria*, a fim de crivar o *quantum* da mais-valia agregada.

"Assim, podemos afirmar — sem receio de incorrer em erro grosseiro — que o mencionado tributo nunca incidirá de maneira estrita sobre o valor agregado da mercadoria entrada, mas atingindo, dentro do interregno de um mês (período temporal do confronto), a soma das operações relativas às saídas dos produtos nele ocorridas, e, do total do imposto incidente em tais operações será deduzido o correspondente mensal, aquelas pertinentes às entradas de mercadorias no mesmo período.

"Juridicamente, o Imposto sobre Operações Relativas à Circulação de Mercadorias, de imediato, não se poderá configurar como um gravame sobre o valor acrescido, em decorrência daquele incidir no valor das operações, já que a mercadoria se constitui em simples referencial.

"Todavia, sob o aspecto econômico, o dito imposto estadual incidirá, rotineiramente, a médio e a longo prazo, no valor agregado da mercadoria.

"*Não se trata de um paradoxo ou um sofisma, visto que em se dando a rotatividade dos estoques, o tributo alcançará o valor agregado da mercadoria, como já dissemos, a médio e longo prazo, isto é, no espaço de alguns meses, dependendo, exclusivamente, da maior ou menor aceleração do giro mercantil*" (*ICM — Princípio da Não-Cumulatividade*, Rio de Janeiro, Jovelli, 1983, destaques nossos).

Assim, a técnica brasileira não é a real ou direta, porque não permite deduzir diretamente todos os insumos (ex., o custo do trabalho assalariado, dos serviços tributáveis pelo Município por meio de imposto próprio etc.), ainda que notoriamente interferentes no processo industrial ou produtivo. No método da diferença ou subtração, utilizado por nossa ordem jurídica, utiliza-se a técnica da base financeira (indireta, não real), segundo a qual o valor adicionado corresponderá à diferença entre o débito do imposto gerado pela promoção da operação de circulação de mercadorias — vendas, e o crédito fiscal oriundo do imposto incidente nas aquisições-compras no mesmo período. É a técnica do imposto-contra-imposto, adotada no Brasil e na maioria dos demais países para o cálculo do montante do tributo a ser recolhido aos cofres públicos por cada contribuinte.

Ora, *esta conclusão não se altera nos casos de substituição tributária para a frente e, pelo contrário, deve ser observada nesse caso com maior rigor*. É que os contribuintes compram e vendem mercadorias ou insumos *que são sujeitados, alguns à substituição tributária, outros não...*

Examinando-se com atenção o art. 155, § 2º, I, constata-se que a Constituição Federal concede direito irrestrito à compensação dos créditos correspondentes ao montante cobrado nas operações anteriores pelo mesmo ou outro Estado ou pelo Distrito Federal (método da diferença ou subtração). A compensação deverá ser feita com o imposto que for devido em cada operação relativa à circulação de mercadorias ou prestação de serviços, não importando:

• que as operações tributadas se refiram a mercadorias distintas daquelas que geraram os créditos;

• ou se refiram a diferencial de alíquota ou a imposto devido nas importações;

• que haja ou não substituição tributária.

A Constituição manda considerar todos os créditos suportados pelo contribuinte, referentes às operações anteriores. Tais créditos serão dedutíveis do imposto devido. A compensação se dá por período, sendo irrelevante que as aquisições que geram crédito refiram-se ou não às mesmas mercadorias cuja saída é tributada. Os resultados econômicos perseguidos de não-cumulatividade e tributação do valor adicionado são alcançados apenas a médio e longo prazos, por meio da rotatividade dos estoques. *E os valores reais das operações devem ser escrupulosamente observados, sob pena de derruir toda a sistemática da não-cumulatividade. Aliás, essa a prática brasileira.*

Causam espécie, portanto, os absurdos que são cometidos pelos regulamentos estaduais do ICMS, muita vez com o beneplácito acomodatício de alguns juízes, esquecidos de que são incumbidos da zeladoria da Constituição.

6. A substituição tributária no ICMS

A substituição tributária, que tem por supedâneo o princípio da praticabilidade da tributação em prol do Estado, *não tem o condão de alterar o perfil constitucional do ICMS ou de macular o princípio da não-cumulatividade*. É simples técnica de arrecadação. Enquanto tal, submete-se inteiramente aos princípios constitucionais regentes do imposto. Melhor ainda, até por ser técnica excepcional, mormente nos casos de substituição tributária para a frente, em que o legislador se vê constrangido a utilizar presunções de fatos geradores e de bases de cálculo, todos os cuidados devem ser tomados para preservar a verdade dos fatos e dos valores, de modo a não prejudicar os contribuintes. A lealdade em relação ao contribuinte e o respeito à Constituição são deveres primários. Os legisladores, sob pena de indignidade, devem se comportar civilizadamente. É o mínimo que a sociedade espera deles. Pois, como dizia Aliomar Baleeiro, não nasceram os Parlamentos somente para consentir os tributos?

7. A não-cumulatividade deve necessariamente ser observada nos casos de substituição tributária — As bases de cálculo presumidas devem reduzir-se às reais

Dispõe o art. 155 da CF/88, no que nos interessa:

"Art. 155. Compete aos Estados e ao Distrito Federal instituir impostos sobre: (...)

"II — Operações relativas à circulação de mercadorias e sobre prestações de serviços de transporte interestadual e intermunicipal e de comunicação, ainda que as operações e as prestações se iniciem no exterior. (...)

"§ 2º. O imposto previsto no inciso II atenderá ao seguinte:

"I — Será não-cumulativo, compensando-se o que for devido em cada operação relativa à circulação de mercadorias ou prestação de serviços com o montante cobrado nas anteriores pelo mesmo ou outro Estado ou pelo Distrito Federal. (...)

"X — Não incidirá: (...)

"b) sobre operações que destinem a outros Estados petróleo, inclusive lubrificantes, combustíveis líquidos e gasosos dele derivados, e energia elétrica."

O princípio constitucional é cogente. A simples adoção de técnica arrecadatória simplificada, a substituição tributária, não autoriza a conclusão de que o ICMS se torna em outro imposto, e o que é pior, *monofásico*.

Na espécie em estudo, ocorre uma peculiaridade que não pode passar despercebida. A consulente, em suas operações interestaduais, é imune ao ICMS, a teor do dispositivo constitucional transcrito.

Isso posto, por suas operações interestaduais, em verdade, nada deve, conforme a CF/88.

A sua posição é de *substituta tributária*. Está no lugar do contribuinte mineiro. É sujeito passivo direto, mas não por fato gerador próprio, senão que por fato gerador alheio. Exatamente por isso é que foi autuada extraterritorialmente pelo Fisco mineiro.

O substituto, portanto, não pode jamais pagar pelo substituído um ICMS maior do que o real, sob pena de enriquecimento ilícito do Estado e ferimento ao princípio do não-confisco demais disso, em contrariedade com a própria lógica da substituição, ficará pessoalmente responsável pela diferença a maior.

Sabido que o ICMS é plurifásico e dominado pelo princípio da não-cumulatividade, importa dizer agora que o imposto final cobrado deve ser — tem que ser — igual ao montante decorrente da aplicação da alíquota interna sobre o valor real da última operação de circulação, ou seja, aquela destinada ao consumidor final. Somando-se as incidências ocorridas em todas as etapas do processo de circulação, não poderá o resultado exceder o valor final, sob pena de quebra do princípio da não-cumulatividade.

Ives Gandra não discrepa: "O princípio da não-cumulatividade para os dois tributos a que se aplica visa, portanto, e exclusivamente, à tributação final do produto (industrial ou em circulação) entregue ao consumo derradeiro, nos termos que a lei complementar determina, evitando seja pelo acúmulo da carga tributária incidente nas operações anteriores, superada a *alíquota real* que recai sobre a *última base de cálculo*, a partir de uma alíquota nominal" (*DCI*, edição de 31.3.83).

No mesmo missal reza o STF: "O princípio da não-cumulatividade de certos tributos, como o ICMS, tem por objeto impedir que, na composição do preço da mercadoria, nas diversas fases do seu ciclo econômico, mormente na última, de venda a consumidor final, a parcela representativa do tributo venha representar percentual excedente do que corresponde à alíquota máxima permitida em lei. Em suma, previne excessos resultantes de tributação sucessivas. Opera ele, como disposto no art. 23 da CF/69 e art. 155, § 2º, I, da CF/88, por meio de compensação do tributo pago na entrada da mercadoria com o valor devido por ocasião da saída, significando, na prática, que a operação de venda é tributada tão-somente pelo valor adicionado ao preço. Evita-se, por esse modo, cumulação do tributo".

8. De como leis e regulamentos podem ferir o princípio da não-cumulatividade ao tratarem da substituição tributária, desservindo a Constituição

A asserção do Supremo Tribunal Federal reproduzida no final do item precedente, resumindo a melhor doutrina sobre o ICMS, pode ser toldada, *nos casos de substituição tributária para a frente*, de duas maneiras:

• hiperdimensionado-se a *base de cálculo* da operação a cargo do contribuinte substituto; ou

• hiperdimensionando-se, por presunção, a margem de lucro do contribuinte substituído.

Freqüentemente, os dois artifícios são empregados ao mesmo tempo, abrindo-se ensanchas às argüições de inconstitucionalidade.

Analisemos, por dever de ofício, as duas hipóteses. Por primeiro o superdimensionamento de margem de lucro.

9. Abusividade na substituição tributária para a frente

Dispõe o CTN: "Art. 128. Sem prejuízo do disposto neste Capítulo, a lei pode atribuir de modo expresso a responsabilidade pelo crédito tributário a terceira pessoa, vinculada ao fato gerador da respectiva obrigação, excluindo a responsabilidade do contribuinte ou atribuindo-a a este em caráter supletivo do cumprimento total ou parcial da referida obrigação".

O art. 128 reporta-se aos dois tipos de responsabilidade conhecidos pelo CTN:

a) a responsabilidade superveniente de terceira pessoa por fato gerador alheio (a chamada *responsabilidade por transferência*, noticiada por Rubens Gomes de Souza);

b) a responsabilidade por substituição, quando o dever de contribuir é imputado diretamente pela lei a uma pessoa que não praticou o fato gerador, mas que mantém com o *substituído* relações que lhe permitem ressarcir-se dos ônus da substituição. A responsabilidade por substituição é mais encontradiça nas leis federais, estaduais e municipais, observados os requisitos traçados no CTN. Ao revés, as diversas modalidades de responsabilidade por transferência encontram no CTN descrição mais minudente, merecendo todo um capítulo do Código.

c) O art. 128, quando cuida da responsabilidade por substituição, impõe requisitos inarredáveis, que devem ser necessariamente observados pelos legisladores das três ordens de Governo que convivem na federação brasileira. Tratemos o tema, entretanto, com a minúcia e a profundidade que lhe são devidas. É preciso distinguir bem os casos de *responsabilidade direta e indireta*, que Rubens Gomes de Souza propagou em toda a doutrina pátria. O notável Mestre de todos os tributaristas brasileiros, cuja memória cultuamos com respeito e admiração, dividia em duas chaves as hipóteses de *sujeição passiva indireta* em tema de tributação:

Sujeição passiva indireta
- por substituição
- por transferência
  - solidariedade
  - sucessão
  - responsabilidade

Dizia o Mestre: a transferência "ocorre quando a obrigação tributária, depois de ter surgido contra uma pessoa determinada (que seria o sujeito passivo direto), entretanto, em virtude de um fato posterior, *transfere-se para outra pessoa diferente* (...)".

E a substituição "*ocorre quando em virtude de uma disposição expressa de lei a obrigação tributária* surge desde logo contra uma pessoa diferente *daquela que esteja em relação econômica com o ato, o fato ou negócio tributado. Nesse caso* é a própria lei que substitui o sujeito passivo *direto por outro indireto*" (cf. *Compêndio de Legislação Tributária*, 3ª ed., Rio de Janeiro, Ed. Financeiras, 1960, pp. 71-72).

Em termos de *proposição jurídica*, tem-se o desenho que se segue.

NORMA

HIPÓTESE DE INCIDÊNCIA	CONSEQÜÊNCIA JURÍDICA
tendo no aspecto pessoal Alfeu Cimento e Cal Ltda	tendo por sujeito passivo Betoneiras Mix

De ver, e isso é fundamental, que a pessoa designada na lei como realizadora da hipótese de incidência (fato gerador) é *diversa* da que, na conseqüência da norma, aparece designada como *sujeito passivo da obrigação*. Então, juridicamente, *B* é *sujeito passivo direto*. Ele não paga dívida alheia. Paga dívida própria. Apenas não realizou o fato gerador. Todavia, ninguém antes dele esteve jamais na condição de sujeito passivo. E todo substituto pressupõe um substituído. Dita substituição decorreria de um raciocínio pré-jurídico, qual seja: quem realiza o fato gerador é que deve pagar o tributo. A substituição viria, assim, em nome da praticidade. Rubens decalca a tese com muita clareza:

"O tributo *deve ser* cobrado da pessoa que esteja *em relação econômica* com o fato, ato ou negócio que dá origem à tributação. Por outras palavras, o tributo deve ser cobrado da pessoa que *tira vantagem econômica* do ato, fato ou negócio tributado (...) Entretanto pode acontecer que em certos casos o Estado tenha interesse ou necessidade de cobrar o tributo de *pessoa diferente*: dá-se a *sujeição passiva indireta*" (idem, p. 71).

Tanto a *substituição* quanto a *transferência* são admitidas pela doutrina. Obras de renomados tributaristas daqui e d'alhures comprovam a assertiva (Albert Hensel, *Diritto Tributario*, trad. de Dino Jarach, Milão, A. Giuffrè, 1956, pp. 94-95; A. D. Giannini, *Il Rapporto Giuridico d'Imposta*, Milão, A. Giuffrè, 1937, pp. 134-135; Giuliani Fonrouge, *Derecho Financiero*, 2ª ed., Buenos Aires, Ediciones Depalma, 1970, p. 386; Aliomar Baleeiro, *Uma Introdução à Ciência das Finanças*, 6ª ed., Rio de Janeiro, Forense, 1969, p. 225; Ruy Barbosa Nogueira, *Direito Financeiro*, 3ª ed., São Paulo, José Bushatsky, 1971, p. 117).

O legislador pode, sob condicionantes, escolher o *substituto* jurídico daquele que deveria, pela lógica e por motivos econômicos, ser o sujeito passivo da obrigação (por ter praticado o fato gerador).

O CTN, no art. 121, parágrafo único, não distingue o sujeito passivo *por transferência* do sujeito *por substituição*. Dita divisão é doutrinária. O CTN distingue apenas o *contribuinte* e o *responsável*.

"Art. 121. Sujeito passivo da obrigação principal é a pessoa obrigada ao pagamento de tributo ou penalidade pecuniária.

"Parágrafo único. O sujeito passivo da obrigação principal diz-se:

"I — contribuinte, quando tenha relação pessoal e direta com a situação que constitua o respectivo fato gerador;

"II — responsável, quando, sem revestir a condição de contribuinte, sua obrigação decorra de disposição expressa de lei."

Pelo que vimos até agora, o *substituto* é, em verdade, *sujeito passivo direto*. É um tipo específico de contribuinte.

Por qual razão teria o legislador do Código Tributário Nacional ligado o substituto ao substituído no art. 128?

A indagação é profundamente ética, sobre ser jurídica.

No anteprojeto do Código (1953), de autoria de Rubens Gomes de Souza, a questão estava posta no art. 163: "Sem prejuízo do disposto no Capítulo V do Título VI do Livro V, a lei tributária poderá atribuir de modo expresso a responsabilidade pela obrigação tributária principal a terceira pessoa, expressamente definida, com exclusão da responsabilidade do sujeito passivo, ou em caráter supletivo do cumprimento total ou parcial da referida obrigação por parte deste".

Na Comissão do IBDF (Instituto Brasileiro de Direito Financeiro), hoje ABDF (Associação Brasileira de Direito Financeiro), por inspiração do notável tributarista carioca Dr. Gilberto de Ulhôa Canto (in *Codificação do Direito Tributário*, Rio de Janeiro, Instituto Brasileiro de Direito Tributário, 1955, p. 39), foi formulada uma modificação no corpo do artigo, ao argumento de que "como está redigido, não nos parece que possa subsistir.

Permitiria a transferência do ônus tributário *a qualquer terceiro, sem nenhuma justificativa*, e facultaria a discriminação. É mister, para que se torne razoável, condicionar-lhe a aplicação aos casos que o terceiro tenha alguma vinculação ao fato gerador ou aos atos, negócios ou relações que lhe dão origem. Acrescente-se: (...) desde que seja parte interveniente na situação ou ato definidos como fato gerador da obrigação".

Ora, com exigir a vinculação do *responsável* ao fato gerador, Gilberto de Ulhôa Canto, bem interpretando a cultura justributária — e sua sugestão foi aceita e aprovada por unanimidade —, quis assegurar ao *responsável* a possibilidade econômica ou jurídica de recuperar o ônus tributário que lhe foi imposto pela lei, em benefício do Fisco.

A emenda proposta, adiante-se, foi acolhida pelo governo, embora com outra redação (Projeto Oswaldo Aranha, 1954). Passou-se a dizer que a responsabilidade seria de *terceira pessoa vinculada* de fato ou de direito ao *respectivo fato gerador*.

A redação atual do CTN — compare-se — incorpora os escrúpulos da doutrina expressados na emenda proposta pelo IBDF e cristaliza a evolução da espécie. Vale dizer a vinculação ao fato gerador, no que tange ao *responsável*, é para garantir-lhe o ressarcimento do ônus tributário, sem maiores delongas.

De um lado, assegura-se ao Fisco, ao Estado, condições de eficácia e funcionalidade. De outro, garante-se ao cidadão-contribuinte o direito de ressarcimento, de modo a evitar desfalque em seu patrimônio econômico e jurídico.

O art. 128 é uma restrição ao poder de tributar. O destinatário da regra é o legislador. O intento é proteger o contribuinte, sem estorvar, contudo, a ação do Estado. O legislador, assim, não é livre na estatuição dos casos de responsabilidade tributária. Nessa área, não se permite alvedrio, que poderia redundar em arbítrio e opressão.

A capacidade que deve ser atingida é a da pessoa que pratica o fato gerador e transfere o ônus ao consumidor final, e não a do *substituto*. Aqui está o coração do problema.

Ruy Barbosa Nogueira, reportando-se ao termo *Zurechnung* utilizado por Hensel (e pela literatura tributária tedesca) e traduzindo-o para o vernáculo pela palavra atributividade, leciona com propriedade: "Se pensarmos no aspecto econômico da tributação, é fácil compreendermos a razão ou *necessidade* desta vinculação do contribuinte ou responsável ao *fato econômico tributado*, não só porque a vantagem ou resultado dele decorrente é que vai possibilitar o pagamento do tributo ao fisco, mais ainda porque assim a lei atenderá ao princípio fundamental de justiça tributária, segundo o qual se deve atingir *a capacidade econômica do contribuinte* — capacidade contributiva" (apud Henry Tilbery, *Direito Tributário 2 — Responsabilidade Tributária*, São Paulo, José Bushatsky, 1972, p. 78).

O substituto não paga dívida de outrem. Paga tributo do qual ele próprio é sujeito passivo (o substituído é que deveria ser sujeito passivo, mas não é!).

O regressso aqui é econômico e deve dar-se de imediato (o laticinista pagando ao pecuarista o preço do leite diminuído do imposto, que pagará por ele como *substituto*, só para exemplificar). O tema é tributário. Está no CTN. Petição, ação e processo são desnecessários. O próprio mecanismo dos negócios encarrega-se de recompor a situação.

Por isso mesmo é que se exigiu a vinculação do *substituto* ao fato gerador (CTN, art. 128). Se assim não fosse, tal ligame não teria efeitos práticos, nem precisaria ser cogitado, já que a solução do assunto já se encontraria regulada no Código Civil...

Mais recentemente, a Emenda Constitucional 3/93 acrescentou ao art. 150 da CF/88 um sétimo parágrafo, *verbis*: "§ 7º. A lei poderá atribuir a sujeito passivo de obrigação tributária a condição de responsável pelo pagamento de imposto ou contribuição cujo fato gerador deva ocorrer posteriormente, assegurada a imediata e preferencial restituição da quantia paga, caso não se realize o fato gerador presumido".

Muitos juristas consideram inconstitucional a Emenda 3.

Todavia, vem atualmente o E. Superior Tribunal de Justiça decidindo em sentido contrário, afirmando que: "(...) é admissível a exigência do recolhimento antecipado do ICMS pelo regime de substituição tributária. Inteligência do art. 155, § 2º, XII, *b*, da CF/88, do art. 34, §§ 3º e 8º, do ADCT, dos arts. 121 e 128 do CTN, do Decreto-lei 406/68, da Lei Complementar 44/83, dos Convênios 66/88 (...)".

O ICMS é um imposto multifásico, cobrado fracionadamente em cada uma das etapas da circulação dos bens e serviços, e incidindo sobre o valor adicionado pelos agentes que a promovem, desde a produção até o consumo. Daí advém o princípio da não-cumulatividade, pelo qual o valor do imposto pago na etapa anterior constitui crédito do contribuinte que vai realizar a posterior etapa tributada do processo de circulação, até o consumidor final, que suporta a tributação integral do ciclo.

Em razão do exposto, é de se concluir que a base de cálculo do ICMS na última operação, destinada a consumidor final, nunca poderá ser superior ao valor real da operação mercantil, *sob pena de quebra do princípio da não-cumulatividade*.

Ora, a consideração, pelo Estado, de bases de cálculo superiores às reais, *i.e.*, não-correspondentes aos preços efetivamente praticados pelos contribuintes, caracteriza *confisco tributário* e enseja a imediata restituição do imposto assim recolhido, por força da própria Constituição. Os contribuintes substituídos são titulares de um direito subjetivo à imediata restituição (*facultas agendi*) de raiz constitucional. Trata-se de direito sobranceiro que, para ser exercido, desnecessita de qualquer fundamento legal além daquele fincado na Constituição. *A contrario sensu*, toda legislação (lei complementar, lei ordinária ou decreto regulamentar) que contrariar o querer constitucional será inconstitucional.

Quando o poder constituinte derivado permitiu, mediante a Emenda 3/93 à Constituição de 1988, a *substituição tributária para a frente*, condicionou a sua prática a que, em não se realizando a operação ou realizando-se esta por valor inferior ao real, se restitua de modo *imediato e preferencial* a quantia paga em excesso. Onde há poder há também limitação.

Imediato é o momento seguinte. Não há falar em pedido de restituição, administrativo ou judicial, ou em precatório ou em autorização fiscal. Preferencial significa em primeiro lugar, antes de qualquer outro interesse.

Reza o Protocolo ICMS 11/91:

"Cláusula terceira — No caso de operação interestadual realizada por distribuidor, depósito ou estabelecimento atacadista com as mercadorias a que se refere este protocolo, a substituição caberá ao remetente, mesmo que o imposto já tenha sido retido anteriormente, observado o seguinte:

"I — já tendo o imposto sido retido, o distribuidor, o depósito ou o estabelecimento atacadista emitirá nota fiscal para efeito de ressarcimento, junto ao estabelecimento que efetuou a primeira retenção, *do valor do imposto retido em favor do Estado de destino, acompanhada de cópia de respectivo documento de arrecadação*;

"II — o estabelecimento destinatário de nota fiscal a que se refere o inciso anterior poderá deduzir, do próximo recolhimento no *Estado a favor do qual foi feita a primeira retenção, a importância correspondente ao imposto anteriormente retido, desde que disponha dos documentos ali mencionados*."

Ora, esses são os mecanismos legais que permitem o exato cumprimento do mandamento da EC 3/93. Servem de parâmetro para todos os casos de substituição excessiva.

Sendo o ICMS sujeito ao lançamento por homologação, caberá à autoridade administrativa, no lustro legal, verificar se o contribuinte se creditou com acerto, sem abusos, a teor do art. 150 do CTN.

Desse modo, dá-se cumprimento à Constituição e assegura-se aos Fiscos estaduais a possibilidade de evitar os abusos, pois são poucos os estabelecimentos substitutos nos grandes ramos de comercialização (veículos, bebidas, cigarros, remédios, fármacos, tintas, lubrificantes etc.).

Irrecusável, portanto, a responsabilidade da consulente, obrigada a recolher o ICMS sobre o valor da operação de venda, em lugar do substituído.

Demais disso, está obrigada a ressarcir o substituído, se a venda final for inferior ao preço pautado (compra do substituto mais a margem).

É que o fundamento de direito é constitucional, e a Constituição, na espécie, é auto-aplicável ou como dizem os americanos *self-enforcing*.

Como se sabe, a ordem jurídica é piramidal. De cima para baixo, desde a Constituição até o mais ínfimo regulamento do ICMS, por exemplo, as normas vão extraindo, as inferiores das superiores, os seus respectivos fundamentos de validez (Kelsen, Merkl, Pontes de Miranda).

Efetiva deve ser a *cláusula da imediata e preferencial* restituição na hipótese de se não realizar total ou parcialmente o fato gerador (base de cálculo hipertrofiada). Esta cláusula é auto-aplicável. Se não fosse, institucionalizar-se-ia o confisco tributário, que é também proibido pela Constituição, como vimos de ver, bastando que para isso o legislador infraconstitucional:

• se mantivesse inerte (omissão legislativa); ou

• dispusesse de modo a obstar, dificultar, impedir ou retardar a restituição do tributo pago sem causa.

Dispõe a Constituição: "Art. 150. Sem prejuízo de outras garantias asseguradas ao contribuinte, é vedado à União, aos Estados, ao Distrito Federal e aos Municípios: (...) VI — utilizar tributo com efeito de confisco".

10. A base de cálculo do ICMS nos casos de substituição tributária deve ser sempre a real — A provisoriedade das presunções de bases de cálculo — Princípio do não-confisco

A segunda forma de incidir na censura de confisco a título de tributar ocorre quando o legislador majora indevidamente a base de cálculo das operações tributáveis.

O valor real da operação é a *regra de ouro* a comandar a base de cálculo do ICMS, que é um *imposto de mercado*, e não um imposto de preços administrados.

De resto, tem sido observada pela Constituição e pelas suas leis complementares. É ver a Lei Complementar 87/96 (art. 8º, I, *a*), o Convênio 66/88 (art. 4º, III), a Lei Complementar 44/83 e o Decreto-lei 406/68, que dispõe:

"Art. 2º, § 9º. Quando for atribuída a condição de responsável ao industrial, ao comerciante atacadista ou a produtor relativamente ao varejista, a base de cálculo do imposto será:

"a) o *valor da operação* promovida pelo responsável acrescido do lucro do comerciante varejista, obtido mediante a aplicação do percentual fixado em lei sobre aquele valor."

De outra parte, a legislação de Minas Gerais não destoa do padrão, sem esquecer que o art. 233 dessa lei recomenda, ou melhor, ordena "a todas as autoridades, a quem o conhecimento e execução da lei pertencer, que a façam cumprir tão inteiramente como nela se contém".

É quase uma *ordenança régia* — na melhor tradição das ordenações filipinas.

Em verdade, o princípio da legalidade dispensaria tanta imperatividade. Todavia, o enfático da disposição tem valia ante as rebeldias do administrador tributário.

E o que dizia a lei mineira sobre o assunto, vigente ao tempo da *quaestio facti*?

Dispõe o art. 13, § 2º, alínea *a*, da Lei 6.763/75:

"Art. 13. A base de cálculo do imposto é: (...)

"§ 2º. Integra a base de cálculo do imposto o valor correspondente a:

"a) Seguros e demais importâncias recebidas ou debitadas, bem como bonificações e *descontos concedidos sob condição*."

Ora, segundo o princípio da não-contradição, *se os descontos condicionais*, isto é, aqueles que somente se apresentarão após a venda, *integram a base de cálculo*, é porque *os incondicionais não a integram*, pelo simples fato de nunca ter ocorrido, e jamais vir a ocorrer, o pagamento da quantia por eles decotada do preço da mercadoria ou do serviço. Com efeito, os agentes econômicos trabalham com *preços de referência*, variando-os para mais ou para menos, segundo as condições do mercado em regime de livre concorrência. Desconto incondicional em relação às tabelas de preços *interna corporis* significa o *preço firme da operação*, o *valor real da operação*. Claro como um raio de sol.

De considerar as seguintes assertivas:

• Inexistem na Constituição e nas leis motivos para distinguir o valor da operação nos casos de tributação ordinária e de substituição tributária. Todas as operações de circulação têm por base de cálculo os respectivos valores reais.

• As substituições tributárias *para trás* ou *para a frente* são *técnicas de arrecadação, e não formas de tributação*, tampouco representam *impostos diferentes do ICMS*.

• O valor das operações é ditado pelos agentes econômicos atuando em mercados livres, de acordo com os princípios da Constituição brasileira de 1988.

Reza a Constituição:

"Art. 5º. Todos são iguais perante a lei, sem distinção de qualquer natureza, garantindo-se aos brasileiros e aos estrangeiros residentes no país a inviolabilidade do direito à vida, à liberdade, à igualdade, à segurança, e à propriedade, nos termos seguintes: (...)

"XXII — é garantido o direito de propriedade. (...)

"XXIV — a lei estabelecerá o procedimento para desapropriação por necessidade ou utilidade pública ou por interesse social, mediante justa e prévia indenização em dinheiro, ressalvados os casos previstos nesta Constituição. [reforma agrária e reforma urbana por interesse social, com pagamento com títulos]

"XXV — no caso de iminente perigo público, a autoridade competente poderá usar de propriedade particular, assegurado ao proprietário indenização ulterior se houver dano. (...)

"XXX — é garantido o direito de herança.

"Art. 170. A ordem econômica, fundada na valorização do trabalho humano e na livre iniciativa, tem por fim assegurar a todos existência digna, conforme os ditames da justiça, observados os seguintes requisitos. (...)

"II — propriedade privada (...)

"IV — livre concorrência.

"Art. 150. Sem prejuízo de outras garantias asseguradas ao contribuinte, é vedado à União, aos Estados, ao Distrito Federal e aos Municípios:

"I — exigir ou aumentar tributo sem lei que o estabeleça; (...)

"IV — utilizar tributo com efeito de confisco."

É dizer, o mercado é livre, e a propriedade é garantida. Sua vulneração se dá apenas nos casos previstos na Constituição, obedecido o devido processo legal, e o tributo *não pode ter efeito confiscatório sobre a propriedade.*

Retornamos agora ao chão batido do Regulamento do ICMS, sem olvidar os seguintes dispositivos do Código Tributário Nacional, pois o Executivo não aplica apenas o seu regulamento, mas o *ordo juris* inteiro, a começar pela Constituição.

"Art. 96. A expressão 'legislação tributária' compreende as leis, os tratados e as convenções internacionais, os decretos e as normas complementares que versem, no todo ou parte, sobre tributos e relações jurídicas a eles pertinentes.

"Art. 97. Somente a lei pode estabelecer: (...)

"II — a majoração de tributos, ou sua redução, ressalvando o disposto nos arts. 21, 26, 39, 57 e 65;

"IV — a fixação da alíquota do tributo e da sua base de cálculo, ressalvado o disposto nos arts. 21, 26, 39, 57 e 65; (...)

"§ 1º. Equipara-se à majoração do tributo a modificação da sua base cálculo, que importe em torná-lo mais oneroso.

"§ 2º. Não constitui majoração de tributo, para os fins do disposto no inciso II deste artigo, a atualização do valor monetário da respectiva base de cálculo. (...)

"Art. 99. O conteúdo e o alcance dos decretos *restringem-se aos das leis em função das quais sejam expedidos*, determinados com observância das regras de interpretação estabelecidas nesta lei. (grifos nossos) (...)

"Art. 102. A legislação tributária dos Estados, do Distrito Federal e dos Municípios vigora, no País, fora dos respectivos territórios, nos limites em que lhe reconheçam extraterritorialidade os convênios de que participem, ou do que disponham esta ou outras leis de normas gerais expedidas pela União."

11. A solução que deve ser dada à questão às luzes da ordem tributária total — A interpretação das regras regulamentares (RICMS) — A antinomia entre valor de mercado e pauta fiscal

A Administração Fiscal do Estado de Minas Gerais, contra o seu próprio Regulamento, pretende que o valor da operação na espécie em estudo seja o *preço de referência do substituto* (*interna corporis*), desconsiderado o desconto incondicional por este concedido ao substituído, constante da nota fiscal e, portanto, firme para todos os efeitos legais e mercantis. Por desconto incondicional entende-se aquele irreversível e não sujeitado a evento futuro e incerto.

Não se discutirá aqui o percentual correspondente à margem de lucro presumidamente imputada ao destinatário (substituído). O excesso que por aí ocorrer deverá ser estornado, conforme foi exposto no item do presente trabalho.

Aqui falaremos apenas *do valor da operação* com o significado de preço efetivo praticado pelo substituto, zelando para que não sofra distorções que provoquem, *na última operação* ao consumidor, um recolhimento maior que o devido (confisco).

O que apenas se presume é a margem de lucro a ser auferida pelo substituído, a partir da aplicação de um percentual legalmente fixado sobre o *preço real* pelo qual adquiriu as mercadorias tributadas (valor da operação praticada pelo substituto). Sobre este último não se admite qualquer presunção, já que é fato passado e conhecido. Assim, a base de cálculo efetivamente praticada pelo substituto é matriz de dois deveres tributários distintos:

- o do distribuidor-contribuinte, pelo fato próprio de comercialização de combustíveis (venda ao varejista);
- o do distribuidor-substituto, pelo fato alheio (do varejista) e futuro de venda de combustíveis a consumidor final (quando vem majorada pela aplicação da margem de lucro estimada do substituído).

Como visto, a base de cálculo fundante dos dois deveres é única: o valor real da operação realizada pelo substituto. É sobre ela, agora majorada pela aplicação da margem presumida de lucro, e não sobre o valor tabelado *interna corporis* pelo substituto, que deverá ser calculado também o imposto devido pelo substituído.

A Fazenda Pública quer, pela via da interpretação *pro domo sua*, impor ao substituto tributário um preço que não corresponde à verdade (gerador de imposto maior que o devido). A questão, além de jurídica, é ética.

Estriba-se ela no art. 674 do RICMS, que dispõe:

"Art. 674. A base de cálculo do imposto para o efeito de retenção é:

"I — o preço máximo ou único de venda a consumidor fixado pela autoridade competente e observado o disposto no art. 74, inciso II;

"II — na falta do valor a que se refere o inciso anterior, o montante formado pelo preço máximo fixado pela autoridade competente para distribuidor ou atacadista nas operações com o comércio varejista ou, em caso de inexistência deste, *o valor da operação*, incluídos, em qualquer das hipóteses, os valores correspondentes ao IPI se for o caso, frete, carreto, ainda que o transporte seja executado pelo próprio adquirente, seguros e demais despesas atribuídas ao destinatário, mesmo que cobrados por terceiros, bonificações, descontos e despesa de entrega ao consumidor, adicionado da parcela resultante da aplicação sobre o referido montante do percentual:

"a) (*omissis*)

"b) de 50% (cinqüenta por cento), quando se tratar de lubrificantes" (efeitos de 1.11.92 a 12.4.94).

O art. 74, inciso II, apresenta a seguinte redação:

"Art. 74. Integram a base de cálculo nas operações internas e interestaduais: (...)

"II — bonificações em mercadorias ou outra vantagem recebida a qualquer título pelo adquirente, *salvo o desconto ou abatimento que não dependa de condição*, assim entendido o que não estiver subordinado a evento futuro e incerto."

O dispositivo suso transcrito aplica-se às operações internas e interestaduais, haja ou não substituição, que é mera técnica de antecipação de recolhimento do imposto.

Verifica-se que o Regulamento é de meridiana clareza. Ensina-nos pela conjugação dos dispositivos acima citados, que os *descontos incondicionais* não integram a base de cálculo do ICMS.

Integram-na apenas aqueles concedidos sob condição suspensiva ou resolutória.

No primeiro caso (redução de preço proporcional ao volume de operações atingido ao fim de determinado período, por exemplo), pela razão de não diminuírem desde logo o valor da operação, que se realiza pelo seu preço total. O desconto apenas se efetivará no futuro, se e quando realizada a condição a que se subordina, operacionalizando-se por meio de uma reversão parcial da operação pretérita (devolução de parte do preço pelo alienante, ou compensação do valor descontado por redução no preço de negócios futuros).

Sendo resolutória a condição (desconto imediato, infirmado em caso de descumprimento de metas traçadas para o futuro), a razão para a integração do valor descontado na base de cálculo do imposto é a reversibilidade da redução, que pode ser glosada em momento futuro, se implementada a sua condição.

O único desconto absolutamente irreversível, imutável e definitivo é o incondicional, em que o valor abatido do preço não foi e nunca será exigido do adquirente. Daí a disposição do art. 74 do RICMS, que impede a sua inclusão na base de cálculo do ICMS.

Ora, é o próprio art. 674 do RICMS, em seu inciso I, que se remete ao art. 74, II. O inciso II do art. 674, conquanto não repita a remissão, refere-se expressamente *ao valor da operação*, que não pode incluir descontos outros que os condicionados.

Não se pode desagregar os incisos do art. 674 do respectivo *caput*, que *trata da base de cálculo* das operações internas e interestaduais nas hipóteses de substituição para a frente. Em verdade, o art. 674 cura dos vários critérios possíveis para a fixação da base de cálculo na substituição. Seria incongruente vincular o art. 74, II, ao art. 674, I, *que cuida de preços prefixados pela autoridade competente* (preços tabelados, administrados, inelásticos), e não considerá-lo implicado no art. 674, II, que cuida precisamente dos preços de mercado, onde *justamente* é possível cogitar de descontos incondicionais...

Nem se pode olvidar que o art. 74, II, reflete o art. 13, § 2º, *a*, da Lei Estadual 6.763/75, que inclui na base de cálculo do ICMS apenas "seguros e demais importâncias recebidas ou debitadas, bem como bonificações e descontos sob condição".

A contrario sensu...

Os descontos sem condição constantes das notas fiscais nada mais significam do que técnica mercadológica. O que vale é o *preço líquido* da transação e demais parcelas debitadas ao adquirente, haja ou não substituição tributária (pois tudo dá na mesma, como se diz). O único argumento terçado pela Administração está em dizer que o substantivo *desconto* no art. 674, II, não se fez acompanhar de nenhum adjetivo, pelo que tanto faz ser aquele condicional ou não! Os seus olhos se fecharam para o art. 74, II, do RICMS, que expressamente extrata da base de cálculo os descontos incondicionais.

Tampouco se preocupou em provar que o desconto seria condicional. Bastou-lhe a vis interpretativa para calçar o excesso de tributação, desatenta, ademais, à Lei Estadual 6.763, art. 2º, alínea a, norma hierarquicamente superior.

Ora, não existem dois impostos:

• ICMS sem substituição, em que a base de cálculo é o valor real da operação, deduzidos os descontos incondicionais;

• ICMS com substituição, submetido a regulamentação diversa.

O valor das operações há de ser um só, obviamente. A substituição, vamos repetir, é mera técnica de arrecadação!

A questão é jurídica, e não gramatical.

Esclareça-se para logo que a consulente atua em mercados livres, sujeitados à concorrência, e que o ICMS é um imposto de mercado que antagoniza as *pautas fiscais* e, pelo contrário, cola-se ao valor das transações. Nesse sentido, é neutro, não podendo induzir preços prejudiciais à livre concorrência.

A economia de mercado, em verdade, é recente entre nós. Trazemos ainda resquícios, e muitos, do Estado intervencionista. Os vestígios são evidentes, mas nem eles aproveitam ao Fisco. Diz o art. 68 do mesmo RICMS, com cariz de norma genérica onde enxergamos restos de preços tabelados, que a *regra da base de cálculo* na substituição tributária é o valor da operação, dela excluídos, é óbvio, os descontos incondicionais, até por ser do costume mercantil imemorial. Numa economia de mercado, o tabelamento privado ou público é exceção...

"Art. 68. Na hipótese em que seja atribuída a condição de substituto tributário a produtor, extrator, gerador, inclusive de energia, a industrial, distribuidor, comerciante ou transportador, pelo pagamento do imposto devido nas operações ou prestações subseqüentes, a base de cálculo do imposto é o preço máximo ou único praticado pelo contribuinte substituído, fixado pelo fabricante ou *pela autoridade competente*, ou, na falta desse preço, o valor da operação ou prestação praticado pelo substituto, *incluídos todos os valores transferidos ao destinatário, inclusive fretes e carretos, seguros, impostos* e margem de lucro estabelecida na legislação tributária."

A consulente, todavia, não lhe tem a tabelar os preços nenhuma autoridade competente, nem há falar em preços fixados por fabricante.

Confira-se a Portaria Interministerial 239, de 8.6.90, publicada no *DOU* de 11.6.90: "Art. 1º. São livres os preços de venda a consumidor e aos revendedores dos óleos lubrificantes, automotivos".

Ex-positis, a consulente vende pelo preço que melhor lhe convier e concede os descontos incondicionais que bem entender. O mercado dita o ICMS. Não é o ICMS que comanda o mercado.

À Administração cabe, tão-somente, serva que é da lei, verificar o valor da operação e cobrar o imposto que lhe é devido, sem interpretações canhestras, com o fito estreito de arrecadar mais do que o devido. A alíquota final do ICMS deve corresponder ao valor real da última operação, como já exposto nos itens anteriores.

Ao exercer interpretação autoritária do que seja valor da operação na substituição tributária, a Administração do Estado de Minas Gerais como que reintroduz, à socapa, a pauta fiscal no ICMS, tese repudiada fartamente pelos tribunais superiores. É ver, *interplures*, o acórdão no REsp 81.642, unânime, do STJ: "Constitui ilegalidade a cobrança do ICM baseada em Pauta Fiscal, com manifesto desprezo ao critério natural do valor da operação (Decreto-lei 406/68, art. 68). A pré-determinação de valores nas pautas pode causar vedada majoração de tributo (art. 97 § 1º, CTN)".

Acrescentamos que qualquer valor acima do real é confisco vedado pela Constituição.

O Tribunal de Justiça do Paraná, por isso mesmo, prolatou acórdão na Apelação Cível 20.844-8, profligando as demasias do Fisco, onde se lêem, dentre outras lições, as seguintes considerações sobre a responsabilidade do substituto legal tributário:

"A pretensão do apelante desde o início se fundamenta em repassar ao fornecedor o excesso de tributação que for apurado por ocasião da venda ao consumidor, para efeito de desconto na substituição tributária, não se insurgindo, contudo, contra a própria substituição, que reconhece cabível, mas sim, pretende que o fato gerador da obrigação tributária seja o preço de venda ao consumidor, conforme nota fiscal. (...)

"Não é justo que o distribuidor recolha imposto superior ao valor mercantil e não possa repassar ao substituído o que recolheu em excesso.

"Assim, a sentença de primeiro grau deve ser reformada quanto à decisão de mérito, para que seja concedida a segurança ao impetrante, ora apelante, *com o intuito de que prevaleça o valor da operação de venda mercantil para a tributação, e de repassar ao fornecedor qualquer excesso de tributação constatado*" (destacamos).

Por tais razões, não pode a consulente pactuar com a Fazenda Pública em excesso de tributo contra o substituído, que não pode arcar com o ônus fiscal excessivo.

A consulente está cônscia de suas responsabilidades perante o Estado e a sociedade. Além disso presta conta aos seus acionistas. O *pereat mundus, salvat fiscus* não tem guarida em sua gestão.

12. Conclusões

1. Nem o ICMS nem o IPI são impostos a serem suportados pelo contribuinte de direito (o comerciante ou industrial). São, em rigor, impostos sobre o consumo, não devendo onerar a produção ou comércio, conforme dispõe a Constituição Federal. Disso resulta que, numa operação entre empresas, cada uma delas pode se livrar, basicamente através da dedução do imposto anterior, do ônus tributário a ela repassado pela precedente, bem como transferir à adquirente a carga fiscal devida na etapa de circulação, e assim sucessivamente, até o consumidor final. Segundo o princípio da não-cumulatividade, o ICMS não onera quem compra e vende ou industrializa, seja contribuinte, responsável, substituto ou substituído.

2. O princípio da não-cumulatividade é cogente, norma constitucional que não admite reduções e modificações introduzidas por lei ou regulamento. Está integrado pela idéia de que o valor real da operação é a base de cálculo do imposto, devendo ser escrupulosamente observado, sob pena de derruir toda a sistemática da não-cumulatividade.

3. Leis e regulamentos não podem ferir o princípio da não-cumulatividade na substituição tributária, desservindo a Constituição. A distorção pode dar-se por hiperdimensionamento da base de cálculo da operação a cargo do substituto (caso da consulta) ou da margem arbitrada de lucro do substituído.

4. A base de cálculo efetivamente praticada pelo substituto é a única a ser levada em conta no regime de substituição tributária, sendo matriz de dois deveres tributários distintos: o do distribuidor-contribuinte, pelo fato próprio de comercialização de combustíveis (venda ao varejista), e o do distribuidor-substituto, pelo fato alheio (do varejista), e futuro de venda de combustíveis a consumidor final (quando vem majorada pela aplicação da margem de lucro estimada do substituído).

5. O art. 674 do RICMS, em inciso I, remete ao art. 74, II. O inciso II do art. 674, conquanto não repita a remissão, refere-se expressamente *ao valor da operação*, que não pode incluir descontos outros que os condicionados. Não se pode desagregar os incisos do art. 674 do respectivo *caput*, que *trata da base de cálculo* das operações internas e interestaduais nas hipóteses de substituição para a frente. Em verdade, o art. 674 cura dos vários critérios possíveis para a fixação da base de cálculo na substituição. Seria incongruente vincular o art. 74, II, ao art. 674, I, *que cuida de preços prefixados pela autoridade competente* (preços tabelados, administrados, inelásticos), e não considerá-lo implicado no art. 674, II, que cuida precisamente dos preços de mercado, onde *justamente* é possível cogitar de descontos incondicionais...

6. As leis e regulamentos, quando comportam mais de um entendimento (o que quase sempre se dá), devem ser interpretados da maneira que os compatibilize ao texto da Constituição Federal. Assim, o *desconto* incluído na base de cálculo do ICMS pelo art. 674, II, do antigo Regulamento do imposto é apenas aquele condicional, que foi cobrado ou poderá vir a sê-lo, como aliás, dispõe o mesmo diploma, em seu art. 74, II. Esta a única interpretação compatível com a Constituição de 1988, o Convênio ICMS 66/88 e a lei e o regulamento mineiros.

7. A consulente está obrigada a recolher o ICMS, seja como contribuinte nas obrigações por fato próprio, seja como substituta tributária, tomando como base o valor real da operação de venda, conforme determinam a Constituição, as leis complementares e o RICMS mineiro.

É o parecer.

Belo Horizonte, 24 de março de 1997

INCIDÊNCIA DO ICMS SOBRE O PREÇO DA VENDA E NÃO SOBRE O VALOR DO FINANCIAMENTO

HERON ARZUA
Advogado em Curitiba

Consulta

1. Quer-se saber, numa palavra, se o imposto sobre operações relativas a circulação de mercadorias e serviços (ICMS) percute tão-somente sobre o preço de venda da mercadoria ou se, nas operações conhecidas como "a prazo", apanha igualmente o valor do financiamento feito pelo comerciante. Ou posto de outra maneira: se o ICMS incide ou não sobre os juros numa venda financiada pela própria empresa vendedora.

Modalidades de negócios

2. Nas empresas mercantis varejistas, as vendas de mercadorias são realizadas de várias maneiras, entre as quais pode-se destacar: *a*) venda a vista, quando se entrega a mercadoria contra o pagamento do preço no ato; *b*) venda a vista, mas com obtenção de financiamento da parte do comprador, que busca o dinheiro num agente financeiro para proceder o pagamento; *c*) venda a vista, para pagamento até o dia 10 do mês subseqüente ao da compra (considerada assim porque feita em prazo inferior ao que é obrigatória a emissão da fatura — art. 1º da Lei 5.474); *d*) venda a vista, para pagamento do preço no ato, mediante a utilização de cartão de crédito da própria loja; *e*) venda a vista, para pagamento do preço no ato, mediante a utilização de cartão de crédito de agentes financeiros credenciados; *f*) venda a prazo ou a prestação, em que a entrega da mercadoria é efetuada contra a promessa de pagamento do preço, parcelado este em valores e datas certas de vencimento. Essas modalidades apresentam algumas variantes, como, por exemplo, a catalogada na alínea *c*, em que o pagamento pode ser feito de forma mais dilatada (em 60 ou 90 dias, ou mais). Aqui, inobstante não seja a operação tida pela lei comercial como "a vista", ela mantém as mesmas características de uma venda dessa natureza. (Essa parte é um resumo do notável trabalho de Geraldo Ataliba e Cléber Giardino, em Parecer oferecido à Mesbla S.A. e publicado na *Revista de Direito Tributário*.)

Entendimento tradicional da tributação: nas vendas a prazo, os juros integram a base de cálculo do ICM, desde que propiciados pela própria empresa comercial vendedora da mercadoria

3. Praticamente, desde o advento do ICM no sistema tributário brasileiro (e até antes no antigo imposto de venda e consignações), fato que se deu na prática em 1º de janeiro de 1967 (como conseqüência da Emenda Constitucional 18, de 1965), era compreensão firme da doutrina e da jurisprudência que o valor do imposto mercantil somente recaía sobre o preço de venda das mercadorias nas operações a vista e que o valor do financiamento, desde que feito por terceiros legalmente credenciados para tanto, não compunha a sua base imponível. Com isso, todas as hipóteses de venda a vista, como descritas no número anterior, inclusive a da alínea *c* com prazo de pagamento dilatado, tinham uma tributação uniforme. O valor do financiamento, se houvera, feito por terceiros, ficava à mercê do imposto federal sobre operações financeiras, como definido no art. 63, inc. I, do Código Tributário Nacional (Lei 5.172, de 1966). A decisão dos Tribunais era no mesmo sentido, como se depreende do seguinte arresto do Tribunal de Alçada Civil de São Paulo: "Juros, correção monetária e outras despesas a que o comprador se obriga com a empresa financiadora não alteram o preço da venda a vista de mercadoria por estabelecimento comercial, devendo pois o ICM incidir só sobre esse preço recebido pelo vendedor" (*RT* 425/154).

4. Agora, se o negócio fora, sob qualquer forma, financiado pela própria empresa mercantil vendedora da mercadoria, então a compreensão jurídica, especialmente dos fiscos estaduais, era da incidência do imposto mercantil sobre o valor global do negócio, isto é, sobre o preço efetivo da mercadoria mais os acréscimos (juros e correção monetária, *in casu*). De forma que, nos casos descritos nas letras *d* e *f* (venda a vista com cartão de crédito da própria loja e venda a prazo), o imposto federativo de negócios (ICM e ICMS) tinha como integrante da base imponível a parcela correspondente ao financiamento. Isso veio espelhado de modo claro no art. 6º do Convênio 66, de 1988, editado pelo Conselho de Política Fazendária (Confaz), a teor do art. 34, § 8º do Ato das Disposições Constitucionais Transitórias (de caráter duvidoso, na passagem, diga-se), em que se anota: "Integra a base de cálculo do imposto o valor correspondente a: I — seguros, juros e demais importâncias recebidas ou debitadas, bem como bonificações e descontos concedidos sob condição; II — frete, caso o transporte seja efetuado pelo próprio remetente". E a regra foi adotada, à unanimidade, por todas as Federadas, que a incluíram nas suas respectivas leis tributárias. A jurisprudência igualmente a obfirmou: "Os juros cobrados a título de financiamento de venda de mercadoria, desde que integram o preço da operação, são computados na base de cálculo do ICM" (1º TACivSP, *RT* 461/30).

5. A Suprema Corte do país, à sua vez, acabou por endossar a inteligência dos fiscos estaduais e dos Tribunais inferiores. Como amostra, cita-se o RE 79.052-MG, de 16.2.77 (*RTJ*), cuja ementa, na parte que interessa, expressa-se dessa maneira: "Se o comerciante vendeu automóveis a crédito, cobrou do comprador as despesas decorrentes dessa venda, isto é, incluiu no preço as parcelas pertinentes ao crédito por ele mesmo concedido, aumentando, assim, o valor da operação sobre a qual incide o ICM, esse comerciante deve pagar o ICM calculado sobre o quanto integral da operação (Decreto-lei 406/68, art. 2º, I)". No voto do Min. Antônio Neder (relator) é feita a distinção entre a operação de venda a crédito e a operação de crédito, "a primeira muito praticada no comércio como notoriamente se sabe, a outra restritamente exercitada pelas instituições financeiras de que tratam o art. 17 da Lei 4.595, de 31.12.64, o art. 4º, I, da Lei 5.143, de 20.10.66, e normas posteriores". Também o voto se reporta ao "verbete" 533 ("nas operações denominadas crediários, com emissão de vales ou certificados para compras e nas quais, pelo financiamento, se cobram, em separado, juros, selos e outras despesas, incluir-se-á tudo no custo da mercadoria e sobre esse preço global calcular-se-á o Imposto de Vendas e Consignações") da Súmula, que, inobstante tenha sido editado na vigência da legislação que regulava o imposto de vendas e consignações, a essência de seu fundamento básico, no entender do Ministro, era aplicável ao ICM. E a decisão, como se deduz da ementa acima transcrita, é no sentido de que o imposto sobre operações relativas à circulação de mercadorias recai não somente sobre o preço da venda mas igualmente sobre este preço acrescido de juros quando a venda é feita a prazo.

Mudança de orientação: o ICM há de incidir sobre o preço ajustado para a venda e não sobre o valor do financiamento (Supremo, RE 101.103-RS, DJU de 10.3.89)

6. Todavia, em sessão de 18.11.88, o Supremo, apreciando a questão consubstanciada no RE 101.103-0-RS (2ª T.), em que a Mesbla S.A. financiava as suas vendas diretamente utilizando-se de cartão por ela mesma concedido, tirou a seguinte ementa oficial: "Tributário. ICM. Cartão especial de crédito. Valor do financiamento. Embora o financiamento do preço da mercadoria, ou parte dele, seja proporcionado pela própria empresa vendedora, o ICM há de incidir sobre o preço ajustado para a venda, pois esse é que há de ser considerado como o do valor da mercadoria e do qual decorre a sua saída do estabelecimento vendedor. O valor que o comprador irá pagar a maior se não quitar o preço nos 30 dias seguintes, como faculta o contrato do Cartão Especial Mesbla, decorre de opção sua, e o acréscimo se dá em razão do financiamento, pelo custo do dinheiro, e não pelo valor da mercadoria" (*RT* 649/183 e ss.).

7. Como se infere do resumo e se colhe dos próprios votos dos Ministros, embora julgando a matéria em que o financiamento se faz pela sistemática de cartão de crédito, pela primeira vez se reconheceu que o financiamento feito pela própria empresa vendedora não desnatura o seu verdadeiro perfil e características e que há uma diferença entre o preço da venda de mercadoria e os encargos do financiamento. O voto do Ministro Djaci Falcão é decisivo e merece ser transcrito na íntegra: "Também acompanho o voto do eminente relator, considerando que a legislação específica, ou seja, o Dec.-lei 406, estabelece que a base de cálculo do ICM é o valor da operação de venda da mercadoria. Os encargos do financiamento não podem, evidentemente, integrar as despesas da operação de venda para efeito da cobrança do tributo, no caso o ICM, como também demonstrou, da tribuna, o eminente patrono da recorrente. O tributo é sobre o fato gerador, não sobre o acréscimo decorrente de possível financiamento. Mera operação de financiamento não enseja a incidência do ICM sobre o valor total decorrente desse mesmo financiamento" (*RT*, cit., p. 190). É de se anotar que, no caso específico de vendas por intermédio de cartão de crédito, há um acórdão anterior do Tribunal de Justiça de São Paulo (Ap. Civ. 95.488-2-SP, 15ª C., j. 13.8.86, Ap. C & Modas Ltda., *RT* 50/187-189), em que se decidiu que na espécie havia dois contratos (um de venda e um de financiamento) e que o ICM incidia somente sobre a venda.

Fundamentos da mudança

8. No atual estádio da elaboração doutrinária do ICM-ICMS, ficou bastante claro, dos estudos de Geraldo Ataliba e da escola paulista de Direito Tributário, que o fato tributado pela imposto mercantil federativo é a "operação". Nem a "circulação", nem a "mercadoria", que são aspectos importantes mas adjetivos da operação realizada, constituem-se em fato fulcral do tributo. E, na delimitação da hipótese de incidência, há, no dizer de Alfredo Augusto Becker, um fato que desempenha a função de núcleo, que sói ser a base de cálculo. Esse aspecto é tão importante para a hipótese de incidência tributária que é a natureza do núcleo que permite distinguir as distintas naturezas jurídicas dos negócios jurídicos. E o inesquecível jurista exemplifica: "Por exemplo: o imposto cuja alíquota é calculada sobre o valor da venda é imposto cuja hipótese de incidência tem como núcleo (base de cálculo) o negócio jurídico específico da compra e venda e, em conseqüência, o gênero jurídico do imposto é o de imposto de vendas" (*Teoria Geral do Direito Tributário*, São Paulo, Saraiva, 1963, p. 298). E, decorrência dessa construção doutrinária, hoje aceita tranqüilamente pelos Tribunais, a base imponível do tributo acabou sendo "o valor da operação mercantil tributada". Essa base imponível não decorre dos termos do art. 2º do Decreto-lei 406/68, como supõem alguns, mas do próprio Texto Constitucional. Outra base imponível desfiguraria o imposto mercantil, tornando o ICMS em outro imposto, como bem adverte o mestre gaúcho. É evidente que nesse valor se pode incluir não só o valor da mercadoria propriamente dita, como, igualmente, outras quantias que são de algum modo relacionadas à operação realizada. Todavia, e aqui o cerne da questão, nem todas e quaisquer remunerações (gastos, despesas, pagamentos etc.), devidos pelo comprador da mercadoria ao vendedor, devem integrar o valor da operação, para efeito da incidência do imposto sobre operações relativas à circulação de mercadorias. Quer-se dizer, em outras palavras: "nem todo o montante pago por ocasião da celebração de uma operação mercantil integra sempre e necessariamente a operação, em si mesma considerada" (Geraldo Ataliba, *RT* 41/108). Uma base imponível que contemple montante pertinente ao valor do financiamento ou à parcela de uma operação de crédito, como núcleo da hipótese de incidência, confere ao imposto a natureza jurídica de um imposto sobre operações de crédito e não sobre a venda mercantil. O ICMS não é, pois, imposto cuja natureza aceite em seu núcleo fato representativo de juros ou financiamento.

Estado tributa venda
– União tributa crédito

9. Ao tempo do antigo imposto de vendas e consignações (IVC) e da discriminação de rendas da Constituição de 1946, talvez fora possível intuir que todas as despesas relacionadas com a venda pudessem compor a base imponível do imposto mercantil, pois inexistia, de modo incisivo e direto, competência impositiva de criação de imposto incidente sobre operações de financiamento atribuível a outro ente tributante. Não assim com o sistema tributário decorrente da Emenda Constitucional 18, de 1965, e que se conserva no regime da Constituição de 1988, em que se deferiu aos Estados a tributação das operações mercantis e à União as operações de crédito. Em corolário, numa operação de venda em que se possa identificar limpidamente duas operações (numa relação jurídica complexa), uma de venda e outra de financiamento, o Estado só tem atribuições para tributar a operação de venda, não a de financiamento. Onde ocorrer venda e financiamento, dois entes constitucionais são competentes para tributar, cada qual nos exatos lindes da Constituição (art. 153, V — operações de crédito; art. 155, II — operações de circulação de mercadorias). E não é o episódio de a União não tributar a operação de financiamento vinculada à operação de venda que dá ao Estado o direito de impor tributação sobre a de financiamento. Aliás, é do texto infraconstitucional a advertência de que "o não-exercício da competência tributária não a defere à pessoa jurídica de direito público diversa daquela que a Constituição a tenha atribuído" (art. 8º do CTN). Assim, embora a previsão constitucional, espraiada na lei de natureza complementar (CTN, arts. 63, I, e 66), sabe-se que a lei ordinária da União não albergou a tributação dos juros nas vendas a crédito feitas pelo comércio. Não tributou porque não quis, não porque extrapolante à sua competência. O CTN (Lei 5.172, de 1966), no que pertine ao imposto sobre operações de crédito, na tipificação do aspecto material da hipótese de incidência (art. 63, I) e do aspecto pessoal (art. 64) não obstaculiza qualquer pretensão tributária federal nesse particular. Mas não é pela razão de não ter a União exercitado a sua competência tributária que a Federada vai poder tributar operação que refoge à sua competência constitucional.

A dualidade das vendas a prestação (a Lei 6.463, de 9.11.77)

10. Nas denominadas "vendas a prestação", em que há um acréscimo ou aumento do preço da mercadoria, relativamente ao seu preço a vista, parece induvidoso que a parcela acrescida representa o valor de um financiamento, seja ele derivado de juros ou mesmo de simples atualização monetária. É a mais comum modalidade de vendas do pequeno e médio comércio varejista no Brasil, em que o próprio comerciante assume o risco do financiamento, normalmente perante instituições bancárias. Daí o motivo pelo qual, quando o governo quer arrefecer a atividade econômica, começa por restringir o empréstimo pecuniário às casas comerciais, como sói acontecer neste momento. Aliás, a dualidade de fenômenos ocorrida nas vendas a prazo tem reconhecimento na Lei 6.463, de 9.11.77, cujo art. 1º dispõe que nas vendas a prestação será obrigatória a declaração do preço de venda a vista da mercadoria, além do número e do valor das prestações mensais a serem pagas pelo comprador. E a verdadeira natureza do acréscimo vem desnudada no § 1º do mesmo artigo, quando a norma diz ser obrigatória a emissão de fatura nas vendas de mercadoria a prestação, da qual deverão constar, separadamente, o valor da mercadoria e o custo do financiamento, de forma a documentar o valor total da operação. E, logo a seguir, arremata no art. 2º: "O valor do acréscimo cobrado nas vendas a prestação, em relação ao preço de venda a vista da mercadoria, não poderá ser superior ao estritamente necessário para a empresa atender às despesas de operações com seu departamento de crédito, adicionada a taxa de custo dos financiamentos das instituições de crédito autorizadas a funcionar no país". Em rigor de verdade, está-se diante de relação negocial complexa. Tais negócios — compra e venda e financiamento — ocorrem ao mesmo tempo e tendo como partes as mesmas pessoas. E o ICMS é imposto de caráter estritamente mercantil, como indica a sua dicção constitucional. Não pode ele incidir sobre valores que não integram o valor da operação de compra, única base constitucionalmente apta a ser gravada pelo tributo estadual, como antes já demonstrara em inúmeros estudos, estampados na *Revista de Direito Tributário*, o Professor Geraldo Ataliba

11. O Direito Tributário é um direito de superposição (assim ensinava o saudoso Gian Antonio Micheli, ex-catedrático de Direito Tributário da Universidade de Roma) e, pois, pode captar conceitos e assimilar institutos, tal como lhe são fornecidos por outros setores do mundo jurídico. (Nessa direção, o art. 110 do CTN). Deve, igualmente, respeitar a autonomia de vontades nos negócios privados. Pela Lei 6.463/77 verifica-se que o direito privado reconhece, nas vendas a prestação, a concomitância de uma operação de venda com uma operação de financiamento. Isso é do texto do aludido diploma: o valor da mercadoria há de estar separado, formalmente, do custo do financiamento, devendo a empresa comercial observar certos limites quanto ao seu montante. A lei comercial, no caso, meramente reiterou o que as partes, de fato, haviam acordado: que nas vendas a prazo, existem pelo menos dois importantes componentes, um relativo à venda da mercadoria propriamente dita e outro atinente ao valor do financiamento. E isso deflui da realidade das transações mercantis praticadas no Brasil, em que é notório que o valor de uma venda a prestação é maior do que seu valor de venda a vista porque esse acréscimo representa um ônus financeiro. E a lei tributária não pode deixar de apanhar o fato material, objeto de incidência por primeiro da lei comercial, na sua significação jurídico-privada, imputando-lhe os efeitos tributários próprios. E onde houver venda e financiamento, duas entidades constitucionais, como se averbou, são dotadas de competência impositiva, cada qual nos marcos do Texto Maior. Numa operação de venda a prazo temos duas realidades, dois negócios, intimamente vinculados, mas irrecusavelmente distintos, um separado do outro, embora complementares. Assim, a remuneração correspondente ao negócio do financiamento, ainda que acessório e complementar, ou mesmo decorrente da compra e venda realizada, não pode fazer parte do valor da operação mercantil. Daí não poder o Estado querer incluir na base de medição do ICMS o valor da operação de crédito, como à União é defeso integrar na base do imposto federal financeiro o valor das operações relativas à mercancia. O mesmo se dá quando numa mesma relação existe uma venda mercantil e uma prestação de um serviço, como, *verbi gratia*, no caso de conserto de bens em que há o emprego de peças e mão-de-obra. Aqui duas entidades tributantes aparecem no figurino constitucional: o Estado onerando a venda e o Município a prestação de serviço.

A posição de alguns Estados.
A Lei do Paraná

12. Diante da nova compreensão doutrinária da matéria, com as luzes trazidas pelo Supremo, alguns Estados, como São Paulo, Santa Catarina e Paraná, passaram a excluir da base de medida do ICMS o "acréscimo financeiro cobrado nas vendas a prestação para consumidor final". No Paraná, o art. 10, inc. III, da Lei 8.933, de 1989, com redação da Lei 9.715, de 23.9.91, veio a rezar expressamente que o "acréscimo financeiro nas vendas a prazo" não integra a base de cálculo do imposto. E foi mais longe ao estatuir, no inciso seguinte do mesmo art. 10, não integrar também "a base de cálculo do ICMS o montante correspondente aos juros, multa e atualização monetária, recebidas pelo contribuinte, a título de mora, por inadimplência de seu cliente (...)". E a nova inteligência das Fazendas Estaduais decorreu do reconhecimento jurídico que o ICMS não poderia gravar a parcela do financiamento, pois inincidente na espécie. Daí ser regulado o assunto por lei estadual própria e não por via do Conselho de Política Fazendária (Confaz), competente que é em matérias relativas a isenções e benefícios fiscais. (*apud* Lei Complementar 24, de 7.1.75, art. 1º e seu parágrafo único). Quer dizer: as leis desses Estados reconheceram uma não-incidência do imposto estadual sobre o valor do financiamento e não uma mera isenção parcial, como poderia parecer aos menos expertos. Como não-incidência, não haveria necessidade da exclusão constar do texto da lei; mas não se pode desprezar a importância do efeito didático numa lei tributária.

13. Por trás desse entendimento penso figurar ainda o princípio da igualdade, que repousa nas dobras de todos os vetores cardeais da Constituição de 1988, como observa Souto Maior Borges. Se a todas as demais modalidades de operação de venda, em particular àquela financiada pela empresa comercial por via de cartão de crédito próprio e que tem extrema afinidade com a venda a prestação, reconhece-se ser o valor do financiamento elemento estranho à operação de venda da mercadoria, e que o imposto mercantil há de incidir sempre sobre o preço a vista da operação, não se poderia deixar de fora dessa inteligência unicamente esse tipo de compra e venda, que é gênero mais utilizado no Brasil para a comercialização de bens de consumo final e justamente proporcionado pelas pequenas e médias empresas varejistas.

Conclusão

14. Concluo, pois, numa oração, que o valor do financiamento nas vendas a prazo não pode compor a base imponível do ICMS. Lei tributária de qualquer nível que dispuser em contrário colide frontalmente com a discriminação de rendas do Sistema Constitucional Tributário de 1988.

Sub censura.

Curitiba, 30 de junho de 1995

OS CRÉDITOS DE ICMS E A REDUÇÃO DA BASE DE CÁLCULO

José Eduardo Soares de Melo
Advogado – Doutor e Professor de Direito Tributário da PUC-SP

I – A sistemática da não-cumulatividade

A Constituição Federal de 1988 estabelece que o ICMS "será não-cumulativo, compensando-se o que for devido em cada operação relativa à circulação de mercadorias ou prestação de serviços com o montante cobrado nas anteriores pelo mesmo ou outro Estado ou pelo Distrito Federal" (art. 155, § 2º, I).

O sentido da expressão *não-cumulatividade* só pode ser alcançado no âmbito jurídico, embora o resultado de sua operacionalidade possa apresentar reflexos de natureza financeira. Trata-se de autêntica obrigação cometida ao binômio Fisco-Contribuinte, que deve manter estrita obediência ao comando constitucional, mediante o aproveitamento do ICMS nas aquisições de bens; e, também, na fruição de serviços acima especificados.

O aproveitamento dos valores correspondentes ao ICMS, incidentes nas apontadas situações jurídicas, é concretizado sob a modalidade de créditos que se compõem com os débitos gerados pelas operações mercantis e serviços (já especificados) onerados pelo ICMS, mediante a sistemática de compensação, num determinado período de tempo.

Em razão do confronto entre créditos e débitos pode resultar saldo devedor — que obriga o contribuinte a efetuar o respectivo recolhimento — ou, saldo credor, que permite o contribuinte utilizá-lo em subseqüentes períodos de apuração, ou transferi-los em determinadas situações previstas legalmente. Importante afastar-se qualquer idéia preconcebida de tratar-se de imposto sobre valor agregado, uma vez que o tributo recai sobre o integral valor do negócio jurídico (mercantil ou prestação de serviço). Apenas o resultado financeiro é que compreende a diferença dos apontados valores tributários, em razão mesmo do regime de compensação.

Aliás, a não-cumulatividade tributária constitui um indiscutível postulado constitucional, caracterizando vetor, baliza, regra de conduta constituída de forte conteúdo axiológico. Revela essencialidade ao sistema constitucional, uma vez que sua supressão inevitavelmente causaria um sério e enorme abalo na estrutura econômica do Estado. Constituindo um sistema operacional destinado a minimizar o impacto do tributo sobre os preços dos bens e serviços (transportes e comunicação), sua eliminação os tornariam artificialmente mais onerosos.

Na hipótese de sua supressão, a cumulatividade tributária geraria um custo artificial indesejável aos preços praticados, que se revelariam desvinculados da realidade da produção e da comercialização, onerando o custo de vida da população. Por conseqüência, encareceria também as atividades empresariais, reduzindo os investimentos na comercialização das mercadorias e dos específicos serviços, em face do aumento dos custos ocasionados pelo artificialismo tributário oriundo da cumulatividade.

Oportuno enfatizar que o princípio da não-cumulatividade mantém plena congruência e adequação com os princípios da igualdade e da capacidade contributiva. Deveras, o objetivo último da produção e circulação de mercadorias e prestações de serviços é o consumidor final. É para a satisfação de suas necessidades que se encontram as atividades dos comerciantes, prestadores de serviços etc.; que, no desenvolvimento de seus negócios, submetem-se irrestritamente ao comando constitucional insculpido nos arts. 170 e ss. da Constituição, regradores da ordem econômica, impondo o dever de observância à valorização do trabalho, a existência digna e a justiça social, inclusive a defesa do consumidor.

No âmbito do ICMS – onde o gravame tributário normalmente é incorporado no preço de cada etapa, até atingir o consumidor final das mercadorias e dos serviços indicados – é induvidoso que, sem o respeito à não-cumulatividade, o primado da igualdade e da capacidade contributiva serão violados. Tratando-se de uma sistemática que tem por finalidade preservar o preço real das mercadorias, e serviços, postos à disposição dos consumidores, nenhuma empresa poderá deixar de observá-la.

O princípio da proibição do efeito confiscatório dos tributos também se alinha e se completa com o princípio da não-cumulatividade do ICMS. Supondo-se que em algum momento, ou em determinada operação, o ente tributante venha a estabelecer a proibição total ou parcial do dever-poder do contribuinte de creditar-se do imposto incidente nas operações anteriores, estará provocando o efeito cumulativo, condutor de um aumento artificial no preço das mercadorias, e serviços, em prejuízo do consumidor final. Também acarretará um efeito confiscatório, porque sobre o mesmo preço estará se positivando mais de uma incidência do mesmo imposto, a retirar de cada um dos agentes do ciclo, mais imposto do que efetivamente devido. Assim, em nenhuma hipótese, o contribuinte poderá ser proibido de proceder aos créditos correspondentes ao imposto incidente nas operações anteriores.

Mesmo nos casos de prestações de serviços de transportes e nos de geração, emissão, transmissão, retransmissão de comunicações — em que se verifica uma só etapa entre o prestador do serviço e o consumidor final — também é outorgado o direito a crédito do ICMS incidente nas operações/serviços anteriores.

Com efeito, para a realização de suas atividades, esses contribuintes são compelidos a utilizar insumos, produtos, energia elétrica, como é o caso, por exemplo, de uma transportadora que deve adquirir pneus, peças de reposição para seus veículos, combustível, novos veículos de transportes. Todas essas aquisições lhes dão o direito-dever de se creditar do imposto incidente sobre essas operações, para confrontá-lo com o imposto incidente sobre a sua prestação de serviço, de forma que o preço destes não se submetam à não-cumulatividade.

Idêntica situação ocorre com relação às empresas prestadoras de serviços de comunicação, como é o caso de fornecedora de serviços de televisão a cabo, que, para manter tais serviços em funcionamento e à disposição dos usuários, adquire peças de manutenção, energia elétrica, contrata a prestação de serviços de transporte, condutores elétricos, equipamentos de transmissão, antenas etc. Todos esses bens — que são adquiridos de terceiros — autorizam e impõem o creditamento do ICMS, para a compensação com o ICMS incidente sobre suas prestações de serviços de comunicação.

A não-cumulatividade não compõe a regra matriz de incidência tributária, circunscrevendo-se ao âmbito da extinção do crédito fiscal. Ao instituir o tributo, a norma jurídica define todos os seus aspectos, sendo cediço que o efetivo nascimento da obrigação tributária se inicia com a ocorrência, em concreto, da hipótese de incidência tributária pela realização do fato jurídico tributário, culminando com a satisfação da obrigação pelo contribuinte. A etapa de apuração do *quantum debeatur* — também prevista na norma tributária — precede à extinção do crédito tributário, mediante a efetiva entrega da prestação pecuniária à Fazenda Pública.

Constitui a não-cumulatividade uma das etapas desse ciclo. Apesar de não se localizar no interior da regra-matriz, encontra-se posicionada justamente na etapa de apuração do *quantum debeatur*, não se tratando de mera inserção do princípio no interior do Sistema Tributário Constitucional. Sua manutenção revela conteúdo tributário, tendo operatividade no momento da extinção do crédito tributário. Ao mesmo tempo em que uma parte desse crédito é liquidada por meio da compensação estipulada na Constituição, outra será satisfeita em dinheiro pelo contribuinte.

A matéria tributária não se circunscreve apenas ao ciclo da verificação fática da hipótese de incidência tributária, uma vez que tem existência em momento anterior, com a edição da lei, caminhando até a integral satisfação da conseqüência, seja pelo pagamento do crédito tributário constituído pelo lançamento, realizado espontaneamente pelo contribuinte, seja pela prática dos atos necessários e suficientes à excussão do devedor.

II — As restrições constitucionais ao crédito de ICMS

A Constituição Federal estabelece (art. 155, § 2º, II) que "a isenção ou não-incidência, salvo determinação em contrário da legislação: (a) não implicará crédito para compensação com o montante devido nas operações ou prestações seguintes; (b) acarretará a anulação do crédito relativo às operações anteriores".

Este preceito reza que o produtor, industrial, comerciante, que realizar operações de circulação de mercadorias; ou o prestador de serviço que promover o transporte intermunicipal e interestadual e a comunicação, não poderão apropriar créditos de ICMS, caso suas operações/prestações sejam isentas ou não tributadas. Do mesmo modo, na medida em que se verifique a ocorrência do negócio mercantil e das prestações de serviços especificadas, devem proceder ao estorno dos créditos efetuados, caso, à época das aquisições de bens e serviços, tenham se creditado do imposto incidente em operações anteriores, por desconhecer que, no futuro, tais atividades seriam beneficiadas pela desoneração do tributo.

Esta medida de exceção à normal sistemática da não-cumulatividade, como pode aparentemente parecer, não provocará qualquer desorganização na estrutura econômica e tributária do sistema constitucional. Realmente, sem as supostas exceções, todos os participantes do ciclo de comercialização das mercadorias e serviços, estarão procedendo ao creditamento do imposto incidente sobre as operações anteriores, para abatê-las das suas operações.

Pondere-se que, se o constituinte pretendeu assegurar que a não-cumulatividade é a regra condutora do imposto estadual, as supostas exceções devem ser analisadas com reservas e cautelas. Sendo a regra da não-cumulatividade uma sistemática endereçada ao produtor, comerciante, industrial, e prestador de serviços específicos, que os obriga ao creditamento do imposto incidente sobre as operações e prestações anteriores, para o fim de compensá-los com o imposto incidente sobre os negócios que realiza, com a finalidade de evitar reiteradas incidências do tributo sobre uma mesma importância, é óbvio que as alíneas *a* e *b* estariam induzindo-nos a acreditar que o constituinte, neste particular, teria pretendido a oneração dos bens.

Há que se levar na devida consideração as causas jurídicas que implicam na anulação dos efeitos da não-cumulatividade, como a (*a*) *isenção*, como regra inibitória da incidência do ICMS, obstando o nascimento da própria obrigação tributária, impedindo a projeção dos peculiares efeitos do tributo, com a nota típica de desoneração; e a (*b*) *não-incidência*, como situação estranha ao fato jurídico tributário (operações mercantis e prestações de serviços de transporte intermunicipal, interestadual e de comunicação).

Não se enquadra à moldura restritiva do direito ao crédito, o instituto da imunidade consistente na exclusão de competência às pessoas políticas de direito público (Estados e Distrito Federal), para instituírem o ICMS relativamente a negócios jurídicos concernentes a situações expressamente previstas na Constituição Federal (arts. 150, VI, *a*, *b*, *c* e *d*; 155, X, *a*, *b*, *c*).

O objetivo da imunidade é a preservação de valores considerados como de superior interesse nacional, tais como a manutenção das entidades federadas, a liberdade de expressão, o exercício das atividades religiosas, da democracia, das instituições educacionais, assistenciais e de filantropia, o acesso às informações, amplo exercício do comércio exterior etc.

Nítida a distinção entre as apontadas figuras jurídicas: a *imunidade* prevista no âmbito constitucional, impossibilita o exercício da competência para a instituição do ICMS, relativamente a materialidades suscetíveis de sua incidência; a *isenção* situada no âmbito da legislação ordinária, dispondo sobre a inibição para instituir o tributo; e a *não-incidência*, também contida no patamar jurídico estadual ou distrital, concernente a materialidades estranhas ao ICMS.

Embora as mencionadas figuras jurídicas tenham como efeito a desoneração da carga tributária, as situações restritivas do direito a crédito de ICMS não se aplicam ao instituto da *imunidade*, não só porque difere da *isenção* e da *não-incidência*, mas também porque não se poderia compreender que a interpretação do texto pudesse conduzir a um inadmissível entendimento contraditório, ou seja, desonerando a carga do tributo para diversas situações, e, ao mesmo tempo, traduzindo uma oneração, na medida em que vedasse o direito a crédito, frustrando a não-cumulatividade.

Oportuno considerar que o contribuinte sempre teve o direito de manter os créditos de ICMS decorrentes de todas as aquisições de bens e serviços onerados pelo tributo, inclusive aqueles destinados ao ativo permanente, energia elétrica, uso e consumo do estabelecimento. Não há embasamento jurídico para se entender que tal direito teria se originado com a edição das Leis Complementares 87, de 13.6.96, e 92, de 23.12.97, dispondo sobre a sua concessão a partir de 1.11.96, e 1.1.2000, respectivamente.

Não é o caso, propriamente, de repetir o surrado argumento de que, somente a partir da regra constante da mencionada legislação complementar é que os "créditos financeiros" passaram a ser considerados na temática da não-cumulatividade. Com efeito, além de tal veículo normativo não ser o instrumento competente para conceder, ou excluir, créditos — mas exclusivamente a Constituição Federal — os bens incorpóreos também se contêm no âmbito do crédito (como é o caso da eletricidade, por força do art. 155, § 3º da própria CF).

III — Base de cálculo reduzida

A base de cálculo constitui o aspecto fundamental da estrutura de qualquer tipo tributário, por conter a dimensão da obrigação pecuniária, tendo a virtude de quantificar o objeto da imposição fiscal, como seu elemento nuclear, representando o verdadeiro cerne da hipótese de incidência normativa.

Os demais critérios normativos são também importantes na fixação dos componentes da relação jurídica, como as figuras do credor e devedor, as coordenadas de tempo e espaço, e, obviamente, as materialidades. Entretanto, a grandeza contida no tributo, transformada em expressão numérica, só é factível pelo conhecimento preciso da base imponível, caracterizadora do *quantum* devido pelo contribuinte.

A base imponível deve ater-se, irrestritamente, aos parâmetros constitucionais e ao fato gerador, sendo que a circunstância da Constituição não ter, especificamente, indicado as bases de cálculo dos tributos não significa que o legislador ordinário esteja livre para quantificá-los, como melhor lhe aprouver.

A materialidade de cada tributo, por si só, é suficiente para medir normativamente o *quantum* a ser devido pelo sujeito passivo da obrigação. Os atos, fatos, operações, situações e estados — constituidores das materialidades — contêm ínsitas grandezas econômicas que passam a ser reveladas ou explicitadas pelo editor da norma impositiva. É natural, lógica e imprescindível a vinculação da matéria tributável com a base imponível, pois esta, simplesmente, limita-se a medi-la. Além disso deve também manter correlação com a capacidade econômica do contribuinte, inerente ao seu aspecto pessoal e intimamente vinculada ao fato tributário previsto normativamente.

No caso do ICMS, a base de cálculo deve representar a quantificação compreendida na "operação mercantil", e na "prestação de serviços de transporte interestadual/intermunicipal e de comunicação", ou seja, o valor das mercadorias e o preço dos serviços, respectivamente. Não devem ser considerados elementos estranhos a tais negócios, como seguros, juros, multas, indenizações, e quaisquer outras importâncias recebidas ou depositadas, pois tais verbas têm natureza diversa dos respectivos valores mercantis e preços dos serviços, pela singela razão de que o ICMS não incide sobre meras entradas financeiras ou créditos.

Inaceitável a esdrúxula fixação (ou ficção) legal de base de cálculo estranha ao valor da operação, ou o preço dos serviços, considerando-se o artificial valor de mercado, segundo critérios administrativos, de natureza aleatória.

Este elemento da norma tributária está previsto na Constituição, ao estabelecer (art. 150, § 6º) que "qualquer subsídio ou isenção, *redução de base de cálculo*, concessão de crédito presumido, anistia ou remissão, relativos a impostos, taxas ou contribuições, só poderá ser concedido mediante lei específica, federal, estadual ou municipal, que regule exclusivamente as matérias enumeradas ou o correspondente tributo ou contribuição, sem prejuízo do disposto no artigo 155, § 2º, XII, *g*".

No tocante ao ICMS, o preceito constitucional invocado dispôs que cabe à lei complementar regular a forma como, mediante deliberação dos Estados e do Distrito Federal, isenções, incentivos e benefícios fiscais serão concedidos e revogados, em conseqüência do que centenas de convênios têm sido celebrados pelas unidades federativas, disciplinando as *reduções de base de cálculo* para específicas operações mercantis.

Na situação em que o contribuinte tem diminuído o valor do ICMS incidente sobre a operação com mercadorias, ou prestação dos apontados serviços, não deverá ser promovido estorno de crédito, proporcional ao valor reduzido, uma vez que não se aplica o mandamento constitucional, pelo fato de abranger exclusivamente os casos de isenção ou não-incidência, de natureza diversa.

Nestas hipóteses, não há qualquer hiato no ciclo de operações ou serviços, não podendo ser imputado nenhum óbice ao creditamento integral do ICMS incidente sobre as operações anteriores, pelo simples fundamento jurídico de que *isenção ou não-incidência não se confundem com redução de base de cálculo*. Tanto a Constituição, como a Lei Complementar 87/96, não fazem qualquer ressalva, sendo inadmissível a veiculação desta restrição por norma hierarquicamente inferior, como, exemplificativamente, é o caso da Lei 6.374, de 1.3.89, do Estado de São Paulo, que obriga ao estorno sempre que a mercadoria venha a perecer, deteriorar-se ou ser objeto de roubo, furto ou extravio (art. 41, I), ou os inúmeros Convênios firmados entre os Estados e o Distrito Federal.

Em função desses contornos jurídicos, o creditamento integral do imposto incidente nas anteriores operações/prestações é medida que deve ser adotada pelo contribuinte, a fim de que seja prestigiado em sua plenitude o princípio da não-cumulatividade do ICMS.

Esta tem sido a postura firmada pelo STF, *verbis*: "ICMS — Princípio da não-cumulatividade — Mercadoria usada — Base de incidência menor — Proibição de crédito — Inconstitucionalidade. Conflita com o princípio da não-cumulatividade norma vedadora da compensação do valor recolhido na operação anterior. O fato de ter-se a diminuição valorativa da base de incidência não autoriza, sob o ângulo constitucional, tal proibição. Os preceitos das alíneas *a* e *b*, do inc. II, do § 2º, do art. 155, da CF somente tem pertinência em caso de isenção ou não-incidência, no que voltadas à totalidade do tributo, institutos inconfundíveis com o benefício fiscal em questão" (RE 161031-0, Pleno, rel. Min. Marco Aurélio, j. 5.1.97, *DJU* 1 de 6.9.97, pp. 24.881-2).

O STF examinou questão relativa à comercialização de máquina, aparelho, veículo, mobiliário, motores e vestuários usados, com base de cálculo de ICMS que sofre redução de oitenta por cento, em que a legislação ordinária (Minas Gerais) vedava o aproveitamento do valor do imposto relativo à aquisição da mercadoria.

O Ministro Marco Aurélio — relator do processo — asseverou que "o Estado, ao implementar uma certa política fiscal está jungido aos princípios insertos no Diploma Maior da República. Descabe dar com uma das mãos e retirar com a outra, mormente quando envolvido direito assegurado constitucionalmente. Nem se diga que a hipótese tem enquadramento na alínea *b* do inc. II do § 2º referido. Não se trata de isenção ou não-incidência do tributo, mas de caso em que se dispôs, de forma correta, ou não — isso não está em jogo neste processo — sobre base de incidência reduzida".

Sublinhou, ainda, que "tanto vulnera a lei aquele que inclui no campo de aplicação hipótese não contemplada, como o que exclui caso nela previsto. O princípio da não-cumulatividade é linear, ensejando a observação de crédito diante de operações sucessivas, como ocorrem, normalmente, na circulação de mercadorias. Fora das opções consagradas constitucionalmente, não há campo para a previsão em regra local".

IV — A recuperação do crédito integral e a irrelevância de transferência de seu valor a terceiros

A Fazenda Estadual tem procurado objetar procedimento do contribuinte objetivando a manutenção, ou recuperação, do crédito do ICMS sob a assertiva de que implicaria no atendimento às exigências previstas no art. 166 do Código Tributário Nacional, no sentido de comprovar que o contribuinte assumira o referido encargo, ou, no caso de tê-lo transferido a terceiro, estar por este expressamente autorizado a recebê-lo.

É cediço que o ICMS, em princípio, é típico tributo que pode implicar na traslação da carga financeira a terceiros. Ao realizarem seus negócios jurídicos, em regra, os produtores, industriais, comerciantes, e prestadores de serviços de transporte (interestadual, intermunicipal) e comunicação, são obrigados a lançar o referido imposto em suas notas fiscais, que, por via reflexa, acaba sendo suportado financeiramente pelos adquirentes das mercadorias e usuários dos serviços.

Embora os sujeitos passivos é que mantenham relação jurídica direta com a Fazenda, e estejam obrigados ao recolhimento do ICMS, não transferindo este encargo tributário a terceiros; em termos financeiros, estes valores são normalmente arcados pelos terceiros (adquirentes dos bens/serviços), caracterizando a transferência aludida no art. 166 do CTN.

Contudo, revela-se inaplicável a obrigação que se pretende imputar ao contribuinte, uma vez que são plenamente distintas as figuras do crédito (sujeito ativo — contribuinte), e do débito (sujeito ativo — Fazenda). Ainda que se componham para efeito de satisfação do princípio da não-cumulatividade, há que se ter em boa nota que as realidades jurídicas são distintas, porquanto o crédito tem caráter financeiro, e o débito natureza tributária, com regimes jurídicos também diferenciados.

Os princípios e normas regradoras da ação do Poder Público contra os contribuintes — atinentes à exigência do tributo — devem ser diversos daqueles que disciplinam a ação inversa (do contribuinte contra a Fazenda). Os créditos de ICMS, tempestivos ou extemporâneos, não guardam identidade com os tributos que tenham sido indevidamente considerados. Quaisquer reflexos que possam advir dos créditos, com referência ao valor da operação/prestação, jamais afetariam diretamente o denominado contribuinte de fato (adquirente da mercadoria, e tomador do serviço).

Não socorre embasamento jurídico à alegação de que, ao proceder a créditos extemporâneos, o contribuinte estará auferindo novo proveito financeiro, porque no valor da operação realizada, já houvera computado tais créditos, e que, dessa forma, deveria atender o art. 166 do CTN.

Esta matéria foi solucionada pelo STF da forma seguinte: "Imposto sobre Circulação de Mercadorias e Serviços — Direito de crédito — Irrelevância da transferência do ônus ao adquirente da mercadoria. A jurisprudência do Supremo Tribunal Federal sedimentou-se no sentido de entender irrelevante para o reconhecimento do direito ao crédito do Imposto sobre Circulação de Mercadorias o fato de haver ocorrido a transferência do ônus ao adquirente da mercadoria industrializada. Precedentes: embargos de divergência em embargos de declaração em Recursos Extraordinários ns. 114.599-4-SP e 109.241-6-SP, julgados pelo Pleno, tendo sido designado redator para o acórdão, do primeiro, o Ministro Carlos Velloso, e relatado, o segundo, pelo Ministro Célio Borja, com arestos veiculados nas *Revistas Trimestrais de Jurisprudência* ns. 149/870 e 132/370, respectivamente" (RE 170830-1-SP, 2ª T., rel. Min. Marco Aurélio, j. 1.4.97, *DJU* 1 de 30.5.97, p. 23.190).

IV — Conclusões

Face às considerações alinhadas, podem ser assentadas as conclusões seguintes:

a) a não-cumulatividade do ICMS consiste no direito constitucional de ser creditado o valor do ICMS incidente nas aquisições de bens de quaisquer natureza, e serviços de transporte interestadual, intermunicipal e comunicação, para o fim de ser compensado com o valor do ICMS debitado nas operações mercantis, e nas prestações de serviços de idêntica natureza;

b) a única restrição constitucional ao direito ao crédito ocorre nos casos de isenção ou não-incidência, sendo vedada a apropriação de valor tributário em aquisições de bens/serviços isentos, e determinado o estorno dos créditos relativos às operações/serviços anteriores;

c) as atividades imunes ao ICMS não devem implicar em proibição do direito ao crédito de ICMS;

d) a redução de base de cálculo de ICMS não pode obrigar a anulação de crédito do imposto, decorrente de operações/serviços anteriores, porque não reveste a mesma natureza jurídica da isenção e da não-incidência;

e) o direito à manutenção do crédito de ICMS, ou a recuperação de seu valor, em operações/serviços com base de cálculo reduzida, independe do fato do contribuinte haver procedido à transferência do ônus financeiro ao adquirente da mercadoria ou do serviço.

RESPONSABILIDADE TRIBUTÁRIA E CONCESSÃO DE ISENÇÕES EM FACE DO PRINCÍPIO DA CAPACIDADE CONTRIBUTIVA

AURÉLIO PITANGA SEIXAS FILHO

Professor Titular de Direito Financeiro e Tributário da Universidade Federal Fluminense e de Direito Administrativo da Economia da Universidade Gama Filho – Doutor em Direito Tributário pela Universidade Mackenzie e Livre-Docente em Direito Financeiro pela Universidade do Estado do Rio de Janeiro

Para o financiamento das despesas governamentais o legislador seleciona algumas condutas indicativas da capacidade econômica da pessoa para contribuir com uma determinada proporção para o funcionamento do Estado.

Esse dever jurídico de contribuir para o financiamento das despesas do Estado deverá ser compartilhado com todas as pessoas que tenham condições econômicas para tal, somente podendo ser excluídas aquelas pessoas que exercem uma função governamental (imunidade tributária recíproca), portanto receptoras, e não fornecedoras, de recursos financeiros, e as pessoas que, permanente ou eventualmente, não tenham recursos para contribuir.

As pessoas carentes de capacidade econômica para pagar tributos ao Estado são excluídas, implicitamente, desse dever jurídico quando o legislador descreve a conduta tributável de uma forma que consegue não abranger essas pessoas, ocorrendo uma *não-incidência tributária*.

Por conveniência de técnica legislativa, a conduta tributável (fato gerador ou hipótese de incidência) pode ser descrita legislativamente de uma forma bem abrangente, o que torna necessário excluir, expressamente, através de normas jurídicas singulares ou particulares, aquelas pessoas desprovidas de capacidade contributiva.

Nem todas essas normas jurídicas especiais ou singulares que concedem isenção tributária levam em consideração, exclusivamente, a ausência de capacidade contributiva, existindo uma outra causa para as mesmas, que é o incentivo fiscal.

Como já tive oportunidade de observar em meu livro *Teoria e Prática das Isenções Tributárias* (2ª ed., Rio de Janeiro, Forense, 1990, pp. 116 e 117):

"Já o princípio da capacidade contributiva, cuja abrangência não tem a mesma extensão do princípio da isonomia, é desconsiderado pelo legislador em atenção a uma necessidade econômica ou social que, naquele momento, merece uma atenção prioritária."

Salvatore La Rosa justificou o incentivo fiscal nos seguintes termos: "Pode considerar-se legítima uma disparidade de tratamento de per si contrastante com o princípio da capacidade contributiva, enquanto possa afirmar-se que essa é necessária (e não só útil) ao fim da atuação de uma mais particular diretiva constitucional" (*Egualianza Tributaria ed Esenzioni Fiscali*, Milão, Giuffrè Editore, 1968, p. 34).

Assim a seletividade (desisonomia seletiva) feita pelo legislador ao definir os fatos geradores da obrigação tributária e/ou conceder isenções fiscais tem como critério discriminatório a respectiva capacidade contributiva do contribuinte, enquanto as isenções extrafiscais ou incentivos fiscais fogem da uniformidade tributária por razões diferentes da capacidade contributiva.

Francesco Moschetti não concorda com este entendimento, criticando, inclusive, a posição de Salvatore La Rosa. Sua divergência funda-se no conceito e extensão que concede ao princípio da capacidade contributiva, dando-lhe uma latitude que o indistingue do princípio da isonomia. Sua crítica está vazada nos seguintes termos: "A tese funda-se em uma presumida contradição entre capacidade contributiva e isenção para finalidades extrafiscais e pressupõe, para tanto, um conceito restrito de capacidade contributiva. Se, ao contrário, reconhece-se que a capacidade contributiva é capacidade econômica do indivíduo, porém valorado à luz das fundamentais exigências coletivas, as isenções para fins extrafiscais, conforme tais exigências, realizam o princípio da capacidade contributiva e não contrastam com ele. Em conseqüência, não se pode falar de disparidade de tratamento, pois a isenção está justificada por falta de capacidade contributiva" (*El Principio de Capacidade Contributiva*, Madri, Instituto de Estudios Fiscales, 1980, p. 289).

Não me parece correta essa colocação de conceder aos incentivos fiscais a mesma causa ou justificativa das isenções por carência de capacidade contributiva, não tendo merecido a tese de Moschetti apoio doutrinário.

Seja, entretanto, qual for a causa da isenção tributária, o certo e irretorquível é que não poderá ser concedida gratuitamente, isto é, sem uma justa causa, para não configurar um privilégio singular ou particular, o que agredirá o princípio da isonomia tributária.

Dependendo, portanto, a isenção tributária, sempre, do preenchimento de uma causa ou condição, o tratamento legal particular ou especial somente terá vigência enquanto perdurar a causa de sua concessão.

Se a pessoa isenta por carência de capacidade contributiva perder essa condição, naturalmente deverá se sujeitar ao pagamento do tributo de acordo com a sua nova situação econômica.

No incentivo fiscal, a causa para a não-sujeição ao pagamento do tributo poderá ser um evento episódico ou uma situação continuada no tempo.

Na primeira hipótese, no dia da ocorrência do fato gerador do tributo, o dever jurídico de pagamento do tributo não surgirá em razão de a pessoa estar praticando uma conduta singular em relação à conduta tributável, enquadrada em um tratamento jurídico tributário particular, que lhe concede, definitivamente, o direito subjetivo de não pagar o tributo ou de pagá-lo em um montante reduzido.

Será definitivo o direito subjetivo ao incentivo fiscal, porque as condições ou requisitos para a sua fruição já foram, desde logo, preenchidos, nenhum dever jurídico a mais podendo ser-lhe exigido.

Na segunda hipótese, o dever jurídico de pagar o tributo ficará pendente ou suspenso enquanto as condições para a fruição definitiva do incentivo fiscal não forem integralmente preenchidas, por dependerem da prática de alguma conduta, e/ou do decurso de um prazo de tempo.

Neste caso, o direito ao incentivo fiscal, que impediu o nascimento do dever jurídico tributário, está sujeito a uma condição resolutiva, que, enquanto não efetivada, poderá ocasionar o surgimento de um responsável tributário, substituto ou solidário com o cumprimento do dever tributário ainda pendente, como está previsto no art. 131, I, do CTN, que fixa a responsabilidade pessoal do adquirente de um bem pelos tributos relativos ao mesmo, ainda não pagos.

Naturalmente, o devedor originário do tributo suspenso pelo incentivo fiscal é a pessoa favorecida com o tratamento jurídico particular. Assim, é o proprietário de um táxi a pessoa que deverá cumprir todas as exigências legais necessárias para a manutenção da isenção do IPI, especialmente a utilização do veículo como táxi durante o tempo determinado na lei.

A responsabilidade tributária somente surgirá, entretanto, em substituição ao devedor originário, se a pessoa não obedecer a algum dever jurídico tributário instrumental, que tenha alguma relação com o descumprimento dos requisitos legais necessários para a fruição definitiva do incentivo fiscal.

Sendo a causa do surgimento da responsabilidade tributária o não-cumprimento de um dever jurídico, naturalmente, será sancionatória a natureza jurídica do dever que tem o responsável de pagar o tributo em substituição ao favorecido com o incentivo fiscal, como apontou Paulo de Barros Carvalho em seu *Curso de Direito Tributário* (4ª ed., São Paulo, Saraiva, 1991, p. 221).

Marçal Justen Filho, entretanto, ponderou não ser sancionatório o dever jurídico do responsável de pagar o tributo originariamente devido pelo sujeito passivo, com os seguintes argumentos:

"Porém, não há como solucionar a questão inversa com o mesmo argumento. Ou seja, o pagamento do tributo pelo responsável também libera o sujeito passivo tributário. Ora, não há como supor uma remissão, aí. É que uma remissão nesses moldes ofenderia o princípio da isonomia e as regras acerca da obrigatoriedade do recebimento do tributo. E isso porque, se se tratava de sanção para o responsável, ele não estaria pagando prestação tributária.

"Portanto, o crédito tributário continuaria existindo. A relação tributária não seria em nada alterada pelo simples evento de um pagamento de uma sanção por parte de um terceiro (dito 'responsável').

"A solução 'sancionatória', por isso, não nos satisfaz. Parece-me que a razão assiste ao pensamento tradicional, no sentido de que o responsável é, de fato, sujeito passivo tributário" (*Sujeição Passiva Tributária*, Belém, CEJUP, 1986, p. 291).

Não me parece que a sanção prevista pelo legislador para quem deixar de cumprir um dever instrumental (dever formal ou administrativo) ser o pagamento da prestação pecuniária devida pelo sujeito passivo originário, em regime de substituição ou solidariedade, possa modificar a natureza sancionatória do dever jurídico do responsável tributário.

Esta sanção, aplicada ao responsável tributário, não leva em consideração a sua capacidade econômica de *indenizar* a prestação pecuniária não paga, já que sua causa é a prática de um ato ilícito, e é a gravidade deste que dimensiona o valor da pena pecuniária, e não a capacidade contributiva, que é o que mede o valor da prestação pecuniária tributária.

A conduta exigida do responsável tributário para que seja sancionado com o pagamento da prestação pecuniária tributária em substituição ao sujeito passivo originário é descumprimento de um dever jurídico que lhe possa ser imputado, e não simplesmente uma ação omissiva ou comissiva como prevista no art. 134 do CTN, sem a qualificação de ilicitude.

Examinando esse artigo, Marçal Justen Filho argumentou no seguinte sentido:

"Todas as situações previstas nos primeiros cinco incisos do art. 134 aludem a hipóteses de 'representação' (utilizada a expressão em sentido não estritamente técnico). Ou seja, todos os casos envolvem atuação de alguém em nome e por conta de outrem.

"Portanto, o legislador deve ter suposto que, se o terceiro atuava em nome e conta de outrem, haveria de ter praticado os atos necessários ao adimplemento dos deveres tributários correlativos.

"A ausência de adimplemento da prestação tributária seria, por isso, necessária e automaticamente imputada ao terceiro.

"Basta, para desmistificar essa eventual suposição, pensar em um exemplo dos mais singelos. O não pagamento da prestação tributária decorreu, *v.g.*, de que inexistiam recursos suficientes para tanto no patrimônio do menor. Portanto, não dependeu minimamente da vontade ou da conduta do terceiro o inadimplemento da prestação tributária.

"Porém, tal seria irrelevante para a lei, que considera bastante o inadimplemento para voltar-se contra o terceiro.

"Ou seja, a insolvência do contribuinte seria arcada pelo 'representante' quando se tratasse de relação jurídica tributária. Ao contrário do que dispõem todas as regras e princípios jurídicos, estaria criado um privilégio inadmissível para o Fisco. Consistiria em que a insuficiência do patrimônio do devedor seria fundamento único e bastante para atribuir ao credor o direito de voltar-se contra outrem. O resultado é que a lei tributária teria transformado os representantes legais não apenas em 'representantes' mas também em *garantidores* legais das dívidas dos representados. E isso não por decorrência de qualquer atuação indevida que lhes seja imputável, mas em atenção ao exclusivo e puro evento da existência da representação" (ob. cit., pp. 309 e 310).

Portanto, a responsabilidade tributária pelo pagamento da prestação pecuniária tributária de alguém somente pode ser imputada a terceiro como sanção pelo descumprimento de um dever jurídico administrativo ou instrumental próprio.

No caso dos incentivos fiscais, surgindo uma hipótese de responsabilidade tributária que impeça a implementação dos requisitos legais necessários para a concessão definitiva do favor legal, não pode o responsável ficar dispensado do pagamento integral da prestação pecuniária tributária e demais cominações legais pertinentes.

Já tive a oportunidade de examinar a seguinte questão:

"Recente acórdão do Tribunal Regional Federal da 2ª Região decidiu que, na importação isenta de tributos, não há que se falar em responsabilidade do transportador, pois nada haveria a indenizar (Ap. cível n. 89.02.00746-4-RJ, 2ª T., ementa publicada em 23.6.94).

"A afirmação feita pelo acórdão pode estar correta para aquelas hipóteses em que a isenção do imposto de importação é ampla, abrangente e incondicionada, regime jurídico idêntico ao de uma alíquota zero, ou seja, uma ausência de tributação para a mercadoria estrangeira independentemente do seu destino final e de quem seja o sujeito passivo originário e derivado."

"Quando a isenção do imposto de importação é condicionada a um determinado e específico uso da mercadoria estrangeira, finalidade que deveria ser cumprida pelo importador (sujeito passivo originário), porém não mais possível de ser atingida em razão do extravio ou perda total da mercadoria (sujeita, ordinariamente, a uma alíquota do imposto de importação), por culpa do seu transportador (sujeito passivo derivado), este deverá se sujeitar às sanções legais, inclusive a *indenização* do imposto de importação" ("A responsabilidade tributária do transportador de mercadoria estrangeira e do seu agente e a isenção do imposto de importaçao", *Revista Dialética de Direito Tributário* 7/7, São Paulo, abril/96).

As mercadorias estrangeiras podem estar sujeitas a diversos regimes aduaneiros, a partir de uma alíquota máxima, aplicável a uma importação sem qualquer tratamento singular ou particular, ou estar favorecidas com um regime especial, como o negociado no MERCOSUL, ou no GATT (organização mundial de comércio), ou ainda a uma isenção para específica finalidade. Naturalmente, quando a mercadoria é extraviada por culpa do transportador nenhuma destas destinações vai ocorrer, razão pela qual a sanção a que vai se sujeitar o transportador pelo descumprimento do seu dever jurídico (entregar a mercadoria estrangeira transportada, a quem de direito e no local previamente determinado) será o pagamento do imposto de importação pela alíquota máxima, sem o favorecimento de qualquer redução particular ou especial.

O agente da empresa transportadora da mercadoria estrangeira enquanto agir exclusivamente na condição de mero mandatário não terá, como examinado anteriormente, qualquer responsabilidade tributária pelos atos praticados como preposto do transportador, desde que sua atividade não extrapole os ditames legais, como, aliás, está expresso na Súmula 192 do TFR: "O agente marítimo, quando no exercício exclusivo das atribuições próprias, não é considerado responsável tributário, nem se equipara ao transportador para efeitos do Decreto-lei n. 37, de 1966".

Entretanto, quando a empresa transportadora não for brasileira, nem possuir representante legal no país, a autoridade aduaneira não pode liberar o veículo estrangeiro sem que seu agente apresente uma suficiente para o pagamento dos tributos devidos em razão de eventual falta ou extravio da mercadoria estrangeira que venham a ser apurados posteriormente, no procedimento administrativo de Conferência Final de Manifesto.

Se o agente do veículo estrangeiro prestar pessoalmente essa garantia, nos termos do § 3º do art. 39 do Decreto-lei 37/66, com a redação dada pelo art. 1º do Decreto-lei n. 2.472/88, tornar-se-á responsável tributário, como substituto e nos mesmos termos previstos na lei para o transportador.

Com respeito ao ICMS, e por ser o seu fato gerador o momento da saída da mercadoria do estabelecimento, certos aspectos da responsabilidade tributária decorrente de saídas com isenção ou redução de imposto merecem alguns comentários.

Quando a determinação do valor do ICMS depender da destinação a ser dada à mercadoria, como a isenção concedida aos produtos destinados à Zona Franca de Manaus, ou a redução de alíquotas para as operações interestaduais, e o transporte da mercadoria ficar sob a responsabilidade do comprador, o estabelecimento vendedor deverá cercar-se de alguns cuidados para não acabar responsável pelo imposto objeto da exoneração tributária, total ou parcial.

A existência e a localização da empresa adquirente da mercadoria deverão ser devidamente certificadas, bem como sua condição de contribuinte, sob pena de a saída acabar sendo qualificada como uma operação interna, arcando o vendedor com o ônus da diferença do imposto. Recente decisão do ST J foi proferida com a seguinte ementa: "Tributário — ICMS — Diferimento do imposto — Inidoneidade da inscrição do comprador — Responsabilidade do vendedor. O vendedor responde pelo pagamento do imposto *diferido* se o comprador não está regularmente inscrito na repartição fazendária como contribuinte do ICMS. Recurso especial não conhecido" (2ª T., REsp 83.137-SP, rel. Min. Ari Pargendler, v.u., *DJU*-I 2.2.98, p. 88).

No regime de substituição tributária permite a legislação complementar que nas saídas com diferimento do imposto o legislador estadual responsabilize o adquirente da mercadoria, exigindo o pagamento do imposto diferido no momento da entrada da mesma no estabelecimento.

Em obediência ao princípio da não-cumulatividade, esse imposto deverá ser creditado para futura compensação com o devido na saída da mercadoria ou do produto industrializado. Na hipótese de a saída não ser tributada ou merecer isenção, o crédito deverá ser estornado, como é da lógica do sistema.

Entretanto, se for uma operação de saída para o exterior, que, normalmente, permite a manutenção dos créditos, entendo que o estabelecimento exportador, como tem direito à manutenção do crédito, não precisa pagar o imposto diferido, no momento da entrada. Não só não tem lógica efetuar o pagamento prévio para se creditar em seguida, como muitas vezes o estabelecimento exportador não tem possibilidade de aproveitar os créditos acumulados, em razão de não efetuar operações internas geradoras de saldos devedores.

De acordo com o art. 20, § 3º, da Lei Complementar 87/96, quando a saída do produto não for tributada ou estiver isenta do imposto é vedado o crédito relativo à entrada da mercadoria no estabelecimento, salvo nas saídas de exportação, quando é permitido o crédito. Ora, sabendo-se, previamente, que o produto final será exportado, hipótese que permite o crédito do imposto nas entradas de matérias primas, material de embalagem e demais insumos (cuja finalidade é o desagravamento do custo da tributação, para incentivar a exportação), nada mais lógico que o aproveitamento do crédito de exportação se realize de forma plena, no mesmo momento em que se deveria pagar o imposto diferido, não se efetivando o pagamento deste, o que reduziria, desde logo, o custo da exportação.

Rio de Janeiro, 9 de maio de 1998

ATOS JUDICIAIS NA SUSPENSÃO DA EXIGIBILIDADE DO CRÉDITO TRIBUTÁRIO

ALBERTO NOGUEIRA

Mestre e Doutor em Direito — Livre-Docente em Direito Tributário e Financeiro — Professor Titular da Universidade Gama Filho (Graduação e Pós-Graduação em Direito) — Vice-Presidente-Corregedor do TRF da 2ª Região

1. Introdução ao tema (uma explicação metodológica). 2. A jurisprudência. 3. Estado contemporâneo. 4. O Estado Democrático de Direito. 5. Crédito tributário: uma massa difusa: 5.1 Controle judicial: 5.1.1 Níveis — 5.2 Limites: 5.2.1 O processo como instrumento de justiça fiscal — 5.3 O art. 151 do CTN. 6. Tributo. Nossa teoria geral do Direito Tributário. 7. O tributo como dever. 8. À guisa de síntese. 9. Referências bibliográficas.

1. Introdução ao tema (uma explicação metodológica)

Normalmente, quando se aborda o tema acima, tem-se em mente a questão da cobrança do crédito tributário. No Brasil, como em países de estrutura jurídica semelhante, toma-se como ponto de partida a legislação positiva, que, no nosso caso, está, *grosso modo*, no art. 151 do CTN.

Seguir esse caminho seria muito fácil: bastaria comentar, um por um, os quatro casos previstos para a suspensão da exigibilidade do crédito tributário. Certamente que isso não traria qualquer novidade, e tomaria o tempo de um auditório tão seleto, repetindo o que todos estão cansados de saber.

No ângulo de nossa perspectiva jurídica, a suspensão é uma conseqüência, e não uma causa; em suma, nada cria, apenas corta a seqüência de um procedimento direcionado para a cobrança do crédito tributário.

Nosso estudo, nesse contexto, volta-se para o aspecto substancial daquilo que antecede a suspensão, e não a suspensão em si mesma considerada.

Dizendo de outra maneira: o que nos chama a atenção é o direito, ou pretensão, de o Fisco agir contra o contribuinte, ao exigir o dito crédito, a despeito de, em tese, fazê-lo indevidamente.

Nessa linha, deixamos de lado os aspectos estritamente processuais e, inclusive, administrativos, para nos situarmos, quase que com exclusividade, no campo material, com ênfase para os direitos do contribuinte, na moldura dos países, como o Brasil, que vêm, nos últimos tempos, constitucionalizando a matéria tributária.

2. A jurisprudência

No sentido moderno, tem-se entendido que o ato judicial é o produzido em um processo de acordo com as normas legais.

Nos sistemas, como o brasileiro, em que vige o princípio judiciarista — ou seja, nos quais é o Poder Judiciário, exclusivamente, o único dotado de força legal para dizer, em definitivo, o que é o Direito, com a efetivação do denominado ***judicial control*** *— a jurisprudência como que se confunde com o próprio ato judicial.*

Contudo, nem sempre tem sido assim, mesmo em países de raiz latina, pois, em outras circunstâncias, em Roma a jurisprudência não era o que hoje é, mas, essencialmente, a interpretação qualificada, por pessoas competentes, para dizer o que era o Direito.[1]

Nos países de feição anglo-saxônia ainda se tem presente essa idéia, de cunho científico, de que a jurisprudência corresponde ao *Direito* cientificamente produzido, ou seja, declarado por estudiosos, especializados em sua interpretação diante de situações concretas.[2]

A *prudência*, nessa perspectiva, envolve a experiência, o conhecimento especializado, o *locus*, a prática, ou a *praxis*, de pessoas qualificadas para o desempenho dessa função que não se localizavam dentro do Judiciário.

O jurista, nesse contexto, confunde-se com o "prudente", de onde surge a figura exponencial do "jurisconsulto".

Com o advento do positivismo jurídico, notadamente nos países de filiação jurídica romana, esse quadro se alterou radicalmente, de sorte que a jurisprudência passou a ser compreendida como mera fonte de atos judiciais atrelados à lei positiva.[3]

1. "*Jurisprudência*. Entre os antigos romanos era *divinarum atque humanarum rerum notitia, justi atque injusti scientia* ('o conhecimento das coisas divinas e humanas, a ciência do justo e do injusto'), na definição de Ulpiano. Era, portanto, a própria ciência do Direito. Modernamente, 'é o conjunto das soluções dadas pelos tribunais às questões de direito' (Carlos Maximiliano). É a interpretação que os tribunais dão à lei, adaptando-a a cada caso concreto submetido a seu julgamento. É uma das grandes fontes do Direito. *Usus fori*" (cf. José Náufel, *Novo Dicionário Jurídico Brasileiro*, 9ª ed., Rio de Janeiro, Forense, 1997, p. 556).

2. Daí a explicação de Rudolf von Jhering, que se encontra em seu notável *Bromas y Veras en la Jurisprudencia*: "Como único detalle cabe aclarar que la palabra 'jurisprudencia' no está tomada aquí en su acepción hoy habitual, de 'enseñanza doctrinal que dimana de las decisiones o fallos de autoridades administrativas y judiciales', sino en la más primitiva de 'ciencia del Derecho', que es también el significado que tiene, aún hoy, en lengua alemana" (*Bromas y Veras en la Jurisprudencia: un Regalo de Navidad para los Lectores de Obras Jurídicas*, 9ª ed., Buenos Aires, Ediciones Jurídicas Europa-América, 1974, p. 10).

Também no *Webster's New Encyclopedic Dictionary* (Cologne, Germany, Könemann, 1994, p. 548): "*Jurisprudence*: "1: A system of laws, 2: the science or philosophy of law; 3: a department of law".

A lição de John Gilissen é perfeita:

"A jurisprudência, no sentido romano, era o conhecimento das regras jurídicas e a sua actuação pelo uso prático. É antes aquilo que nas línguas novilatinas se designa por doutrina; porque a jurisprudência designa nestas línguas o conjunto das decisões judiciais; o termo inglês *jurisprudence* tem um sentido mais próximo do sentido romano.

"A jurisprudência era a obra dos jurisconsultos, que desempenharam um papel capital na fixação das regras jurídicas. Na verdade, os jurisconsultos eram homens muito experientes na prática do Direito, quer enquanto davam consultas jurídicas (*responsa*), quer enquanto redigiam actos e orientavam as partes nos processos, embora aí não interviessem. A autoridade das suas consultas decorria do seu valor pessoal e do seu prestígio social. A partir de Augusto, o Imperador teria concedido a certos jurisconsultos o benefício (*beneficium*) do *ius respondendi ex auctoritate principis*, o 'direito de resposta sob a autoridade do príncipe'; as *responsae* dos juristas investidos desta nova autoridade continuaram no entanto puramente privadas, sem valor oficial; não foi senão a partir de Adriano que os juízes foram obrigados pela *responsa*, mas somente em caso de unanimidade dos juristas autorizados.

"Apesar do seu carácter privado, os escritos dos jurisconsultos constituíram uma verdadeira fonte do Direito na época clássica, não somente pelos seus comentários de textos legislativos e de éditos do pretor, mas sobretudo pela sua maneira de resolver as lacunas do Direito. Pela abundância de matérias tratadas, e pela construção lógica das suas obras, os jurisconsultos elaboraram uma verdadeira ciência do Direito" (*Introdução Histórica ao Direito*, Lisboa, Fundação Calouste Gulbenkian, 1979. pp. 90 e 91).

3. Una tirania legislativa, nas palavras do espanhol José Puig Brutau constantes de seu "Prólogo" à tradução de Roscoe Pound: "Una tiranía, podemos añadir, que precisamente aparece muy pronto en el Continente, pues fué la concepción bizantina del Derecho como voluntad de un legislador absoluto la que dió lugar, como dice Pound, a la idea de que el legislador podía hacer brotar el Derecho por el solo esfuerzo de su razón, dando lugar a unos có-

O princípio *princips legibus solutus* imbricou-se com a estrutura maciça do Estado Moderno, ou seja, de um Estado onipotente, tal como marcado por Frederico II, da Prússia, ao romper a estrutura das liberdades civis modelada pelos grandes pensadores da ciência jurídica medieval.[4]

Essa realidade perdurou por muito tempo e influenciou profundamente o campo da tributação, dentro do qual se estabeleceu que a mera previsão legal bastava para a exigência impositiva, independentemente de outros questionamentos.

Nos tempos atuais isso se modificou radicalmente, com o surgimento do Estado

digos que pretendían ser completos y que debían ser considerados por los jueces como expresión de la sabiduría definitiva" ("Prólogo", in Roscoe Pound, *Las Grandes Tendencias del Pensamiento Jurídico*, Barcelona, Ediciones Ariel, 1950. p. XXXVIII).

"Ya en los albores de la Edad moderna, Maquiavelo (1469-1527) seguiría un camino más expeditivo, basándose en la idea de la salvación de la patria, a la que tomó no sólo por ley suprema en momentos de gravísimo riesgo, sino que la consideró permanente. Así centró todo el planteamiento de la Filosofía Política en la cuestión fáctica de la conquista y el mantenimiento del poder y la del manejo de los hombres.

"De ese modo, la causa eficiente ocuparía, en la Política y en el Derecho, el lugar que, en la Filosofía del Bajo Medievo, ocupaba la causa final moral. Y así, la Política sería emancipada del Derecho y éste convertido en una técnica racional del poder, sin otro fin que la detentación de éste. Por ello, el hombre de sujeto pasa a ser objeto. Las conductas humanas son estimadas 'solamente como un sistema de reflejos mecánicos que permiten casi siempre infalibles previsiones', para poder manipularlas com seguridad.

"Más adelante, en 1576, reinando en Francia Enrique III, Jean Bodin definiría y calificaría la soberanía como 'el poder absoluto y perpetuo de una República', 'no limitado ni en poder, ni en responsabilidad, ni en tiempo'. Por ello, el príncipe vuelve a estar *legibus solutus*. En cuanto 'está exento de las leyes de sus predecesores', menos aún está sujeto a sus propias leyes y ordenanzas, ni limitado por las asambleas de los Estados; y, aunque le obliguen las leyes de Dios y de la naturaleza, 'no es lícito que el súbdito contravenga las leyes de su príncipe so pretexto de honestidad y justicia'.

"Tras de él, vendría Hobbes, en su *Leviathan*, a teorizar el absolutismo del poder y el positivismo legalista. Rousseau erigiría por tal a Demos, representado por la *volonté générale*, aunque, para él, ésta debiera ser una voluntad pura, logro que de hecho no creía posible. Esa pureza de voluntad, Kant la presupondría, para someter al hombre *phaenomenon* al Estado *noumenon*, creedor de un Derecho teóricamente nouménico, olvidando que el Estado no deja de ser reflejo de los apetitos y pasiones fenoménicos de quienes detenten el poder.

"De hecho, estas nuevas ideas se contraponían a la concepción de un Derecho elaborado con independencia del poder político, es decir de su elaboración por juristas prácticos — como había sido el resultante de los *responsae* de los prudentes en Roma y como venía siéndolo el tejido por comentaristas y conciliatores, por tribunales y por notarios en el Bajo Medievo" (Juan Berchmans Vallet de Goytisolo, *Metodología de la Determinación del Derecho*, Madri, Editorial Centro de Estudios Ramón Areces, 1974, p. 288).

4. Na límpida exposição de Juan Berchmans:

"Frente a ese hombre, 'verdaderamente sujeto del ordenamiento jurídico, patrón de sí mismo, que la ciencia jurídica medieval ha modelado, consolidado y protegido por los siglos venturosos' — sigue Calasso —, 'se yergue amenazadora la obra del *princeps legibus solutus* y la estructura maciza del Estado omnipotente', preanunciado por Federico II de Suavia que 'la ciencia jurídica había sido la única en comprenderlo y en denunciar la monstruosidad de esta obra' (el 'Estado-obra de arte' de Federico II), que con la perfección de sus engranajes constitucionales, majaba al individuo, 'contra Dios y la justicia' por la cual este Federico descenderá *in pice et non in pace*, y como, con palabras de Andrea de Isernia, se había amonestado y condenado a los príncipes de entonces para que no siguieran el ejemplo de un hombre *cuius heredes hodie non sunt*'.

"Ciertamente Federico II Hohenstaufen, emperador de Occidente y rey de Sicilia (1198-1250) — como, siguiendo a Burckardt, explica el profesot Galvão de Sousa —, había realizado una tentativa para 'la transformación del pueblo en una masa inerme y abúlica cuya capacidad de tributación debía ser elevada al máximo'. 'Arrasó la nobleza como poder político autónomo, anuló las ciudades como corporaciones jurídico-políticas, redujo los Parlamentos a órganos pasivos de recepción de las órdenes y decisiones reales'; y, 'con sus decretos y actos de cancillería se lanzó a la empresa, totalmente insólita en su tiempo, de crear un Estado según el modelo concebido apriorísticamente por el soberano'. En esa misma línea situó Galvão a Felipe IV el Hermoso rey de Francia (1284-1314) y a Luís de Baviera, duque del Alta Baviera (1294-1347), rey de los romanos y de Italia (1314-1316), y rey de Italia (1327-1347), emperador de Alemania (1328-1347), a quién Marsílio de Pádua dedicó su *Defensor pacis*.

"En la historia de todos los pueblos de Europa, durante este periodo ocurre lo mismo, en mayor o menor grado" (Juan Berchmans Vallet de Goytisolo, *Metodología de la Determinación del Derecho*, cit., pp. 286 e 287).

Democrático de Direito, de tal sorte que, para além da previsão legal, se questiona a validade da exigência do tributo em face da totalidade do ordenamento jurídico, ressumando no topo deste as garantias do contribuinte inscritas no catálogo constitucional.

Esse tema foi objeto de vários estudos nossos em trilogia constante das obras *O Devido Processo Legal Tributário*, *Os Limites da Legalidade Tributária* e *A Reconstrução dos Direitos Humanos da Tributação*.[5]

Nessa linha, o que releva examinar é o conteúdo e a extensão dos atos judiciais na suspensão da exigibilidade dos tributos, sempre na perspectiva atrás fixada — de que a mesma tem por objeto a própria legalidade da exigência, e não apenas a forma como o ato administrativo se desenvolveu. Isto quer dizer que o ato judicial controla a forma e o conteúdo da exigência, assumindo, hodiernamente, talvez a função mais importante dentro da cidadania, particularmente no campo da tributação.

Passamos ao tópico subseqüente, dedicado ao Estado contemporâneo.

3. Estado contemporâneo

O Estado liberal, por suas limitações ontogênicas, redundou, na feliz expressão de Umberto Allegretti, na formação de um *modelo statocentrico* de ordenamento baseado na sua precedência e firmado com relação à pessoa (cidadão) e aos direitos desta.[6] Essa concepção, tomada de empréstimo do figurino francês, levou a uma separação entre o Estado e o cidadão,[7] o que há de ser superado pela convergência para um modelo unitário, uma vez que "dos direitos dos cidadãos derivam a competência do Estado e a missão da Administração".[8] Com base nessas premissas chega-se à moderna concepção de uma "democracia administrativa",[9] incompatível com sua separação da sociedade.[10]

Enfim, uma "administração humanizada" (*friendlismo*) também no campo específico da tributação.

4. O Estado Democrático de Direito

Abre-se este tópico com declaração de Jean-Marie Denquin[11] contra a qual não se conhece qualquer contestação razoável: "A democracia e os direitos do homem não têm hoje em dia mais adversários nas sociedades ocidentais".[12] Inobstante o virtual consenso, como a democracia e os direitos humanos, notadamente no plano da tributa-

5. Alberto Nogueira, *A Reconstrução dos Direitos Humanos da Tributação*, Rio de Janeiro, Renovar, 1997; *Os Limites da Legalidade Tributária no Estado Democrático de Direito. Fisco "x" Contribuinte na Arena Jurídica: Ataque e Defesa*, Rio de Janeiro, Renovar, 1996 (tese de Livre-Docência em Direito Tributário e Financeiro); *O Devido Processo Legal Tributário*, Rio de Janeiro, Renovar, 1995 (tese de Doutoramento em Direito).

6. Umberto Allegretti, *Amministrazione Pubblica e Costituzione*, Verona, CEDAM, 1996, p. 4.

7. Idem, p. 11, principalmente.

8. Idem, p. 12.

9. Idem, p. 103.

10. Idem, p. 139.

11. A advertência desse autor em torno do conjunto "democracia/direitos do homem" é plenamente justificável: "Mas a unanimidade em torno dos direitos do homem e da democracia apresenta também efeitos perversos. Ela pode incitar a uma espécie de leve conformismo, onde a boa consciência se acalma, ou conduz comodamente a supor, por um otimismo maquinal e *a priori*, que essas noções sejam equivalentes" (Jean-Marie Denquin, *Les Droits Politiques*, Paris, Montchrestien, 1996, p. 23).

Mais adiante, completando esse pensamento, assinala que a democracia não implica a existência de direitos do homem, e, no sentido oposto, tampouco os direitos do homem significam democracia: "Negativamente, porque as ditaduras achincalham os direitos do homem, e positivamente porque somente a democracia oferece as garantias que lhes são necessárias para se expandirem" (idem, p. 31). Fórmula semelhante é empregada por Hans Peter Schneider: "A democracia, por conseguinte, pressupõe os direitos fundamentais da mesma forma que, ao contrário, os direitos fundamentais só podem adquirir sua plena efetividade em condições democráticas" (*Democracia y Constitución*, Madri, Centro de Estudios Constitucionales, 1991, p. 19).

12. *Les Droits Politiques*, cit., p. 19.

ção, estão efetivamente implementados? Para encontrar uma resposta é inevitável começarmos com *A Democracia* de Hans Kelsen, na qual flui como núcleo da idéia central desse sistema "o povo". Em suas palavras, ao responder à própria pergunta — "Mas o que é esse povo"? (pluralidade de indivíduos que constitui uma unidade) —, averba, certeiramente: "o povo como unidade é — ou teoricamente deveria ser — não tanto objeto mas principalmente sujeito do poder".[13] Daí preconizar a reforma do parlamentarismo, com vistas ao "reforço desse elemento democrático".[14]

Nesse desiderato, sugere Kelsen que se leve em conta não apenas a "democracia da legislação", como, também, a "democracia da execução".[15] Para o notável jurista de Praga (11.10.1881-19.4.73): "É o valor de liberdade e não o de igualdade que determina, em primeiro lugar, a idéia de democracia".[16]

Para ele: "A luta travada no fim do século XVIII e no início do século XIX contra a autocracia foi essencialmente uma luta em favor da instituição parlamentar".[17] No ponto, parece-nos que, nessa passagem, o grande pensador cometeu um dos mais freqüentes equívocos de avaliação da realidade, ao confundir os meios com os fins. A luta, em verdade, travou-se contra o absolutismo e a carcaça insepulta do Antigo Regime para a extinção dos privilégios reais, da nobreza e do alto clero. O fortalecimento das instituições parlamentares foi um dos instrumentos (ou meios) — sem dúvida o principal — para a criação de uma sociedade livre, igual e fraterna.

Isso talvez explique (ou, mesmo, justifique) o desencanto do autor, manifesta-

13. *A Democracia*, São Paulo, Martins Fontes, 1993, p. 35.

14. Idem, p. 53.

Em discurso proferido na Assembléia Legislativa do Rio de Janeiro, por ocasião do recebimento da Medalha Tiradentes, em 27 de novembro de 1995, no qual se fez uma análise dos Poderes da República em face da atualidade, afirmamos, relativamente à instituição parlamentar:

"Vitoriosa a Revolução Francesa de 1789, despontava o Poder Legislativo como instrumento por excelência de consolidação do Estado Burguês, retomando, para tanto, no plano normativo, o processo de unificação do Direito francês a se completar com a subseqüente fase das Codificações à montante de Napoleão Bonaparte, na reelaboração do monopólio imposto por Justiniano com o monumental *Corpus Juris Civilis*.

"A representação parlamentar, nessa fase, dedicou-se quase com exclusividade à função de fazer leis, por isso mesmo é que, com fidelidade ao modelo de Montesquieu, tomou o nome de Poder Legislativo, constando de sua obra clássica conselhos sobre como se deve elaborar leis."

Essa nobre função, na atualidade, continua de extrema importância.

Noutra passagem, o que entendemos seja o objetivo dessas basilares instituições: "No proscênio do Terceiro Milênio, uma redefinição de papéis, no conjunto dos Poderes do Estado, se faz imperiosa pela necessidade do Estado Pós-Burguês, de perfil ainda pouco visível, mas que desponta como o da igualdade de oportunidades (Justiça Material) e da superação das iniqüidades".

E, por fim, quanto às funções específicas do Legislativo:

"Além dessa atuação legislativa, de feição tradicional, tem à sua frente a representação parlamentar duas tarefas de fundamental importância: a) a adequação do aparato infraconstitucional aos parâmetros da Constituição pela via da atuação legislativa, removendo o chamado 'entulho autoritário' e trazendo à luz um novo corpo normativo compatível com o Estado Democrático de Direito, abandonando, no ponto, a velha máxima 'a forma vem de cima e o conteúdo vem de baixo', para revestir o tecido normativo de um conteúdo que possa tornar realidade os imperativos da Lei Maior; b) a gerência política da Administração Pública, seja no controle e definição das verbas públicas, seja nas 'decisões' de prioridades e opções para atendimento das necessidades públicas.

"Tanto numa como noutra tarefa, põe-se o Poder Legislativo na implementação da 'Constituição dirigente' (J. J. Gomes Canotilho e Vital Moreira), pois que 'a Constituição não é um código nem um livro esgotante ou exaustivo do Estado e da sociedade', ante a 'impossibilidade teórica, metódica e prática de reduzir a legislação a uma contínua e reiterada tarefa de execução constitucional'.

"Nessa linha, a tarefa do legislador consiste em transformar o conteúdo virtual da Constituição em realidade efetiva, devendo, nesse mister, ao dar cumprimento ao programa traçado pelo constituinte, acima de qualquer outro propósito, impregnar as normas infraconstitucionais de conteúdo democrático — pedra de toque de todo o sistema (CF, art. 1º)."

15. *A Democracia*, cit., p. 80.

16. Idem, p. 99.

17. Idem, p. 111.

do logo após o trecho acima transcrito: "Estamos, hoje, um pouco cansados do Parlamento, ainda que não a ponto de se poder falar — como alguns fizeram de forma demasiado apressada — em uma 'crise', em uma 'falência' ou, mesmo, em uma 'agonia' do parlamentarismo".[18]

Noutra parte, ao qualificar como um procedimento político a democracia no conceito de "governo do povo", averba: "A idéia política do século XIX, nascida das Revoluções Americana e Francesa do século XVIII, foi a democracia. Sem dúvida, também existiam na civilização ocidental forças extraordinárias a serviço da manutenção do princípio autocrático. Seus representantes, porém, foram estigmatizados como reacionários. O futuro pertencia a um governo pelo povo. Essa era a esperança de todos os que acreditavam no progresso, que defendiam padrões mais elevados de vida social. Foi, sobretudo, a jovem e ascendente burguesia que lutou por essa idéia".[19]

Na França não foi apenas a burguesia que investiu contra o Antigo Regime, mas toda uma complexa diversidade de elementos integrantes do Terceiro Estado. A Revolução de 1789, a nosso ver, foi burguesa, no sentido de substituir, como classe, a nobreza e as instituições herdadas do feudalismo. Nem por outro motivo — consoante julgamos demonstrado nos tópicos precedentes — os grandes princípios da tributação inseridos nos arts. 13 e 14 da Declaração de 26 de agosto de 1789 foram progressivamente sendo abandonados, com o retorno de práticas impositivas desfavoráveis ao povo e que passaram a atender, com isso, aos interesses específicos da burguesia. É preciso, pois, retomar o fio rompido da História e reconstruir o projeto de democracia interrompido, que acabou num pólo burguês de dominação — a democracia burguesa. Torna-se imperiosa a emancipação da democracia. Nas palavras de Ignacio Ara Pinilla, ao rejeitar o primado do governo e das leis como fontes dos direitos subjetivos, para acolher a idéia de "cidadão total" (Ralf Dahrendorf): "É curioso, por conseguinte, que, havendo se concretizado na democracia, entendida como consenso qualificado, o fundamento imediato dos direitos humanos, a regra objetiva da qual derivam os direitos subjetivos que caracterizamos agora como direitos subjetivos humanos se nos diga agora que estes direitos subjetivos constituem, por sua vez, a fonte original da democracia, entendida ademais como democracia em seu mais íntimo conteúdo".[20]

Esse retorno, a nosso entender, parece ser a única fórmula de, sem os riscos dos regimes autoritários que flagelaram a própria Europa na primeira metade deste século findante, superar os grandes problemas econômicos e sociais não resolvidos ou mal-resolvidos na linha do pensamento de Hannah Arendt.[21]

Seguindo à sua maneira a mesma rota de Alexis de Tocqueville, Laurent Cohen-Tanugi fez interessante estudo, após uma permanência de dois anos na *Harvard Law School*, publicado sob o título de *Le Droit sans l'État*; e das muitas reflexões e teses ali expostas recolhemos algumas delas. A primeira confirma o que sustentamos relativamente ao projeto revolucionário de 1789: "Na queda do Antigo Regime, o poder revolucionário, preocupado com sua própria tranqüilidade, desativou o poder jurídico — ao qual paradoxalmente a Revolução muito devia —, proibindo os tribunais judiciais de decidir sobre 'matéria administrativa' e sobretudo de interferir em assuntos de interesse do Estado, ao preço de uma interpretação original do princípio da separação dos Poderes. As decisões dos tribunais ficaram assim destituídas de qualquer força jurídica universal, em proveito da lei votada pelo Legislativo. Em seguida, Napoleão codificou o Direito e lhe conferiu domínio próprio, o das relações privadas, acentuando

18. Idem, pp. 111 e 112.
19. Idem, p. 139.
20. *Las Transformaciones de los Derechos Humanos*, Madri, Tecnos, 1994, p. 90.
21. *A Condição Humana*, p. 277.

desta forma a separação do jurídico e do político e a marginalização do Direito. A costumeira descentralização cedeu lugar à centralização administrativa; a exuberância do Antigo Direito, à aridez do Código Civil. O fortalecimento do poder central, resultante da Revolução e do Império, consagrava um enfraquecimento constante da regra de Direito. A classe jurídica tornava-se o outro 'Grande Mudo' da República".[22]

Noutra passagem, aludindo ao "subdesenvolvimento" jurídico francês, que atribui, em grande parte, ao contexto acima reproduzido, aponta para a necessidade de sua superação (em linha semelhante ao que entre nós se convencionou chamar "custo Brasil"), oferecendo sua receita: "Uma parte importante das responsabilidades econômicas e sociais exercidas atualmente pelo Estado poderia retornar à sociedade civil, com a contrapartida de um controle judicial fortalecido, que passa pelo desenvolvimento da própria legislação e um fortalecimento institucional do poder jurídico encarregado de pô-la em execução".[23]

A própria noção de Constituição, nas autorizadas palavras de Didier Maus, "tem sido sempre contestada sob a Vª República. Nos anos que se seguiram a 1958, um dos mais talentosos autores qualificou o novo regime político de 'Golpe de Estado permanente'".[24]

O autor a que se refere Didier é ninguém menos que François Miterrand. E, em seguida: "Mais recentemente o presidente Louis Favoreu considerou que a mistura na mesma pessoa das funções de chefe de Estado e de intérprete supremo da Constituição lançou uma dúvida sobre a própria noção de regime constitucional. Em realidade, uma parte das dificuldades encontra sua origem na própria ambigüidade da tradição constitucional francesa".[25] E, por fim, tocando o nervo da questão em sua parte mais delicada e sensível: "(...) a tradição constitucional francesa cercou incontestavelmente a palavra 'constituição' de um conteúdo messiânico".[26]

Sobre esse "legado" da Revolução Francesa, perfeita a análise do então jovem mestre da Faculdade de Filosofia Santa Maria de Belo Horizonte e autêntico filho da velha Minas liberal, João Camillo de Oliveira Torres:

"Homens de hoje estamos recebendo um duplo legado da Revolução Francesa: a democracia e o espírito revolucionário. Por democracia devemos entender aquele tipo de governo baseado no fato de (vinda a autoridade de onde vier, de Deus ou do 'contrato social') ser dado o poder a pessoas indicadas pelo povo. (Apoiando-se nas análises do Sr. Pontes de Miranda em livro recente, consideramos democracia, por sua terminação em *cracia* e não em *arquia*, um regime em que o poder efetivo e não a primazia na ordem ontológica compete, direta ou indiretamente, ao povo.) Herdamos, pois, da Revolução Francesa um ideal democrático cujos elementos principais são a liberdade, a igualdade e o direito de participação no poder: cada homem concreto é livre e senhor de direitos; todos devem ser tratados igualmente; as divergências doutrinais não são obstáculos, antes são condição da participação nos debates políticos. Não estudaremos aqui estes três temas em si mesmos, mas a sua situação atual: como podemos aceitar e como vemos o tríplice ideal democrático da Revolução Francesa.

"A outra parte da herança de 1789 é constituída pelo espírito revolucionário."[27]

Para autores marxistas "a ciência marxista vê na democracia, antes de tudo, um dos modos de organização do Estado. A democracia guarda íntima relação com as

22. *Le Droit sanș l'État*, Paris, Presses Universitaires de France, 1992, pp. 60 e 61.

23. Idem, p. 126.

24. Didier Maus, "La notion de Constitution sous la Vᵉ République", in Michel Troper e Lucien Jaume (orgs.), *1789 et l'Invention de la Constitution*, p. 235.

25. Idem, p. 235.

26. Idem, p. 235.

27. *A Libertação do Liberalismo*, Rio de Janeiro, Casa do Estudante do Brasil, 1949, p. 28.

formas e o exercício do poder estatal. A condição política das classes e a natureza classista do poder representam o conteúdo básico da democracia".[28] Para eles, "a história conhece diversos modelos de democracia: escravista, feudal, burguês e socialista. Não são distintos nomes de um mesmo fenômeno, mas diversos tipos de democracia com as formas, instituições e bases sociais inerentes a eles. Todos os tipos mencionados se distinguem por sua essência".[29]

Noutra passagem: "As revoluções burguesas deram origem à democracia burguesa. Introduziram mudanças radicais no regime político-jurídico da sociedade feudal".[30] Por último, quanto à natureza do sistema socialista: "A essência da democracia socialista se funda na verdadeira soberania do povo. Significa que o poder do Estado é exercido pelo próprio povo, em nome do povo e em benefício do povo".[31]

O que pensar dessas últimas colocações, tão parecidas com as que tradicionalmente são proclamadas na chamada "sociedade livre" do mundo Ocidental?

Como costumam dizer os juristas norte-americanos, a questão está entre a *law in book* e a *law on action*.

E, para encerrar o tópico, algumas das mais atuais e respeitadas idéias de nossa época a respeito da "democracia", do francês Alain Touraine, a começar por uma observação básica e importante: "A democracia não reduz o ser humano a ser apenas um cidadão; reconhece-o como indivíduo livre que também faz parte de coletividades econômicas ou culturais".[32]

E, quanto à modernidade política: "Na modernidade política, devemos distinguir dois aspectos. Por um lado, o Estado de Direito que limita o poder arbitrário do Estado, mas sobretudo ajuda-o a se constituir e enquadrar a vida social pela proclamação da unidade e coerência do sistema jurídico; esse Estado de Direito não está necessariamente associado à democracia; pode combatê-la, tanto quanto favorecê-la. (...) A democracia não surge do Estado de Direito, mas do apelo a princípios éticos — liberdade, justiça — em nome da maioria sem poder e contra os interesses dominantes".[33]

O autor insere o moderno conceito de democracia basicamente em três dimensões, a saber: "Esta exige, em primeiro lugar, a representatividade dos governantes, isto é, a existência de atores sociais cujos agentes políticos sejam os instrumentos, os representantes. (...) A segunda característica de uma sociedade democrática, tal como está implicada em sua definição, é que os eleitores são e se consideram como cidadãos. (...) Enfim, será que a livre escolha pode existir se o poder dos governantes não for *limitado*? Antes de tudo, deve sê-lo pela própria existência da eleição e, mais concretamente, pelo respeito às leis que definem os limites no interior dos quais o poder se exerce. O reconhecimento dos direitos fundamentais, que limitam o poder do Estado e também o das Igrejas, famílias ou empresas, é indispensável à existência da democracia".[34]

28. *Teoría del Estado y el Derecho*, Moscou, Progreso, 1988, p. 108 (manual preparado por um grupo de catedráticos e professores da Universidade Estatal M. Lomonósov, Moscou, traduzido do russo por V. Médnikov).

29. Idem, pp. 108 e 109.

30. Idem, p. 110.

31. Idem, p. 115.

32. *O Que É a Democracia?*, Petrópolis, Vozes, 1996, p. 29.

33. Idem, pp. 36 e 37.

34. Idem, pp. 43-45.

É a nova rota dos países europeus, a partir da implementação das Cortes Constitucionais como instrumento de controle não apenas da legalidade, mas sobretudo dos direitos fundamentais, humanos, e liberdades públicas. Na autorizada lição de um dos maiores especialistas da atualidade, Louis Favoreu: "O desenvolvimento da justiça constitucional é certamente o acontecimento mais marcante do direito constitucional europeu da segunda metade do século XX. Não mais se concebe hoje em dia sistema constitucional que não adote esta instituição, e na Europa todas as novas Constituições têm prevista a existência de uma Corte Constitucional" (*Les Cours Constitutionnelles*, 2ª ed., Paris, Presses Universitaires de France, 1992, p. 3). Sua explicação para a eclosão, também no Velho Mundo — e por método diverso do norte-americano (e também do nosso mo-

Sobre a discussão que atualmente se trava na França (o que será objeto de apreciação no próximo tópico): "No momento da Revolução Francesa, é a idéia da cidadania que leva a melhor e Marx irá criticar os franceses por terem colocado sempre categorias políticas acima das categorias sociais. Tal julgamento foi, recentemente, ratificado pelo historiador François Furet ao demonstrar que, de fato, a Revolução só se explica em termos políticos, e não como uma revolução social, segundo a tese de Albert Mathiez que via nos acontecimentos franceses do final do século XVIII a primeira etapa de uma vitória das classes populares que devia culminar com a revo-

delo brasileiro), o inserido por Hans Kelsen na Constituição austríaca de 1920 —, é magistral: "a) A sacralização da lei é uma primeira explicação. A partir da Revolução de 1789 e ao longo de todo o século XIX e começo do século XX, o dogma rousseaunianista da infalibilidade da lei se impõe e dificilmente é reposto em causa. O reino do Direito é o reino da lei: 'o conceito de legitimidade (...) coincide com o de legalidade, quer dizer, com a conformidade das atividades públicas e privadas com as lei votadas pelo Parlamento. O Direito (*jus, law, diritto, derecho, recht*) é cada vez mais estritamente identificado com as leis do Parlamento (*Lex, statute, legge, ley, Gesetz*)' (M. Cappelletti, *Relatório Geral*, Simpósio de Uppsala). Mas então, como diz Kelsen (*RDP*, 1928, p. 199), 'se se admite que a lei é todo o Direito, regularidade equivale a legalidade (e) não é pois mais evidente que se possa entender mais a noção de regularidade'. Nos Estados Unidos, a Constituição é sagrada; na Europa é a lei que é sagrada. b) A incapacidade de o juiz ordinário exercer a justiça constitucional é uma outra razão que M. Cappelletti colocou bem claro (...). c) A ausência de uma unidade de jurisdição é uma outra explicação complementar (...). d) A insuficiente rigidez da Constituição pode ser considerada também como uma causa de rejeição do sistema americano em alguns países europeus de entre as duas guerras" (idem, pp. 8, 9 e 10).

A diversidade de modelo em nada altera o resultado, pois, tanto nos sistemas em que o controle de constitucionalidade se faz dentro do Judiciário (tal como nos Estados Unidos e no Brasil) como através de uma Corte Constitucional dele não integrante, o objetivo é um só: a garantia dos preceitos constitucionais, como Lei Fundamental, em face de quaisquer atos do Parlamento ou do Poder Público em geral, ou seja, a sacralidade da Constituição, e não da lei, como antes se concebia.

No tópico bem a propósito intitulado "Uma legitimidade construída sob o fundamento dos direitos do homem", Dominique Rousseau, professor da Universidade Montpellier I e Diretor do Centro de Estudos e Pesquisas Comparativas Constitucionais e Políticas, chama a atenção para que a necessidade de se "reivindicar uma Constituição é querer submeter os representantes políticos a regras de condutas e a princípios de decisão definidos por outros que não eles próprios, quer dizer, definidos pelo soberano, o povo; este último exprime sua vontade suprema na Constituição e não na lei que é a expressão da vontade dos representantes" (*La Justice Constitutionnelle en Europe*, 2ª ed., Paris, Montchrestien, 1996, p. 42).

Em outras palavras: a lei já não é mais considerada como a representação da "vontade geral", e sim dos representantes eleitos pelo voto popular, ao mesmo tempo em que a "vontade geral" se expressa na própria Constituição.

Como corolário dessa tese, hoje à prova de qualquer contestação razoável, segue-se, nas palavras do referido autor, é que "os Conselhos, Cortes e Tribunais Constitucionais se põem, nessa lógica, como os órgãos do espaço dos cidadãos" (idem, pp. 42 e 43).

E, arrematando: "Parlamento, Governo e, em certos países, a Presidência da República são as instituições do espaço dos representantes; as Cortes Constitucionais são uma das instituições do espaço dos cidadãos" (idem, p. 43).

Nessa linha, avança em profundo mergulho em direção ao "coração da matéria", para empregar aqui a expressiva e feliz fórmula de Graham Greene: "O controle de constitucionalidade tem pois uma parte de sua legitimidade democrática na função que ele cumpre: assegurar o respeito dos direitos e liberdades dos cidadãos (...). Os jusnaturalistas e positivistas se encontram nesta legitimidade funcional, os primeiros porque afirmam que esta função se deve ao caráter superior e exterior ao Estado dos direitos do homem, os segundos porque consideram, como Michel Troper, que esta proteção é apenas uma das condições do funcionamento normal da democracia" (idem, p. 44).

Na opinião do citado autor, a idéia de controle de uma certa maneira já se fazia presente na Declaração de 1789 (idem, p. 45), sendo certo que as modernas Cortes Constitucionais, como "órgãos de controle dos Poderes", têm por finalidade, ou função, "a garantia e salvaguarda da liberdade individual e mais genericamente dos direitos fundamentais" (idem, p. 46).

A análise que Georges Ripert faz nos longínquos anos 50 sobre essa temática é digna de sua reconhecida genialidade, valendo como uma antecipação à "grande virada" que hoje se desenvolve na velha Europa, e particularmente na França.

Com efeito, a idéia de uma "Declaração Universal" dotada de força maior do que uma Constituilução soviética. Pelo contrário, a Grã-Bretanha sempre deu uma grande importância à representação dos interesses, à teoria utilitarista e ao papel das corporações intermediárias".[35]

Em contraposição, sobre o totalitarismo:

"Com efeito, não sendo concebível estabelecer um único tipo político geral dos fascismos — cuja unidade é frágil —, dos islamismos políticos e de outros regimes autoritários, temos de mencionar a família dos regimes contra-revolucionários autoritários criados por Franco, Salazar, coronéis gregos, Pétain ou Pinochet e seus equivalentes argentinos, uruguaios e brasileiros. Apesar da diversidade das situações, é possível colocar em evidência determinadas características comuns a todos esses regimes. (...)

"E as ditaduras militares que se instalaram no Brasil, em 1964, na Argentina, em 1966 e 1976, no Chile e Uruguai, em 1973, não foram totalitárias, mas apenas autoritárias. Em compensação, a ditadura militar do general Stroessner, no Paraguai, assumiu aspectos mais totalitários, já que a população foi, simultaneamente, mobilizada e colocada sob uma estreita vigilância por intermédio do Partido Colorado.

"A célebre tese de Hannah Arendt é mais extrema do que a tese que apresento aqui. Retomando as idéias de Le Bon e Freud sobre a psicologia das massas, ela

ção política é, a todos os títulos, a lúcida e antecipada visão de um mundo novo que hoje se descortina em toda a sua exuberância, ao se referir "a uma espécie de Constituição civil".

Mais ainda, um instrumento jurídico estruturado sobre princípios, a base essencial do moderno constitucionalismo, cujo germe, na correta percepção de Ripert, já se inoculara irreversivelmente na Declaração de 1789.

Alguns trechos de *Les Forces Créatrices du Droit* não podem aqui faltar: "A idéia vem naturalmente de dar aos princípios ideológicos um valor muito grande, precisando seu conteúdo e proclamando-os em um ato solene. Cria-se assim uma espécie de Constituição civil que o legislador deve respeitar. É por esta razão que certos princípios são afirmados pela Constituição. Estas declarações de direitos são célebres. Elas têm sido e são ainda muito admiradas. A que foi adotada em 1789 era visivelmente inspirada na idéia do direito natural. Podia-se admitir em razão disso que as regras de Direito fossem superiores às do direito positivo. Mas o abandono desta concepção deixou as declarações de direitos sem virtude e sem força. Após 1789 outras foram redigidas. Depois, as Constituições da França se limitaram a reportar e a reafirmar a primeira" (Georges Ripert, *Les Forces Créatrices du Droit*, 2ª ed., Paris, Presses Universitaires de France, 1994 [1955], p. 338).

E, ainda: "Não renunciamos ainda a dizer que existem princípios que o legislador deve respeitar" (idem, p. 339).

Finalmente, a tirada magistral e premonitória: "O legislador pode sem dúvida violar os princípios jurídicos, uma vez que não existem recursos contra o ato legislativo, mas esta ausência de recurso nada prova. Ela se deve apenas à ausência de organização do controle jurisdicional e não à idéia de soberania" (idem, p. 340).

Lastimavelmente, o autor dessas frases não viveu o suficiente para ver concretizada em toda a sua grandeza a idéia, em seu país, do controle da constitucionalidade das leis através dos princípios retores do moderno constitucionalismo europeu, e, em especial, dos que se referem aos direitos humanos, liberdades públicas e direitos fundamentais.

A análise de Bernard Beignier é ainda mais impressionante em termos da "reconstrução" de 1789, a começar pela célebre decisão de 17 de julho de 1971 do Conselho Constitucional, que, na feliz fórmula de Jean Rivero, duplicou o volume da Constituição francesa de 1958 (v. nos comentários em A. Nogueira, *O Devido Processo Legal Tributário*, principalmente notas 3 e 4, e A. Nogueira, *Os Limites da Legalidade Tributária*, pp. 116-118), "que deveria verdadeiramente subverter a ordem jurídica francesa. O lance inesperado de 1971 não era, malgrado tudo, imprevisível" (Bernard Beignier, "Les arrêts de règlement", *Revue Française de Théorie Juridique* 9/50, Paris, 1989).

E, adiante, numa tirada (*boutade*) ao mesmo tempo densa e graciosa: "(...) dois séculos após a Revolução, o absolutismo legislativo não mais existe na França" (idem, p. 54).

Noutra, não menos original, responde por antecipação aos que invocam o princípio (sem dúvida importantíssimo) da segurança jurídica em defesa da intocabilidade do *status quo*: "o perigo da virada da jurisprudência denunciado muitas vezes por seu caráter imprevisível, até mesmo arbitrário, é de ordinário um benefício. Uma velha jurisprudência que cai é um galho morto cortado que fará a árvore produzir melhores frutos" (idem, p. 54).

35. Alain Touraine, *O Que É Democracia?*, cit., p. 47.

define o totalitarismo pela dissolução das classes e o triunfo das massas."[36]

Noutra passagem, adverte: "A democracia está ameaçada mais diretamente pelos regimes autoritários e totalitários; no entanto, devemos reconhecer a existência de uma outra ameaça. Esta não vem de um poder onipotente que submeteria a sociedade à sua mercê, mas da própria sociedade que, na ordem política, vê apenas uma burocracia arbitrária ou corrupção e deseja reduzi-la à função de guarda-noturno ou de um Estado mínimo, para não entravar a atividade dos mercados e a difusão dos bens de consumo e de todas as formas de comunicação de massa. Esse liberalismo tacanho pode ser considerado democrático porque respeita as liberdades e responde às demandas da maioria. Nos países ricos, o *marketing* tende a substituir o voto; nos países pobres, a erradicação da pobreza é reconhecida como prioritária e os discursos sobre as liberdades públicas são criticados como elitistas e inspirados pelo estrangeiro dominador. Por toda parte, sob as mais diversas formas, cresce a idéia de que a defesa da liberdade consiste em reduzir a intervenção do Estado".[37]

·A respeito do fenômeno da globalização: "No entanto, há muito tempo, o Estado nacional deixou de ser a figura da razão e foi superado, simultaneamente, pelos impérios e pela internacionalização da economia. O sonho da República esvaiu-se, embora ainda apareça nos discursos de alguns políticos e de um punhado de intelectuais".[38]

Nem por isso deve o modelo americano ser erigido a padrão universal, como bem adverte o mesmo autor: "Em razão do desmoronamento do sistema soviético, acreditam que a cultura e a sociedade americanas tornar-se-ão o modelo universal. Nada é mais falso. A globalização triunfante é acompanhada por uma segmentação acelerada. Por toda parte, as identidades que se sentem ameaçadas fecham-se sobre si mesmas; além disso, as formas mais comunitárias de nacionalismo e de vida religiosa armam barricadas para resistir à invasão das tecnologias e formas de consumo vindas do centro hegemônico, ou para utilizar estas em benefício da força dos poderes políticos que se constituem para defendê-las".[39]

Em última análise, para Touraine: "Foi nos Estados Unidos que se operou a passagem do conjunto Estado central-burguesia capitalista puritana-sociedade hierarquizada para o conjunto democracia-produção de massa-consumo ostentatório".[40]

E, finalmente, um registro que nos toca mais de perto: "Após a II Guerra Mundial e o duplo desmoronamento dos Estados fascistas e impérios coloniais, triunfou o tema da modernização; a idéia de desenvolvimento opôs-se a essa concepção liberal; além disso, não é um acaso se Alfred Sauvy designou por Terceiro Mundo os países em vias de desenvolvimento, identificando-os assim como uma luta de emancipação e progresso que tinha sido a do Terceiro Estado na França, em 1789, e que unia uma vontade de independência e igualdade com a crença nos efeitos benéficos da ciência e técnica. (...). Ora, esses novos regimes, quer sejam autoritários ou pluralistas, adaptaram-se facilmente a uma dependência que foi muito bem analisada pelos economistas latino-americanos, tendo à sua frente Celso Furtado; essa dependência implicava uma dualização estrutural e, portanto, um aumento das desigualdades sociais. Tal situação culminou, mais ou menos rapidamente, desde 1964 no Brasil e desde 1966 na Argentina — para nos limitarmos ao caso latino-americano — na que-

36. Idem, p. 136 e 137 e 142. Por fundamentos diversos, também Claude Polin, professor da Universidade Paris-Sorbonne, faz idêntica sustentação, excluindo os regimes brasileiro, argentino, chileno e uruguaio da qualificação totalitária, que usava para os do nazismo (alemão) hitlerista e comunista (soviético), conforme seu livro *Le Totalitarisme*.

37. Idem, pp. 182 e 183.

38. Idem, p. 177.

39. Idem, p. 190.

40. Idem, p. 222.

da dos regimes democráticos e na vitória das primeiras ditaduras militares que seriam seguidas por várias outras".[41]

5. *Crédito tributário: uma massa difusa*

O Estado, nessa visão, não mais passa a ser considerado o "titular" do crédito tributário, pois este, como substrato material do que classificamos como "direito de 3ª ou 4ª geração", pertence à sociedade, ou seja, ao "povo" (na perspectiva do Estado Democrático de Direito), sendo aquele o mero "agente", ou responsável pela cobrança (instituição e exigência do tributo).

Trata-se, portanto, de uma "massa difusa", que se forma com a instituição (fase legislativa e abstrata) e exigência concreta, de acordo com a matriz democrática (consentimento dos contribuintes), pela Administração.

Uma vez que estamos diante de direitos coletivos (o que cada contribuinte paga ou deixa de pagar se reflete no conjunto da sociedade), impende seu controle, em termos de legalidade formal e material, tanto na esfera administrativa como — e especialmente — na judicial, esta última apenas a seguir examinada, para não transbordar o tema proposto.

5.1 Controle judicial

5.1.1 Níveis

Nos países em que, como no Brasil, existe o sistema do *judicial control* extensivo a qualquer matéria, inclusive a tributária, o Poder Judiciário exerce uma função de extrema importância no controle da legalidade da tributação, tanto no plano abstrato (legalidade das normas tributárias em face da Constituição) como no concreto (legalidade da exigência de tributos em relação aos contribuintes).

É nesse contexto específico que situamos a função do controle da tributação pelo Poder Judiciário, ensejando a questão central da suspensão da exigibilidade do tributo, em dois planos, a saber: 1º) controle das normas impositivas em abstrato (controle direto de constitucionalidade), no Brasil, através do STF (ADINs e ADCs); e 2º) controle concreto da legalidade, em cada situação individualmente considerada, a cargo das chamadas instâncias ordinárias (juízes e tribunais ordinários) e especiais (STJ).

5.2 Limites

No plano judiciário não há limites para o exercício desse controle, seja quanto aos aspectos de legalidade da exigência tributária (exame do ato administrativo) ou da própria constitucionalidade da norma legal (controle de constitucionalidade).

Temos sustentado que esse controle é total, abrangendo tanto os aspectos formais como os materiais (de conteúdo), desenvolvendo-se através do processo, que passa a superior função de instrumento de justiça fiscal.

5.2.1 O processo como instrumento de justiça fiscal

Embora conservando sua tradicional função — técnica de composição de conflitos interpessoais —, o processo vem assumindo cada vez mais um papel de suma importância na sociedade moderna. Piero Pajardi, examinando os aspectos ideológicos e filosóficos subjacentes ao processo, oferece interessante tipologia de sua evolução no tempo: bíblico, greco antigo, romano *post-justinianum*, processo e organização judiciária no reino lombardo, medieval (alto), renascimento, *ancien régime* (término do milênio), processo penal da Revolução Francesa e, por fim, processos disciplinares institucionais.[42] Nessas sucessivas

41. Idem, p. 218.

42. *Processo al Processo: Esperienze Personale, Libere Annotazione, Riflessioni Sparse, di un Giurista-Giudice, su Filosofia, Ideologie, Modelli, Miti, Realtà, Operatori, Struture, Prasi del Processo,* 1985.

mutações, durante muito tempo serviu o processo de instrumento garantidor da liberdade individual e de outros direitos protegidos pelo Estado.

Sua mais recente e importante evolução, todavia, tem sido no sentido da concretização dos direitos da pessoa humana. Nessa linha, observa-se um paralelismo entre o processo e a própria concepção das "liberdades públicas", incluindo-se os modernos "direitos e liberdades fundamentais", sem dúvida o tema mais importante da atualidade política e jurídica.[43]

Em suma, de mero "drama judiciário" destinado a atribuir a cada um o que é seu, o processo vem se transformando em eficiente instrumento de realização de justiça social, compelindo o Estado a cumprir suas responsabilidades institucionais.

Na moderna perspectiva de cidadania, frente ao Estado, de que é o principal provedor de recursos, afinal de contas não é o contribuinte o consumidor por excelência dos serviços públicos por aquele prestados direta ou indiretamente? E é justamente nessa função de consumidor e destinatário da massa dos serviços a cargo do Estado que o contribuinte passa a assumir o importante papel de fiscal dos recursos arrecadados e de sua real e efetiva destinação.

5.3 O art. 151 do CTN[44]

A matriz desse preceito, que, por ser anterior ao vigente Código de Processo Civil (em vigor a partir de 1974), somente se refere à "liminar em mandado de segurança", se estende a novas hipóteses, notadamente no campo das medidas cautelares.

A jurisprudência, por seu turno, vem se enriquecendo em face de um controle cada vez mais amplo e abrangente, penetrando cada vez mais na própria substância da tributação através da interpretação dos princípios e das garantias pertinentes.

6. Tributo. Nossa teoria geral do Direito Tributário

Simplificadamente, concebemos uma teoria geral do direito tributário como uma fórmula suficientemente abrangente e precisa que possa explicar e justificar os fundamentos de um número qualquer (ou ilimitado) de teorias específicas, cabendo a cada uma destas a modelação, no tempo e no espaço, de cada estrutura tributária.

O ponto de ligação entre as teorias específicas e a geral reside:

a) nos elementos da tributação: 1º) quem pode tributar; 2º) o quê e como se tributa; e 3º) contra quem se tributa;

b) na identificação do "aparelho ideológico" utilizado na tributação e dos segmentos que se encontram em posição de "vantagem" ou de "desvantagem";

c) o modelo que nos parece mais condizente com a civilização (ou sociedade) do Terceiro Milênio é o dos direitos humanos, ou seja, considerar o *tributo* como um de seus objetos, de tal modo que seja a imposição liberada de sua carga de dominação, como instrumento de transferência de riqueza dos mais fracos em favor dos mais fortes.

43. Encerrando sua "síntese" sobre os trabalhos do congresso realizado em 1981, em Aix-en-Provence, que tratou da proteção dos direitos fundamentais, assim se expressou Jean Rivero: "Si la judicialización del derecho constitucional a nivel de garantías fundamentales conduce a lograr un mejor servicio para el hombre, una mejor protección de la dignidad humana, entonces, viva la judicialización del derecho constitucional y vivan los coloquios al servicio de esta protección de la dignidad del hombre!" (in *Tribunales Constitucionales Europeos y Derechos Fundamentales*, 1984, p. 682).

44. "Art. 151. Suspendem a exigibilidade do crédito tributário:

"I — moratória;

"II — o depósito do seu montante integral;

"III — as reclamações e os recursos, nos termos das leis reguladoras do processo tributário administrativo; "IV — a concessão de medida liminar em mandado de segurança.

"Parágrafo único. O disposto neste artigo não dispensa o cumprimento das obrigações acessórias dependentes da obrigação principal cujo crédito seja suspenso, ou dela conseqüentes."

Nessa visão, os direitos humanos encontrariam seu fundamento, para, como direitos de 3ª (ou 4ª) geração, ganharem seu devido espaço dentro da teoria geral do Direito. Parece-nos que, pelo menos no campo tributário, essa proposta atenderia à queixa de "ausência de fundamento", formulada por Andrés Ollero Tassara, na medida em que os localiza *propio vigore*, e não sob a tutela do mero positivismo, de um vago empirismo crítico ou de um nostálgico direito natural. Eis como o jurista espanhol formula sua crítica, no ponto assinalado: "O resultado pode parecer desanimador, porém marca com nitidez o possível campo de jogo de uma concepção que considere os 'direitos' humanos como realidade jurídica *propio vigore*. Tratar-se-ia de indagar que concepção do Direito permitiria considerá-los como algo mais que uma indefinida substância embrionária ou uma mentira jurídica piedosa. Por paradoxal que seja, seria preciso empreender uma teoria 'jurídica' dos direitos humanos".[45]

Esse autor não se limita à crítica, pois, nessa empreitada, apontada para o moderno constitucionalismo e para o novo papel institucional do juiz (à semelhança de nossas proposições constantes de estudos precedentes) para a estruturação dos direitos humanos, a saber: "Uma primeira conseqüência desta flexibilização do 'normativismo' é o notável aumento do protagonismo do juiz já reconhecido pelas críticas normativistas ao 'legalismo'. A prioridade formal do Tribunal Constitucional — defensor e intérprete da ordem de valores em que consistiria a Constituição 'materialmente' entendida — sobre as iniciativas legislativas é um fenômeno paralelo — ainda que de notória expressividade — ao protagonismo prático do juiz: no momento de orientar a efetiva incidência da lei sobre o cidadão, e no momento de concretizar — por via de 'princípio' e sem a necessidade de intermediação de 'norma' legal — a Constituição a respeito de casos individualizados. Trata-se de um fenômeno ao mesmo tempo positivo e arriscado que reconstrói a *carga ético-antropológica* de toda atividade jurídica".[46]

Nessa perspectiva, pretende que "a distinção entre *princípios* e *normas* nos parece, pois, esclarecedora, porque marca as limitações do normativismo como expressão do dinamismo jurídico".[47]

A nosso entendimento, entretanto, sequer há necessidade de se recorrer à distinção entre "princípio" e "norma", pois hoje se aceita sem maior discussão ser a Constituição também "norma fundamental".

7. O tributo como dever

A concepção do tributo como um dever do contribuinte tem sido freqüentemente defendida como uma forma de torná-lo, por sua própria natureza, justificável e, sobretudo, inquestionável.

O positivismo jurídico encarregou-se de formatá-la rigidamente, de tal sorte que a exigência do tributo, sendo dever do cidadão, somente pode ser por este repelida se, sob o aspecto formal, não se ajustar aos cânones da lei.

Como exemplo dessa doutrina, no Brasil, podemos citar os arts. 3º (em relação ao gênero "tributo")[48] e 16 (quanto à espécie "impostos").[49]

No primeiro caso, uma vez que a "prestação" foi instituída em lei, o "dever" de pagá-la já está firmado, servindo os demais elementos da definição como identificadores da categoria "tributo", cobrado

45. *Derechos Humanos y Metodología Jurídica*, Madri, Centro de Estudios Constitucionales, 1989, p. 147.

46. Idem, p. 160.

47. Idem, pp. 161 e 162.

48. Art. 3º do CTN: "Tributo é toda prestação pecuniária compulsória, em moeda ou cujo valor nela se possa exprimir, que não constitua sanção de ato ilícito, instituída em lei e cobrada mediante atividade administrativa plenamente vinculada".

49. Art. 16 do CTN: "Imposto é o tributo cuja obrigação tem por fato gerador uma situação independente de qualquer atividade estatal específica, relativa ao contribuinte".

mediante atividade administrativa plenamente vinculada (aspecto positivo) e que não decorra de sanção por ato ilícito (aspecto negativo).

No segundo caso, sendo ele da espécie "imposto", afasta-se qualquer relação (ou causa) entre a prestação do contribuinte em si mesma considerada e qualquer atividade estatal específica.

Em outras palavras: o imposto é devido porque a lei o instituiu, e pronto: nenhuma contrapartida existe da parte da entidade estatal.

Nessa perspectiva, o tributo é um *dever* do contribuinte, a ser cumprido compulsoriamente, independente de sua vontade e mesmo de suas possibilidades econômicas, que se presume existentes.

Isso não pode ser interpretado, todavia, como um "dever imposto" à pessoa, e sim, bem ao contrário, como expressão dos próprios direitos do homem, porque, na autorizada lição de Jean Rivero, "os direitos do homem são *liberdades*", dentre estas a de propriedade, enquanto que "os direitos do cidadão são *poderes*: eles asseguram a participação de todos na direção da cidade" e, além disso, "excluem toda a possibilidade de opressão da parte de quem quer que seja: tais são 'o direito de concorrer para a formação da vontade geral' (art. 6º), o direito de consentir em relação ao imposto (art. 14) etc." [50]

Na Declaração, assinala o mestre francês, "as duas categorias, longe de se opor, são indissociáveis: somente o reconhecimento dos direitos do cidadão pode, na sociedade política, assegurar a conservação dos direitos do homem". [51]

8. À guisa de síntese

A jurisprudência, em sua feição científica (dogmática ou doutrinária) ou judicial (interpretação do Direito e sua aplicação a casos concretos), sempre exerceu forte influência no mundo jurídico.

Em nossa contemporaneidade, cada vez mais se percebe o crescimento e a importância da jurisprudência judicial, na medida em que a sociedade (civil) ressurge como o verdadeiro titular dos direitos individuais e coletivos, tutelados tradicionalmente pelo Estado.

Na simbiose entre o Estado (pós-burguês) e a sociedade (pluralista), passa ele por profundas mutações, adotando modelos mais avançados de Estado de Direito, Estado Social de Direito (provedor das necessidades coletivas) e, finalmente, Estado Democrático de Direito.

O *tributo*, como um dos insumos mais importantes das diversas estruturações estatais (eis que responde pela maior parte dos recursos necessários à sua implementação), teria necessariamente de sofrer substanciais modificações em seu conteúdo e operacionalização, para, afinal, ajustar-se a cada uma dessas mutações estatais.

No estágio correspondente ao Estado Democrático de Direito, o poder público se divide entre o Estado e a sociedade, assumindo aquele uma *função reguladora* (das relações jurídicas e econômicas, principalmente), e esta uma *função controladora* (do próprio Estado).

Os Poderes clássicos do Estado Moderno agora se exercem através de novos papéis, cabendo basicamente: a) ao Executivo, *administrar*; b) ao Legislativo, *mediar* as relações entre o Estado e a sociedade; c) ao Judiciário, *controlar* o Estado (certamente em suas funções legislativas e executivas), também como *representante* da sociedade.

No campo tributário exerce o Judiciário o controle da mais ampla e completa legalidade (que não exclui outros controles, pelos demais Poderes) com força última, definitiva e de total abrangência, assim exercido: a) sobre a lei; b) sobre os atos administrativos; c) sobre a constitucionali-

50. *Les Libertés Publiques*, 7ª ed., v. 1 — "Les droits de l'homme", Paris, Presses Universitaires de France, 1995, p. 54.

51. Idem, p. 55.

dade das exigências (de tributo) previstas em leis ou na atuação do Fisco.

Sob o aspecto da técnica, esse controle se faz nos planos (a) ordinário (instâncias judiciais ordinárias ou comuns), (b) executório (instâncias administrativas especializadas integradas ou não ao Poder Judicial) e (c) constitucional (instância de controle direto da constitucionalidade das leis e de atos normativos).

Visto o *tributo* como direito de 3ª ou 4ª geração (ao mesmo tempo individual e coletivo) e o crédito tributário, em decorrência, como uma *massa difusa* (de natureza universal), operacionalizado pelo Legislativo (ao discipliná-lo em lei) e pelo Executivo (ao exigi-lo concretamente dos contribuintes), tudo em nome e por conta da sociedade civil (seu legítimo titular), ao Judiciário cabe o papel de exercer o controle de legalidade em todas as suas dimensões e conseqüências, daí resultando, como base para esse exame e nas hipóteses pertinentes, a *suspensão de sua exigibilidade* através do *processo judicial*: a) pelo controle concreto, através das instâncias ordinárias; e b) pelo controle direto (em abstrato ou em tese) das normas legais (ADINs e ADCs), como sucede no sistema brasileiro.

9. Referências bibliográficas

ALLEGRETTI, Umberto. *Amministrazione Pubblica e Costituzione*. Verona, CEDAM, 1996.

ARA PINILLA, Ignacio. *Las Transformaciones de los Derechos Humanos*. Madri, Tecnos, 1994.

ARENDT, Hannah. *A Condição Humana*. 7ª ed. Rio de Janeiro, Forense Universitária, 1995.

BEIGNIER, Bernard. "Les arrêts de règlement". *Revue Française de Théorie Juridique* 9/45-55. Paris, 1989.

BOURETZ, Pierre. "Declaração dos Direitos do Homem e do Cidadão". In: CHATELET, F., DUHAMEL, O., e PISIER, E. (coords.). *Dicionário das Obras Políticas*. Rio de Janeiro, Civilização Brasileira, 1993 (pp. 302-314).

BRUTAU, José Puig. "Prólogo". In: POUND, Roscoe. *Las Grandes Tendencias del Pensamiento Jurídico*. Barcelona, Ediciones Ariel, 1950.

CARNELUTTI, Alexandre. "La diversité des approches: consumation et société". *Revue Française d'Administration Publique* 56/581-589. Outubro-dezembro/90.

CHATELET, F., DUHAMEL, O., e PISIER, E. (coords.). *Dicionário das Obras Políticas*. Rio de Janeiro, Civilização Brasileira, 1993.

COHEN-TANUGI, Laurent. *Le Droit sans l'État*. Paris, Presses Universitaires de France, 1992.

DENQUIN, Jean-Marie. *Les Droits Politiques*. Paris, Montchrestien, 1996.

FAVOREU, Louis. *Les Cours Constitutionnelles*. 2ª ed. Paris, Presses Universitaires de France, 1992 (Coleção *Que Sais-Je?*).

GILISSEN, John. *Introdução Histórica ao Direito*. Lisboa, Fundação Calouste Gulbenkian, 1979.

GOYTISOLO, Juan Berchmans Vallet de. *Metodología de la Determinación del Derecho*. Madri, Editorial Centro de Estudios Ramón Areces, 1994.

KELSEN, Hans. *A Democracia*. São Paulo, Martins Fontes, 1993.

MAUS, Didier. "La notion de Constitution sous la Vᵉ République". In: TROPER, Michel, e JAUME, Lucien (orgs.). *1789 et l'Invention de la Constitution*. Paris, Librairie Générale de Droit et de Jurisprudence, 1994 (pp. 235-248).

NÁUFEL, José. *Novo Dicionário Jurídico Brasileiro*. 9ª ed. Rio de Janeiro, Forense, 1997.

NOGUEIRA, Alberto. *A Reconstrução dos Direitos Humanos da Tributação*. Rio de Janeiro, Renovar, 1997.

______. *O Devido Processo Legal Tributário*. Rio de Janeiro, Renovar, 1995 (Tese de Doutoramento em Direito).

______. *Os Limites da Legalidade Tributária no Estado Democrático de Direito. Fisco "x" Contribuinte na Arena Jurídica: Ataque e Defesa*. Rio de Janeiro, Renovar, 1996 (Tese de Livre-Docência em Direito Tributário e Financeiro).

OLLERO TASSARA, Andrés. *Derechos Humanos y Metología Jurídica*. Madri, Centro de Estudios Constitucionales, 1989.

PAJARDI, Piero. *Processo al Processo: Esperienze Personale, Libere Annotazione, Riflessioni Sparse, di un Giurista-Giudice, su Filosofia, Ideologie, Modelli, Miti, Realtá, Operatori, Struture, Prasi del Processo*. Pádua, A. Milani, 1985.

POLIN, Claude. *Le Totalitarisme*. 3ª ed. Paris, Presses Universitaires de France, 1994 (Coleção *Que Sais-Je?*).

RIPERT, Georges. *Les Forces Créatices du Droit*. 2ª ed. Paris, Presses Universitaires de France, 1994 [1955].

RIVERO, Jean. "A modo de sintese". In: *Tribunales Constitucionales Europeos y Derechos Funda-*

mentales. Madri, Centro de Estudios Constitucionales, 1984 (Coleção *Estudios Constitucionales*) (Tradução do original francês: *Cours Constitutionnelles Européennes et Droits Fondamentaux*. Marselha, Presses Universitaires; Paris, Librairie Economica, 1982).

_________. *Les Libertés Publiques*. 7ª ed., v. 1 — "Les droits de l'homme". Paris, Presses Universitaires de France, 1995.

ROUSSEAU, Dominique. *La Justice Constitutionnelle en Europe*. 2ª ed. Paris, Montchrestien, 1996.

SCHNEIDER, Hans Peter. *Democracia y Constitución*. Madri, Centro de Estudios Constitucionales, 1991.

TAO, Jingzhou. *Le Droit Chinois Contemporain*. Paris, Presses Universitaires de France, 1991 (Coleção *Que Sais-Je?*).

Teoría del Estado y el Derecho. Moscou, Progreso, 1988 (manual preparado por um grupo de catedráticos e professores da Universidade Estatal M. Lomonósov, Moscou; traduzido do russo para o espanhol por V. Médnikov).

TORRES, João Camillo de Oliveira. *A Libertação do Liberalismo*. Rio de Janeiro, Casa do Estudante do Brasil, 1949.

TOURAINE, Alain. *O Que é a Democracia?*. Petrópolis, Vozes, 1996.

TROPER, Michel, e JAUME, Lucien (orgs.). *1789 et l'Invention de la Constitution*. Paris, Librairie Générale de Droit et de Jurisprudence, 1994.

VON JHERING, Rudolph. *Bromas y Veras en la Jurisprudencia: un Regalo de Navidad para los Lectores de Obras Jurídicas*. Buenos Aires, Ediciones Jurídicas Europa-América, 1974.

WAQUET, Philippe. "Gerir un contentieux de masse; la gestion du contentieux social". *Revue Française d'Administration Publique* 57/35-43. Janeiro-março/91 (Número especial: *L'Administration de la Justice*).

Webster's New Encyclopedic Dictionary. 3ª ed. Cologne, Germany, Könemann, 1994.

ZORGBIBE, Charles. *L'Imperalisme*. Paris, Presses Universitaires de France, 1996 (Coleção *Que Sais-Je?*).

NOTAS & COMENTÁRIOS

REFORMA TRIBUTÁRIA: DE SALOMÃO A SOUTO, UMA ARMADILHA

JOSÉ ROBERTO VIEIRA

Professor de Direito Tributário da UFPR e da Faculdade de Direito de Curitiba
– Mestre e Doutorando em DireitoTributário na Pontifícia Universidade Católica de São Paulo
– Auditor do Tesouro Nacional

1. A proposta da vez

O projeto de Reforma Tributária do governo, formalizado pela *Proposta de Emenda Constitucional n. 175/95*, acaba de completar seus dois anos e meio. Inacabáveis, porém, e sempre reiterados, são os reclamos pelas alterações no sistema de tributos do país, pela concretização da famigerada *Reforma Tributária*. Surpreendente, contudo, é que essas queixas se incorporaram de tal forma ao discurso do quotidiano, que são hoje mecânica e levianamente repetidas, não raro desamparadas de quaisquer reflexões e argumentos que revelem um mínimo de racionalidade! Constituem, muitas vezes, fruto de uma adesão gratuita e impensada à tendência reformista! Com freqüência, resultam de uma precipitação inconsciente e inconseqüente!

Para estes a advertência de Salomão, cuja sabedoria encheu o seu tempo e o Antigo Testamento: "Armadilha para o homem é o dizer precipitadamente..." (Pv. 20, 25).

Feito o registro inicial dessas manifestações de imprudência, queremos, aqui, restringir-nos a apontar, dentre tantos ângulos possíveis e interessantes do assunto, *a vagueza da tão decantada expressão "reforma tributária"*. E estamos de volta à mesma noção de armadilha, tão útil ao tema, como veremos.

2. Armadilha semântica

Diz José Souto Maior Borges, o admirável jurista e filósofo do Recife, que a locução "reforma tributária" corresponde, via de regra, a uma *"armadilha conceitual"*.[1]

Tanto maiores são as chances de uma *armadilha* capturar o animal a que se destina quanto menores são as possibilidades de que ela seja detectada, quanto menor é o grau de definição dos seus limites. Igualmente, tanto maiores são as chances de uma idéia "capturar" a aprovação de um grande número de pessoas quanto menor é a precisão dos seus contornos, porque então os

1. José Souto Maior Borges, "A Reforma Fiscal do Ponto de Vista dos Não-Empresários (Especialistas)", in *Fórum Nacional sobre Reforma Fiscal*, Brasília, Unafisco Nacional, 1992, p. 162.

mais diversos valores e interesses encontrarão abrigo no seu âmbito complacente e nebuloso.

As idéias ou conceitos apresentam-se-nos vestidas com os trajes da linguagem. E conquanto a linguagem constitua o veículo privilegiado da comunicação entre os homens, uma vez que resulta da sua criatividade, carrega inevitavelmente *as deficiência próprias da condição humana.* Eis que "...a linguagem sempre se revela transmissora imperfeita de idéias", como assegura Carlos Maximiliano, o extraordinário teórico da interpretação jurídica.[2] Eis que "A linguagem mascara o pensamento", como assevera Ludwig Wittgenstein, o genial pensador austríaco.[3]

As imperfeições significativas das palavras podem ser referidas como ambigüidades ou vaguidades. No primeiro caso – *ambigüidade* – estamos diante da possibilidade de uma palavra designar dois ou mais seres, em virtude da sua pluralidade de significados. Por exemplo, a palavra "rádio": como aparelho que emite e/ou recebe sinais radiofônicos; como osso que, juntamente com outro (ulna), forma o antebraço; como elemento químico de símbolo "RA"; e até mesmo como raio ou semidiâmetro do círculo. Trata-se, aqui, de um problema conotativo.

No segundo caso – *vagueza ou vaguidade* – estamos diante de uma palavra imprecisa, em face da indeterminada extensão do seu significado. No exemplo clássico de Bertrand Russel[4] e de Herbert Hart,[5] a palavra "calvo": indubitavelmente aplicável a alguém com uma cabeça lustrosa e luzidia, absolutamente brilhante, do ponto de vista exterior; incontestavelmente inaplicável a alguém com uma vasta e exuberante cabeleira; duvidosamente aplicável a alguém provido de cabelos, mas cujos ralos tufos espalham-se irregular e desordenadamente em uma cabeça sarapintada pelas manchas capilares, tal como numa curiosa pintura, entre impressionista e abstrata. Já aqui, trata-se de um problema denotativo. Vejam-se, a respeito, e entre outras, as lições de Stephen Ullmann, Genaro Carrió, Roberto José Vernengo, Luis Alberto Warat, Astrid Gómez e Olga María Bruera.[6]

São problemas da linguagem natural que se estendem também à linguagem jurídica, na medida em que esta se vale daquela para fazer-se entender e obedecer pelos destinatários das normas jurídicas, ao estabelecer as condutas desejadas pelo Direito.

De tais problemas, interessa-nos aqui a vagueza: "...*todas* las palabras que usamos para hablar del mundo que nos rodea, y de nosotros mismos, son, al menos *potencialmente* vagas" (Genaro Carrió[7]); razão pela qual fala Friedrich Waismann da "textura aberta da linguagem";[8] razão pela qual fala Herbert Hart da "textura aberta do direito".[9]

Vagas são as palavras ou expressões que constituem aquelas *"fórmulas elásti-*

2. Carlos Maximiliano, *Hermenêutica e Aplicação do Direito*, 11ª ed., Rio de Janeiro, Forense, 1991, p. 118.

3. Ludwig Wittgenstein, *Tratado Lógico-Filosófico*, trad. M. S. Lourenço, Lisboa, Gulbenkian, 1987, p. 52.

4. *Apud* Roberto José Vernengo e Luis Alberto Warat, *El Significado de los Términos Generales y sus Problemas*, Buenos Aires, Cooperadora de Derecho y Ciencias Sociales, 1975, pp. 7 e 17. Apud Luis Alberto Warat, *O Direito e sua Linguagem*, Porto Alegre, Fabris, 1984, p. 77.

5. Herbert L. A. Hart, *O Conceito de Direito*, trad. A. Ribeiro Mendes, Lisboa, Gulbenkian, 1986, p. 8.

6. Stephen Ullmann, *Semântica – Uma Introdução à Ciência do Significado*, trad. J. A. Osório Mateus, 4ª ed., Lisboa, Gulbenkian, 1997, pp. 323-399; Genaro Carrió, *Notas sobre Derecho y Lenguaje*, 4ª ed., Buenos Aires, Abeledo-Perrot, 1990, pp. 28-35; Roberto José Vernengo e Luis Alberto Warat, ob. cit., pp. 7-8 e 17-28; Luis Alberto Warat, ob. cit., pp. 76-79; Astrid Gómez e Olga María Bruera, *Análisis del Lenguaje Jurídico*, Col. Textos, 2ª ed., Buenos Aires, Belgrano, 1984, pp. 65-77.

7. Genaro Carrió, ob. cit., p. 34. No mesmo sentido, Astrid Gómez e Olga María Bruera, ob. cit., pp. 75-76.

8. Apud Genaro Carrió, ob. cit., p. 35; apud Luis Alberto Warat, ob. cit., p. 77; apud Astrid Gómez e Olga María Bruera, ob. cit., p. 75.

9. Herbert L. A. Hart, ob. cit., pp. 137-149.

cas", mencionadas por Manuel Maria Diez,[10] ou aquelas *"fórmulas de goma"*, referidas por François Gény.[11] Vaga é a palavra ou expressão *"camaleão"*, no dizer de Wesley Hohfeld,[12] porque passível de fácil alteração da aparência, pela variação de cor.

Diante de tais palavras ou expressões, inimaginável olvidar as lições marcantes de Ludwig Wittgenstein, quando aludia ao uso das palavras como "...um daqueles jogos por meio dos quais as crianças aprendem a sua língua natal", os "jogos de linguagem".[13] Diante de tais palavras ou expressões, no mundo jurídico, impensável uma interpretação que não seja contextual, de vez que "O significado de uma palavra... não se lhe cola como uma propriedade estável, mas resulta em cada caso do seu uso em um determinado 'jogo-de-linguagem'", como assevera Karl Larenz, aliás apoiado naquele mesmo filósofo vienense.[14] *Só é admissível, no jurídico, a interpretação que considere o texto e o contexto*, como já sustentamos alhures;[15] e no que dispomos de tão vasto e sólido apoio doutrinário que entendemos perfeitamente dispensável referi-lo, limitando-nos, por todos, à menção significativa de Paulo de Barros Carvalho.[16]

Ora, "Reforma Tributária" *é uma expressão de goma, elástica, camaleônica, em suma, vaga*; tanto no que diz respeito à extensão (semântica) como no que tange à intenção (pragmática).

Quanto à *extensão*, disse-o José Souto Maior Borges: "A reforma tributária é uma expressão equívoca na medida em que o seu significado varia... desde a reforma constitucional tributária até uma simples e simplória majoração de tributo".[17]

Quanto à *intenção*, registrou-o Alcides Jorge Costa: "Ouvi falar muito em reforma. Só quero salientar a relatividade do sentido da palavra. Se fizermos uma reunião de associações comerciais, certamente para todos reforma significará redução da carga tributária. Se fizermos uma reunião de municípios, certamente reforma significará aumento de sua arrecadação".[18]

Tal é a *obscuridade da expressão* que, a exemplo de uma armadilha sutil, engenhosa e habilmente dissimulada, é capaz de despertar, atrair, seduzir e arrebatar tanto os que defendem modificações específicas e acanhadas quanto os que advogam mudanças abrangentes e radicais; tanto o contribuinte que clama por menor tributo quanto o Estado que pugna por maior receita.

3. Armadilha pragmática

Sublinhemos, por fim, a vagueza da expressão, no que diz respeito às *intenções com que a manipula o governo*, autor da proposta de reforma constitucional tributá-

10. Manuel Maria Diez, *Derecho Administrativo*, v. I, Buenos Aires, Omeba, 1963, p. 135.

11. Apud José Roberto Dromi, *Instituciones de Derecho Administrativo*, Buenos Aires, Astrea, 1973, p. 469.

12. Wesley Newcomb Hohfeld, *Conceptos Jurídicos Fundamentales*, trad. Genaro Carrió, Buenos Aires, Centro Editor de América Latina, 1968, pp. 45-46.

13. Ludwig Wittgenstein, *Investigações Filosóficas*, trad. M. S. Lourenço, Lisboa, Gulbenkian, 1987, p. 177 e 189-191.

14. Karl Larenz, *Metodologia da Ciência do Direito*, trad. José Lamego, 2ª ed., Lisboa, Gulbenkian, 1989, p. 236.

15. José Roberto Vieira, *A Regra-Matriz de Incidência do IPI: Texto e Contexto*, Curitiba, Juruá, 1993, pp. 46-50.

16. Ensina o mestre de Direito Tributário e Lógica Jurídica: "...Daí porque o texto seja apenas o ponto de partida, o dado inicial do longo e penoso trabalho hermenêutico, que culmina com a construção de um sentido... Lembremo-nos, aliás, que ali onde houver texto, haverá, necessariamente, um contexto. Não há texto sem contexto. E o conteúdo semântico da norma jurídica será construído depois de uma séria e profunda investigação contextual" (Paulo de Barros Carvalho, "Lançamento por Homologação – Decadência e Pedido de Restituição", in *Repertório IOB de Jurisprudência*, n. 03/97, p. 77). Em sentido semelhante, do mesmo autor: *Fundamentos Jurídicos da Incidência Tributária*, tese para o Concurso de Professor Titular da USP, São Paulo, inédita, 1996, pp. 19-23.

17. José Souto Maior Borges, "A Competência Tributária Estadual", in *Anais do Simpósio sobre o Sistema Tributário Nacional*, Brasília, Câmara dos Deputados, 1982, p. 253.

18. Alcides Jorge Costa, "A Competência Tributária Estadual", in *Anais...*, ob. cit., p. 273.

ria. E voltaremos, ainda uma vez, à sabedoria de Souto Maior: "A história da vida tributária do Brasil é a história das sucessivas reformas tributárias... A história de todas essas reformas tributárias é a história das mais generosas expectativas, mas é também a história da frustração dessas expectativas... sempre se espera que a reforma venha a introduzir o paraíso fiscal na terra e... na maior parte das vezes, representam substancialmente – isto sim – majoração da carga tributária".[19]

E não é diferente a proposta atual. Fiel à tradição, sua exposição de motivos alega a "distribuição social mais justa da carga tributária", batendo novamente na tecla da "justiça fiscal",[20] finalidade respeitável sim, mas tão surrada quanto vazia, porque despida, no caso, de autenticidade; como o demonstra um olhar mais atento ao texto do projeto, que, sem novidade alguma, ratifica *a indisfarçável fome governamental por receitas tributárias*. Mantém-se, assim, uma distância espantosa entre os objetivos declarados e os efetivos, um verdadeiro abismo entre a aparência e a realidade. E eis-nos, uma vez mais, de volta à *idéia recorrente mas inevitável de uma armadilha*!

Acautelemo-nos, portanto, ao cogitar de Reforma Tributária, pois o caminho está pontilhado de armadilhas. Em face de suas propostas, inclusive da que ora está na mesa, tenhamos a precaução de considerar mais do que a enorme possibilidade, a probabilidade e mesmo a certeza, dos seus artifícios semânticos e das suas ciladas pragmáticas; investigando-lhe o contexto, e tentando fazê-lo sabiamente, com toda a prudência e com toda a cautela. Aliás, não seria outro o conselho de Salomão: "O sábio é cauteloso..." (Pv. 14, 16).

19. José Souto Maior Borges, "A Reforma Fiscal...", ob. cit., pp. 161-162.

20. Exposição de Motivos Interministerial n. 343, de 23.8.95.

PREJUDICIAL DA LIDE PENAL TRIBUTÁRIA

ANTONIO CORRÊA
Juiz Federal

Introdução. Finalidade da pena. Independência das jurisdições. Evolução jurisprudencial. Conclusões.

Introdução

Circula nos meios jurídicos que estava em andamento uma reforma penal, para a qual foram destacados eminentes especialistas na área, com idéias já alinhavadas e que viriam modernizar os institutos nacionais.

Com a saída do Ministro da Justiça Nélson Jobim, que passou a ocupar assento no Supremo Tribunal Federal, a reforma foi paralisada, porque a Comissão, nomeada que fora por ele, resolveu colocar os cargos à disposição. A nomeação de outra para a mesma tarefa está na ordem do dia.

O certo é que essa Comissão adotou como ponto de partida uma inovação. O nosso Código Penal de 1940 que adotou como estrutura agrupar os crimes de acordo com a proteção do bem jurídico, com tipos que cuidam à exaustão dos crimes contra a pessoa, contra a honra, contra o patrimônio, contra a fé pública e assim por diante, seria alterado e abandonados os princípios para adoção de outro, moderno, que viria atender aos reclamos e ao momento atual da sociedade.

Cogita-se de dividir os crimes em três categorias apenas, ou seja, abandonando-se o sistema do bem jurídico protegido para adotar-se o da gravidade dos meios utilizados.

Assim, os crimes a serem capitulados agregarão tipos que envolvem os denominados "crimes violentos", "crimes de astúcia" e outros, sem denominação própria, que abrangeriam as demais modalidades.

Os "crimes violentos", dada a gravidade com que são praticados, seriam apenados com segregação ou com retirada do agente do meio social mediante prisão celular. Aos de "astúcia", seriam aplicadas penas mais leves, geralmente de multa ou então de prestação de serviços para a sociedade. Os demais, dada a ausência de periculosidade, seriam punidos com a liberdade vigiada, como nos casos de suspensão do processo adotados para os crimes de menor potencial ofensivo, previstos na Lei n. 9.099/95.

São idéias colocadas em debate, mas ainda não absorvidas pela comunidade jurídica, que deverá no futuro verificar a validade das teses, já que a criminalidade violenta aumenta assustadoramente nos centros urbanos maiores, considerados metrópoles, e tenderá a subir nas estatísticas à medida em que os problemas sociais aumentarem e que serão fatais diante do sistema econômico mundial.

Finalidade da pena

Esta pequena referência à guisa de introdução exige também algumas considerações em torno da pena.

Sabemos todos que a pena criminal, imposta pelo Estado como meio de controle do cidadão, ou conhecida como a "última ratio juris", no início tinha efeito retributivo. Com a evolução, a partir da revolução de idéias propugnadas por Beccaria e Romagnosi, passou a ser adotada com fins intimidatórios.

Visa, portanto, no estágio atual, a inibir a prática de fatos típicos, já que a lei penal nada proíbe, mas apenas descreve tipos aos quais agrega sanções dentre as diversas modalidades criadas pela lei.

Agora, entretanto, tem sido endereçada para finalidade de ressocialização do indivíduo, ou seja, considerado o delito como conduta anti-social, a pena visa a sua emenda e o seu retorno, após evoluir no pensamento e nas idéias, ao meio social de onde fora retirado por causa da mesma conduta.

Os crimes tributários permanecem num limbo, porque há contestação em torno da criminalização de condutas, as quais estariam em contraste com a Constituição Federal, que instituiu como garantia individual do cidadão a vedação de prisão por dívida. Sendo o tributo imposição estatal de natureza pecuniária contra o cidadão contribuinte, a finalidade última seria a exigência de valor monetário que não satisfeito levaria o devedor à prisão.

Esta inteligência, contudo, mostra-se exagerada, porque no sistema atual protege-se um bem jurídico e este é o erário público, quando o devedor contribuinte coloca-se não como devedor, mas na maioria dos casos como responsável ou sucessor tributário, manuseando valores em nome e por conta do seu titular que seria o Estado.

Também exagerada a inteligência, porque os crimes tributários, em grande parte, pelo menos aqueles tipos do artigo 2º da Lei n. 8.137/90, denominados "por equiparação", não constituem condutas em que há apropriação de valores, mas sim ações que visam auxiliar ou permitir a terceiros que, agindo da forma descrita, venham a obter alguma vantagem econômica com a supressão ou diminuição do valor a ser pago ao erário.

Mesmo assim, parece-nos que a imposição de pena na espécie, não decorre da finalidade moderna de ressocialização do indivíduo, mas sim de inibição à prática do fato típico, diante da possibilidade de vir a ser apenado e sofrer segregação da sociedade por período longo e que vem acompanhada da aflição e da coerção que desencadeará perante os seus pares na sociedade, considerando-se que um simples envolvimento em inquérito policial ou ação penal é poderoso agente inibidor da ação delitiva, segundo a prática tem demonstrado.

Independência das jurisdições

Tema que suscita debates acalorados, primeiro ao se constituírem em fontes indiretas ou mediatas do direito objetivo, como são classificadas a doutrina e jurisprudência,[1] é quanto a *independência das jurisdições.*

O termo é impreciso, quanto a afirmar existir *jurisdição administrativa,* porque o nosso direito não consagra o contencioso com efeitos de coisa julgada, mas vem sendo adotada pelo costume e assim deve ser identificada.

1. STJ, HC n. 2.357-9/RS, Rel. Min. Flaquer Scartezzini, *DJ* de 7.3.94: "Em se tratando de delito de sonegação fiscal, a instauração da ação penal independe do procedimento administrativo de apuração de débitos tributários, até porque são diversos os fundamentos deste e daquele"; STJ, RHC n. 2.399-9/RS, Rel. Min. Pedro Acioli, *DJ* de 2.8.93: "Consoante reiterada orientação pretoriana, não constitui condições de procedibilidade, da ação penal por infração de sonegação fiscal, a apuração do débito tributário na instância administrativa".

O tributo surge de um fato econômico, mas a sua exigência depende de ações humanas.

A lei determina (art. 142 do CTN) a presença de autoridade competente, para promover o lançamento. Esta atividade é classificada como procedimento administrativo. Através dele a autoridade verifica a ocorrência do fato econômico (gerador), determina a matéria tributável e calcula o montante devido, identificando o sujeito passivo e, se for o caso, sugerindo a aplicação da penalidade cabível.

Esta atividade de lançamento, homologada, ou superada em suas fases pela ausência de recursos, completa um círculo que pode ser identificado como jurisdição administrativa.

Uma vez lançado, pode o suposto sujeito passivo adimplir a obrigação e extingui-la, ou então, dela discordando, submetê-la ao Poder Judiciário, onde manifesta pretensão de direito material, geralmente voltada para a anulação do lançamento (art. 38 da Lei n. 6.830/80) ou a declaração de sua inexigibilidade. Neste caso surgirá a jurisdição verdadeira, porque estará atuando o Poder Judiciário diante da garantia constitucional da inafastabilidade do controle judicial das vulnerações ou ameaças a direito.

A idéia é a de que ambas são independentes e uma pode validamente atuar sem que a outra seja provocada.[2]

Penso que está superado tal entendimento. Volta-se evidentemente para idéia sedimentada de que o servidor que tivesse praticado ilícito poderia sofrer processo criminal se típica a sua ação e ao mesmo tempo responder a processo administrativo e sofrer punição desta natureza independente de ser absolvido na Justiça Criminal, por falta de provas ou outro motivo que não fosse a negativa da existência do fato ou da autoria.

Em matéria tributária, ao contrário dos princípios adotados acima, penso que há estreita vinculação entre a jurisdição administrativa, adotada a terminologia usual, em face da limitação ao poder de tributar e se constituir em atividade administrativa vinculada e a jurisdição penal.

Evolução jurisprudencial

Pesquisando na jurisprudência constatamos que tanto o Eg. Superior Tribunal de Justiça como o Colendo Supremo Tribunal Federal mostram-se rígidos em sustentar que as duas jurisdições, administrativa e penal, são independentes.[3]

A razão destas notas é a evolução que está ocorrendo na instância judicial revisora de delitos de sonegação fiscal, por ocasião de julgamentos de recursos provocados por diversos condenados.

Os fatos que vêm provocando a evolução do entendimento decorrem do chamado "caso Maglione". Foi um cirurgião-dentista, com consultório instalado numa das cidades satélites da Capital da República, que acabou auxiliando pessoas, fornecendo-lhes recibos de tratamentos den-

2. No voto condutor do Acórdão o Min. Pedro Acioli foi incisivo ao registrar o entendimento da Corte: "A possibilidade de extinção da ação penal pelo recolhimento do imposto devido, antes de inciada, na esfera administrativa, a ação fiscal própria, como dispõe o art. 2º da Lei n. 4.729/65, não é repetida pela Lei n. 8.137/90, por cuja transgressão foram os pacientes denunciados. A disposição deste último Diploma, relativo à extinção da punibilidade, é diferente, ocorrendo se o recolhimento se fizer antes do recebimento da denúncia (art. 14). Prescindível aqui qualquer ação fiscal no âmbito administrativo. Não pode, outrossim, o agente exigir uma chance ou um prazo para fugir à ação penal, ainda mais quando se trata, na hipótese, de lançamento fiscal que decorre diretamente da informação do próprio responsável pelo recolhimento".

3. STJ, RHC n. 4.302-4/RS, Rel. Min. Edson Vidigal, *DJ* 27.2.95: "O oferecimento da denúncia por crime de sonegação fiscal não depende de conclusão de procedimento administrativo"; RHC n. 1.895-RS, Rel. Min. José Dantas, *DJ* 11.5.92: "Condição de procedibilidade. Reiterada orientação pretoriana, sobre negar a exigência da apuração do débito tributário, na instância administrativa, o caráter condicional de procedibilidade da ação penal por sonegação fiscal".

tários para abatimento do imposto de renda apontados como falsos. Cruzadas as informações pela Receita Federal, foi feita diligência e apreendidos documentos e livro caixa do profissional liberal, desencadeando ações paralelas, sendo uma delas a de notificar cada um dos contribuintes que se valeram de recibos supostamente falsos aos quais foram recusadas as homologações do autolançamento do imposto de renda, para o pagamento com multa do valor da despesa com tratamento dentário que fora glosado. Mas, como o fato causou estrépito, diante da comunicação feita pela Receita, o Ministério Público passou a denunciar indiscriminadamente aqueles que se utilizaram dos recibos.

Condenados alguns, vieram ao Eg. Tribunal Regional Federal da 1ª Região, defendendo tese da ausência de justa causa. É que tão logo notificados pela Receita da glosa, pagaram os valores do tributo e multa. Àquela altura, porém, já havia denúncia recebida.

Todos conhecemos a legislação e sabemos por isto que a Lei n. 8.137/90 previa como causa de extinção da punibilidade o pagamento do tributo antes do início da ação penal. A Lei n. 8.383, de 30.12.91, revogou o dispositivo da lei de sonegação fiscal.

Esta situação perdurou até que promulgada a Lei n. 9.249/95, no art. 34, fez retornar ao ordenamento a extinção da punibilidade pelo pagamento do tributo, desde que efetuado antes do recebimento da denúncia.

Interpretando o ressurgimento de extinção da punibilidade, em julgados pioneiros relatados pelos eminentes Juízes Eliana Calmon e Nélson Gomes da Silva, surgiu nova inteligência.

Entendeu-se que "o tipo penal descrito no art. 1º da Lei n. 8.137/90, para que se possa configurar exige, obrigatoriamente, o término da apuração do agir do contribuinte e a sua conseqüência na esfera tributária. Denúncia oferecida antes do término do processo fiscal que apresenta ausência de interesse de agir do Ministério Público Federal – Carência de Ação. Examinando-se a questão do benefício outorgado pela Lei n. 8.137/90 – Extinção da punibilidade pelo pagamento dos tributos – vigente na hipótese, porque ocorrido o fato antes da vigência da Lei n. 8.383/91, verifica-se que a denúncia, 'ante tempus', por via oblíqua, impediu que pudesse o paciente utilizar-se do favor fiscal".[4]

No voto condutor, dentre outros, ressaltam fundamentos que indicam "o pagamento do tributo ocorreu antes de ter se completado o prazo de exigibilidade, o qual atendeu à expectativa do Estado-Administração, sendo de concluir-se que, efetivamente, foi açodada a representação endereçada ao MPF, antes da conclusão do procedimento fiscal, como igualmente precipitado foi o desencadeamento da ação penal. Com estas considerações, concedo a ordem de *habeas corpus*, por entender que, faltando à denúncia uma das condições da ação – o interesse juridicamente protegido –, há de considerar-se como causa extintiva da punibilidade o pagamento efetivado dentro da expectativa traçada pelo Estado-Administração".

Em outro precedente[5] foi decidido que "denúncia oferecida antes da efetivação do lançamento definitivo fiscal, sem definição do *quantum debeatur*, obsta o réu de exercitar o seu direito de pagar o tributo apurado para beneficiar-se com a exclusão da punibilidade prevista no art. 14, da Lei n. 8.137/90. Se o contribuinte, na fase da ação fiscal, aceita a notificação e vai à Repartição efetuar o pagamento do *quantum* apurado, não se pode ver em sua conduta o dolo de sonegar o tributo devido".

Existem outros precedentes que alargam a interpretação do instituto da extinção da punibilidade pelo pagamento do tributo, vendo a recriação alcançar inclusive fatos pretéritos, seguindo o princípio constitucional da benignidade da lei posterior.

4. *Habeas corpus* n. 95.01.03147-0/DF, Rel. Juíza Eliana Calmon, TRF 1ª Reg.

5. Apelação Criminal n. 94.01.37813-4/DF, Rel. Juiz Nélson Gomes da Silva, TRF 1ª Reg.

Conclusões

A doutrina[6] registra que a maioria dos juristas nacionais tem sedimentado entendimento de que a ação penal também é direito potestativo do Estado, de manifestar em Juízo pretensão de imposição de pena criminal ao sujeito ativo do delito. E que esta tem como característica o pressuposto de ser necessária e irrevogável e tem sobre ela o manto do princípio da legalidade, vedando que possa ocorrer renúncia, desistência ou transigência.[7]

O Prof. Frederico Marques, contudo, sustenta em seus legados que[8] "o *ius scriptum*, que regula o processo penal brasileiro, consagra, com atenuações, o princípio da legalidade. É que ante circunstâncias particulares que possam ocorrer quando da prática de crime, facultado está, excepcionalmente, ao Ministério Público deixar de propor a ação penal".

Essa faculdade excepcional, impensável na época, hoje já faz parte do ordenamento jurídico nacional com a promulgação da Lei n. 9.099/95.

Como grande parte dos delitos de sonegação fiscal[9] enquadram-se nela, temos que a suspensão de ações surgirão em relação a eles. Também está sendo consagrado o princípio da "bagatela", que é reconhecido sob fundamento de que a lei penal deve preocupar-se tão-somente de questões de maior envergadura.

Quanto ao tema central, ainda o mesmo jurista preocupava-se com a "imputação razoável" e a "justa causa e interesse processual" para a deflagração de uma ação penal. Ensinou que "imputação razoável, no processo penal, corresponde, mais ou menos, à pretensão razoável do processo civil, a qual só existe quando presentes as três condições da ação" e que "no processo penal, justa causa e interesse processual se confundem: tendo em vista os reflexos do processo penal sobre a liberdade e o *status dignitatis* do réu, não será admissível o exercício da ação penal, sem que haja justa causa. À falta desta, inexiste interesse processual no tocante à propositura da ação penal, uma vez que faltará pedido idôneo para provocar a tutela jurisdicional do Estado-juiz. A justa causa consiste no conjunto de elementos e circunstâncias que tornem viável a pretensão punitiva, da qual depende constituir-se o processo justo, caso contrário surgirá coação resultante da *persecutio criminis*, ou do processo, que será ilegal, *ex vi* do art. 648, I, do Código de Processo Penal".[10]

Assim, sem que se conclua o procedimento de lançamento, oportunizando ao contribuinte o adimplemento do débito fiscal, extintivo da punibilidade, não poderá, s. m. j., ser deflagrada ação penal, que estará falta das condições e se transforma em processo injusto.

Merece reflexão, também, a preocupação dos agentes fazendários que temem, pela demora do pronunciamento administrativo ao permitir inúmeros recursos, sejam os fatos típicos criminais alcançados pela prescrição. Penso que não procede, considerando que o artigo 116, I do Código Penal dispõe que "a prescrição não corre enquanto não resolvida, em outro processo, questão de que dependa o reconhecimento da existência do crime". Ausente distinção em torno de "processo", que não é necessariamente judicial, o fato, se for típico, permanecerá incólume enquanto estiverem em desenvolvimento as atividades de lançamento.

6. Jorge Alberto Romeiro, *Da Ação Penal*, p. 15, Forense, 1978.

7. Autor e obra citados, p. 158.

8. José Frederico Marques, *Tratado de Direito Processual Penal*, 2º v., p. 94, Saraiva, 1980.

9. Art. 2º da Lei n. 8.137/90: "Constitui crime da mesma natureza... Pena – detenção, de 6 (seis) meses a 2 (dois) anos, e multa".

10. Autor e obra citadas, pp. 72-3.

NOTAS & COMENTÁRIOS

BASES PARA UMA METODOLOGIA DA PESQUISA EM DIREITO

JOÃO MAURÍCIO ADEODATO

Professor Titular da Faculdade de Direito do Recife-UFPE
— Pós-Doutorado na Universidade de Mainz pela Fundação Alexander von Humboldt
(1988/89) — Coordenador dos Cursos de Pós-Graduação em Direito
da Faculdade de Direito do Recife-UFPE
— Pesquisador do CNPq — Consultor do CNPq, da CAPES,
da Secretaria de Ensino Superior do MEC e de diversas Fundações Estaduais
de Amparo à Pesquisa — Membro da Comissão de Ensino Jurídico
do Conselho Federal da OAB — Professor Convidado em diversas Universidades no Brasil
e nas Universidades de Mainz (1989 e 1991) e Freiburg im Breisgau (1995)

1. Introdução: o contexto brasileiro e a importância da pesquisa e da pós-graduação em Direito. 2. Como escolher o tema. 3. Organização da pesquisa jurídica. 4. Fontes de pesquisa jurídica. 5. Redação do trabalho científico. 6. Formas de referências às fontes utilizadas. 7. Sugestões bibliográficas.

1. Introdução: o contexto brasileiro e a importância da pesquisa e da pós-graduação em Direito

O ensino jurídico vem atravessando mais uma grande modificação estrutural, talvez a maior na história do ensino superior no Brasil, o que vem provocando debates mais que salutares. Embora se venha escrevendo copiosamente sobre metodologia de pesquisa no Brasil, o Direito tem sido sistematicamente esquecido. A pesquisa jurídica é das mais atrasadas do país e os investimentos governamentais na área são irrisórios, nada obstante ser Direito um dos cursos superiores mais importantes e procurados pelos egressos do segundo grau no país.[1]

Este fenômeno deve-se a diversos fatores, tais como a profissionalização (e mesmo proletarização) da profissão, mercantilismo nos cursos jurídicos privados, omissão do Estado e da sociedade, sem falar nas duradouras conseqüências do esvaziamento qualitativo do corpo docente jurídico levado a efeito pelo Governo militar que se estendeu desde 1964. Apesar de sua importância, não cabe, aqui, considerar essas causas.

Além da ignorância sobre como pesquisar e como apresentar os resultados de suas pesquisas, os juristas estão, em geral, tão envolvidos com problemas práticos do

1. Cf. os quatro volumes publicados pela *Comissão de Ensino Jurídico do Conselho Federal da OAB*, Brasília, 1992, 1993, 1996 e 1997. Também Luciano Oliveira/João Maurício Adeodato, *O Estado da Arte da Pesquisa Jurídica e Sócio-Jurídica no Brasil*, Brasília, Conselho da Justiça Federal, Centro de Estudos Judiciários, 1996.

dia-a-dia que não têm tempo para estudos mais aprofundados. A pesquisa toma tempo, exige grande dedicação, e as recompensas imediatas são parcas, ainda que seu resultado — o saber — seja extremamente útil no tratamento de problemas práticos do dia-a-dia. E a comunidade jurídica nacional vem percebendo isto. Não só a pós-graduação *stricto sensu* (mestrado e doutorado) e *lato sensu* (especialização) em Direito crescem visivelmente em quantidade e qualidade nos ensinos público e privado, como, também, as entidades que congregam profissionais tradicionalmente afastados da pesquisa preocupam-se mais e mais em melhor formar seus quadros, sejam estes da Magistratura, do Ministério Público, da Advocacia, e procuram a pouco e pouco privilegiar a pesquisa e o currículo dos candidatos em concursos de ingresso que promovem, além de oferecerem oportunidades de estudo investindo em seus próprios quadros.

É falaciosa a argumentação de que a pós-graduação não é necessariamente garantia de qualidade. O silogismo é falso, pois o paradigma se transforma em um sofisma quando o exemplo é casual, isolado ou, mesmo, pouco freqüente. O paradigma só tem sentido quando é a regra, não o mero exemplo excepcional.[2] Apesar da retórica supostamente objetiva e geral, parece que as ações contrárias e aquelas que pretendem minimizar a importância da pós-graduação em Direito no Brasil têm um fundamento nitidamente pragmático e, por motivo deste caráter existencial de sobrevivência, seus baluartes atuam tão denodadamente em defesa de seus próprios interesses.

Daí a resistência de muitos setores conservadores a mudanças mais profundas, procurando desqualificar a pesquisa e a pós-graduação. Como não a obtiveram, nem a querem ou podem obter, revoltam-se contra o estabelecimento de critérios e contra aqueles que se esforçam neste sentido. É sintomático observar que todas as críticas ao "excesso de importância" dado à pesquisa e à pós-graduação em Direito venham, sem exceção, de pessoas que não conseguiram uma coisa nem outra. Nunca se viu um doutor menosprezando publicamente a importância da pós-graduação.

Mas os problemas internos da pós-graduação são muitos e mais sérios. Um deles é o alto índice de desistência, fenômeno que não é exclusivo da pós-graduação brasileira, nem do curso de Direito,[3] mas neles atinge níveis ainda mais significativos. Por um lado, tem-se o aspecto psicológico da "síndrome da desistência", quando o aluno procura explicar seu próprio fracasso na empreitada através de argumentos "objetivos", tais como ter pouco tempo disponível, ser arrimo-de-família, ter coisas mais importantes a fazer, a pouca importância profissional da pós-graduação, e toda sorte de problemas pessoais. O fato é que, ao lado da disponibilidade intelectual, pesquisa é tarefa das mais estafantes, e nem todos têm conseguido levá-la a cabo satisfatoriamente.

Por outro lado, há a atitude leniente das agências governamentais para com bolsistas que não cumprem suas obrigações, culminando na perda de todos os prazos sem defender a dissertação ou tese, inadimplentes após usufruírem de recursos de um país pobre que tão pouco investe em Educação. Com base em pareceres no mínimo questionáveis, as agências têm entendido a bolsa de estudos pública como uma doação pura e simples, sem contrapartidas, quando sanções cíveis contra quem não cumpre contratos seriam ao menos argumentáveis em quaisquer tribunais e são a regra no que concerne às agências de fomento públicas em outros países.

Este texto pretende auxiliar quem pretende participar de uma discussão sobre o Direito em bases científicas, através de uma

2. Aristóteles, *Retórica*, I, 2, 1.357b, 30-35, in *The Works of Aristotle*, trad. de W. Rhys Roberts, coleção *Great Books of the Western World*, v. 8, Chicago, Encyclopaedia Britannica, 1990.

3. Estelle M. Phillips/Derek. S. Pugh, *How to Get a PhD — A Handbook for Students and their Supervisors*, Buckingham/Philadelphia, Open University Press, 1995, *passim*.

série de sugestões que o bom senso e a experiência confirmam.

2. Como escolher o tema

O tema do trabalho não precisa *necessariamente* ser original. É bastante que o enfoque, a atitude do pesquisador, o seja. Costuma-se dizer que uma dissertação de mestrado ou monografia de pós-graduação pode-se reduzir a comentar um tema qualquer, ficando a exigência de originalidade adstrita à tese de doutorado. Isto não procede. Evidentemente, a originalidade científica é uma virtude e deve ser buscada, qualquer que seja a dimensão ou a pretensão do texto a ser produzido. Assim, uma monografia será tanto melhor quanto mais pareça uma dissertação de mestrado, e uma dissertação de mestrado será tanto melhor quanto mais pareça uma tese de doutorado. A avaliação piora na direção inversa.

A abrangência do tema é uma questão delicada quando se trata de defini-lo. Os autores de obras jurídicas parecem tender a uma ampliação exagerada de seus temas, fato que, embora possa atrair estudantes incautos, preocupados com o sucesso em provas, não se presta ao trabalho científico. Não faz sentido que um jovem mestrando se dedique a escrever uma dissertação como *Hermenêutica Jurídica*, ou *Fundamentos do Direito Penal*, ou *O Estado Moderno*. Temas muito amplos perdem em precisão e acuidade e demandam muita experiência por parte de seu autor.[4]

Estratégias para reduzir um tema jurídico são basicamente por assunto (*A Dispensa Abusiva no Contrato de Trabalho*), por autor (*O Conceito de Legitimidade em Hannah Arendt*), por circunscrição temporal (*Evolução do Concubinato na Segunda Metade do Século XX*), por circunscrição espacial (*Ações de Despejo na Comarca de Escada*), por referência expressa a aspecto específico do direito positivo (*O Princípio da Nacionalidade na Lei de Introdução ao Código Civil de 1916*) etc., além desses critérios combinados.

O que é bom para as editoras, posteriormente, se o trabalho vier a ser publicado com objetivos de mercado, nem sempre é de bom tom científico. Editores tendem a querer uniformizar os títulos, buscando atingir maior público, muitas vezes com o nome da disciplina a que se podem dirigir os livros (*Filosofia do Direito*, ao invés de *Ontologia do Dever-Ser no Neokantismo Tardio*). Ao escrever para seus pares e examinadores, porém, a norma deve ser invertida.

Outra regra é nunca separar teoria de *praxis*; pensar conceitualmente e realidade empírica só têm sentido um com o outro. Interessante observar que, nada obstante o Direito constituir matéria eminentemente prática, os juristas pouco mencionam a "prática" do Direito quando escrevem seus trabalhos "teóricos"; eles dificilmente referem-se a seus "trabalhos de campo", a suas experiências práticas enquanto operadores jurídicos, para confirmar empiricamente suas teses, o que em outras áreas constitui metodologia unânime dos pesquisadores.

3. Organização da pesquisa jurídica

Uma questão que preocupa quem se propõe a escrever um trabalho científico refere-se às dimensões, ao número de páginas que o texto deve ter. Claro que não há uma resposta pronta para isto, devendo preponderar o bom senso. O grau de especificidade e o número de partes, capítulos, subitens etc. dependerão, obviamente, do número de laudas. Subdividir tanto, a ponto de ter dois ou mais subitens em uma só página ou mesmo um por página, é um exagero detalhista. Subdividir um trabalho de cem laudas em apenas três partes é o pecado oposto.

4. Franz Wieacker, já autor consagrado, escreveu a *História do Direito Privado Moderno* mas teve o cuidado de colocar como subtítulo: *com especial atenção ao desenvolvimento alemão*. V.: *Privatrechtsgeschichte der Neuzeit — unter besonderer Berücksichtigung der deutschen Entwicklung*, Göttingen, Vandenhoeck & Ruprecht, 1967.

Um projeto é, sobretudo, prospectivo, diferindo do relatório, cujo caráter é retrospectivo. Assim, nada há de errado em listar na bibliografia do projeto obras de que ainda não se dispõe nem se sabe como conseguir, obtidas a partir das listagens bibliográficas de outras obras. Desonesto é fazê-lo na versão final do trabalho.

Pesquisar é quase que sinônimo de estudar, significando, quando muito, uma forma especial de estudo. O advogado que estuda para melhor fundamentar sua argumentação no processo faz pesquisa, sem dúvida. Especificamente, contudo, o trabalho de pesquisa é mais ambicioso, apresentando-se de forma sistemática, com pretensões de racionalidade e aplicação generalizada. Ele precisa apoiar-se o mais claramente possível no objeto investigado, seja este objeto formado por eventos, um conjunto de normas ou opiniões de leigos, agentes jurídicos, doutrinadores. Daí a importância das fontes de referência, que serão comentadas adiante.

Devido à inseparabilidade entre teoria e *praxis*, o trabalho de pesquisa precisa descrever seus pontos de partida e ao mesmo tempo problematizá-los e explicá-los, isto é, procurar compreendê-los dentro de uma visão ("teoria") de mundo coerente. Esquecer as bases empíricas do Direito faz a "visão de mundo" irreal e inútil, ainda que pareça coerente; reduzir-se a descrever dados empíricos sem uma teoria, por outro lado, deixa a informação fora de rumo e dificulta a comunicação.

Ainda que um trabalho de pesquisa possa ser predominantemente conceitual ou predominantemente empírico, o pesquisador deve ter o cuidado de explicitar as inter-relações entre as duas formas de abordagem: se quiser conceituar a diferença entre a prescrição e a decadência, nada melhor do que ajuntar exemplos reais e atuais, além da análise de precedentes, jurisprudência, casos concretos. Parece-nos, portanto, que um capítulo "empírico" ou mesmo referências constantes a fatos reais só fazem enriquecer um trabalho de pesquisa "teórico".

Conceitualmente, então, devendo mais ser entendidas como fases de uma única tarefa do que como atitudes distintas, podemos dividir a pesquisa em *bibliográfica* e *empírica*.

Pesquisa *bibliográfica* é aquela "(...) desenvolvida a partir de material já elaborado, constituído principalmente de livros e artigos científicos".[5] Mas ela também inclui outras formas de publicação, tais como artigos de jornais e revistas dirigidos ao público em geral. No caso da pesquisa jurídica é importante também o estudo de documentos como leis, repertórios de jurisprudência, sentenças, contratos, anais legislativos, pareceres etc., constituindo uma vertente específica da pesquisa bibliográfica que podemos chamar de *documental*.

Já na pesquisa *empírica* o pesquisador vai mais diretamente aos eventos e fatos, sem intermediação de outro observador, investigando as variáveis de seu objeto e tentando explicá-las controladamente. Seus métodos são muitos, tais como questionários, entrevistas, estudos de caso, entre outros.

A pesquisa jurídica pode ser classificada, dentre outros critérios, em *científica*, que tem por fim descrever e criticar os fenômenos definidos como objeto, e *dogmática*, destinada a sugerir estratégias de argumentação e decisão diante de conflitos a partir de normas jurídicas estabelecidas.

Os manuais sobre como redigir um trabalho, disponíveis nas livrarias, insistem sobre os aspectos formais dos planos e projetos. Isto é, sem dúvida, fundamental.

A parte mais importante é dividir o tema escolhido em tópicos razoavelmente detalhados. Esses tópicos devem ter títulos específicos, personalizando o plano de trabalho desde logo. Não nos parecem os melhores aqueles projetos de pesquisa com sumários assépticos, que poderiam servir a qualquer tema e a qualquer autor, tal como ensinado em alguns cursos de Biblioteco-

5. Cf. Antônio Carlos Gil, *Como Elaborar Projetos de Pesquisa*, São Paulo, Atlas, 1991, p. 48.

nomia: "Projeto — *As Estratégias de Inconsistência no Judiciário Brasileiro*: 1. Introdução: 1.1 Importância do tema — 1.2 Justificativa. 2. Objetivos geral e específicos. 3. Hipóteses de trabalho. 4. Metodologia: 4.1 Material e métodos — 4.2 Universo — 4.3 Instrumentos — 4.4 Procedimentos. 5. Conceitos básicos. 6. Conclusões. 7. Cronograma. 8. Bibliografia".

Na pesquisa jurídica, pelo menos, isto não funciona. Ainda que tais idéias precisem estar presentes por trás do projeto ou sumário, o autor deve procurar títulos que já exponham ao leitor, a partir do índice, algo do conteúdo que o espera e que individualizem o trabalho. O ideal é que a introdução tenha um título específico, que já expresse uma justificativa pela escolha. Dentro desta introdução, um subtítulo designará a importância do tema; outro explicitará a metodologia empregada, tanto na pesquisa (quais as fontes, quais as formas utilizadas) quanto na redação (optou por este ou aquele sistema de referência, este ou aquele autor-guia, porque excluiu ou incluiu este ou aquele tema — dependendo de seu papel, a metodologia pode ocupar um capítulo à parte); outro apontará, muito resumida e atrativamente, o conteúdo de cada capítulo. No nosso exemplo: "Projeto — *As Estratégias de Inconsistência no Judiciário Brasileiro*: 1. Hipóteses de trabalho: 1.1 Direito e Estado subdesenvolvidos — 1.2 Direito estatal e direito extra-estatal — 1.3 O direito extra-estatal dependente do Estado — 1.4 Como se organiza esta pesquisa. 2. Pressupostos epistemológicos: 2.1 Pluralismo jurídico *versus* monismo estatal — 2.2 Estratégia — 2.3 Disfunção. 3. O direito extra-estatal no Judiciário brasileiro: 3.1 O nível dogmático previsto no ordenamento oficial — 3.2 O Nível extradogmático ensejado pelo ordenamento oficial — 3.3 O nível extradogmático contrário ao ordenamento oficial. 4. Metodologia: 4.1 Pesquisa bibliográfica dos fundamentos epistemológicos — 4.2 Coleta de decisões judiciais singulares e jurisprudências exemplificativas — 4.3 Pesquisa de legislação — 4.4 Levantamento estatístico de denúncias, tramitação e resultados — 4.5 Observação controlada e induzida de processos em tramitação no Foro do Recife. 5. A atuação da sociedade no controle externo do Judiciário. 6. O Judiciário e o controle interno das práticas extradogmáticas. 7. Conclusão: a ineficiência do procedimento jurídico brasileiro na estruturação dogmática do direito positivo. 8. Bibliografia".

4. Fontes de pesquisa jurídica

Certamente, as principais fontes de pesquisa em Direito são os livros e artigos especializados. Os juristas brasileiros costumam usar mais livros e manuais do que artigos, o que contraria as tendências mais modernas, quando o tempo é escasso e precioso. Em uma área como Física, por exemplo, os livros são dirigidos aos iniciantes e os iniciados concentram-se em artigos menores e mais objetivos.

Quanto mais específicas as fontes bibliográficas, melhor, devendo-se eliminar as obras genéricas que nada têm a ver com o tema e aquelas básicas que são de leitura obrigatória para formação na área, a não ser se especialmente analisadas no texto.

Chama atenção que os juristas, cuja atividade é essencialmente prática, pouco se referem a legislação, jurisprudência e casos práticos quando publicam trabalhos doutrinários. Essas referências dão maior peso a uma teoria, além de a tornarem mais clara e eficiente no trato com os problemas, conforme já mencionado. Se o trabalho dogmático nas lides dos profissionais do Direito "prático" pouco tem de científico, ele certamente é um *objeto* de todo interesse para a perspectiva científica que deve ter a pesquisa jurídica.

Certos temas, por suas características ou novidade, têm nos artigos e reportagens da imprensa uma fonte de pesquisa importante. O pesquisador não deve ter pejo de referi-los. Mas óbvio que, por sua própria pretensão limitada, tais fontes não têm a mesma dignidade de artigos especializados, por exemplo. Claro que pode haver artigos de jornais superiores a artigos de revistas especializadas, sobretudo se o controle de qualidade destas deixa a desejar, misturando níveis quilometricamente distantes, como é quase regra unânime no Brasil. Mais aconselhável é, portanto, observar cada referência concreta.

A consulta à bibliografia estrangeira nunca é prejudicial e é, no mais das vezes, indispensável. As fontes são tão importantes que a escolha do próprio tema precisa considerar a acessibilidade delas; de nada adianta um tema genial se não há como informar-se a respeito dele. A leitura de línguas estrangeiras amplia em proporção geométrica as possibilidades de obtenção de informações.

A ficha de leitura é uma das formas mais eficientes de consulta às fontes. Com ela o pesquisador consegue ter disponível um maior número de informações quando da redação dos textos, sem que precise a todo momento recorrer a livros, códigos, repertórios de jurisprudência etc. Com a vantagem adicional de ter como fonte para redação de seu texto final um texto que já foi redigido pelo próprio autor, desde que a ficha não se limite a transcrever *ipsis litteris* o conteúdo da fonte — o que equivaleria ao trabalho de grifar trechos dos textos consultados; a ficha de leitura será mais eficiente se já expressar o conteúdo das fontes nos termos e na perspectiva do pesquisador.

Uma regra geral importante é atentar para a necessidade de referir especificamente, no decorrer do texto, tudo aquilo que aparecer listado na bibliografia. E vice-versa. Conforme já sugerido, não se deve listar obras de leitura obrigatória ou fontes que, embora tenham sido importantes na formação do pesquisador, pouco ou nada tenham a ver com a efetiva elaboração daquela pesquisa e não apareçam diretamente referidas nos rodapés.

Fontes não-bibliográficas de pesquisa, tão ao gosto dos demais estudiosos dos fenômenos sociais, não vêm sendo utilizadas pelos juristas como seria de desejar: questionários, entrevistas, amostragens estatísticas, dentre outros métodos, desde que corretamente conduzidos, só trarão conseqüências benéficas à credibilidade de uma pesquisa jurídica. Até mesmo relatos provenientes de observações pessoais quase nunca são aproveitados, perdendo-se por vezes a rica experiência que juízes, advogados, procuradores, promotores que querem participar das discussões científicas têm a relatar.

Outro meio importante de acesso a fontes de pesquisa jurídica são as redes de computação, eficientes para consulta a bibliotecas, legislação, jurisprudência, e a imensa gama de informações que possibilitam. O mais importante nessas redes é que as regiões geográficas diminuem sua importância, difundindo-se a informação a pesquisadores de regiões distantes dos grandes centros, outrora monopolizadores das fontes. Isto é fundamental para o pesquisador brasileiro, a quem o debate científico quase sempre chega com atraso. Com as redes computacionais, desde que domine alguma língua estrangeira mais universal, qualquer pessoa pode comunicar-se e acessar de imediato fontes antes indisponíveis.

5. Redação do trabalho científico

Como forma de linguagem que é, ao trabalho científico aplicam-se, em princípio, as mesmas regras do bem redigir: clareza, concisão, objetividade etc. Cada capítulo deve cuidar de um tema, dentro deles cada subitem tem um assunto específico, cada parágrafo precisa expressar uma idéia, tudo isto em função da unidade e coerência internas quanto a títulos e subtítulos, para que não se repita em uma parte o que já foi dito em outra, atentando rigidamente para as relações "contém" e "está contido" etc.

A clareza é fundamental. E o trabalho tem que partir de um suporte de conhecimentos que o leitor divida com o autor. Se o leitor que o autor tem em mente é iniciante, o trabalho deve partir de bases genéricas, senso comum sobre o Direito; se o leitor é especializado, o autor pode começar mais especificamente. Mas a regra é a mesma: começar mostrando ao leitor o ponto de partida que se supõe ser dominado por ele. Tudo isto levando também em conta o espaço disponível: trazer a novidade com clareza, sem ser repetitivo ou óbvio. É inútil escrever para si mesmo ou achar que o leitor sabe tudo o que o autor sabe, pois aí tem-se o dilema: quem domina os pressupostos do tema não precisa ler o texto do autor, pois ele nada acrescenta; quem não os domina, simplesmente não compreende patavina do que se diz no trabalho. Ambas as opções deixam a desejar.

Usar gráficos, fórmulas, tabelas e assemelhados pode ser um recurso muito efetivo. Mas é preciso cuidado com aqueles que, muito comumente, mais tornam ininteligível o que se quer explicar.

Evidentemente, a linguagem discursiva não é tida como a única forma de comunicação. Os *hippies* tentaram comunicar-se pelos olhos e coração e o apelo das experiências telepáticas, cinéticas, holísticas, demonstra tal convicção. Mas à linguagem científica, descritiva, só resta o discurso, com pretensões de racionalidade, de entendimento universal, por assim dizer.

O texto transcrito a seguir, efetivamente publicado,[6] é um exagero dos defeitos que fizeram com que se generalizasse a convicção de que a Filosofia e a Teoria Geral do Direito, assim como muito da Teoria Dogmática, são puro palavrório. Mas tais problemas de redação são reais na área jurídica, e vale a pena transcrever a aludida peça.

"*Direito: uma percepção de infinito.* A reflexão filosófica situa o Direito na dimensão infinita ao enfocar o sentido do termo e o modo pelo qual o seu significado foi percebido. Assim é que a evidência detectora viu a latitude e a profundidade ôntica desta realidade ao divisá-la no rumo impetuoso e solene da sua finalidade, o que demonstra a ausência absoluta de qualquer limite, tanto na sua percepção como no ente percebido.

"A direção e a dimensão deste raciocínio explicitam e indicam, objetivamente, a intrinsidade qualitativa, quer seja do objeto da percepção, quer seja do sujeito perceptor. A direção aponta o fim bem como o método de atingi-lo; a dimensão estabelece a infinitude desse fim. Logo, o Direito é o caminho infinito ao encontro do infinito. A qualidade deste caminho está sentida e impressa nele mesmo, e isto se diga, igualmente, do seu perceptor.

"O Direito — orientação iluminada — espelha em suas propriedades a qualidade infinita do seu escopo, bem como do sujeito deste fito, quer dizer, o fim do Direito se traduz na sua propriedade de conduzir o homem ao seu objetivo (onde se coloca, original e positivamente(,) o caráter educativo da pena).

"Ora, se somente o infinito chega ao infinito, o Direito se compreende na percepção infinita do próprio infinito em que a ilimitação ôntica determinante dessa percepção estabelece a própria incomensurabilidade do ente percebido.

"A infinitude (d)o ser do Direito como evidência racional encerra a propriedade qualificada e qualitativa do próprio homem, quer dizer, como realidade racional o Direito se caracteriza pela racionalidade mesma. Neste caso, é uma nítida percepção de infinito, porque foi percebido pela propriedade infinita do homem: a razão."

Mas não só de textos esdrúxulos dos filósofos, grandes ou não, vive a incompreensibilidade. A primeira parte do art. 58 do CC define o conceito de "coisa principal": "Principal é a coisa que existe sobre si, abstrata ou concretamente".[7] Muitos outros exemplos poderiam ser pinçados, mostrando como a vigilância em prol da clareza precisa ser permanente e incansável.

6. Artigo assinado no jornal *Gazeta do Povo*, Curitiba, sábado, 6.9.97, 6ª p.

7. *Código Civil (Lei n. 3.071 de 1.1.1916)*, São Paulo, Saraiva, 1997.

6. Formas de referências às fontes utilizadas

A Associação Brasileira de Normas Técnicas (ABNT) tem muita razão ao estabelecer aquelas regras que provocam risos nos juristas mais antiquados, ainda que haja alguns exageros que em nada contribuem. Mas é fora de dúvida que a grande cortesia do cientista ao seu auditório é fornecer os meios possíveis para repetição de todos os seus passos. O leitor tem todo fundamento para desconfiar do autor que se refere a uma obra sem especificá-la, sem referir-se o mais exatamente possível ao trecho sob exame. Diógenes Laércio e Kant puderam dar-se aos luxos da economia e da imprecisão de referências; no mundo moderno, contudo, o número e a variedade dos envolvidos no debate científico exigem mais.

Além desta justificativa metodológico-científica, o rigor formal é eficiente pragmaticamente, sobretudo com a edição de textos por computadores. Um exemplo: dos trabalhos selecionados para publicação a partir dos *Anais do XVII Congresso Mundial da Associação Internacional de Filosofia Jurídica e Social*, realizado em Bolonha, no verão de 1995, exigiam-se detalhes de forma centimétricos, sob pena de exclusão. É que assim salva-se tempo, eliminam-se custos e diminuem-se margens de erro no imenso trabalho envolvido em digitar ou mesmo uniformizar dezenas de artigos impressos ou formatados diferentemente, entregues ao risco da criatividade gráfica dos diversos autores.

Mas mesmo para quem vai redigir uma tarefa escolar, sem ambições maiores, alguns cuidados formais são imprescindíveis. O mais básico deles é a referência às fontes utilizadas.

Um critério genérico é que as referências, qualquer que seja o sistema escolhido, não obriguem o leitor interessado a ser constantemente remetido a outras partes do trabalho. Assim, pior do que notas e referências ao final do livro, só se elas estiverem ao final de cada parte ou capítulo.

Há dois sistemas básicos, ambos úteis, se corretamente utilizados, ainda que os juristas brasileiros não lhes tenham dado a devida atenção. O chamado sistema completo é o mais cômodo para o leitor — desde que as referências venham mesmo ao pé da página, e não ao final do livro ou, pior ainda, dos capítulos —, posto que todos os dados das fontes estão a qualquer tempo disponíveis. Para ver como ele funciona, observe-se a forma dos rodapés e das sugestões bibliográficas ao final deste trabalho. O pesquisador pode optar entre apor apenas a inicial do primeiro ou dos dois primeiros nomes do autor ou colocá-los por extenso, ainda que seja preferível esta última hipótese. Tratando-se de obra de diversos autores, há várias possibilidades: 1) quando os autores são em pequeno número, três ou quatro, é aconselhável citá-los todos; 2) se há muitos autores, pode-se citar o nome do primeiro, seguido da expressão *et allii* (e outros), mas talvez assim destaque-se indevidamente o nome do mesmo, daí por que Umberto Eco sugere o uso da sigla AAVV (autores vários),[8] que tem a vantagem de colocar todos os autores em um mesmo plano; 3) se a obra é coletiva mas com um ou mais organizadores, a referência deve vir em nome destes, seguidos da abreviatura "orgs.", entre parênteses.

Existem os dados indispensáveis e dispensáveis nas referências. Na primeira categoria, em caso de livros, estão autor, título da obra (que deve vir em destaque — em negrito ou itálico), cidade, editora, ano de publicação e página ou páginas específicas referidas no caso. Quando se tratar de artigos de revistas ou capítulos de livros, são indispensáveis o título do texto (entre aspas ou não), o título do veículo em que a obra se insere (em destaque), referências deste veículo (fascículo, número, anos de existência — quando houver; em suma, como ele se apresenta para identificação),

8. Umberto Eco, *Como se Faz uma Tese em Ciências Humanas*, trad. de Ana Falcão Bastos e Luís Leitão, "Prefácio" de Hamílton Costa, Lisboa, Editorial Presença, 1977, pp. 86 e 87.

páginas de início e fim do texto, além de página ou páginas específicas referidas ali. Dispensáveis, porém úteis e assim desejáveis, são o tradutor, a edição, a coleção em que a obra se insere (quando houver, é claro), o número de páginas da obra etc. A opção do pesquisador fica basicamente entre dar comodidade ao leitor ou economizar espaço. Na listagem bibliográfica, obviamente, dispensa-se a página específica referida.

E é justamente pelo critério da economia de espaço que cresce a adesão ao sistema autor-data. Aqui, as referências podem vir no rodapé ou mesmo no próprio corpo do texto: o nome do autor é seguido de vírgula, do ano de publicação da obra, de dois pontos e da página ou páginas específicas consultadas (Saldanha, 1982:68). Os dados completos da referência estarão na listagem das fontes, sem que seja necessário referi-los a cada oportunidade. A única diferença na forma é que o ano de publicação, na listagem bibliográfica, deve aparecer logo depois do nome do autor, entre parênteses, já que é o ano, além do nome, que individualiza a referência feita ao longo do texto. Se o pesquisador tiver consultado mais de uma obra de um mesmo autor, publicadas no mesmo ano, a diferenciação deve ser feita através de letras minúsculas colocadas logo após o ano. Caso haja mais de um autor com o mesmo sobrenome, deve-se recorrer às iniciais do primeiro nome; se ainda assim houver confusão, às iniciais do segundo, e assim por diante. Colocar os primeiros nomes por extenso no corpo do texto não é usual neste sistema, posto que seu critério-guia é a economia de espaço. Na listagem bibliográfica, porém, é desejável.

Note-se que o sistema autor-data não afasta necessariamente os rodapés, ainda que elimine boa parte deles, aqueles simplesmente referenciais. Mas há os rodapés explicativos, os quais não podem vir entre parênteses no corpo do texto.

A listagem bibliográfica final (bibliografia) é dispensável quando se optar pelo sistema completo e se tratar de texto relativamente curto e com poucas referências, como é o caso deste aqui.

Mas a norma formal básica é uma só, além daquele "critério material" já mencionado, o de possibilitar ao leitor refazer os passos da pesquisa: a uniformidade. O pesquisador deve escolher seu próprio sistema de listagem de fontes e estabelecer com o leitor um código de comunicação o mais possivelmente objetivo e inequívoco.

A numeração das referências deve ser contínua, por capítulo ou ao longo de todo o trabalho, com preferência para esta, pois individualiza cada referência, sem precisar citar o capítulo. Embora isto pareça trivial, muitos pesquisadores iniciantes preferem recomeçar a numeração a cada página, o que é inadmissível.

Idem significa o mesmo autor, *ibidem* significa na mesma obra; da mesma forma que *ob.* ou *op. cit.* (obra citada), vêm sendo pouco usados, sobretudo porque podem dificultar o acesso do leitor à informação. Só devem ser usados quando a obra que indicam teve suas referências completas discriminadas imediatamente antes, por exemplo: na nota 12 o livro foi referido; se as notas 13 e 14 se referem à mesma fonte, as expressões acima são palatáveis. Mas se as notas seguintes referem-se a outras obras, como é comum acontecer, e a obra referida na nota 12 volta a aparecer lá na frente — digamos, na nota 32 —, o leitor dificilmente achará as referências necessárias quando se defrontar com *idem* ou *ibidem*, principalmente se entre elas há referências a várias outras obras, todas lançando mão das mesmas expressões, por sua vez. É confuso.

Para evitar tais dificuldades, alguns autores[9] repetem o nome do autor anteriormente citado e colocam entre parênteses o

9. Como Robert Alexy, "Probleme der Diskurstheorie", in *Zeitschrift für philosophische Forschung*, Band 43, 1989, pp. 81-93, ou a tradução brasileira: "Problemas da Teoria do Discurso", in *Anuário do Mestrado da Faculdade de Direito do Recife* 5, Recife, ed. UFPE, 1992, pp. 87-105.

número da nota em que as referências completas daquela obra primeiro apareceram. A vantagem sobre *ibidem* ou *op.* (*ob.*) *cit.* é óbvia, pois o leitor saberá exatamente onde encontrar as referências completas, quando delas precisar. Mas se o número de referências é muito grande, o leitor terá algum trabalho.

No sistema autor-data, como as referências se repetem tantas vezes quantas necessárias, as expressões *idem*, *ibidem* e *op.* (*ob.*) *cit.* não são utilizadas.

Mas as expressões latinas *apud* (citado por, conforme) e *passim* (aqui e ali) servem para os dois sistemas. A citação *apud* cabe quando o autor que se cita não foi diretamente consultado, mas a informação chegou através de um outro autor. Deve ser usada com toda parcimônia, pois não se trata de fonte bibliográfica primária, e apenas quando a obra que se cita é de difícil acesso; não fica bem citar Pontes de Miranda *apud* Lourival Villanova, pois a fonte que se quer pode ser sem dificuldade consultada diretamente. A expressão *passim* é usada quando o tema abordado está em tantas páginas da obra-fonte que o pesquisador não se dispõe a enumerá-las. É um tipo de referência que implica responsabilidade de ter consultado toda a obra citada e que a mesma esteja realmente imbricada com o assunto sob exame. Sempre é mais exato citar página por página.

A citação *ipsis litteris*, aquela que transcreve literalmente um enunciado da fonte, também é utilizada independentemente do sistema de referência que se escolha. Deve ser da mesma maneira usada com economia, quando o pesquisador considere que a fonte chegou a uma formulação irretocável, exemplar para algum argumento, para analisá-la especificamente etc.

Quem escreve um trabalho sempre se pergunta a quantidade de referências que deve fazer. Esta questão é impossível de ser precisamente respondida, devendo, como sempre, prevalecer o contexto e o bom senso. Talvez, à guisa de mero palpite, um trabalho jurídico exija em média entre uma referência a cada três páginas e três referências a cada página.

Ao organizar a bibliografia ao final do texto, o pesquisador deve também atentar para a quantidade de fontes. Em trabalhos mais alentados espera-se mais obras na listagem bibliográfica, é claro. Se forem muitas, é aconselhável dividi-las, sempre sob o critério de facilitar o trabalho de reconstrução do leitor: livros, artigos, legislação, jurisprudência, redes de computação e outras espécies de documentos. Se o trabalho tem dez laudas, por outro lado, devem-se referir apenas as fontes mais importantes.

Finalmente, uma palavra sobre a forma "física" do trabalho, sobre como ele deve apresentar-se no papel. Se o critério básico para a informação do leitor é a referência ao maior número de dados possível para localização da fonte, o critério básico na formatação, assim como dito para a escolha dos métodos de citação, precisa ser a uniformidade. Quase nunca o trabalho é escrito em um só fôlego, e é comum o emprego de formas diferentes ao longo do mesmo texto, o que não é bom. Para evitar isto, os programas editores de textos dispõem das *macros*. Mas o melhor é de todo jeito prestar atenção à formatação: se o primeiro item está em algarismo arábico, o mesmo deve ocorrer com todos; o espaço dos títulos e subtítulos deve ser idêntico a cada um deles, assim como deve ser uniforme toda sorte de espaços e recuos escolhidos; é ideal evitar a "obra de arte" gráfica e não lançar mão de todos os tipos, formas e tamanhos oferecidos pelo editor de texto do computador. Sempre é melhor sobriedade e comedimento.

Como sugestão de uniformidade, podem-se reservar as aspas para as citações *ipsis litteris*, ironias e títulos; o negrito para os trechos que pretende-se sejam destacados, enfatizados no texto; e o itálico pode ficar para as expressões estrangeiras. Mas tal escolha é relativa e o importante é, como dito, a uniformidade.

7. *Sugestões bibliográficas*

Conforme esta epígrafe, não se trata da bibliografia utilizada para redação do presente trabalho, a qual se encontra listada nos rodapés do mesmo, mas sim de sugestões para quem deseja aprofundar-se um pouco mais na metodologia da pesquisa geral e jurídica. Artigos sobre o tema são raros, daí por que listamos apenas livros.

ACKOFF, Russel. *Planejamento de Pesquisa Social*. São Paulo, Herder/EDUSP, 1967.

ALMEIDA, Maria Lúcia de. *Como Elaborar Monografias*. Belém, CEJUP, 1991.

ANDRADE, Maria Margarida de. *Introdução à Metodologia do Trabalho Científico — Elaboração de Trabalhos na Graduação*. São Paulo, Atlas, 1993.

BARBOSA FILHO, Manuel. *Introdução à Pesquisa — Métodos, Técnicas e Instrumentos*. Rio de Janeiro, LTC, 1980.

BARROS, Aidil de Jesus. *Projeto de Pesquisa — Propostas Metodológicas*. Petrópolis, Vozes, 1990.

BASTOS, Lília da Rocha, PAIXÃO, Lyra, e FERNANDES, Lúcia Monteiro. *Manual para a Elaboração de Projetos e Relatórios de Pesquisa, Teses e Dissertações*. Rio de Janeiro, Zahar Editores/UFRJ, 1982.

CAMPESTRINI, Hildebrando. *Como Redigir Ementas*. São Paulo, Saraiva, 1994.

CARRAHER, David. *Senso Crítico do Dia-a-Dia das Ciências Humanas*. São Paulo, Pioneira, 1983.

CARVALHO, Maria Cecília de. *Construindo o Saber — Técnicas de Metodologia Científica*. Campinas, Papirus, 1988.

CASTRO, Cláudio de Moura. *A Prática de Pesquisa*. São Paulo, McGraw Hill do Brasil, 1977.

CERVO, Amado, e BERVIAN, Paulo. *Metodologia Científica*. São Paulo, McGraw Hill do Brasil, 1978.

DEMO, Pedro. *Metodologia Científica em Ciências Sociais*. São Paulo, Atlas, 1981.

ECO, Umberto. *Como se Faz uma Tese em Ciências Humanas*. Trad. de Ana Falcão Bastos e Luís Leitão, "Prefácio" de Hamílton Costa. Lisboa, Editorial Presença, 1977.

EMERENCIANO, Maria do Socorro Jordão. *Técnicas de Estudo*. Belo Horizonte, Interlivros, 1977.

ESPÍRITO SANTO, Alexandre do. *Delineamentos da Metodologia Científica*. São Paulo, Loyola, 1992.

FERREIRA SOBRINHO, José Wilson. *Metodologia do Ensino Jurídico e Avaliação em Direito*. Porto Alegre, Fabris, 1997.

________. *Pesquisa em Direito e Redação de Monografia Jurídica*. Porto Alegre, Fabris, 1997.

GAIDZINSKI, Areti, e CARMINATI, Fábia, *Metodologia do Trabalho Científico — Conceitos Preliminares, Estratégias e Ações, Diretrizes para a Elaboração do Trabalho Científico na Graduação*. Criciúma, Gráfica Líder, 1995.

GALLIANO, Alfredo Guilherme. *O Método Científico — Teoria e Prática*. São Paulo, Harbra, 1979.

GIL, Antônio Carlos. *Como Elaborar Projetos de Pesquisa*. São Paulo, Atlas, 1991.

GOODE, William, e HATT, Paul. *Métodos em Pesquisa Social*. Trad. de Carolina Bori. São Paulo, Cia. Editora Nacional, 1973.

HEGENBERG, Leônidas. *Etapas da Investigação Científica*. São Paulo, EPV, 1976.

HÜHNE, Leda Miranda (org.). *Metodologia Científica — Cadernos de Textos e Técnicas*. Rio de Janeiro, Agir, 1992.

JABINE, Thomas Boyd. "O uso de amostragem probabilística nas Ciências Sociais". *Boletim do Instituto Joaquim Nabuco de Pesquisas Sociais do MEC* (n. 6). Recife, IJNPS, 1957.

KAPLAN, Abraham. *A Conduta na Pesquisa — Metodologia para as Ciências do Comportamento*. São Paulo, EPU/EDUSP, 1975.

KOTAIT, Ivani. *Editoração Científica*. São Paulo, Ática, 1981.

LAKATOS, Eva Maria, e MARCONI, Marina de Andrade. *Fundamentos de Metodologia Científica*. São Paulo, Atlas, 1992.

________. *Metodologia do Trabalho Científico — Procedimentos Básicos de Pesquisa Bibliográfica, Projeto e Relatório*. São Paulo, Atlas, 1983.

LEITE, Eduardo de Oliveira. *A Monografia Jurídica*. Porto Alegre, Fabris, 1985.

LEITE, José Alfredo. *Metodologia de Elaboração de Teses*. São Paulo, McGraw Hill do Brasil, 1978.

MACEDO, Neusa Dias de. *Metodologia de Pesquisa Bibliográfica — Tendo em Vista o Trabalho de Pesquisa*. São Paulo, EDUSP, 1987.

MANN, Peter. *Métodos de Investigação Sociológica*. Trad. de Octávio Alves Velho. Rio de Janeiro, Zahar, 1970.

MANZO, Abelardo. *Manual para la Preparación de Monografías — Una Guía para Presentar Informes y Tesis*. Buenos Aires, Humanitas, 1974.

MARCONI, Marina de Andrade. *Técnicas de Pesquisa — Planejamento e Execução de Pesquisas*. São Paulo, Atlas, 1982.

MARTINS, Joel. *Subsídio para Redação de Dissertação de Mestrado e Tese de Doutorado*. São Paulo, Moraes, 1991.

MORAES, Irany Novah. *Elaboração da Pesquisa Científica*. São Paulo, Atheneu, 1990.

NEOTTI, Ana, *et allii*. *Manual de Procedimentos para Elaboração de Trabalhos Científicos*. Ponta Grossa, UEPG, 1985.

PESSOA, Ida Brandão de Sá. *Apresentação de Trabalho Acadêmico*. Recife, Universitária, 1982.

PHILLIPS, Estelle M., e PUGH, Derek S. *How to Get a PhD — A Handbook for Students and Their Supervisors*. Buckingham/Philadelphia, Open University Press, 1995.

POPPER, Karl. *A Lógica da Pesquisa Científica*. São Paulo, Cultrix, 1972.

RUDIO, Franz Victor. *Introdução ao Projeto de Pesquisa Científica*. São Paulo, Vozes, 1989.

RUIZ, João Álvaro. *Metodologia Científica — Guia para Eficiência nos Estudos*. São Paulo, Atlas, 1986.

SALOMON, Délcio Vieira. *Como Fazer uma Monografia — Elementos de Metodologia de Trabalho Científico*. Belo Horizonte, Interlivros, 1979.

SANTOS, Gildenir, e SILVA, Arlete. *Normas para Referências Bibliográficas: Conceitos Básicos (NBR-6023/ABNT-1989)*. Campinas, UNICAMP, 1995.

SCHWARZMANN, Simon, e CASTRO, Cláudio. *Pesquisa Universitária em Questão*. São Paulo, UNICAMP/Ícone, 1986.

SELLTIZ, Claire, JAHODA, Marie, DEUTSCH, Morton, e COOK, Stuart. *Métodos de Pesquisa nas Relações Sociais*. Trad. de Dante Moreira Leite. São Paulo, Herder/EDUSP, 1967.

SEVERINO, Antônio Joaquim. *Metodologia do Trabalho Científico*. São Paulo, Cortez, s/d.

TARGINO, Maria das Graças. *Citações Bibliográficas e Notas de Rodapé — Nova Versão*. Teresina, UFPI, 1994.

THIOLLENT, Michel. *Metodologia de Pesquisa — Ação*. São Paulo, Cortez, 1994.

THOMPSON, Augusto. *Manual de Orientação para Preparo de Monografia — Destinado Especialmente a Bacharelados e Iniciantes*. Rio de Janeiro, Forense Universitária, 1991.

VERA, Armando Asti. *Metodologia da Pesquisa Científica*. Trad. de Maria Helena Crespo e Beatriz Magalhães. São Paulo, Globo, 1989.

VIEIRA, Sônia. *Como Escrever uma Tese*. São Paulo, Pioneira, 1991.

NOTAS & COMENTÁRIOS

O ICMS E AS OPERAÇÕES COM A ZONA FRANCA DE MANAUS[1]

CARLOS ALBERTO DE MORAES RAMOS FILHO

Procurador do Estado do Amazonas
– Representante Fiscal no Conselho de Recursos Fiscais-SEFAZ
– Professor de Direito Financeiro e Tributário do Centro Integrado de Ensino Superior do Amazonas-CIESA

1. Introdução

Zona franca, zona livre ou *zona franqueada*[2] é aquela área estabelecida por convenção internacional, destinada ao livre trânsito (circulação) de mercadorias, em operações de exportação ou de importação, isentas de tributação para tal efeito.[3]

Criada em 1967, por iniciativa do deputado Francisco Pereira da Silva, com apoio de Roberto Campos, que dera respaldo ao projeto como Ministro do Planejamento do governo Castello Branco, e sob a liderança e coordenação da SUFRAMA — a Zona Franca de Manaus é caracterizada como uma área de livre comércio de importação e exportação beneficiada por incentivos fiscais, que foi regulamentada pelo Decreto-lei 288, de 28.2.67, e instituída com a finalidade de criar, no interior da Amazônia, um centro industrial, comercial e agropecuário dotado de condições econômicas aptas a permitir o desenvolvimento da região, estimulando a fixação do homem e o consumo da matéria-prima local.

Através do referido Decreto-lei, o governo federal instituiu *incentivos fiscais específicos* para a Zona Franca de Manaus pois, somente desse modo poderia ser promovido o desenvolvimento dessa região tão distante dos grandes centros consumidores de seus produtos, sem depredar os recursos naturais da região (art. 1º, Decreto-lei 288/67).

A Zona Franca de Manaus propriamente dita é uma área localizada nas proximidades da cidade de Manaus, cujos limites precisos constam no art. 2º do Decreto 61.244, de 28.8.67, que regulamentou o Decreto-lei 288/67. Todavia, os benefícios fiscais concedidos àquela área foram estendidos a toda a Amazônia Ocidental, que compreende os Estados do Amazonas, Acre e Rondônia e o então Território Federal de Roraima (art. 1º, do Decreto-lei 356, de 15.8.68), tendo o Convênio ICM 65/88 restringindo novamente os benefícios fiscais às remessas de produtos

1. Este estudo é uma adaptação da palestra proferida em 20.8.97, no I Congresso Nacional de Estudos Tributários no Amazonas, promovido pela Academia Brasileira de Direito Tributário (ABDT).

2. De Plácido e Silva, *Vocabulário Jurídico*, v. 4, Rio de Janeiro, Forense, 1978, p. 1.672.

3. Marcus Cláudio Acquaviva, *Dicionário Enciclopédico de Direito*, v. 5, São Paulo, Brasiliense, s/d, p. 265.

industrializados a estabelecimentos localizados na área do município de Manaus.

2. Incentivos fiscais

Apesar da excelência de mão-de-obra — que hoje está sobrando, devido ao reajuste operacional que as indústrias da Zona Franca tiveram de fazer para enfrentar os produtos importados — o que continua atraindo as empresas para Manaus são os incentivos fiscais concedidos pelo Estado do Amazonas.

Inédito no mundo até então, o modelo adotado pelo Brasil na criação da Zona Franca de Manaus está basicamente montado na política de incentivos fiscais às indústrias que ali se instalem. O quadro de incentivos fiscais concedidos pela Zona Franca de Manaus consiste, basicamente, de:

1) Isenção do IPI e do II:

"Art. 3º. A entrada de mercadorias estrangeiras na Zona Franca, destinadas a seu consumo interno, industrialização em qualquer grau, inclusive beneficiamento, agropecuária, pesca, instalação e a estocagem para reexportação, será isenta dos impostos de importação e sobre produtos industrializados" (Decreto-lei 288/67).

2) Não incidência do ICM (atual ICMS):

"Art. 4º. A exportação de mercadorias *de origem nacional* para consumo ou industrialização na Zona Franca de Manaus, ou reexportação para o estrangeiro, será para todos os efeitos fiscais, constantes da legislação em vigor, equivalente a uma exportação brasileira para o estrangeiro" (grifamos) (Decreto-lei 288/67).[4]

3) Isenção do IE:

"Art. 5º. A exportação de mercadorias da Zona Franca, para o estrangeiro, qualquer que seja sua origem, está isenta do imposto de exportação" (Decreto-lei 288/67).

Tais benefícios não se estendem às armas e munições, perfumes, fumo, bebidas alcoólicas e automóveis de passageiros, nos precisos termos do art. 1º do Decreto-lei 340, de 22.12.67 (com a redação dada pelo Decreto-lei 355, de 6.8.68).

Cumpre observamos que à época da edição do Decreto-lei 288, a matéria era regulada, em nível constitucional, pela *Emenda 18/65 à Constituição de 1946*. É que, embora editado após a promulgação da Carta de 1967, o Decreto-lei 288/67, ficou ao desabrigo do novo ordenamento, que, pelo disposto no art. 189 daquela Constituição, só entrou em vigor no dia 15 de março de 1967: o Decreto-lei 288/67 foi editado, pois, em período de *vacatio legis constitucionalis*, ou simplesmente *vacatio constitutionis*.

A *Constituição de 1967* — que quebrou uma tradição do constitucionalismo brasileiro, qual seja a de a Constituição entrar em vigor na data de sua publicação[5] — com a redação que lhe dera a *Emenda 1/69*, assim dispunha: "Art. 23. (...). § 7º. O imposto de que trata o item II *não incidirá* sobre operações que destinem ao exterior produtos industrializados e outros que a lei indicar" (grifamos).

O art. 4º do Decreto-lei 288/67, deve, pois, ser visto e examinado em face do que então dispunha o dispositivo constitucional retrotranscrito.[6]

3. Mercadorias nacionais. Natureza do benefício fiscal constante do art. 4º do Decreto-lei 288/67

Questiona-se se o benefício previsto no art. 4º do Decreto-lei que institui a Zona Franca de Manaus configuraria isenção ou caso de não-incidência constitucionalmente qualificada (imunidade).

4. O art. 4º do Decreto 61.244, de 28.8.67, que regulamenta o Decreto-lei 288/67, dispõe de forma idêntica a respeito.

5. José Afonso da Silva, *Aplicabilidade das Normas Constitucionais*, 1968, p. 44.

6. Elson Rodrigues de Andrade, "Suframa — Incentivos fiscais — Art. 40 do ADCT", *RDT* 54, out.-dez./88, p. 179.

É que, aparentemente, o Decreto-lei 288/67 ao equiparar "para todos os efeitos fiscais, constantes da legislação em vigor" a remessa de mercadorias de origem nacional para consumo ou industrialização na Zona Franca de Manaus "a uma exportação brasileira para o estrangeiro" teria instituído uma "imunidade" ao impulso do comando constitucional contido no art. 23, § 7º, 1ª parte, da CF/67 (com a redação dada pela Emenda Constitucional 1/69), que autorizou que lei complementar incluísse no campo da não-incidência do imposto, além dos produtos industrializados destinados ao exterior, outros que viesse indicar.

Este é o pensamento de Elson Rodrigues de Andrade, defendendo a tese de que "como imunidade deve ser entendida essa desoneração fiscal, antes vista genericamente a partir do Ato Complementar 35/67 e, ao depois, especificamente para a Zona Franca de Manaus, ao impulso do comando constitucional contido no art. 23, § 7º, 1ª parte, da EC 1/69, que admitiu por via oblíqua pudesse a União conceder, à semelhança da então permitida isenção heterônoma, imunidade na medida em que autorizou que lei complementar equiparasse a exportação de mercadorias nacionais, para consumo ou industrialização na Zona Franca de Manaus, para efeitos fiscais, a uma exportação brasileira para o estrangeiro".[7]

Entendemos, no entanto, que o art. 4º do Decreto-lei 288/67 não abriga hipótese de imunidade, mas de isenção heterônoma, que, no entanto, foi mantida pela atual Constituição por determinação expressa do art. 40 do ADCT.

É que o § 7º do art. 23 da Constituição de 1967, com a redação que lhe deu a Emenda 1/69, dispunha que o ICM "não incidirá sobre operações que destinem ao exterior produtos industrializados e *outros que a lei indicar*" (grifamos). Note-se que a Constituição de 1967, tal como a atual (art. 155, § 2º, X, *a*, CF/88), concedia imunidade *unicamente* aos produtos industrializados destinados ao exterior.

O dispositivo constitucional retromencionado utiliza a palavra "outros", donde concluir que — admitindo-se que a norma integrativa da Constituição pudesse instituir "imunidades" — a lei poderia estender aquela não-incidência constitucional a *outros produtos* além dos industrializados *quando destinados ao exterior*, e somente nesse caso. O dispositivo não emprega a expressão "outras", que aí sim, estaria referindo-se a outras *operações*, que não as de exportação, estas já excluídas do campo de incidência do ICM (atual ICMS) pelo § 7º do art. 23 da CF/67.

Poder-se-ia objetar que a lei a que se refere a norma constitucional é lei complementar e ainda que de isenção se tratasse, o Decreto-lei 288/67 — à época de sua edição — poderia dar isenção de tributo federal (como o fez nos arts. 3º e 5º), mas não conceder isenção heterônoma (no caso, de ICM). Assim, não poderia decreto-lei, sob pena de inconstitucionalidade formal, tratar de matéria reservada a lei complementar.

Ocorre, no entanto, que a Lei Complementar 4, de 2.10.69, apropriou-se, "por absorção" do conteúdo do art. 4º do Decreto-lei 288/67. Assim, o art. 4º do Decreto-lei 288/67, recepcionado que foi plenamente pelo art. 5º da Lei Complementar 4/69, passou a ter o mesmo valor jurídico de lei complementar,[8] sendo, portanto, instrumento legislativo apto a conceder — à época — isenção de ICM.

Nesse sentido, entendendo tratar-se a desoneração em questão de *isenção heterônoma*, temos as lições de Fernando A. Brockstedt, notando que a operação para a Zona Franca de Manaus "será equivalente a uma exportação", equiparada, portanto,

7. Elson Rodrigues de Andrade, "Suframa — Incentivos fiscais — Art. 40 do ADCT", cit., p. 180.

8. Geraldo Ataliba e Cléber Giardino, "ICM — Zona Franca de Manaus — Remessa de produtos 'in natura' para a Zona Franca de Manaus — Equiparação a exportação", *RDT* 43, pp. 87-9; Elson Rodrigues de Andrade, "Suframa — Incentivos fiscais — Art. 40 do ADCT", cit., p. 179.

à imunidade, como se pudéssemos ampliar imunidades através de decreto-lei, foi, depois restringida com a exclusão de certas mercadorias (Decreto-lei 340/67), o que com a imunidade não ocorre.[9]

Como a Lei Complementar 4 — que tem como ementa "Concede isenção do ICM e dá outras providências" —, em seu art. 5º diz que continua em vigor a legislação a respeito do assunto, Fernando Brockstedt entende que trata-se de isenção federal, heterônoma, ao ICM, concedida a determinadas saídas de produtos industrializados.[10]

Ademais, o próprio Decreto-lei 288/67, que instituiu a Zona Franca de Manaus, admite implicitamente tratar-se de isenção em alguns de seus dispositivos:

"Art. 42. As *isenções* previstas neste Decreto-lei vigorarão pelo prazo de 30 anos, podendo ser prorrogadas por Decreto do Poder Executivo, mediante aprovação prévia do Conselho de Segurança Nacional" (grifamos).

"Art. 49. As *isenções fiscais* previstas neste Decreto-lei somente entrarão em vigor na data em que for concedida: I — Pelo Estado do Amazonas, crédito do Imposto de Circulação de Mercadorias nas operações comerciais dentro da Zona, igual ao montante que teria sido pago na origem em outros Estados da União, se a remessa de mercadorias para a Zona Franca não fosse equivalente a uma exportação brasileira para o estrangeiro" (grifamos).

Diante do exposto, conclui-se que o art. 4º do Decreto-lei 288/67 não abriga hipótese de imunidade, mas de isenção heterônoma, que, no entanto, foi mantida pela atual Constituição por determinação expressa do art. 40 do ADCT.

9. Fernando A. Brockstedt, *O ICM*, p. 192.

10. Fernando A. Brockstedt, *O ICM*, p. 192. Também entendendo tratar-se de isenção heterônoma: Geraldo Ataliba e Cléber Giardino, "ICM — Zona Franca de Manaus — Remessa de produtos 'in natura' para a Zona Franca de Manaus — Equiparação a exportação", *RDT* 43, p. 89.

Observe-se que o art. 8º do Decreto-lei 288/67 estabelece que: "As mercadorias de origem nacional destinadas à Zona Franca com a finalidade de serem reexportadas para outros pontos do território nacional serão estocadas em armazéns, ou embarcações, sob controle da Superintendência e pagarão todos os impostos em vigor para a produção e circulação de mercadorias no País".

Portanto fica bem claro que, quando o contribuinte remeter para a Zona Franca de Manaus mercadoria destinada a ser distribuída ou remetida para fora da área demarcada, estará praticando operação sobre a qual incidirão todos os tributos exigíveis como se não existisse a Zona Franca.

4. Mercadorias estrangeiras — Operações de importação

Questão que se afigura igualmente interessante diz respeito à incidência ou não do ICMS nas operações de entrada de mercadorias estrangeiras na Zona Franca de Manaus.

O *Ato Complementar 35*, de 28.2.67 — editado na mesma data que o Decreto-lei 288/67 e, pois, também expedido na *vacatio legis* da Constituição de 1967 —, dispunha *in verbis*: "Art. 7º. Nos termos do § 5º, do art. 24, da Constituição de 24 de janeiro de 1967, o Imposto de Circulação de Mercadorias *não incide* sobre os produtos industrializados, quando destinados ao exterior. (...). § 2º. Para os efeitos de aplicação do disposto neste artigo, além da mercadoria objeto da operação de exportação, considera-se destinada ao exterior a remetida: I — às empresas comerciais que operem exclusivamente no ramo da exportação; II — aos entrepostos gerais alfandegados, entrepostos aduaneiros e *zonas francas*; III — aos entrepostos industriais de que trata o Decreto-lei 37, de 18.11.96" (grifamos).

Surge então, neste quadro, o *Decreto-lei 406*, de 31.12.68, que, estabelecendo normas gerais sobre o Imposto sobre Circulação de Mercadorias (ICM), assim dispôs:

"Art. 1º. O imposto sobre operações relativas à circulação de mercadorias tem como fato gerador: (...). § 3º. O imposto não incide: I — sobre a saída de produtos industrializados destinados ao exterior; (...). § 4º. *São isentas do imposto*: (...). VI — *a entrada de mercadorias cuja importação estiver isenta do imposto, de competência da União, sobre a importação de produtos estrangeiros*; (...); § 5º. O disposto no § 3º, inciso I, aplica-se também à saída de mercadorias de estabelecimentos industriais ou de seus depósitos com destino: I — a empresas comerciais que operem exclusivamente no comércio de exportação; II — a armazéns alfandegados e entrepostos aduaneiros" (grifamos).

Note-se que o Decreto-lei 406/68, que repetiu as normas do AC 35 — portanto, revogando-as —, não mais considerou a remessa para zonas francas, referindo-se, apenas, aos demais casos de equiparação às remessas para o estrangeiro (empresas exclusivamente exportadoras, armazéns gerais alfandegados e entrepostos aduaneiros), para efeito da não-incidência do ICM, passando a vigorar apenas aquela norma geral do art. 4º do Decreto-lei 288/67.[11]

Não obstante a citada supressão, os Estados, com base no Decreto-lei 288/67, e com as restrições do Decreto-lei 340/67, continuaram a reconhecer a não-incidência do ICM nas saídas de produtos industrializados, quando destinados à Zona Franca de Manaus. O Estado do Rio Grande do Sul inicialmente entendeu revogada a isenção do ICM nas remessas para a Zona Franca (Circular Geral 1 — ICM 1, 7.1.69), voltando atrás, posteriormente, na Circular Geral 15 — ICM 8, de 24.2.69.

Das idéias até aqui expostas, extraem-se as seguintes conclusões:

a) a entrada de mercadorias oriundas de outras Unidades da Federação continuava isenta do ICM por força do art. 4º do Decreto-lei 288/67;

b) a entrada de mercadorias estrangeiras na Zona Franca estava isenta do Imposto de Importação, de acordo com o disposto no art. 3º do Decreto-lei 288/67;

c) logo, por estar isenta do Imposto de Importação, a entrada de produtos estrangeiros na Zona Franca de Manaus estava isenta também do ICM, nos termos do art. 1º, § 4º, VI, do Decreto-lei 406, de 31.12.68

Com o advento da *Emenda Constitucional 1/69*, houve necessidade de ser editada lei complementar sobre a matéria.

Muito embora, como vimos, o Decreto-lei 406/68 tenha silenciado quanto à não-incidência do ICM relativamente às saídas de produtos industrializados de outras Unidades da Federação, quando destinados à Zona Franca de Manaus, a *Lei Complementar 4*, de 2.12.69, pelo seu art. 5º, manteve expressamente o art. 4º do Decreto-lei 288/67. É como se a regra desse preceito (art. 4º) tivesse sido novamente editada em dezembro de 1969.[12]

Idêntico ao inc. VI, do § 4º, do art. 1º, do Decreto-lei 406/68, era o disposto na Lei Complementar 4, *in verbis*: "Art. 1º. Ficam isentos de imposto sobre operações relativas à circulação de mercadorias: (...) VI — as entradas de mercadorias *cuja importação estiver isenta do imposto, de competência da União, sobre a importação de produtos estrangeiros*" (grifamos).

Cumpre observamos que a isenção do ICM (atual ICMS) nas entradas de mercadorias estrangeiras na Zona Franca de Manaus decorria, então, do disposto nos arts. 1º, § 4º, VI, do Decreto-lei 406/68, e 1º, VI, da Lei Complementar 4/69, e, *apenas indiretamente*, do Decreto-lei 288/67, este prevendo como incentivo fiscal concedido pela Zona Franca, *apenas, e tão-somente*, a não incidência do ICM nas entradas de *mercadorias nacionais*, em seu art. 4º, mantido que foi pela Lei Complementar 4/69.

O *Convênio ICM 65*, de 6.12.88, estabeleceu novas regras sobre a isenção do

11. Fernando A. Brockstedt, *O ICM*, p. 191.

12. Nesse sentido: Geraldo Ataliba e Cléber Giardino, "ICM — Zona Franca de Manaus — Remessa de produtos 'in natura' para a Zona Franca de Manaus — Equiparação a exportação", cit., p. 84.

imposto sobre a circulação de mercadorias nas remessas para a Zona Franca, consolidando o assunto e assim dispondo em sua cláusula primeira: "Cláusula primeira. Ficam isentas do imposto as saídas de *produtos industrializados de origem nacional* para comercialização ou industrialização na Zona Franca de Manaus, desde que o estabelecimento destinatário tenha domicílio no Município de Manaus" (grifamos).

O Convênio 65/88 estabeleceu que o benefício da isenção do ICMS somente poderia favorecer as remessas de produtos industrializados para a Zona Franca de Manaus, desde que destinados à nova industrialização e comercialização. Entendemos, todavia, que todos os produtos industrializados remetidos à Zona Franca de Manaus são beneficiados com a isenção do ICM, ainda que consumidos por pessoas físicas ou jurídicas, independentemente de haver necessidade de nova industrialização e comercialização, posto que o Decreto-lei 288/67 não faz nenhuma restrição nesse sentido.

Deixando tal controvérsia de lado, observa-se que uma vez mais, a isenção concedida às remessas para a Zona Franca de Manaus é restrita às mercadorias de procedência de outra unidade da Federação, garantido o direito ao *crédito fiscal presumido* igual ao que teria sido pago na origem (art. 49, I, do Decreto-lei 288/67 e cláusula quarta do Convênio ICMS 65/88).[13]

"Art. 19. Na forma do inc. I, do art. 49, do Decreto-lei 288, de 28.2.67 e Convênio ICMS 65/88, as mercadorias, na forma de produtos industrializados, entradas na Zona Franca de Manaus, desde que se destinem a comercialização ou industrialização, é concedido crédito fiscal presumido, igual ao montante que teria sido pago na origem *em outras Unidades da Federação.*

"§ 1º. O disposto nesse artigo aplica-se também aos produtos industrializados entrados na Zona Franca de Manaus, *oriundos de outras localidades do Estado do Amazonas*" (grifamos) (RICMS/AM — Dec. 11.773/89).

Note-se que para gozar da referida isenção, o estabelecimento remetente deverá abater do preço da mercadoria o valor equivalente ao imposto, conforme o § 2º da *cláusula primeira* do Convênio 65/88: "§ 2º. Para efeito da fruição do benefício previsto nesta cláusula, o estabelecimento remetente *deverá abater do preço da mercadoria o valor equivalente ao imposto*, que seria devido se não houvesse a isenção, indicado expressamente na nota fiscal".

Note-se que na única oportunidade em que o Decreto-lei 288/67 menciona em "isenção" do ICM, dirige tal benefício às remessas de mercadorias oriundas *de outras Unidades da Federação*, que ficaram equiparadas a uma exportação brasileira para o estrangeiro, "para todos os efeitos fiscais, constantes da legislação em vigor".

A *Constituição da República, promulgada em 5 de outubro de 1988*, manteve a Zona Franca de Manaus, no art. 40 do Ato das Disposições Constitucionais Transitórias: "Art. 40. É mantida a Zona Franca de Manaus, com suas característica de área de livre comércio, de exportação e importação, e de incentivos fiscais, pelo prazo de vinte e cinco anos, a partir da promulgação da Constituição. Parágrafo único. Somente por lei federal podem ser modificados os critérios que disciplinaram ou venham a disciplinar a aprovação dos projetos na Zona Franca de Manaus".

De fato, toda a legislação vinculada ao Decreto-lei 288/67 — e vinculada, assim, à Zona Franca — a ele se integra para os efeitos do fenômeno da recepção de que se ocupa o dispositivo transitório do art. 40

13. O Convênio 65/88 estabeleceu que o benefício da isenção do ICMS somente poderia favorecer as remessas de produtos industrializados para a Zona Franca de Manaus, desde que destinados à nova industrialização e comercialização. Entendemos, todavia, que todos os produtos industrializados remetidos à Zona Franca de Manaus são beneficiados com a isenção do ICMS, ainda que consumidos por pessoas físicas ou jurídicas, independentemente de haver necessidade de nova industrialização e comercialização, posto que o Decreto-lei 288/67 não faz nenhuma restrição nesse sentido.

do ADCT/88, que se exauriu ao recepcionar todo o conjunto normativo informador da Zona Franca de Manaus, isto é, toda a legislação editada pela União, pelo Estado do Amazonas e pelo Município de Manaus, condicionadora da criação do modelo Zona Franca de Manaus.[14]

Nesta direção, o ADCT da CF/88 recepcionou *apenas* aqueles incentivos fiscais inerentes à criação da Zona Franca de Manaus, a saber: a isenção do *Imposto sobre Produtos Industrializados* (Decreto-lei 288/67, arts. 3º, 4º e 9º), a isenção do *Imposto sobre a Importação* (Decreto-lei 288/67, arts. 3º e 7º, com redação dada pelo Decreto-lei 1.435/75), a isenção do *Imposto sobre a Exportação* (Decreto 288/67, art. 5º) e a isenção do *Imposto sobre Circulação de Mercadorias* incidente sobre a exportação de *mercadorias de origem nacional* para a Zona Franca, concedida pelas demais Unidades da Federação, posto que tal operação era equiparada a uma exportação para o estrangeiro (Decreto-lei 288/67, art. 4º, e Convênio ICM 65/88, cláusula primeira).

Não se inclui neste rol a isenção do ICM incidente sobre a entrada na Zona Franca de mercadorias provenientes do exterior, posto que tal benefício não fazia parte nem era exclusivo do modelo Zona Franca de Manaus, mas estendia-se a todas aquelas mercadorias cujas importações estavam, à época, isentas do Imposto sobre a Importação de produtos estrangeiros, de competência da União (art. 1º, § 4º, VI, do Decreto-lei 406/68, e art. 1º, VI, da Lei Complementar 4/69).

Tal explanação poderá ser melhor entendida com a análise de um exemplo: imaginemos que a entrada de determinadas mercadorias estrangeiras no Estado de São Paulo, em fins da década de 60, estivesse isenta do Imposto de Importação, por força de um ato legislativo qualquer.

Conclusão por demais óbvia é que, por estar isenta do Imposto de Importação, a entrada daqueles produtos estrangeiros naquele Estado estaria isenta também do ICM (atual ICMS), nos termos do art. 1º,§ 4º, VI, do Decreto-lei 406/68, e do art. 1º, VI, da Lei Complementar 4/69, eis que os benefícios fiscais constantes de tais diplomas legais *não eram privilégio das empresas que viessem a se instalar na Zona Franca de Manaus* — ao contrário daqueles previstos do Decreto-lei 288/67 — mas de todas as entradas de mercadorias que preenchessem o requisito exigido pela legislação, isto é, cuja importação estivesse então isenta do imposto, de competência da União, sobre a importação de produtos estrangeiros.

Em outros termos: *a isenção concedida às mercadorias importadas do exterior não decorria da sistematização legal inerente à Zona Franca de Manaus e, portanto, não foi recepcionada pelo art. 40 do ADCT da CF/88.*

A própria sistemática do *crédito fiscal presumido* (art. 49, I, do Decreto-lei 288/67, e Convênio ICM 65/88), vem corroborar tal entendimento.

Com efeito, as isenções fiscais previstas no Decreto-lei 288/67 somente entrariam em vigor na data em que fosse concedida, pelo Estado do Amazonas, crédito do ICM (atual ICMS) igual ao montante que teria sido pago na origem em outros Estados da União, se a remessa de mercadorias para a Zona Franca não fosse equivalente a uma exportação brasileira para o estrangeiro, de acordo com o art. 49, I, do Decreto-lei 288/67.

Em outras palavras, o crédito fiscal presumido assim é denominado porque, não obstante ter inexistido a cobrança do ICMS por ocasião da operação de remessa de mercadorias de outros Estados da Federação ou de outras localidades do Estado do Amazonas para a Zona Franca de Manaus — por ser isenta (ou imune) — *presume-se que tenha sido pago na origem*, para efeitos de abatimento na operação seguinte, conforme dispositivos legais abaixo transcritos do Regulamento do ICMS do Estado do Amazonas (aprovado pelo Decreto 11.773, de

14. Elson Rodrigues de Andrade, "Suframa — Incentivos fiscais — Art. 40 do ADCT", cit., p. 181.

30.1.89): "Art. 19. Na forma do inc. I, do art. 49, do Decreto-lei 288, de 28.2.67 e Convênio ICMS 65/88, as mercadorias, na forma de produtos industrializados, entradas na Zona Franca de Manaus, desde que se destinem à comercialização ou industrialização, é concedido crédito fiscal presumido, igual ao montante que teria sido pago *na origem em outras Unidades da Federação*. § 1º. O disposto neste artigo aplica-se também aos produtos industrializados entrados na Zona Franca de Manaus, *oriundos de outras localidades do Estado do Amazonas*" (grifamos).

Em se tratando de *mercadorias estrangeiras*, importadas do exterior, as legislações tributárias federal (Decreto-lei 288/67, art. 49, I) e estadual (Decreto 11.773/89, art. 19, *caput* e § 1º) não falam — nem há porque falar — em crédito fiscal presumido, eis que, em tais hipóteses o que há é um direito a *crédito fiscal real*, tendo em vista que a entrada de tais mercadorias na Zona Franca de Manaus não é beneficiada pela isenção do ICMS, e o *quantum* a ser compensado para abatimento na operação ou prestação seguinte será aquilo que foi *efetivamente pago* pelo importador quando do recebimento da mercadoria estrangeira.[15]

Ademais, as isenções do ICMS concedidas pela Lei Complementar 4/69 também desapareceram com a vigência da CF/88, que veda à União conceder isenção de impostos municipais e estaduais, ainda que por lei complementar: as chamadas "isenções heterônomas".[16]

Nesse sentido é a lição de José Cassiano Borges e Maria Lúcia Américo dos Reis, que após detalhada análise acerca da cobrança do ICMS na área da Zona Franca de Manaus e de seus incentivos fiscais, trazem a conclusão abaixo, que adotamos como corolário de tudo quanto foi aqui dito: "Os *produtos estrangeiros* (...), *não terão direito aos incentivos fiscais de isenção do ICMS* e suspensão do IPI" (grifamos).[17]

5. Conclusões

5.1 As operações que destinem mercadorias de outras Unidades da Federação para a Zona Franca de Manaus não estão sujeitas ao pagamento do ICMS;

5.2 Esta "dispensa" de pagamento se dá por força do art. 4º do Decreto-lei 288/67 (c/c o art. 5º da Lei Complementar 4/69), que abarca hipótese de isenção heterônoma (e não de imunidade);

5.3 Apesar de tais isenções estarem vedadas pelo inciso III do art. 151 da CF/88, a do art. 4º do Decreto-lei 288/67 foi recepcionada pelo novo ordenamento jurídico por força do disposto no art. 40 do Ato das Disposições Constitucionais Transitórias (ADCT);

5.4 Quanto às entradas de mercadorias estrangeiras na Zona Franca de Manaus, estas ficam sujeitas ao pagamento do ICMS, pois o ADCT recepcionou apenas aqueles incentivos fiscais inerentes à criação da Zona Franca de Manaus, a saber: a isenção do Imposto sobre Produtos Industrializados (Decreto-lei 288/67, arts. 3º, 4º e 9º), a isenção do Imposto sobre a Importação (Decreto-lei 288/67, arts. 3º e 7º, com redação dada pelo Decreto-lei 1.435/75) para as mercadorias estrangeiras; a isenção do Imposto sobre a Exportação (Decreto 288/67, art. 5º) e a isenção do Imposto sobre Circulação de Mercadorias incidente sobre a exportação de mercadorias de origem nacional para a Zona Franca de Manaus (Decreto-lei 288/67, art. 4º);

5.5 As operações de importação do exterior somente gozam de isenção do IPI

15. O único caso em que a legislação estadual refere-se a crédito fiscal presumido em operações de importação, é nas hipóteses das operações efetuadas sob o regime da Lei 2.084, de 25.10.91 — "disciplina procedimentos fiscais para operações de importação de mercadorias estrangeiras e dá outras providências" — o chamado "corredor de importação" (art. 3º, *caput*).

16. Samuel Monteiro, *Tributos e Contribuições*, t. I, 1ª ed., 1990, p. 383.

17. José Cassiano Borges e Maria Lúcia Américo dos Reis, *O ICMS ao Alcance de Todos*, 3ª ed., Rio de Janeiro, Forense, 1995, p. 235.

e do Imposto de Importação, por força do dispõe o art. 3º do Decreto-lei 288/67, sendo a isenção do ICMS restrita à exportação de mercadorias de origem nacional para a Zona Franca, concedida pelas demais Unidades da Federação, posto que tal operação era equiparada a uma exportação para o estrangeiro (Decreto-lei 288/67, art. 4º, e Convênio ICM 65/88, cláusula primeira).

NOTAS & COMENTÁRIOS

HARMONIZAÇÃO DA LEGISLAÇÃO TRIBUTÁRIA NO MERCOSUL

ALESSANDRA MACHADO BRANDÃO TEIXEIRA
Mestranda em Direito Tributário na Faculdade de Direito da UFMG
— Advogada em Belo Horizonte/MG

1. Introdução. 2. Aspectos institucionais. 3. A tributação e os níveis de integração. 4. A harmonização da legislação tributária. 5. Harmonização da tributação sobre o consumo. 6. Harmonização da tributação sobre a renda. 7. Conclusão.

1. Introdução

Os resultados positivos alcançados pelo Mercosul até o momento, especialmente os econômicos, são incontestáveis e decorrem de firme e coerente decisão política. Entretanto, essa mesma decisão política deve acompanhar o aprofundamento e o aperfeiçoamento dos mecanismos jurídico-institucionais que terminem por delinear o incipiente Direito que o Mercosul vem gestando.

Resta claro que um dos objetivos principais do Mercosul é a instituição de um Mercado Comum; sendo assim, tratando-se de tributação, torna-se imperioso que haja uma harmonização da legislação tributária dos países envolvidos no processo de integração.

Deve-se, portanto, aprofundar a análise de como essa harmonização da legislação tributária no âmbito do Mercosul pode se efetivar, no momento, utilizando-se dos instrumentos jurídicos existentes, ou seja, não recorrendo a ideais de "supranacionalidade", que não encontram respaldo nos ordenamentos jurídicos internos de cada país.

2. Aspectos institucionais

Em 26 de março de 1991 a República Federativa do Brasil, a República Argentina, a República do Paraguai e a República Oriental do Uruguai celebraram um tratado, denominado *Tratado de Assunção*, visto que o encontro dos Chefes de Estado destes países, para o fim de assinarem o referido documento internacional, ocorreu nessa cidade, onde os países signatários resolveram se unir sob a forma de um Mercado Comum. Com o propósito de realçar a importância das palavras do referido tratado, deve-se transcrever o texto, por fidelidade:

"A República Argentina, a República Federativa do Brasil, a República do Paraguai e a República Oriental do Uruguai, doravante denominados 'Estados-Partes';

"Considerando que a ampliação das atuais dimensões de seus mercados nacionais, através da integração, constitui condição fundamental para acelerar seus processos de desenvolvimento econômico com justiça social;

"Entendendo que esse objetivo deve ser alcançado mediante o aproveitamento mais eficaz dos recursos disponíveis, a preservação do meio ambiente, o melhoramento das interconexões físicas, a coordenação de políticas macroeconômicas e a complementação dos diferentes setores da economia, com base nos princípios de gradualidade, flexibilidade e equilíbrio;

"Tendo em conta a evolução dos acontecimentos internacionais, em especial a consolidação de grandes espaços econômicos e a importância de lograr uma adequada inserção internacional para seus países;

"Expressando que este processo de integração constitui uma resposta adequada a tais acontecimentos;

"Conscientes de que o presente Tratado deve ser considerado como um novo avanço no esforço tendente ao desenvolvimento progressivo da integração da América Latina, conforme o objetivo do Tratado de Montevidéu de 1980;

"Convencidos da necessidade de promover o desenvolvimento científico e tecnológico dos Estados-Partes e de modernizar suas economias para ampliar a oferta e a qualidade dos bens de serviço disponíveis, a fim de melhorar as condições de vida de seus habitantes;

"Reafirmando sua vontade política de deixar estabelecidas as bases para uma união cada vez mais estreita entre seus povos, com a finalidade de alcançar os objetivos supramencionados;

"Acordam:

"CAPÍTULO I — PROPÓSITOS, PRINCÍPIOS E INSTRUMENTOS

"Artigo 1

"Os Estados-Partes decidem constituir um Mercado Comum, que deverá estar estabelecido a 31 de dezembro de 1994, e que se denominará 'Mercado Comum do Sul' (Mercosul).

"Este Mercado Comum implica:

"A livre circulação de bens, serviços e fatores produtivos entre os países, através, entre outros, da eliminação dos direitos alfandegários e restrições não tarifárias à circulação de mercadorias e de qualquer outra medida de efeito equivalente;

"O estabelecimento de uma tarifa externa comum e a adoção de uma política comercial comum em relação a terceiros Estados ou agrupamentos de Estados e a coordenação de posições em foros econômico-comerciais regionais e internacionais;

"A coordenação de políticas macroeconômicas e setoriais entre os Estados-Partes — de comércio exterior, agrícola industrial, fiscal, monetária, cambial e de capitais, de serviços, alfandegária, de transportes e comunicações e outras que se acordem —, a fim de assegurar condições adequadas de concorrência entre os Estados-Partes, e

"O compromisso dos Estados-Partes de harmonizar suas legislações, nas áreas pertinentes, para lograr o fortalecimento do processo de integração."

Assim — conforme se pode comprovar pelo texto do Tratado de Assunção —, Argentina, Brasil, Paraguai e Uruguai uniram-se indubitavelmente sob a forma de um Mercado Comum. Na opinião de Maristela Basso, "o Tratado de Assunção objetiva a inserção competitiva das economias dos quatro países-membros num mundo de blocos econômicos; o incremento da produtividade; o estímulo aos fluxos de comércio com o resto do mundo, tornando os investimentos mais atraentes; a promoção dos esforços de abertura das quatro economias ao intercâmbio mundial; o fortalecimento da ação do setor privado e da sociedade como principais motores do processo de integração; a melhoria das condições de vida de seus habitantes visa estabelecer um sistema de serviços e de fatores produtivos".[1]

1. "A estrutura institucional definitiva do Mercosul", *Boletim de Integração Latino-Americana* 10/28, MRE/SGIE/NAT — Artigos.

Ocorre que os objetivos propostos não se implementaram no tempo esperado. Mas quando da assinatura do Tratado de Assunção tal fato já era previsto, tanto é que se estabeleceu no art. 18 do Tratado de Assunção que a 31 de dezembro de 1994 os Estados-Partes convocariam uma reunião extraordinária com o objetivo de determinar a estrutura institucional definitiva dos órgãos de administração do Mercado Comum, assim como as atribuições específicas de cada um deles e seu sistema de tomada de decisões. Quando do término do período imposto à implementação do Mercado Comum (31.12.94) fez-se necessária a reunião entre os Chefes de Estado dos países-membros do virtual Mercado Comum, para que eles analisassem os aspectos implementados e decidissem o futuro desse processo de integração que se iniciara efetivamente em 1991.

Com esses objetivos, os Chefes de Estado dos quatro países-membros do Mercosul reuniram-se em 17 de dezembro de 1994, na cidade de Ouro Preto/MG, e assinaram o Protocolo Adicional ao Tratado de Assunção, que foi chamado de Protocolo de Ouro Preto.

Nessa reunião deu-se maior enfoque aos aspectos que envolvem os órgãos que compõem o Mercosul, disciplinando, de forma clara, quais as suas competências e composições. Os órgãos são seis: Conselho de Mercado Comum (CMC), Grupo Mercado Comum (GMC); Comissão de Comércio do Mercosul (CCM); Comissão Parlamentar Conjunta (CPC); Foro Consultivo Econômico-Social (FCES); e Secretaria Administrativa do Mercosul (SAM).

Através do Protocolo de Ouro Preto, arts. 34 e 35, o Mercosul adquiriu personalidade jurídica, importante passo, uma vez que era fortemente criticado pela falta de autonomia, pela ausência de personalidade jurídica.[2]

Constatou-se também que o Mercado Comum ainda não havia se implementado efetivamente, sendo necessário retroceder nos níveis de integração, visando a uma melhor implementação da mesma. Imbuídos desse objetivo, os Estados-membros acordaram, conforme se pode comprovar pelo "Preâmbulo" do Protocolo de Ouro Preto, em estabelecer uma União Aduaneira, visando a uma melhor implementação do Mercado Comum. Dispunha assim o referido "Preâmbulo":

"A República Argentina, a República Federativa do Brasil, a República do Paraguai e a República Oriental do Uruguai, doravante denominadas 'Estados-Partes';

"Em cumprimento ao disposto no art. 18 do Tratado de Assunção, de 26 de março de 1991;

"*Conscientes da importância dos avanços alcançados e da implementação da União Aduaneira como etapa para construção do Mercado Comum*;

"Reafirmando os princípios e objetivos do Tratado de Assunção e atentos para a necessidade de uma consideração especial para países e regiões menos desenvolvidas do Mercosul;

"Atentos para a dinâmica implícita em todo o processo de integração e para a conseqüente necessidade de adaptar a estrutura institucional do Mercosul às mudanças ocorridas;

"Reconhecendo o destacado trabalho desenvolvido pelos órgãos existentes durante o período de transição;

"Acordam: (...)" (grifos nossos).

Hoje, constata-se que o Mercosul, embora instituído para ser um Mercado

2. Édison Carlos Fernandes, *Sistema Tributário do Mercosul*, São Paulo, Ed. RT, 1997, pp. 63 e 64: "Escreveu Martha Lúcia Olivar Jiménez, comentando não ter o Mercado Comum do Sul a autonomia desejada, que a 'falta de autonomia aparece novamente na ausência de concepção de personalidade jurídica ao Mercosul. O fato de não existir uma previsão expressa no Tratado de Assunção não será obstáculo para que ela se deduza do próprio corpo do Acordo (...). Entretanto, esta situação será resolvida com a entrada em vigor do Protocolo de Ouro Preto, que em seu Capítulo II consagra a personalidade de nível internacional e interno (arts. 34 e 35)'".

Comum, apresenta-se como uma União Aduaneira e que ainda se encontra em fase embrionária, não estando totalmente perfeita e acabada. Segundo Maristela Basso, "a União Aduaneira: implica uma zona de livre comércio e o estabelecimento de uma tarifa externa comum (TEC)".

Em verdade, o Mercosul é uma União Aduaneira, sendo que se apresenta como uma Zona de Livre Comércio, uma vez que estão eliminadas as taxas aduaneiras e não existem mais restrições alfandegárias ao intercâmbio comercial entre os Estados-membros. À Zona de Livre Comércio acresce-se a adoção de uma Tarifa Externa Comum, o que determina a sua caracterização como uma União Aduaneira. Todavia, no caso do Mercosul esta tarifa externa ainda não abrange a totalidade dos produtos comercializados e produzidos pelos quatro países, atingindo, hoje, uma média de 95% deles. Entretanto, o Mercosul possui algumas peculiaridades características de um Mercado Comum, visto que algumas das políticas adotadas não se restringem à livre circulação de mercadorias.

É importante ressaltar que o processo de integração é dinâmico, não podendo ser rigidamente definido em um determinado nível de integração. Entretanto, através de uma análise global do Mercosul, pode-se concluir que se trata de uma União Aduaneira com vistas à criação de um Mercado Comum.

O aparente retrocesso do Mercosul, originariamente criado segundo o Tratado de Assunção como um Mercado Comum, mas que posteriormente adotou a forma de União Aduaneira, não representa um atraso no processo de integração. Conforme exposição anterior, tendo em vista a dinâmica do processo de integração, às vezes, torna-se melhor retroceder para se permitir um maior avanço posterior. O balanço da União Aduaneira definitivamente constituída pelo Protocolo de Ouro Preto apresenta um saldo positivo e otimista em relação à implementação da integração.

Segundo o diplomata José Botafogo Gonçalves, Subsecretário-Geral de Assuntos de Integração, Econômicos e de Comércio Exterior e Coordenador da Seção Brasileira do Grupo Mercado Comum do Mercosul, os avanços obtidos pela União Aduaneira são inúmeros. Em balanço ao primeiro ano de União Aduaneira, assim se manifestou: "Creio que a análise dos resultados do primeiro ano de implementação da União Aduaneira permite-nos anunciar um futuro promissor para o processo de integração durante a etapa de consolidação da União Aduaneira. Considero estarem presentes todas as condições necessárias à consecução dos objetivos do Tratado de Assunção pertinentes à presente etapa da integração: o Mercosul dispõe de uma estrutura institucional adequada às necessidades do estágio atual do processo de integração; os Estados-Partes têm adotado regularmente as medidas necessárias à incorporação aos ordenamentos jurídicos nacionais das normas emanadas dos órgãos do Mercosul; os instrumentos de política comercial comum já negociados estão implementados ou em implementação; e *persistem os esforços negociadores com vistas à conclusão do quadro normativo regulador da União Aduaneira*"[3] (grifos nossos).

Os resultados políticos e econômicos foram positivos quando se considera a implementação da União Aduaneira; ocorre que, tratando-se da harmonização das normas relativas à tributação interna dos países-membros, até o momento, em nada se avançou.

3. A tributação e os níveis de integração

Os aspectos tributários são inerentes a qualquer nível de integração adotado, quer seja uma Zona de Livre Comércio, quer seja em uma União Política e Econômica. Isso se dá devido ao fato de que a integração econômica pressupõe a abertura de mercado, ou seja, o oferecimento de melhores condições para se comerciar. A livre circu-

3. "A consolidação do Mercosul: o primeiro ano de vigência da União Aduaneira", *Boletim de Integração Latino-Americana* 17/8-12, MRE/SGIE/NAT, maio-dezembro/95 — Artigos.

lação de mercadorias é requisito básico do processo integracionista. Caso as mercadorias sejam oneradas pela tributação em virtude da transposição de fronteiras, a abertura de mercado perde o sentido, tornando-se inócua, o que transforma a tributação em uma barreira à integração. Sendo assim, esta determina o estágio de integração. Adotando-se uma forma mais ambiciosa de integração, haverá de se promover uma estratégia mais sofisticada dos aspectos tributários.

Conforme exposto anteriormente, o Mercosul é uma União Aduaneira com vistas a um Mercado Comum. Assim, não basta que os aspectos tributários sejam concatenados somente no que tange à União Aduaneira, mas devendo se estender ao Mercado Comum. Deve-se preparar o caminho para a instituição da forma mais ousada de integração, uma vez que o Mercosul está estruturado sob essa denominação.

A União Aduaneira pressupõe a adoção de uma pauta ou tarifa aduaneira comum a ser aplicada nas trocas com terceiros Estados. O seu eficaz funcionamento não seria alcançado se as medidas a serem adotadas visando à livre circulação de mercadorias se restringissem à supressão dos impostos alfandegários, das restrições quantitativas à livre circulação dos produtos e de medidas de efeito equivalente, e se não fossem acompanhadas, nas relações com terceiros países, da fixação de uma tarifa exterior comum.

Também é verdadeiro declarar que nenhuma dessas medidas surtiria efeito se não houvesse uma harmonização dos procedimentos aduaneiros. No âmbito de uma União Aduaneira, que visa à integração econômica entre os Estados-membros, este seria o embrião de uma harmonização da legislação tributária interna, posto que a harmonização alfandegária se dá em uma forma mais rudimentar, visto que se limita à circulação de bens. Entretanto, representa o esforço dos Estados em adotar medidas comuns em setores que anteriormente se restringiam ao poder/soberania de um só Estado. Este poderia ser considerado como um exercício de harmonização, se assim se pode chamar.

Segundo o pensamento de João Mota de Campos, "a política comunitária em matéria de legislação aduaneira visa quando não seja adoptada por via de regulamento uma legislação comum, uma harmonização que evite as discriminações entre operadores económicos da Comunidade, os desvios de comércio, as distorções da concorrência no mercado comunitário".[4]

No que se relaciona a um Mercado Comum, para que este possa funcionar plenamente, sem distorções e/ou disfunções, torna-se necessário atender aos seguintes requisitos: liberdade de circulação de pessoas; liberdade de estabelecimento; liberdade de prestação de serviços; e liberdade de circulação de capitais. Sem a plenitude das chamadas quatro liberdades *não poderá existir um Mercado Comum, ainda que sob esta denominação exista uma união de Estados.*

O Mercado Comum não se limita à livre circulação de mercadorias (União Aduaneira), compreendendo, também, a livre circulação de pessoas, de serviços e de capitais; enfim, dos fatores de produção: trabalho, capitais e iniciativas empresariais traduzidas no exercício das liberdades de estabelecimento e de prestação de serviços.

Ainda que, em realidade, o Mercosul corresponda à forma de uma União Aduaneira, faz-se necessária a harmonização da legislação tributária. Os objetivos do Tratado de Assunção permanecem intactos e é objetivo do referido Tratado a livre circulação de mercadorias em condições de sã concorrência, o que somente pode ser cumprido se a legislação tributária interna for harmonizada, ainda que se restrinja à tributação sobre o consumo, sendo a que atinge diretamente os interesses emergenciais da União Aduaneira.

Assim, resta demonstrado que se torna necessária a harmonização da legislação tributária no âmbito do Mercosul, principalmente no que tange aos impostos sobre

4. *Direito Comunitário*. v. 1, Lisboa, Fundação Calouste Gulbenkian, 1995, p. 490.

o consumo, sob pena de inviabilizar o processo de integração que está sendo estruturado com êxito até então.

4. A harmonização da legislação tributária

O Tratado de Assunção estabelece que os Estados-Partes deverão harmonizar suas legislações internas, principalmente quanto à implementação da integração. A legislação tributária está intimamente ligada à livre circulação de mercadorias, requisito essencial do processo de integração, podendo inclusive inviabilizá-lo, caso a harmonização não se efetue. Em sua análise jurídica do Mercosul, Jürgen Samtleben e Calixto Salomão Filho advertem sobre esta necessidade, prevista no Tratado: "O art. 1º do Tratado de Assunção inclui expressamente entre seus objetivos a harmonização da legislação nas áreas afetadas pela integração. Ele não atribui poderes de criação de normas vinculantes aos órgãos comunitários, às quais se sujeitariam até os Parlamentos dos Estados-membros".[5]

Tendo em vista esta circunstância, Claudino Pita assim se manifesta: "A formação de um Mercado Comum como o Mercosul supõe, antes de mais nada, a vontade política dos países engajados nesse processo de convergir para condições de livre concorrência entre eles, de modo a aumentar a eficiência de suas economias e fortalecer a posição do conjunto e de cada um deles no mercado internacional".[6]

Quanto a essa observação, surge a preliminar conclusão do presente trabalho: caso os Estados-membros do Mercosul não tenham vontade política para harmonizar a legislação tributária, bem como para implementar os demais objetivos propostos no Tratado de Assunção, todos os esforços da comunidade jurídica, econômica etc. empenhados no processo de integração em nada valerão. O sucesso do Mercosul depende da vontade política dos Estados para cumprirem os objetivos propostos.

A harmonização da legislação tributária no âmbito do Mercosul é de suma importância, uma vez que este Mercado Comum a ser integrado pretende a livre circulação de mercadorias, bem como dos fatores de produção, e a tributação reflete-se diretamente nesses institutos. Sendo assim, necessário se faz criarem condições para que sejam garantidas a livre concorrência e a necessária segurança jurídica aos agentes econômicos envolvidos.

Esta é a conclusão fundamental do presente trabalho: a harmonização da legislação tributária é necessária e indispensável à implementação do processo integracionista, tendo em vista os objetivos precípuos de resguardar a livre concorrência e a segurança dos agentes econômicos envolvidos no processo de integração. No que tange à livre concorrência, pela lucidez do pensamento, cabe mais uma vez ressaltar o entendimento de Claudino Pita:

"Sem dúvida, para que as condições de livre concorrência estejam pautadas em critérios de eficiência econômica, é necessário remover todo tipo de entraves de natureza institucional, sendo os mais manifestos as barreiras tarifárias e não-tarifárias ao comércio exterior. Mas, à medida que essas barreiras vão sendo eliminadas entre os países do Mercosul, surgem outros obstáculos relacionados a políticas governamentais que exigem certo grau de harmonização para que o processo de integração possa avançar. Este é o caso da tributação interna. Na medida em que os tributos internos incidem na formação dos preços e na rentabilidade dos investimentos, diferenças marcantes nessa tributação podem constituir também uma barreira de natureza institucional à livre concorrência no mercado ampliado.

5. *Contratos Internacionais — O Mercado Comum Sul Americano*, coord. de João Grandino Rodas, 2ª ed., São Paulo, Ed. RT, 1995, p. 273.

6. *Mercosul — Perspectivas da integração — Uma Abordagem Conceitual da Harmonização Tributária no Mercosul*, coord. de Artêmio Salazar P. Brandão e Léa Valle Pereira, Rio de Janeiro, Fundação Getúlio Vargas, 1996, p. 121.

"A tributação pode afetar a maior eficiência decorrente do mercado ampliado principalmente em dois sentidos, ambos referentes à competitividade entre os países-membros: condições de concorrência e alocação geográfica dos investimentos."[7]

Cumpre também colacionar os comentários a esse respeito formulados pela tributarista e professora Misabel Abreu Machado Derzi: "A formação de um bloco integrado ainda exige, do ponto de vista tributário, regras claras que ofereçam segurança jurídica aos agentes econômicos envolvidos (credores da sociedade, contribuintes e Fisco) no que tange à contabilidade comercial e fiscal, à administração e fiscalização dos tributos e ao sigilo bancário. A integração dentro do Mercosul é assim apenas embrionária, encontrando-se em uma inaugural de harmonização".[8]

Assim, fica cada vez mais patente a necessidade de harmonização da legislação tributária interna no âmbito do Mercosul. Existem vários meios de harmonização das legislações.

O primeiro se daria através da recepção, ou seja, os demais países-membros do bloco econômico a ser integrado adotariam as normas jurídicas de outro Estado-membro. Assim, determinado ordenamento jurídico de um dado Estado-membro prevaleceria sobre os demais ordenamentos jurídicos. Este meio não seria o mais recomendável, uma vez que os países que se envolvem em um processo de integração se encontram em igualdade de direitos e deveres, e a adoção de um ordenamento jurídico, com a preterição dos demais, poderia comprometer o princípio da igualdade que norteia o processo de integração.

O segundo representaria uma harmonização espontânea, ou seja, os Estados, espontaneamente, imbuídos da já mencionada vontade política de implementar o processo integracionista, iriam progressivamente harmonizando suas legislações internas de modo a promover a implementação da integração.

O terceiro poderia se dar através dos tratados, ou seja, os acordos internacionais celebrados entre os Estados-membros da região econômica teriam vigência imediata nos sistemas jurídicos internos, desde que aprovados pelo Congresso Nacional. Alguns doutrinadores, tendo em vista a situação emergente relativa ao Mercosul, e como o direito comunitário se processa na União Européia, vêm acreditando que os tratados têm vigência imediata no sistema jurídico interno, independentemente da aprovação do Congresso Nacional. A harmonização da legislação tributária por meio dos tratados tem-se mostrado o meio mais eficiente de harmonização.

No que se relaciona ao direito tributário, o dispositivo contido no art. 98 do CTN — que estabelece que os tratados e as convenções internacionais revogam ou modificam a legislação tributária interna, e serão observados pela que lhes sobrevenha — *confere maior eficácia ao processo de harmonização.*

Tendo em vista este precedente, entre a harmonização espontânea ou recepção dos tratados, a última tem prevalecido, muito embora uma parte considerável da doutrina brasileira adote como sendo constitucionalmente correto o método relativo à harmonização espontânea. Entretanto, a harmonização espontânea representa um retrocesso em relação à harmonização da legislação tributária interna, mostrando-se lenta, em razão da possível perda na arrecadação dos Estados-membros, detentores de competência sobre o principal imposto sobre o consumo, que é o ICMS. Carlos Roberto Lavalle da Silva faz uma crítica contundente a esse respeito, principalmente no que se relaciona ao Brasil: "A lentidão com que se modifica o sistema tributário brasileiro constitui-se num fator impeditivo para um desenvolvimento mais acelerado do processo de integração econômica, pelos prejuízos que causa, em todo o

7. Ob. cit., pp. 121 e 122.

8. "Tributação no Mercosul", *Revista Jurídica* 0, Belo Horizonte, Del Rey, Ano 1, agosto/97.

território do Mercosul, à competitividade dos bens e serviços produzidos em solo brasileiro. O problema fundamental do sistema tributário do Brasil é que ele se apóia fortemente em instrumentos de desenho arcaico, em tributos extremamente distorcivos, totalmente inadequados ao modelo de desenvolvimento que parece ganhar forma nesta primeira metade da década de 90".[9]

Considerando essas questões a respeito de qual seria o melhor método de harmonização e sobre qual seria o constitucionalmente correto, levanta-se uma questão. Caso o Estado brasileiro não promovesse a harmonização da legislação tributária, intimamente relacionada à livre concorrência, ele poderia ser responsabilizado, no âmbito do direito interno, por inviabilizar a livre concorrência entre os países-membros do Mercosul? Caso afirmativo, o processo de harmonização das legislações tributárias deveria apresentar progressos, uma vez que tal medida se tornaria imperiosa em face dos gastos do Estado com essas decisões condenatórias. Nesse contexto, o método recomendável seria através dos tratados, considerando, ainda, o dispositivo do Código Tributário Nacional, que contém disposição expressa relativa à eficácia dos tratados internacionais, no que concerne à legislação tributária.

Por fim, sugere-se a harmonização da legislação tributária utilizando estudo elaborado pelos argentinos Susana B. Ferro e Gilberto L. Santamaría;[10] no entendimento destes autores harmonização significa uma imposição tributária diferenciada com seleção de critérios, com base nos quais haja uma aproximação dos sistemas fiscais, e não uma unificação dos mesmos, tendo em vista a consecução dos objetivos propostos pela integração. Cumpre ressaltar que o fundamento desse modelo de harmonização deve prevalecer, não se deve adotar um sistema único de tributação para os Estados-membros, mas deve-se promover uma coordenação das políticas tributárias.

Deve-se ressaltar, por derradeiro, o conceito jurídico de harmonização tributária formulado pelo professor Heleno Torres, que se valeu da lição de abalizada doutrina italiana sobre essa matéria:

"*Como dito acima, a* harmonização tributária *significa uma tentativa de eliminação das contradições, dúvidas ou conflitos nas relações (em matéria tributária) que envolvam mais de um ordenamento jurídico; sem implicar em unificação das respectivas disposições normativas, mas em redução das divergências existentes, apenas, em favor de uma* neutralidade tributária comunitária.

"A harmonização não significa unificação de arrecadação ou uniformização legislativa, mas uma 'calibração' dos regimes jurídicos que, uma vez aplicável aos sistemas tributários estatais, nas respectivas autonomias, seja suficientemente capaz de proporcionar uma redução dos contrastes porventura existentes.

"*Funcionalmente falando, constitui um procedimento, uma técnica jurídica voltada para a eliminação das disparidades existentes em dois ou mais sistemas jurídicos com o fim de estabelecer uma disciplina legislativa comum sobre matérias tributárias específicas, para possibilitar a redução dos obstáculos e distorções econômicas não passíveis de imediata* uniformização."[11]

5. *Harmonização da tributação sobre o consumo*

O propósito de harmonizar os sistemas fiscais está expresso claramente no Anexo

9. *Mercosul — Perspectivas da Integração — Uma Abordagem Conceitual da Harmonização Tributária no Mercosul*, coord. de Artêmio Salazar P. Brandão e Léa Valle Pereira, Rio de Janeiro, Fundação Getúlio Vargas, 1996, p. 166.

10. *Mercosur — Aspectos tributarios*, Mendoza, Ediciones Jurídicas Cuyo, 1995, p. 120.

11. *Pluritributação Internacional sobre as Rendas de Empresas*, São Paulo, Ed. RT, 1997, pp. 517 e 518.

ao Tratado de Assunção, tendo em vista o conteúdo das atividades do subgrupo de trabalho 10, que tem por objeto a coordenação das políticas macroeconômicas. Dentre o objetivo de coordenação das políticas macroeconômicas foi acordado em Las Leñas, em 27 de junho de 1992, que o subgrupo de trabalho 10 estava incumbido de comparar os sistemas tributários nacionais, estaduais/provinciais e municipais dos distintos países integrantes, visando a sistematizar as assimetrias e simetrias com vistas à harmonização dos mesmos.

Os referidos autores argentinos propõem, basicamente, dois setores de harmonização da legislação tributária: o primeiro relativo à tributação geral sobre bens e serviços (imposto sobre o valor agregado), o segundo relativo à harmonização da tributação da imposição direta sobre a renda das pessoas físicas e jurídicas (imposto sobre a renda).

No que se refere à harmonização do imposto sobre o valor agregado concluiu-se o seguinte:

"*La aplicación inmediata en el Mercosur del* principio de origen, *que requiere una uniformidad difícil de lograr en el corto tiempo respecto de este impuesto, no parece posible.*

"Se presentan, sobre todo en el Brasil, diferencias que dan lugar a distorciones importantes."[12]

Em estudo formulado pela Fundação de Investigação Econômica Latino-Americana em fevereiro de 1992 — um dos primeiros estudos estatísticos sobre a harmonização fiscal no Mercosul — constataram-se diversas assimetrias, que derivam especialmente de defeitos nas estruturas das distintas legislações fiscais, ressaltando que, para lograr êxito a harmonização do IVA (imposto sobre o consumo utilizado pela Argentina, Paraguai e Uruguai), o Brasil será o país que deverá realizar maior esforço para obtê-la.

Outro aspecto ressaltado na referida estatística diz respeito às isenções, como também aos serviços alcançados por ela tratando-se de implantação do IVA.

Contudo, deve-se ressaltar a seguinte proposta de harmonização da legislação sobre o consumo, segundo os mencionados autores argentinos: "Debe observarse que en la actualidad se utiliza el modelo de IVA que fuera diseñado bajo la iniciativa de la ALADI, y que adecuadamente revisado tiende a uniformar los distintos criterios básicos de la legislación de este impuesto, y en el cual debe establecerse una directiva clara que defina: los hechos imponibiles, el tratamiento de las operaciones de construcción de inmuebles y en particular la extensión de gravabilidad de los servicios, la adopción o no del criterio de vinculación económica y la existencia de la regla denominada 'del tope', entre otros".[13]

Dessa forma, a harmonização da legislação tributária referente à tributação sobre o consumo deve dar-se através de anexos ao Tratado de Assunção, ou seja, através de normas comunitárias. Essas normas "harmonizantes" deverão se restringir aos aspectos estruturais da tributação, ou seja, dever-se-á promover uma coordenação dos sistemas tributários, sem que essas medidas importem a criação de um sistema tributário único no âmbito do Mercosul. A exemplo do que ocorreu na União Européia.

Ocorre que as normas comunitárias não têm eficácia plena e imediata no âmbito do direito interno dos Estados-membros. Entretanto, quando são ratificadas pelo Poder Legislativo de cada país elas passam a integrar o ordenamento jurídico destes, adquirindo a eficácia almejada. Certo é que essas normas podem ser revogadas por normas posteriores. Mas nessa circunstância é que deve-se exigir das autoridades competentes um maior amadurecimento político e comprometimento com os assuntos relacionados ao Mercosul.

12. Susana B. Ferro e Gilberto L. Santamaría, ob. cit., p. 122.

13. Ob. cit., p. 123.

Assim sendo, havendo um amadurecimento político por parte das autoridades, o Mercosul pode alcançar seus objetivos jurídicos sem que seja necessária a realização de reformas constitucionais que garantam a eficácia plena e imediata das normas comunitárias, nesse primeiro momento de implantação da integração.

As mudanças operadas nos ordenamentos jurídicos dos países europeus integrantes da União Européia efetivaram-se em razão do compromisso assumido por esses países para com a integração.

Ainda, com relação à tributação sobre o consumo, deve-se esclarecer que não se está a sugerir que a União Federal brasileira, ao seu próprio talante, sem se importar com os Estados e Municípios, implante no território nacional um novo sistema tributário, mas que a União, fazendo uso do poder que lhe é outorgado pela Constituição Federal, enquanto representante dos interesses da Nação, coordene a política tributária com vistas ao processo de integração.

Além disso, as decisões devem ser tomadas em conjunto pelo Estado brasileiro, composto pela União Federal, Estados e Municípios, porque, embora seja possível ocorrer uma perda nas arrecadações tributárias, as vantagens trazidas pelo Mercosul serão convertidas em benefício de todos.

Enfim, com relação ao IVA (imposto sobre o consumo) dever-se-ia adotar um sistema de harmonização fiscal, com base no utilizado na União Européia, através de normas emanadas dos tratados, ou seja, comunitárias, que definissem os aspectos estruturais da tributação sobre o consumo, devendo ser adotado, em um primeiro momento, o princípio de conexão do destino.

6. Harmonização da tributação sobre a renda

Não obstante se tenha ressaltado que a harmonização da tributação indireta prescinde da direta, neste momento em que se encontra o processo de integração, esta também deve ser coordenada em razão das políticas econômicas a serem adotadas dentro de um Mercado Comum.[14]

O primeiro passo seria uma convergência dos princípios de conexão adotados pelos países-membros do Mercosul. O Brasil adota a concepção da renda mundial para as pessoas físicas, porém adota o mesmo princípio com algumas exceções para as pessoas jurídicas (empresas). A Argentina tem adotado o da renda mundial para todos os contribuintes. Paraguai e Uruguai aplicam o critério da fonte territorial somente em relação às empresas.

Na opinião de Macon Jorge,[15] em trabalho elaborado para o Conselho Federal de Investimentos (CFI), em julho de 1992, "utilizando el criterio de fuente territorial, sólamente se eliminarían las distorciones en la competencia entre factores productivos, si los impuestos de los distintos países integrantes del Mercado Comúm fueran iguales; se aplicáramos el criterio de residencia, el inversor pagaría el mismo impuesto sin importar dónde se haya efectuado la inversión, en razón que se atiende a su domicilio o residencia".

A adoção de cada princípio e critério de conexão tem suas conseqüências ineren-

14. Segundo o relato de Heleno Torres, "as únicas normas *self-executing* em matéria tributária, diretamente aplicáveis, valendo inclusive frente aos particulares, são as dos arts. 95 e 96, mas ambas dizem respeito, apenas, aos impostos indiretos, relativos à produção e comercialização de mercadorias, ao IVA, em particular. O Ato Único trouxe em seu bojo um razoável capítulo sobre a política fiscal, com as medidas consideradas necessárias para a realização do mercado único. Contudo, tais medidas diziam respeito, prioritariamente, à tributação indireta, ante a considerável implicação desta sobre o controle de fronteiras entre os Estados-membros, questão decisiva a ser equacionada em função da efetivação do mercado interno. A tributação sobre a renda, por não estar atrelada, diretamente, a esta espécie de controle, nada obstante ser fator determinante para a existência de 'fronteiras invisíveis', que impõem obstáculos à cooperação entre as empresas de países diversos, não mereceu a mesma atenção" (ob. cit., p. 520).

15. Macon, Jorge. *apud* Ferro, Susana B. e Santamaria, Gilberto L.; *Mercosur – Aspectos tributarios,* Mendoza, Ediciones Jurídicas Cuyo, 1995, p. 126.

tes. Caso se adote o critério da fonte territorial assegura-se a neutralidade nacional, todos os investidores em um mesmo país pagam impostos iguais, sejam residentes ou não. Em contrapartida, adotando o critério da residência assegura-se a neutralidade internacional, uma vez que os residentes de um país pagariam o mesmo imposto qualquer que fosse o local que investissem, porém os investimentos realizados em cada país suportariam distintas cargas tributárias, segundo seja o domicílio ou a residência do investidor, a não ser que os impostos dos distintos países de onde sejam provenientes as pessoas sejam similares.

Os citados autores argentinos recomendam a adoção do critério de residência pelo menos no que se relaciona à tributação das sociedades e empresas. Entretanto, a política tributária adotada entre os países-membros do Mercosul, no presente momento, relativa ao imposto sobre a renda procura manter o mecanismo de evitar a dupla tributação através de tratados internacionais específicos.

Futuramente, outros itens devem ser melhor analisados, como: a aplicação de um sistema de ajuste inflacionário relativo ao imposto de renda (correção monetária dos balanços das empresas); distorções produzidas pelas franquias e benefícios acordados em matéria de promoções, tanto nas exportações como no desenvolvimento das atividades produtivas; harmonização das normas relativas ao tratamento das rendas das empresas que sejam subsidiárias ou estabelecimentos permanentes de sociedades matrizes situadas em outro Estado-parte e relativamente a remessas recíprocas de dividendos. Também deve haver uma harmonização do sistema de compensação de prejuízos fiscais dentro dos países-membros do Mercosul.

No que se relaciona à tributação dos impostos sobre a renda, também, não deve ser adotado um sistema tributário único; a harmonização, nesse caso, deve dar-se através de tratados internacionais, com o objetivo de se evitar a bitributação.

A harmonização da legislação tributária não implica um sistema tributário único no âmbito do Mercosul, cada Estado-membro permanecerá com o seu sistema tributário nacional. O que se propõe é uma coordenação das políticas tributárias, que impedirá que as rendas das empresas sejam tributadas por mais de um país.

Não se pretende adotar um imposto sobre a renda comunitário; tal proposta não encontrou respaldo nem mesmo na União Européia, modelo mais avançado de integração econômica.

Com relação aos tributos sobre o faturamento, ou seja, aqueles tributos cumulativos (PIS, COFINS etc.), tendo em vista os efeitos nocivos que produzem sobre a economia dos países, a alta oneração dos preços e a inviabilização da livre concorrência, estes devem ser substituídos por outras fontes de custeio, através de uma classe de gravames fiscais que não importem cumulatividade.

7. Conclusão

Por todo o exposto, deve o presente trabalho ser concluído partindo da premissa básica de que o sucesso do Mercosul depende de um amadurecimento político dos Estados-membros que o compõem. Neste sentido, pertinente a advertência formulada por Paulo de Borba Casella,[16] profundo estudio-

16. *Mercosul — Exigências e Perspectivas*, São Paulo, LTr, 1996, p. 286: "Mais do que nos obcecarmos ou ficarmos paralisados diante das mudanças mentais e institucionais que coloca a experimentação de empreitada de integração, assustados diante da necessidade de reestruturar obsoletas reservas de mercado, quer econômicas como mentais, e *abrir mão da formulação obsoleta de conceitos como a soberania do Estado, em favor de conceito novo, onde a soberania não seja rejeitada, mas transformada para ser útil em contexto supranacional, como foi instrumento de consolidação do Estado e de identidade nacional*, ao longo da História, desde seu aparecimento até a generalização de sua utilização (A. Black, 1992), podemos fazer esforço de captação de necessidades e perspectivas, em favor de concepções mais amplas, mais abertas e estruturalmente mais consentâneas com o contexto mundial presente" (grifamos).

so do tema, de que o conceito de soberania deve-se transformar para atender aos anseios do contexto mundial presente, mostrando-se útil aos processos de integração.

Assim, resta demonstrado que a harmonização da legislação tributária é necessária e indispensável à implementação do processo de integração, tendo em vista os objetivos precípuos do Mercosul, de resguardar a livre concorrência e a segurança dos agentes econômicos envolvidos. Entretanto, essa não implica a adoção de um sistema tributário único, mas uma coordenação das políticas tributárias nacionais.

A harmonização da legislação tributária sobre o consumo deve dar-se através de anexos ao Tratado de Assunção, ou seja, através de normas comunitárias. Essas normas deverão se restringir, principalmente, aos aspectos estruturais da tributação sobre o consumo e à configuração das bases imponíveis desses tributos.

Com relação à tributação sobre a renda, essa deverá ser implementada, em um primeiro momento, através de tratados internacionais, que evitem a bitributação, o que impede que as rendas das empresas, no âmbito do Mercosul, sejam tributadas por mais de um país.

NOTAS & COMENTÁRIOS

A MEDIDA PROVISÓRIA 1.621-30/97 E A SUPRESSÃO DE DIREITOS DO CONTRIBUINTE*

REINALDO PIZOLIO

Advogado e Consultor de Empresas em São Paulo — Especialista em Direito Tributário

1. Considerações iniciais

A Medida Provisória 1.621-30, de 12.12.97, que somente pelo número de sua reedição principia por causar espanto e mal-estar (embora a ninguém chegue a causar surpresa), trata, entre outras matérias, do denominado *processo administrativo fiscal*.

De forma análoga ao que ocorreu com o indigitado decreto-lei (figura jurídica de triste memória), o instituto da medida provisória tem-se caracterizado por sua indevida utilização pelo Poder Executivo, pelo abuso de sua reedição e, em grande parte dos casos, pela agressão acintosa à Constituição Federal, como se alguns pudessem ver nela não os ditames maiores do sistema jurídico brasileiro, mas, antes, uma mera coletânea de recomendações.[1]

Com a medida provisória em tela não ocorre fato diverso, posto que da singela leitura de seus arts. 32 e 33 — que pretendem promover alterações no processo administrativo fiscal — podemos facilmente vislumbrar infringências ao ordenamento jurídico vigente. Segundo nosso sentir, a referida medida provisória fere a Carta Magna tanto formalmente (no que concerne aos pressupostos de sua edição) quanto materialmente (no que diz respeito ao seu conteúdo), conforme procuraremos demonstrar no decorrer do presente estudo.

Antes, porém, de adentrarmos a análise das alterações trazidas pelo referido veículo normativo, não nos parece despiciendo colher da oportunidade para tecer algumas poucas considerações acerca do instituto da medida provisória e suas características básicas, não somente porque o

* Atualmente Medida Provisória 1.699-40, de 28.9. 98.

1. "Aí está, senhores, como se prefigura o que ocorreria, no país donde trouxemos a nossa Constituição, nos Estados Unidos, se um Presidente, ensandecendo no seu cargo, se deslocasse ao extremo de fazer leis. Uma gargalhada ultra-homérica abalaria o Continente, e o mentecapto seria obrigado a internar-se num hospício de alienados.

"Que é, pois, o que nos resta aqui, de um tal sistema, copiado traço a traço por nós, daquela República, se os nossos Presidentes carimbam as suas loucuras com o nome de leis, e o Congresso Nacional, em vez de lhes mandar lavrar os passaportes para um hospício de orates, se associa ao despropósito do transvairado, concordando no delírio que devia reprimir? (...).

"Mas, inquire-se, quando o Poder Executivo chega a esse *nec plus ultra* da usurpação, quando Chefe de Governo legisla, tem o legislador o direito de lhe perdoar?" (Rui Barbosa, *Comentários à Constituição Federal Brasileira*, coligidos por Homero Pires, v. II, São Paulo, Saraiva, 1933, pp. 9 e 10, in Américo Masset Lacombe, *Medidas Provisórias*, V Simpósio Nacional IOB de Direito Tributário, São Paulo, 21 e 22.11.96).

tema suscita cada vez mais perplexidades aos estudiosos do Direito, mas também porque tais considerações introdutórias certamente servirão de pano de fundo para o raciocínio que iremos em seguida desenvolver.

A natureza jurídica da medida provisória — tema a cujo enfrentamento vamos por ora nos furtar, eis que fugiria do limitado escopo do presente trabalho — é matéria que encontra divergência doutrinária, entendendo alguns estudiosos tratar-se de um ato administrativo,[2] enquanto outros vislumbram-na como um ato político, ou de governo, porém distinto do ato administrativo.[3]

Não obstante o alinhamento a uma ou outra linha de pensamento, parece-nos de todo correto afirmar que a medida provisória revela-se veículo normativo de caráter nitidamente excepcional. Ao fazermos, contudo, tal afirmação, é certo também que nada mais fazemos do que declarar o óbvio, dado que as próprias características intrínsecas do instituto considerado já permitem que o intérprete visualize o caráter de excepcionalidade que toma as feições da medida provisória.

Sem embargo, cabe recordar que o Poder Legislativo é exercido pelo Congresso Nacional, nos termos do art. 44 da CF[4] — vale dizer, o exercício da função típica de legislar é afeto ao referido Poder, muito embora na edição das leis haja também a participação do Poder Executivo,[5] consoante o disposto no art. 84, III e IV, da Carta Magna.[6]

Do caráter excepcional da medida provisória, que traz consigo uma usurpação de prerrogativas do Poder Legislativo — ainda que usurpação consentida pela Lei Maior —, decorre a insopitável conseqüência de que sua utilização deve ser (ou, pelo menos, deveria ser) cercada de inúmeros cuidados, a começar pela própria obediência aos pressupostos constitucionais, insculpidos no art. 62, dos quais, contudo, nos ocuparemos um pouco mais adiante.

A respeito da mencionada excepcionalidade, o ilustre Marco Aurélio Greco afirma: "Tratando-se de pressupostos indicados na CF, a meu ver isto implica em as condições que autorizam a edição da medida provisória só estarem completas quando se configurar uma situação de fato, concreta, aferível, real, que implique risco de grave dano ou grave prejuízo a determina-

2. O professor Marco Aurélio Greco afirma: "Não vejo como, então, se possa falar em ato de natureza legislativa. A medida provisória, tal como prevista no art. 62 da CF/88, é na verdade um ato administrativo geral editado pelo Presidente da República em razão da situação constitucionalmente descrita" (*Medidas Provisórias*, Constituição de 1988 — Coleção Primeira Leitura, São Paulo, Ed. RT, 1991, p. 16).

3. O professor Américo Masset Lacombe leciona: "Verifica-se, portanto, que, sendo veiculadora de norma geral e abstrata, a medida provisória não pode ser conceituada como ato administrativo. As medidas provisórias são aquilo que Celso Antônio Bandeira de Mello classifica como 'atos políticos ou de governo, praticados com margem de discrição e diretamente em obediência à Constituição (...)' que, 'inobstante também sejam controláveis pelo Poder Judiciário, são amplamente discricionários, além de serem expedidos em nível imediatamente infraconstitucional (...)' (*Medidas Provisórias*, V Simpósio Nacional IOB de Direito Tributário, São Paulo, 21 e 22.11.96, p. 106).

4. "Art. 44. O Poder Legislativo é exercido pelo Congresso Nacional, que se compõe da Câmara dos Deputados e do Senado Federal.

"Parágrafo único. Cada legislatura terá a duração de 4 (quatro) anos."

5. Manoel Gonçalves Ferreira Filho afirma: "Cabe a promulgação, em princípio, ao Presidente da República, por ser ato que prepara a execução. É o que dispõe o art. 66, § 7º, da Constituição, que se aplica aos atos normativos em geral, salvo a emenda constitucional, o decreto legislativo e a resolução. A promulgação da primeira cabe às Mesas da Câmara dos Deputados e do Senado (art. 60, § 3º). A do segundo, ao Presidente do Senado Federal. A do último, embora silente a Constituição, logicamente ao Presidente do órgão que a edita; o do Congresso, se resolução do Congresso, o do Senado, se do Senado" (*Do Processo Legislativo*, 3ª ed., São Paulo, Saraiva, 1995, p. 241).

6. "Art. 84. Compete privativamente ao Presidente da República: (...) III — iniciar o processo legislativo, na forma e nos casos previstos nesta Constituição; IV — sancionar, promulgar e fazer publicar as leis, bem como expedir decretos e regulamentos para sua fiel execução".

dos valores básicos que somente a edição imediata de novas normas legais pode solucionar".[7]

Mais adiante, ao tratar da exegese do art. 62 e dos limites da utilização da medida provisória, acentua o renomado Professor: "A interpretação do art. 62, a meu ver, deve se dar à luz dos princípios básicos e constantes que a Constituição contempla, pois o instrumento em questão é concebido em razão de uma questão de gravidade institucional e não como uma alternativa a ser utilizada quando surgirem dificuldades episódicas de implantação de programas de governo".[8]

Não obstante a certeza de que, justamente por ser um veículo normativo de acentuado contorno excepcional, sua utilização deveria ser pautada pela análise precisa de sua pertinência e de sua consonância com os ditames da Constituição Federal, podemos diariamente observar medidas provisórias tratando das mais variadas matérias, desde as mais efetivamente relevantes até as mais despropositadas — que até mesmo aos olhos do leigo resta claro que seu tratamento normativo poderia perfeitamente aguardar a edição de uma lei ordinária.

2. *A mencionada Medida Provisória e a desobediência ao art. 62 da CF*

O entendimento até aqui esposado permite-nos concluir que a primeira análise que se nos impõe sobre qualquer medida provisória — em especial a desta de que ora nos ocupamos — diz respeito à aferição de sua conformidade com a ordem constitucional sob o ângulo de seus próprios pressupostos de edição, constantes do anteriormente citado art. 62. Para tanto, parece-nos caber, aqui, a integral transcrição do dispositivo constitucional em tela:

"Art. 62. Em casos de relevância e urgência, o Presidente da República poderá adotar medidas provisórias, com força de lei, devendo submetê-las de imediato ao Congresso Nacional, que, estando em recesso, será convocado extraordinariamente para se reunir no prazo de 5 (cinco) dias.

"Parágrafo único. As medidas provisórias perderão eficácia, desde a edição, se não forem convertidas em lei no prazo de 30 (trinta) dias, a partir de sua publicação, devendo o Congresso Nacional disciplinar as relações jurídicas delas decorrentes."

Da leitura do artigo acima transcrito podemos vislumbrar, como todos sabemos, que os pressupostos de edição da medida provisória são a *relevância* e a *urgência*. Evidentemente que à aferição de tais pressupostos sempre incidirá uma certa dose de discricionariedade, a cargo do Presidente da República, a quem cabe, por força de mandamento constitucional, editar as medidas provisórias.

Entretanto, tal discricionariedade não é de tal ordem a permitir o amplo uso das medidas provisórias, ao bel-prazer do chefe do Poder Executivo, como pretendem acreditar alguns. Exatamente ao revés, a margem discricionária que molda a edição do referido instrumento normativo está contemplada na própria Constituição Federal — comportas, estas, que defluem primeiro do art. 62 e, depois, do sistema jurídico que repousa no seio do Texto Constitucional.

A consagração do Estado Democrático de Direito, estampada logo no art. 1º do Texto Constitucional, e todas as inevitáveis implicações que tal característica impõe ao Estado Brasileiro por certo já constituem uma primeira indicação de relevância. Sem dúvida alguma, são relevantes os princípios fundamentais insculpidos nos arts. 1º a 4º, os direitos e garantias fundamentais tratados no art. 5º e seus incisos, a forma federativa do Estado, consagrada como cláusula pétrea no art. 60, § 4º, I, e outros que tais, para ficarmos apenas com estes poucos exemplos.

Neste sentido, a doutrina parece concordar que a relevância exigida pela Carta Magna para a edição do veículo normativo

7. Ob. cit., p. 22.
8. Marco Aurélio Greco, ob. cit., p. 23.

em tela não há de ser uma relevância "comum", e sim uma relevância "qualificada". O professor Américo Lacombe, neste particular, ensina: "Em primeiro lugar, cumpre notar que tanto a relevância como a urgência não podem ser comuns. Tudo que é matéria de lei é relevante. Sempre que o legislador examina fatos que ocorrem na sociedade e valora-os, erigindo-os em hipóteses normativas, está dando a esses fatos relevância jurídica. A relevância, portanto, não há de ser deste tipo, vale dizer, relevância comum. A relevância capaz de justificar a emissão da medida provisória por si só capaz de inverter a ordem de apreciação da matéria pelos Poderes políticos (Legislativo e Executivo) — pois nela o Executivo se antecipa à aprovação legislativa — deve ser uma relevância em tudo e por tudo excepcional. E tal conceito é perfeitamente extraído do Texto Constitucional".[9]

Com relação à urgência, o mesmo professor acima mencionado também nos fornece valiosa lição, pois desde logo salienta que o art. 64, §§ 1º e 2º, determina que o Presidente da República pode solicitar urgência para a apreciação dos projetos de lei de sua iniciativa. Seguindo este raciocínio, explicita: "Ora, só será urgente, a ponto de justificar a utilização das medidas provisórias, aquilo que não puder aguardar o prazo acima, vale dizer, 90 (noventa) dias, visto que o prazo de 45 (quarenta e cinco dias é sucessivo para cada uma das casas do Congresso. É óbvio que tal prazo deve ser considerado, por exemplo, quando a matéria nele versada na medida provisória não puder ter eficácia imediata. Assim, não seria admissível que em fevereiro fosse editada medida provisória versando sobre um tributo que, sujeito ao princípio da anterioridade, só pudesse ser exigido no exercício seguinte. Não haveria o pressuposto da urgência".[10] Em concordância com tal entendimento está o professor Marco Aurélio Greco,[11] que também vislumbra a possibilidade de se extrair da própria Constituição Federal um critério indicativo do significado da urgência exigida pelo art. 62 para a edição das medidas provisórias.

9. Ob. cit., p. 107.

10. Américo Masset Lacombe, ob. cit., p. 108.

Somente estas poucas considerações já nos bastam para alcançarmos a conclusão de que a primeira inconstitucionalidade presente, a macular a Medida Provisória 1.621-30, diz respeito ao seu aspecto formal e encontra-se justamente na sua desobediência aos pressupostos de relevância e urgência. Se não, vejamos.

O art. 32 da indigitada medida provisória, alterando o Decreto 70.235, de 6.3.72, estabelece que o recurso voluntário do contribuinte somente será aceito se o mesmo comprovar o depósito de, no mínimo, 30% por cento da exigência fiscal definida na decisão de primeira instância.

Por sua vez, o art. 33 determina que o prazo para se pleitear judicialmente a desconstituição da exigência fiscal fixada pela primeira instância extingue-se com o decurso de 180 dias, contados da intimação da referida decisão, com o quê a medida provisória pretende ter alterado o prazo anteriormente fixado em lei complementar.

Ora, da singela leitura dos artigos acima mencionados podemos facilmente concluir que a própria natureza da matéria tratada está a informar que, no caso, não foram atendidos os pressupostos de relevância e urgência.

Com efeito, os arts. 32 e 33 estão a alterar regras jurídicas relativas ao processo administrativo, no primeiro caso, e ao processo judicial, no segundo. A relevância presente em tais matérias é a mesma presente em toda e qualquer matéria digna de ser veiculada por qualquer ato normati-

11. "Com relação à urgência, também me parece ser possível extrair da CF um critério indicador de parâmetro neste sentido. De fato, não existe urgência se a eficácia da disposição veiculada pela medida provisória só puder se materializar após um lapso temporal amplo que permitiria a tramitação normal do processo legislativo, em alguma das formas disciplinadas pela Constituição" (ob. cit., p. 24).

vo, enquanto instrumentos de regulação das ocorrências do mundo fenomênico. Não obstante, é cristalino que tal relevância não é de tal sorte a exigir a edição de medida provisória.

Por qualquer ângulo por que se analise as referidas matérias não há como se possa vislumbrar a razão pela qual a alteração das regras veiculadas nos dispositivos em tela não poderia pacificamente aguardar o regular trâmite do processo legislativo comum. Igualmente não se nota qual o grave prejuízo latente que estaria a ameaçar o ordenamento jurídico, de modo a exigir que os temas viessem a ser tratados por meio do veículo legislativo excepcional.

Sem embargo, a situação tangencia o absurdo e o intolerável quando se pensa no pressuposto da urgência. As regras anteriores, previstas no Decreto 70.235 e no Código Tributário Nacional, estão ali dispostas já há vários anos, nada nos levando a crer que estivessem a reclamar alteração; e, ainda que se reconhecesse tal necessidade, evidentemente tal necessidade não se revela imediata, imprescindível e urgente, a tal ponto que viesse a reclamar sua veiculação por meio de medida provisória.

Enfim, as alterações veiculadas pelos arts. 32 e 33 parecem atender apenas e tãosomente à insopitável sanha arrecadadora do Fisco Federal, e outra coisa não fazem senão confirmar o cediço desprezo das autoridades administrativas e — o que é pior — do Presidente da República pelo ordenamento jurídico vigente.

Assim sendo, uma medida provisória que não se revista insofismavelmente dos pressupostos de relevância e urgência, tal como exigidos pela Carta Magna, certamente encontra-se eivada de inconstitucionalidade, por flagrante ofensa ao acima mencionado art. 62, ainda que o tema por ela disciplinado estivesse em consonância material com a Constituição Federal. Tal circunstância, entretanto — já podemos adiantar —, não está presente no caso da malsinada Medida Provisória 1.621-30, como veremos nas páginas seguintes.

3. O art. 32 e a ofensa aos princípios constitucionais do devido processo legal e do contraditório e ampla defesa

O art. 32 da medida provisória de que ora nos ocupamos tem a seguinte redação:

"Art. 32. Os arts. 33 e 43 do Decreto n. 70.235, de 6 de março de 1972, que, por delegação do Decreto-lei n. 822, de 5 de setembro de 1969, regula o processo administrativo de determinação e exigência de créditos tributários da União, passam a vigorar com as seguintes alterações:

'Art. 33. (...)

(...)

'§ 2º. Em qualquer caso, o recurso voluntário somente terá seguimento se o recorrente o instruir com prova do depósito de valor correspondente a, no mínimo, 30% (trinta por cento) da exigência fiscal definida na decisão.'"

Como se pode notar pela leitura do dispositivo acima transcrito, a medida provisória alterou o texto do Decreto 70.235/72 e instituiu a obrigatoriedade do depósito de, no mínimo, 30% do valor da exigência fiscal constante da decisão administrativa de primeiro grau.

A pretensão veiculada no texto da medida provisória, muito embora não tenha o atributo do ineditismo,[12] seguramente revela-se de todo intolerável, pois pretende suprimir direito basilar do contribuinte, atinente ao denominado processo administrativo tributário.

Segundo lição de Dejalma de Campos, invocando ensinamento do saudoso professor Hely Lopes Meirelles: "(...) o procedimento administrativo tributário é todo aquele que se destina à determinação, exigência

12. Em passado não muito distante, por intermédio de alteração na redação do art. 37 da Lei federal 8.212/91, pretendeu-se instituir a exigência de depósito para o oferecimento de recursos perante o Conselho de Recursos da Previdência Social (CRPS). Sobre o tema, v. o artigo do Dr. Luiz Fernando Gama Pellegrini no *Suplemento Tributário* 1/94, São Paulo, ed. LTr.

ou dispensa do crédito tributário, assim como à fixação do alcance de normas de tributação sobre casos concretos, pelos órgãos competentes tributantes, ou à imposição de penalidade ao contribuinte. Estão compreendidos neste conceito, pela sua amplitude, todos os procedimentos fiscais, seja o de controle, ou de outorga ou de punição".[13]

Vittorio Cassone, oferecendo conceito mais sintético, afirma que "processo administrativo tributário é o conjunto de atos, escritos, que tem por fim determinar e exigir o crédito tributário, sendo assegurados ao contribuinte o contraditório e ampla defesa".[14]

Independentemente da natureza jurídica que se lhe queira imputar, e sem prejuízo da maior ou menor amplitude conceitual, releva notar, para a presente análise, que o processo administrativo encontra suas raízes primeiras na Constituição Federal.

Dentre outros que poderíamos citar, dois princípios constitucionais podem ser invocados como informadores da feição jurídica constitucional do processo administrativo, a saber: o princípio do *devido processo legal* (art. 5º, LIV) e o princípio do *contraditório e ampla defesa* (art. 5º, LV), plasmados nos seguintes termos: "Art. 5º. (...) LIV — ninguém será privado da liberdade ou de seus bens sem o devido processo legal; LV — aos litigantes, em processo judicial ou administrativo, e aos acusados em geral são assegurados o contraditório e ampla defesa, com os meios e recursos a ela inerentes".

Em face dos dispositivos acima transcritos, cabe notar, em primeiro lugar, que o processo administrativo, mais do que deitar raízes no seio da Constituição Federal, encontra-se erigido à categoria de princípio constitucional, e isto tem relevância jurídica capital, considerando-se a importância que os princípios apresentam dentro do ordenamento jurídico.[15]

E, em segundo, que o Texto Constitucional, ao contemplar os princípios do devido processo legal e do contraditório e ampla defesa, consagra-os sem estabelecer qualquer limite, qualquer restrição — enfim, qualquer limitação.

Em outros termos: ao prestigiar o devido processo legal e garantir a todos o direito ao contraditório e à ampla defesa, com todos os meios e recursos a ela inerentes, a Lei Maior não estabelece qualquer condição, qualquer pré-requisito, para o exercício do direito de defesa albergado pelos referidos princípios.

Neste sentido, constitui lição de Hermenêutica Jurídica das mais comezinhas o entendimento de que onde o legislador constitucional não restringiu, não cabe ao legislador infraconstitucional restringir. Vale dizer: onde a Constituição Federal não estabeleceu condições, a lei não poderá estabelecê-las.

Ora, quando a medida provisória em tela estabelece que o recurso voluntário do contribuinte somente terá seguimento mediante o depósito (ainda que parcial) do valor da exigência fiscal, não está fazen-

13. Dejalma de Campos, *Direito Processual Tributário*, 3ª ed., São Paulo, Atlas, 1995, p. 50.

14. Vittorio Cassone, *Direito Tributário*, 9ª ed., São Paulo, Atlas, 1996, p. 140.

15. O insigne professor Roque Antônio Carrazza, tratando do princípio jurídico, leciona: "Segundo nos parece, *princípio jurídico é um enunciado lógico, implícito ou explícito, que, por sua grande generalidade, ocupa posição de preeminência nos vastos quadrantes do Direito e, por isso mesmo, vincula, de modo inexorável, o entendimento e a aplicação das normas jurídicas que com ele se conectam.* Não importa se o princípio é implícito ou explícito, mas, sim, se existe ou não existe. Se existe, o jurista, com o instrumental teórico que a Ciência do Direito coloca à sua disposição, tem condições de discerni-lo. De ressaltar, com Souto Maior Borges, que o princípio explícito não é necessariamente mais importante que o princípio implícito. Tudo vai depender do âmbito de abrangência de um e de outro, e não do fato de um estar melhor ou pior desvendado no texto jurídico. Aliás, as normas jurídicas não trazem sequer expressa sua condição de princípios ou de regras. É o jurista que, ao debruçar-se sobre elas, as identifica e as hierarquiza" (*Curso de Direito Constitucional Tributário*, 10ª ed., São Paulo, Malheiros Editores, 1997, p. 31).

do outra coisa senão ignorando por completo os princípios constitucionais invocados e restringindo — de maneira arbitrária, abusiva e inconstitucional — o acesso do contribuinte ao devido processo legal.

Se o contribuinte, para oferecer recurso contra a decisão que lhe mantém a exigência do pretenso débito fiscal, vê-se obrigado a desembolsar 30% de seu valor — isto é, se antes do término do respectivo processo administrativo o mesmo se constata forçado a descapitalizar-se (e muitas vezes nem há recursos financeiros para tanto) para que possa manifestar sua irresignação —, revela-se evidente que não se lhe está garantindo o contraditório e a ampla defesa, com todos os meios e recursos a ela inerentes, da forma como a ele cristalinamente garantidos pela Constituição Federal.

Cumpre notar, então, que a medida provisória ora fustigada não se limita a ferir, por assim dizer, uma simples regra constitucional — se é que é possível chamar-se uma regra constitucional de "simples".[16] O fato é que isto acarretaria — por si só, e de imediato — sua recusa pelo universo jurídico positivo.

Mais do que isto, a inteligência constitucional apresenta-se ainda mais grave, vez que a agressão dá-se a princípios constitucionais — e, como é cediço, os princípios são ontologicamente regras de maior relevância jurídica, em razão de se constituírem nos verdadeiros alicerces de todo o ordenamento jurídico vigente.[17]

Portanto, para concluir de forma sintética, o § 2º, introduzido pelo art. 32 da Medida Provisória 1.621-30, colide frontalmente com os princípios constitucionais anteriormente invocados, padecendo, por via de conseqüência, de irremediável vício de inconstitucionalidade.[18]

4. O art. 33 e o campo material reservado à lei complementar

O art. 33, *caput*, da medida provisória em análise tem a seguinte redação: "Art. 33. O direito de pleitear judicialmente a desconstituição da exigência fiscal fixada pela primeira instância no julgamento do litígio em processo administrativo fiscal regulado pelo Decreto n. 70.235, de 1972, extingue-se com o decurso do prazo de 180 (cento e oitenta) dias, contados da intimação da referida decisão".

De forma semelhante ao que ocorre com o art. 32, também no artigo acima transcrito vislumbra-se a tentativa de suprimir, ainda que de modo indireto, o livre

16. O mencionado professor de Direito Tributário da Pontifícia Universidade Católica de São Paulo (PUC/SP) ainda nos ensina:

"Em suma, as normas jurídicas de mais alto grau encontram-se na Constituição. É ela que indica quem detém os poderes estatais, quais são estes poderes, como devem ser exercidos e quais os direitos e garantias que as pessoas têm em relação a eles.

"Mas mesmo na Constituição existem normas mais importantes e normas menos importantes.

"De fato, ao contrário do que pode parecer ao primeiro súbito de vista, as normas constitucionais não possuem todas a mesma relevância, já que algumas veiculam simples regras, ao passo que outras, verdadeiros princípios. Os princípios são as diretrizes, isto é, os nortes do ordenamento jurídico. Não é sem razão que Prosper Weil afirma que 'algumas normas constitucionais são mais diretrizes; outras menos'. A Constituição é, pois, um conjunto de normas e princípios jurídicos, atuais e vinculantes" (Roque Antônio Carrazza, ob. cit., p. 29).

17. "Violar um princípio é muito mais grave que transgredir uma norma qualquer. A desatenção ao princípio implica ofensa não apenas a um específico mandamento obrigatório, mas a todo o sistema de comandos. É a mais grave forma de ilegalidade ou inconstitucionalidade, conforme o escalão do princípio atingido, porque representa insurgência contra todo o sistema, subversão de seus valores fundamentais, contumélia irremissível a seu arcabouço lógico e corrosão de sua estrutura mestra. Isto porque, com ofendê-lo, abatem-se as vigas que o sustêm e alui-se toda a estrutura neles esforçada" (Celso Antônio Bandeira de Mello, *Curso de Direito Administrativo*, 10ª ed., São Paulo, Malheiros Editores, 1998, p. 584).

18. O Poder Judiciário já começa a se manifestar sobre o tema, de modo favorável aos contribuintes, como se pode notar pelas seguintes decisões proferidas em sede de mandados de segurança: 1) autos 98.0000339-8, 14ª Vara de São Paulo/SP, Juíza Federal Regina Helena Costa (*RDDT* 30/198); 2) autos 98.0000036-4, 7ª Vara de São Paulo/SP, Juiz Federal substituto Valter Antoniassi Maccarone (*RDDT* 30/198); e 3) autos 98.0600072-2, 2ª Vara de Campinas/SP, Juiz Federal substituto Raul Maricano Júnior; dentre outras.

acesso do contribuinte ao devido processo legal, desta feita na esfera judicial. Cumpre asseverar que, segundo nosso entender, o dispositivo legal em tela cuida de prazo prescricional, eis que se refere ao "direito de pleitear judicialmente a desconstituição de exigência fiscal" — e, portanto, está a tratar da perda do direito de ação, pelo decurso de lapso temporal.

Neste sentido, parece-nos que o artigo acima transcrito ofende a Constituição Federal, pois a mesma estabelece, em seu art. 146, III, "b", que "cabe à lei complementar estabelecer normas gerais em matéria de legislação tributária, especialmente sobre obrigação, lançamento, crédito, prescrição e decadência tributários".

Verifica-se, portanto, que, neste particular, a medida provisória encontra-se disciplinando tema que, por expressa disposição constitucional, é matéria reservada à lei complementar; e, segundo nosso entendimento, o veículo legislativo excepcional não pode chegar a tanto.

Como afirmamos anteriormente, a Carta Magna, ao contemplar em seu texto o instituto da medida provisória, cria exceção ao processo legislativo regular e, a nosso ver, exceção bastante séria, pois permite ao Presidente da República adotar medidas — geradoras de efeitos imediatos — sem o concurso prévio do Poder Legislativo, a quem incumbe intrinsecamente legislar.

Neste sentido, em razão do caráter excepcional de que se reveste a medida provisória, não nos parece razoável supor que a mesma pudesse veicular matérias para as quais a Lei Maior exige a aprovação pela maioria absoluta das duas Casas Legislativas do Congresso Nacional.[19]

O insigne professor Paulo de Barros Carvalho, ao tratar das espécies legislativas, ensina que: "É de clareza meridiana que nossa Lei Fundamental não admite a intromissão do Executivo naquilo que pertencer ao domínio de incidência da lei complementar. A delegação para esse fim está proibida de maneira enfaticamente explícita. É bem de ver que não há tolerar-se que tal vedação perca seu sentido de existência pelo recurso ao precário, excepcional e discutido instrumento que é a medida provisória". E, mais adiante, afirma: "Em contraposição formal a este modo de avaliar o alcance das indigitadas medidas, temos para nós que o expediente que o constituinte afastou das mãos do Presidente da República, por meio de lei delegada, forma legítima e tradicional de manifestação do Poder Legislativo, certamente que não o entregaria para que fosse utilizado por intermédio de medida provisória".[20]

Também o ilustre Antônio Carlos Rodrigues do Amaral, ao analisar o tema da lei complementar, conclui expressamente pela impossibilidade de a medida provisória vir a tratar de matéria constitucionalmente reservada àquela espécie legislativa.[21]

Para finalizar, trazemos novamente à colação as palavras do notável Américo Masset Lacombe: "O segundo aspecto é o conteúdo, que merece inúmeras considerações. Em primeiro lugar cumpre destacar que as medidas provisórias só podem dispor sobre matérias que possam ser reguladas por lei ordinária. Ao dizer o parágrafo único do art. 62 que 'as medidas provisórias perderão a eficácia, desde a edição, se não forem convertidas em lei (...)', está obviamente referindo-se à lei ordinária, pois sempre que a nossa Lei Maior não se refere a este tipo de lei determina de pronto a espécie, ou complementar ou delegada. Matéria reservada à lei complementar não poderá ser objeto de disposição por medida provisória".[22]

19. "Art. 69. As leis complementares serão aprovadas por maioria absoluta."

20. Paulo de Barros Carvalho, *Curso de Direito Tributário*, 6ª ed., São Paulo, Saraiva, 1993, p. 56.

21. Antônio Carlos Rodrigues do Amaral, "Lei complementar", in *Curso de Direito Tributário*, coord. Ives Gandra da Silva Martins, 4ª ed., v. 1, Belem/PA, CEJUP, 1995, p. 98.

22. Ob. cit., p. 109. O autor ainda explicita, em nota de rodapé: "Esta questão é pacifica na juris-

Como se nota, a medida provisória não é instrumento hábil para veicular matéria reservada à lei complementar, por força de imperativo constitucional. Por tal razão, entendemos que também neste particular a Medida Provisória 1.621-30 padece de irremediável vício de inconstitucionalidade.

prudência. Trago à colação decisão do TRF da 3ª Região, na Argüição de Inconstitucionalidade na Apelação em Mandado de Segurança n. 36.325 (reg. 90.03.32177-9), apelante Banco Central do Brasil, apelado Fábio Konder Comparato, em cuja ementa consta: 'Medida provisória não é instrumento idôneo para iniciar procedimento legislativo que vise dispor sobre matéria reservada à lei complementar' (in *Revista do TRF da 3ª Região*, Argüição de Inconstitucionalidade 1989/1993, p. 211)".

NOTAS & COMENTÁRIOS

A NATUREZA JURÍDICA DA CONTRIBUIÇÃO AO COMPLEMENTO DO FINANCIAMENTO DO SEGURO DE ACIDENTES DO TRABALHO-SAT E SUA MANIFESTA INCONSTITUCIONALIDADE NOS MOLDES COMO ESTÁ SENDO EXIGIDA

RICARDO CONCEIÇÃO SOUZA

Advogado – Mestrando em Direito Tributário pela PUC/SP

O presente artigo pretende demonstrar, inicialmente, qual a natureza jurídica da contribuição social destinada à complementação do financiamento do Seguro de Acidentes do Trabalho-SAT, prevista atualmente no art. 22, inc. II, da Lei Federal 8.212, de 24.7.91 e, posteriormente, sua manifesta inconstitucionalidade.

Para efeitos de posicionamento, cumpre de antemão esclarecer que a indigitada contribuição, a cargo dos empregadores, nos termos da legislação ordinária retromencionada, incide sobre as remunerações pagas ou creditadas no decorrer do mês aos segurados empregados, à razão de 1%, 2% ou 3%, conforme o grau de risco de acidente de trabalho existente na atividade econômica preponderante.

Nestes termos, sua natureza tributária é inquestionável, visto tratar-se de uma obrigação pecuniária compulsória, prevista em lei, não decorrente de sanção de ato ilícito, cobrada mediante atividade administrativa plenamente vinculada, a qual está a cargo do Instituto Nacional do Seguro Social-INSS.

Aliás, outra não é a regra do Código Tributário Nacional, assim vertida: "Art. 3º. Tributo é toda prestação pecuniária compulsória; em moeda ou cujo valor nela se possa exprimir, que não constitua sanção de ato ilícito, instituída em lei e cobrada mediante atividade administrativa vinculada".

O inesquecível Mestre Geraldo Ataliba lecionou, de forma memorável, em sua obra *Hipótese de Incidência Tributária*, 5ª ed., 4ª tir., Malheiros Editores, p. 37, que:

"11.13 O conceito de tributo é nitidamente um conceito jurídico-positivo. Há de ser formulado, hoje, de modo diverso, relativamente ao passado. Sofreu evolução. Pode modificar-se e até desaparecer. Aquele, aqui vigente, pode ser extensível a todos os sistemas atuais. Sua compreensão é maior ou menor aqui e alhures. Como todo conceito jurídico-positivo, é mutável, por reforma constitucional.

"Efetivamente, nele se compreenderam, no passado, as corvéias (serviços) e bens outros (trigo, alho, tecidos etc.) que não o dinheiro. Há sistemas atuais que o formulam de modo mais amplo que o nosso. (...)

"*No Brasil, hoje, o seu turno de referência é o dinheiro*. Não se sabe como será no futuro. Enfim, é conceito contigente, ao contrário dos conceitos lógico-jurídicos, que são necessários, permanentes, universais e transcendentais ao próprio querer constituinte" (destaque de nossa autoria).

Para efeitos de espancar qualquer dúvida, não custa nada relembrarmos as lições do Mestre Celso Antônio Bandeira de Mello, em sua insuperável obra *Curso de Direito Administrativo*, 4ª ed. revista e ampliada, Malheiros Editores, p. 35, versadas nos seguintes termos:

"41. (...) Com efeito, se o objeto do jurista é um sistema de normas e o tema específico do administrativista são as regras e princípios que perfazem em sua unidade o direito administrativo, a primeira tarefa que se lhe impõe, como patamar para a compreensão dos vários institutos, é a identificação das noções radicais que os embasam. (...)

"47. O sistema de uma disciplina jurídica, seu regime, portanto, constitui-se do conjunto de princípios que lhe dão especificidade em relação ao regime de outras disciplinas. Por conseguinte, todos os institutos que abarca — à moda do sistema solar dentro do planetário — articulam-se, gravitam, equilibram-se, em função da racionalidade própria deste sistema específico, segundo as peculiaridades que delineiam o regime (no caso, o administrativo) dando-lhe tipicidade em relação a outros."

Por mais que se tente, não há como negar, em termos jurídicos, que o Sistema Tributário encartado na Constituição Federal de 1988 gira em torno de uma obrigação compulsória prevista em lei que tem como referência a transferência de dinheiro aos cofres públicos ou a quem lhe faça as vezes.

Vista a natureza tributária da indigitada contribuição, enfrentemos agora o mérito, qual seja, sua manifesta inconstitucionalidade nos moldes como está sendo exigida, advertindo-se, desde logo, que não se faz necessário aqui declinar a qual espécie tributária pertence a obrigação em tela, isto é, se se trata de uma genuína contribuição ou de mais um imposto disfarçado, como é a praxe.

No caso vertente, em que pese o fato de o Seguro de Acidentes do Trabalho ter sua previsão em sede constitucional, seja no art. 7º, inc. XXVIII, seja no art. 201, inc. I, a contribuição que lhe financia, nos moldes da regra encartada no art. 22, inc. II, da Lei Federal 8.212/91, fere não só regras elementares de Direito Tributário, como também o princípio maior da isonomia.

Vejamos melhor. Dispõe o art. 194 da Constituição Federal que a seguridade social compreende um conjunto integrado de ações de iniciativa dos Poderes Públicos e da sociedade, destinadas a assegurar os direitos relativos à saúde, à previdência e à assistência.

Por seu turno, o art. 195 da Carta Magna, assevera que a seguridade social será financiada por toda a sociedade, de forma direta, através do recolhimento das contribuições sociais e, indireta, pela alocação de verbas do orçamento das pessoas políticas de direito constitucional interno.

Assim, de chapa, pode-se afirmar que o citado art. 195 cuida do financiamento universal da seguridade social, a qual, lembramos, abrange a saúde, a previdência e a assistência social.

Contudo, é de conhecimento público que o acesso tanto à saúde, por força do parágrafo único do art. 198, quanto à assistência social, a teor do estabelecido no *caput* do art. 203, ambos dispositivos da Constituição Federal, independem de qualquer contribuição, eis que são custeadas pelo orçamento geral da seguridade social.

Porém, o mesmo não se sucede com os planos previdenciários, os quais, por expressa disposição contida no *caput* do art. 201 da Constituição Federal, serão custeados mediante contribuição, dentre as quais o acidente de trabalho.

Ora, se os planos previdenciários, como é o caso do seguro de acidentes do trabalho, estão inseridos, como de fato estão, no contexto da seguridade social e esta, por sua vez, é financiada pelas contribuições sociais capituladas no art. 195, inc. I, da CF/88, salta aos olhos que qualquer outra contribuição que venha no sentido de mantê-los, como é o caso desta que está em análise, deverá observar o comando capitulado no art. 195, § 4º, c/c o art. 154, inc. I, ambos da CF/88, fato esse que não se passa com a obrigação tributária em tela, que está prevista no art. 22, inc. II, da Lei Federal 8.212/91, daí a razão da sua manifesta inconstitucionalidade.

Para tanto, torna-se necessário observar que os empregadores estão sendo submetidos à incidência de duas contribuições sociais distintas em relação à folha salarial.

A primeira, prevista no art. 22, inc. I, da Lei 8.212/91, à razão de 20% (vinte por cento) da folha salarial, atende ao universo da seguridade social.

A segunda, objeto do presente estudo, prevista no art. 22, inc. II, da Lei 8.212/91, à razão de 1%, 2% ou 3% da folha salarial, serve de complementação do financiamento do Seguro de Acidentes do Trabalho.

Tal visualização decorre das lições do Mestre Paulo de Barros Carvalho, o qual, em sua obra *Curso de Direito Tributário*, 7ª ed. atualizada, Saraiva, 1995, p. 24, assim discorre: "(...) no direito brasileiro, o tipo tributário se acha integrado pela associação lógica e harmônica da hipótese de incidência e da base de cálculo. O binômio, adequadamente identificado, com revelar a natureza própria do tributo que investigamos, tem a excelsa virtude de nos proteger da linguagem imprecisa do legislador".

Mais adiante, o Mestre arremata, nos seguintes termos:

"No livro da norma tributária, expusemos: 'Dessa abstração emerge o encontro de expressões genéricas designativas de comportamentos de pessoas, sejam aqueles que encerram um fazer, um dar ou, simplesmente, um ser (estado). Teremos, por exemplo, *vender mercadorias*, *industrializar produtos*, *ser proprietário de bem imóvel*, *auferir rendas*, *pavimentar ruas* etc.

"'Esse núcleo, ao qual nos referimos, será formado, invariavelmente, *por um verbo, seguido de seu complemento*. Daí porque aludirmos o comportamento humano, tomada a expressão na plenitude de sua força significativa, equivale a dizer, abrangendo não só as atividades refletidas (verbos que exprimem ação) como aquelas espontâneas (verbos de estado: ser, estar, permanecer etc.)' (p. 168 — destaques de nossa autoria).

"Sensível a tais ponderações, o Professor Héctor Villegas, de Córdoba, Argentina, na segunda edição de seu *Curso*, acolhe o raciocínio que expusemos, passando a empregá-lo para descrever o sistema tributário de seu país, isolando, em cada figura impositiva, '*o verbo e o complemento* que dão a estrutura do núcleo das hipóteses normativas' (p. 169 — destaque de nossa autoria).

"O comportamento de uma pessoa, consistência material lingüisticamente representada *por um verbo e seu complemento*, há de estar delimitado por condições espaciais e temporais, para que o perfil típico esteja perfeito e acabado, como descrição normativa de um fato" (p. 169 — destaque de nossa autoria).

Em consonância com as lições do Mestre Paulo, podemos visualizar duas obrigações tributárias distintas, na medida em que a hipótese de incidência prevista no citado art. 22, inc. I (20% sobre a folha salarial), se concretiza formalmente com *a remuneração de alguém em razão de vínculo empregatício.*

Entretanto, o mesmo não ocorre com o comando encartado no mencionado art. 22, inc. II (SAT), visto que a hipótese de incidência aqui delineada não se satisfaz apenas com a remuneração em razão de vínculo empregatício.

A subsunção da hipótese à norma, para efeitos tributários, exige que, além da remuneração por força de vínculo empregatício, se faça também presente na relação jurídica o respectivo *risco de acidente de trabalho existente na atividade econômica preponderante do empregador*.

Vale dizer: para efeitos de incidência da contribuição encartada no inc. I, o critério material exige apenas a presença do *verbo remunerar acompanhado do complemento empregado*, ao passo que, em relação ao inc. II, o critério material, além do verbo remunerar e do complemento empregado, exigirá ainda uma outra complementação da seguinte ordem: *submetendo-o a certo risco de acidente de trabalho existente na atividade econômica preponderante desenvolvida*.

Na primeira hipótese, o fato jurídico tributário se perfaz com a remuneração do empregado, ao passo que, na segunda hipótese, a remuneração do empregado não será suficiente para desencadear uma relação jurídica tributária, caso o complemento não se faça acompanhar da submissão ao risco de acidente do trabalho.

Seus arquétipos tributários podem ser assim estruturados:

• Lei Federal 8.212, de 24.7.91:

a) art. 22, inc. I – hipótese de incidência: remunerar segurado empregado em razão de vínculo empregatício; *base de cálculo*: valor da remuneração paga ou creditada; *alíquota*: 20% (vinte por cento).

b) art. 22, inc. II – hipótese de incidência: remunerar segurado empregado em razão de vínculo empregatício, submetendo-o a certo risco de acidente de trabalho; *base de cálculo*: valor da remuneração paga ou creditada; *alíquotas*: variáveis de 1% a 3%, conforme o grau de risco de acidente de trabalho existente na atividade econômica preponderante desenvolvida.

Convenhamos, se uma das contribuições atende ao universo da seguridade social, na qual se inserem os planos previdenciários, como é o caso do Seguro de Acidentes do Trabalho, não se pode olvidar que a segunda contribuição retrata um caso típico de *manutenção* e, como tal, sua exigência deveria ter observado os comandos encartados no art. 154, inc. I, por expressa disposição do art. 195, § 4º, ambos dispositivos da CF/88.

Não há como negar que os planos previdenciários, entre os quais se inclui a cobertura dos eventos resultantes de acidentes do trabalho, tal qual estabelecido no art. 201, inc. I, da CF/88, abaixo vertido, não estejam inseridos no contexto da seguridade social.

"Art. 201. Os planos da Previdência Social, mediante contribuição, atenderão nos termos da lei, a:

"I — cobertura dos eventos de doença, invalidez, morte, *incluídos os resultantes de acidentes do trabalho*, velhice e reclusão" (destacamos).

Conforme antes salientado, o art. 194 da CF/88 é taxativo no sentido de que: "A seguridade social compreende um conjunto integrado de ações de iniciativa dos Poderes Públicos e da sociedade, destinadas a assegurar os direitos relativos à saúde, *à previdência* e à assistência social" (destacamos).

A afirmativa de que não restou observado o comando encartado no art. 154, inc. I, da CF/88, reside no fato de que a indigitada contribuição, além de não ter sido veiculada por Lei Complementar, tem como base de cálculo a folha salarial, fato econômico esse que é exclusivo daquela contribuição destinada ao universo da seguridade social, prevista no art. 22, inc. I, da Lei 8.212/91, à alíquota de 20%.

Ademais, a vingar a contribuição ao SAT nos moldes como está sendo exigida, admitindo-se, por conseqüência, que a alíquota de 20% (vinte por cento) não é universal, será forçoso reconhecer então que é lícito ao legislador ordinário instituir outras contribuições específicas sobre a folha salarial, para atender não só aos demais incisos do art. 201 da Constituição Federal, abaixo vertidos, como também aqueles outros eventos do próprio inciso I (doença, invalidez, morte, velhice e reclusão):

"II — ajuda à manutenção dos dependentes dos segurados de baixa renda;

"III — proteção à maternidade, especialmente à gestante;

"IV — proteção ao trabalhador em situação de desemprego involuntário;

"V — pensão por morte de segurado, homem ou mulher, ao cônjuge ou companheiro e dependentes, obedecido o disposto no § 5º e no art. 202."

Noutro giro, cumpre constatar, a teor do estabelecido no § 3º, do art. 26, do Decreto 612, de 21.7.92, adiante transcrito, que as atividades econômicas preponderantes e os respectivos riscos de acidentes do trabalho não estão previstos em lei, nos seguintes termos:

"3º. As atividades econômicas preponderantes dos estabelecimentos da empresa e os respectivos riscos de acidentes do trabalho compõem a Relação de Atividades Preponderantes e correspondentes Graus de Risco — Seguro de Acidentes do Trabalho-SAT, anexa a este Regulamento."

Desnecessário frisar que foi conferido ao dispositivo supratranscrito, previsto em Regulamento, a competência para não só definir as atividades econômicas, como também mensurar os respectivos riscos de acidentes de trabalho, fato esse que, em última análise, consiste em dizer o montante da obrigação tributária, matéria essa sabemos estar restrita ao império da lei.

Finalmente, vale ainda observar que a obrigação tributária em análise agride frontalmente o princípio maior da igualdade, o qual, por força das lições do festejado Mestre Celso Antônio Bandeira de Mello, *exige tratar desigualmente os desiguais na medida das suas desigualdades.*

O legislador ordinário ao elencar a atividade preponderante da empresa, para efeitos de enquadramento do risco de acidente e, por conseguinte, da incidência da respectiva alíquota, não se apercebeu do absurdo jurídico em que incorreu, à medida que passou a tributar situações jurídicas idênticas de forma diversa.

O exemplo convence: basta imaginarmos que dois empregadores, não obstante tenham empregados expostos ao mesmo risco de acidente de trabalho, serão tributados de forma diversa, para efeitos de financiamento do seguro de acidentes do trabalho, não em razão do risco a que estão expostos cada um dos seus funcionários, mas sim pela atividade econômica preponderante.

Se invertermos o modo de pensar, veremos que dois empregados de empresas distintas, porém submetidos ao mesmo trabalho e, portanto, idêntico risco de acidente, causarão uma tributação diversa, para cada empregador, não em razão do risco em potencial a que estão expostos, mas em razão da atividade econômica preponderante nas empresas.

Nestes termos, resta inexorável a inconstitucionalidade da obrigação tributária prevista no art. 22, inc. II, da Lei Federal 8.212, de 24.7.91, denominada contribuição social, por não observar o comando encartado no art. 154, inc. I, por expressa disposição do art. 195, § 4º, ambos dispositivos da CF/88, no que atina à necessidade de Lei Complementar e não ter base de cálculo discriminada pela Carta Magna.

Inconstitucional também por afrontar ao princípio da estrita legalidade, previsto no art. 150, inc. I, quando é o Regulamento que toma para si a responsabilidade de dizer o montante do tributo, bem como ao princípio maior da isonomia, insculpido tanto no *caput* do art. 5º, como no art. 150, inc. II, todos da Constituição Federal, na medida em que o legislador ordinário tributa situações iguais de forma diversa.

Estas são as nossas conclusões, as quais expomos às devidas considerações.

Ribeirão Preto, 9 de maio de 1996

CONFERÊNCIAS & DEBATES

SAUDAÇÃO DO PROFESSOR EROS ROBERTO GRAU AO PROFESSOR PAULO DE BARROS CARVALHO, PROFERIDA NA SESSÃO SOLENE DE POSSE NO CARGO DE PROFESSOR TITULAR DE DIREITO TRIBUTÁRIO DA FACULDADE DE DIREITO DA UNIVERSIDADE DE SÃO PAULO

Excelentíssima Senhora Diretora, D. Congregação, minhas senhoras, meus senhores, meu caro Amigo Professor Paulo de Barros Carvalho:

Aqui estamos reunidos para celebrar a posse do Professor Doutor Paulo de Barros Carvalho no cargo de Professor Titular da Faculdade de Direito do Largo de São Francisco.

Esta, entre tantas belas tradições da Faculdade de Direito do Largo de São Francisco, é uma das suas mais belas tradições. Celebramos a admissão definitiva do Professor Doutor Paulo de Barros Carvalho na velha e sempre nova Academia.

Desde agora poderá, o Professor, fruir daquela que, já uma vez afirmei, perante essa D. Congregação, ser uma das mais enternecedoras sensações — a sensação que nos toma quando, ao passarmos pelas Arcadas, nos dizemos a nós mesmos, em silêncio: "esta é a minha casa, a velha e sempre nova Academia; aqui, aonde mora a amizade e se constrói a liberdade". E dizemos isso, a nós mesmos, pisando o chão do pátio das Arcadas transformado no jardim cantado por Goffredo, pleno de flores.

Que bom, repito, que bom podermos dizer — fingindo humildade — que bom podermos dizer, singelamente, se alguém pergunta o que fazemos, que bom podermos dizer, simplesmente: "sou professor no Largo de São Francisco!"

Aqui estamos, agora, para celebrar a admissão definitiva do Professor Doutor Paulo de Barros Carvalho na velha e sempre nova Academia.

Bacharel em Direito em 1965, em 1969 tornou-se especialista em Direito Comercial, em nosso antigo curso de especialização.

Após, em 1973, Doutor e, em 1981, Livre-Docente em Direito Tributário pela PUC/SP, Faculdade de Direito na qual alcançou a titularidade em Direito Tributário em 1985. Daí as teses "A estrutura lógica da norma jurídica tributária", "A regra-matriz do ICM" e "Questões substanciais de Direito Tributário".

E a tanto se acrescente, entre outros mais, os livros *Teoria da norma tributária*, *A inconstitucionalidade dos tributos fixos*, *Decadência e prescrição no Direito Tributário*, *Curso de Direito Tributário* — este já em 10ª edição.

Mais recentemente, a tese apresentada ao concurso para Professor Titular das

Arcadas — *Direito Tributário – Fundamentos jurídicos da incidência*.

A produção intelectual do Professor Paulo de Barros Carvalho é amplíssima, compreendendo ainda, além de outros livros, inúmeros artigos e pareceres.

Toda sua carreira acadêmica foi feita mediante concursos públicos e, sem nenhuma dúvida, no seu desempenho o Professor a honrou.

Em 1987 fundou a cadeira de Lógica Jurídica nos curso de Mestrado da Faculdade de Direito da PUC, lecionando a matéria até hoje. É bem sabido, de resto, que Paulo de Barros Carvalho vem sistematicamente empreendendo pesquisas no campo da Teoria Geral do Direito e da Filosofia do Direito, visando imprimir maior profundidade às especulações a propósito do Direito Tributário.

A atividade de Paulo de Barros Carvalho na Universidade é, também, extremamente relevante. Coordenador do Programa de Pós-Graduação em Direito da PUC/SP há seis anos, duas vezes reeleito. Daí, porque — e, para tanto, é essencial o desempenho pessoal do professor incumbido da coordenação dos cursos de mestrado e doutorado — a Faculdade de Direito da PUC/SP detém o melhor conceito na avaliação oficial dos programas brasileiros de pós-graduação em Direito.

Em suma, seja por seus títulos, seja mercê do brilhante concurso a que se submeteu, o Professor Paulo de Barros Carvalho — que ao ser recebido entre nós passa a ser o único professor titular da USP e da PUC, por concurso, em ambas as instituições, em uma mesma disciplina — o Professor Doutor Paulo de Barros Carvalho, dizia, bem merece a honra conquistada.

Por tudo isso me permito, neste momento, rememorar alguns diálogos que mantivemos, Geraldo Ataliba e eu. Sabíamos que, em razão de inúmeras circunstâncias, imediatamente após a aposentadoria de nosso Alcides Jorge Costa nenhum colega do Departamento de Direito Econômico e Financeiro habilitar-se-ia a sua sucessão. O nome de Paulo, e a firme disposição de o estimularmos a preparar-se para o concurso, surgiu naturalmente.

Por isso, agora me permito também dizer, meu caro Paulo, que entre os amigos que celebram a data de hoje — mas estenderão as comemorações até amanhã, 15, quando Você completará mais um ano de vida — entre os seus amigos, de modo a poder ser visto apenas de relance, encontra-se o nosso Ataliba, na lembrança que dele temos.

Há, meu caro Amigo, por certo há um lugar, nutrido por nossas boas lembranças, onde se encontram os homens de boa-vontade, lá onde há de estar o Geraldo. Lá, desse mesmo lugar, hão de agora também deitar os olhos sobre nós os velhos Leonardo e Werner, que nos ensinaram a Amizade.

Repito agora, com a autorização de nosso Amigo Hermes Marcelo Huck, o que disse ao recebê-lo, em nome da D. Congregação, em uma solenidade como a de agora.

Professor Paulo de Barros Carvalho: os nossos Maiores estendem-lhe as mãos. "Vinde a nós — eles dizem (vejo-os bem: Brotero, Herculano de Freitas, Pedro Lessa, Canuto) — vinde a nós, dizem, vinde fruir essa imensa alegria de sermos da Academia do Largo de São Francisco, de fazermos parte dela, de sermos de tal modo que sem ela já não somos".

Devo dizer, contudo, que a fruição, em sua plenitude, das glórias da Faculdade somente é admitida aos que a amam e a proclamam, no quotidiano e no sempre, desde os pequenos até os mais largos gestos. Não basta a sua conquista — é necessário preservamos o seu passado, mas também construindo o presente e o porvir.

Sendo assim, vigoroso é o desafio que enfrentamos, em especial porque a nós incumbe — e assim nós a honramos, como um cavaleiro medieval honra sua dama — a defesa do Direito e da Constituição. Os dias que vivemos são extremamente expressivos.

De uma banda os trinta anos do AI-5, que de modo tão duro nos ensinou a dor da ausência de democracia e a brutalidade de certos homens, mas deixou também a evidência — e essa deve ser lembrada a todo instante — de que não existem espectadores inocentes! Sim, Professor, é imperioso repetirmos para que todos oiçam: não existem espectadores inocentes!

De outra, os dez anos dessa que é a mais bela das Constituições de nosso tempo, a Constituição que afirma a dignidade da pessoa humana e define, em seu artigo 3º, o programa do Brasil e da sociedade brasileira: construir uma sociedade livre, justa e solidária; garantir o desenvolvimento nacional; erradicar a pobreza e a marginalização, e reduzir as desigualdades sociais e regionais; promover o bem de todos, sem preconceitos de origem, raça, sexo, cor, idade, e quaisquer outras formas de discriminação.

Esta é a Constituição do Brasil, nem sempre respeitada, é certo — veja-se os escândalos que se sucedem e as privatizações que tornam a minha pátria "tão pobrinha", para lembrar o Poeta — mas que sobreviverá aos tolos e aos que a ela não dão crédito, seja porque já envelheceram mais do que o devido, seja por declínio moral.

Professor Doutor Paulo de Barros Carvalho:

Ainda que sendo breve, direi tudo quanto deve ser dito.

Aqui estamos, sob a luz da velha e sempre nova Academia, seja para produzir a boa reflexão jurídica, seja para prover a defesa da Constituição. Esses, os nossos dois ofícios.

Mãos à obra.

CONFERÊNCIAS & DEBATES

DISCURSO DE POSSE DO PROFESSOR PAULO DE BARROS CARVALHO NO CARGO DE PROFESSOR TITULAR DE DIREITO TRIBUTÁRIO NA FACULDADE DO LARGO DE SÃO FRANCISCO, PROFERIDO NA SESSÃO SOLENE DE 14.12.1998

Excelentíssima Senhora Professora Titular Doutora Ivete Senise Ferreira, digna diretora desta Faculdade, Excelentíssimo Senhor Professor Titular Doutor Eros Roberto Grau, Excelentíssimos Senhores Professores e demais membros da Egrégia Congregação, prezados alunos dos cursos de graduação e de pós-graduação aqui presentes, Minhas senhoras, Meus senhores.

As palavras carinhosas do ilustre Professor Eros Roberto Grau, penetradas pela emoção e pelo sentimento, evocam, para além da amizade, aquilo que tem sido o denominador comum desta expressiva cerimônia: a tradição e a história, mobilizadas pela presença incisiva do tempo, no seu particularíssimo modo de ser e de aparecer. As reflexões sobre o tempo, que tanto ocuparam a mente privilegiada de Santo Agostinho e de muitos outros filósofos, apontam para um fenômeno do espírito que entretece, cadenciadamente, os conjuntos de fatos sociais, na sua mais larga dimensão de significado, ordenando-os na marcha da história, com o que o ser humano cumpre seu trajeto existencial, dominando a circunstância que o envolve, e depositando nela seus valores para produzir atos de cultura. Cultura, como projeção do espírito para fora de si, aquilo que Hegel denominou espírito objetivo e que Simmel chamou de "provisão de espiritualidade tornada objetiva pela espécie humana no decurso da História". Essa mesma cultura versada com tanta nobreza intelectual por Miguel Reale, tomada como síntese do ser e do dever-ser, enaltecendo a pessoa humana como valor-fonte de todos os valores, homem que no seu dizer é capaz de saltar por cima das funções necessárias da vida psíquica, possibilitando o cumprimento da prescrição normativa, pois carrega consigo a liberdade que se traduz no domínio sobre sua própria consciência.

Senhora Diretora, douta Congregação.

Dificilmente poderíamos imaginar ato mais expressivo das manifestações da cultura do que esta iniciativa que a Faculdade do Largo de São Francisco iterativamente mantém, realizando solenidades como esta há 170 anos, numa demonstração eloqüente de memória dos nossos valores e de preservação de suas mais legítimas tradições. A repetência de eventos dessa natureza, que assumem a feição de ritos quase-litúrgicos, despertam em cada um de nós o renovado apego a nossas origens, aos nossos maiores, à nossa história. É como se o sentimento de patriotismo ascendesse em nossas almas, como um clarão, a mais legítima reminiscência dos autênticos ideais da sociedade brasileira. Penso mesmo que sucessos dessa ordem deveriam ser cantados em verso, para atingirem sua plenitude significativa.

Só o poeta e a magia de sua linguagem têm o dom de elevar o pensamento àquela região mística que anuncia a fronteira entre o homem e o anjo, como diria Gerardo de Mello Mourão, o grande autor do poema épico "Invenção do Mar", que honra a todos nós com sua presença.

Senhora Diretora e douta Congregação.

Ao recordar minhas origens acadêmicas, mencionou o Professor Eros Grau o papel relevantíssimo que a Pontifícia Universidade Católica de São Paulo representou, representa e representará, como espero, no processo de formação do meu espírito. Foi lá que, conduzido pela orientação do prezado Professor Ruy Barbosa Nogueira, amigo de meu pai, ingressei no curso de bacharelado, passando a ser aluno de José Frederico Marques e de Manoel Gonçalves Ferreira Filho, expoentes das letras jurídicas brasileiras. Foi lá que me tornei amigo fraternal do grande Geraldo Ataliba, de quem sempre fui discípulo e pelas mãos de quem dei os primeiros passos no magistério superior, na condição de seu assistente. Foi na PUC/SP que tive o privilégio e a honra de ser aluno de Oswaldo Aranha Bandeira de Mello, que ensinava o Direito Administrativo a partir de noções seguras de Teoria Geral do Direito e é lá também que sustento enriquecedora convivência intelectual com figuras ilustres como Celso Antônio Bandeira de Mello, Michel Temer, Lúcia Vale Figueiredo, José Manuel de Arruda Alvim, Adilson Dalari, Celso Bastos, Maria Helena Diniz, Roque A. Carrazza e muitos outros. Mas, aquilo que desejo enfatizar é que foi lá onde, passo a passo, submeti-me a todos os concursos para ascensão na carreira acadêmica, chegando a professor titular de Direito Tributário.

Seria até cansativo insistir no quanto devo àquela Instituição ao me outorgar as condições necessárias para desenvolver meu projeto de vida intelectual. Cheguei a pensar, porém, num determinado instante, que teria encontrado o termo de minhas aspirações acadêmicas. Eis que, nesse momento, os espíritos atilados e inquietos de Geraldo Ataliba e de Eros Roberto Grau voltaram a instigar-me com novo desafio: estava para aposentar-se do cargo de Professor Titular da Faculdade de Direito da Universidade de São Paulo meu querido mestre e amigo Alcides Jorge Costa. Por que não tentar novo concurso, preparando tese e inscrevendo-me para as provas? Não é preciso dizer que a retórica envolvente daqueles dois grandes amigos prevaleceu em toda a extensão, entreabrindo-se novo e estimulante capítulo em minha vida.

Entreguei-me ao projeto de elaborar a tese com dupla responsabilidade: fazer jus à condição de titular da PUC/SP, ao mesmo tempo em que me sentia no dever de apresentar uma contribuição efetiva à Faculdade de Direito da USP, as duas maiores instituições jurídicas deste país. Desse empenho resultou o livro *Direito Tributário — Fundamentos Jurídicos da Incidência*, lançado pela Editora Saraiva, que já prepara, agora, sua 2ª edição.

Aqueles que acompanharam o período de pesquisa e, sobretudo, as maturadas reflexões empreendidas para a consecução desse objetivo, sabem, muito bem, as energias que foram gastas e o tempo empregado para tal fim. Mas, igualmente, reconhecem o quanto nos fez avançar na compreensão do Direito. E falo no plural em homenagem a todos aqueles que, de lugares diferentes do Brasil, integram o grupo de estudos que mantenho vivo e vibrante há 15 (quinze) anos, reunindo-se, rigorosamente, todas as semanas do ano letivo.

Esta é a hora de declarar, também, que nunca percebi com tanta clareza e com tanta convicção, a complexidade ínsita ao fenômeno jurídico. Na variedade de seus aspectos notamos, desde logo, a presença de um corpo de linguagem que se projeta sobre a realidade social, colhendo-a na região material das condutas intersubjetivas. Por outro lado, há de existir intenso relacionamento psico-social entre o suporte sociológico e aquele extrato de linguagem em que o legislador, considerado aqui no seu sentido mais amplo, deposita seus valores, consciente ou inconscientemente. E tudo isso criado de maneira compassada, ao longo do processo histórico. Ora, sem prejuízo de outras plataformas de observação, que a multiplicidade do direito oferece a quem dele se aproxima, e num esforço simplificador, indicaríamos o ângulo sociológico, a concepção histórica, o lado psico-social, o ponto de vista axiológico e a tomada de posição lingüística perante a experiência concreta do dado jurídico, todas elas como possibilidades cognoscentes devidamente autorizadas pela Epistemologia, motivo pelo qual não se justificam disputas retóricas entre os que postulam examinar o objeto a partir de qualquer uma dessas faces, reivindicando supremacia. A complexidade objetal admite múltiplos enfoques teoréticos, cada qual, naturalmente, com o método que lhe é próprio. Ajeita-se aqui, contudo, uma proposição afirmativa de superior importância: seja qual for a proposta cognoscitiva de quem pretenda falar do direito, quer para estudá-lo no que concerne a seus valores, fazendo Axiologia Jurídica, quer para examiná-lo sociologicamente, ou pela perspectiva da história ou ainda pelo ângulo psico-social, o agente do conhecimento terá que travar contato com o dado linguïstico, porta de entrada obrigatória para outras derivações que se pretenda desenvolver. Lembremo-nos de que não é possível imaginar direito (escrito ou não escrito) sem a presença inexorável de um texto lingüístico e o texto jurídico, antes de ser "jurídico", é texto. Ora, muitas ciências há, nos dias de hoje, voltadas exclusivamente à investigação dos textos, com técnicas aprimoradas para guiar nossas intuições através de caminhos seguros para a formação de sentido. Os estudos de Semiótica vêm, como se sabe, revolucionando as ciências e oferecendo ricas alternativas para a pesquisa e para o aprofundamento do saber.

Esse o projeto que escolhi para o desenvolvimento de meu trabalho: partir do plano de expressão, vale dizer, da literalidade textual dos atos normativos que versam matéria tributária e progredir em direção ao plano do conteúdo, percorrendo aquilo que os analistas do discurso chamam de trajeto gerador do sentido. Vale a pena repetir que esse avançar do plano da expressão ao do conteúdo, construindo a interpretação do texto legislado, não se faz irrefletidamente, conduzido pelo impulso do primeiro instante. É exatamente aqui que ingressam as técnicas inerentes à Ciência conhecida como Teoria do Discurso, bem como às construções da Lingüística em geral.

Desse ingente processo de revisão de premissas, algo surgiu com enorme clareza: não se sustenta a decantada distinção entre incidência e aplicação do direito, postulado que redireciona o equacionamento de problemas jurídico-tributários tão freqüentemente debatidos em todos os foros.

E o mais interessante disso tudo é que a proposta, sendo como é de indiscutível índole teórica, apresenta efeitos práticos admiráveis. Nos últimos dois anos não vimos fazendo outra coisa, durante as atividades do grupo de estudos e em aulas e seminários de graduação e de pós-graduação, que testar em situações do cotidiano, daquele "mundo da vida" a que se referiu Husserl, expressão tão repetida nos escritos de Habermas, a aplicabilidade das mencionadas categorias da Análise do Discurso. E aproveito o ensejo para render minhas homenagens, também, ao inesquecível Alfredo Augusto Becker, que teve a ousadia de proclamar essas verdades nos idos remotos de 1963, com o seu *Teoria Geral do Direito Tributário*, além de me fazer sentir a necessidade premente de manter contato com essas ciências novas, voltadas ao texto, na busca incessante das construções de sentido que nós, juristas, percorremos na penosa tarefa interpretativa.

Precisamente essa a mensagem que trago à tradicional Faculdade de Direito do Largo de São Francisco: respeitando a todos os modelos epistemológicos existentes, apresentar esse modo de ingresso na intimidade do fenômeno jurídico tributário, lidando antes com o que ele tem de jurídico, para somente depois analisar o aspecto tributário. Sem qualquer menoscabo do ramo didaticamente autônomo que representa, com o intenso dinamismo que o caracteriza, o território das imposições tributárias e suas imponentes construções, passa à condição de mero campo empírico eleito para a comprovação das grandes teses sobre o fenômeno jurídico. Outros, poderiam ser o comercial, o trabalhista, o processual, o constitucional, o administrativo. E quero frisar, novamente, àqueles que pensam tratar-se de modelo meramente teórico, afirmando que, poucas vezes vi rendimento prático tão acentuado, confirmando, aliás, a lição sempre viva de Lourival Vilanova, o insuperável mestre pernambucano, cuja obra tem sido a mais constante fonte de minhas inspirações, ao ensinar que o jurista é o ponto de intersecção entre a teoria e a prática; entre a ciência e a experiência.

Pois bem. É com esse entusiasmo, que minhas palavras não escondem, mas com a humildade de quem vem para aprender com os talentos desta Casa e, assim, poder ensinar aos jovens alunos, que ingresso nas Arcadas, gentilmente recebido, nesta solenidade grandiosa, para exercer o magistério na cadeira de Direito Tributário, ocupada inauguralmente por Ruy Barbosa Nogueira e, em seguida, por Alcides Jorge Costa, disciplina que integra o Departamento de Direito Econômico e Financeiro, atualmente dirigido pelo meu mestre e amigo Professor Fábio Nusdeo. A singela menção desses nomes, por todos citados e aplaudidos, já dá a medida de minha responsabilidade. Pretendo desenvolver aqui, nesta por todos os títulos famosa Instituição, um trabalho sério, que se coloque à altura de toda a força e de toda a tradição da Faculdade de Direito da USP, aproveitando para estreitar, ainda mais, os laços que a unem à Pontifícia Universidade Católica de São Paulo.

Aliás, são muitos os pontos de afinidade pessoal e intelectual que me ligam a esta grande Academia, impregnada de saber e exuberante de tradição. Além das personalidades ilustres que já mencionei, neles incluindo, em posição de destaque a do Professor Eros Grau, não só fraterno amigo, mas amigo de gerações, quero lembrar a figura ilustre do Professor Tércio Sampaio Ferraz, doutrinador pioneiro nos estudos de Pragmática da Comunicação Jurídica entre nós. A leitura atenta de seus últimos trabalhos marcou decisivamente meu pensamento, provocando meditações que repercutiram com grande objetividade no encaminhamento de questões tributárias que tenho enfrentado.

Senhora Diretora e douta Congregação.

Comemora-se o cinqüentenário da declaração universal dos direitos do homem. A Faculdade do Largo de São Francisco, que não é apenas a Casa do "dever-ser" jurídico, mas também o é do "dever-ser" ético e do "dever-ser" político, sempre foi uma cidadela incansável para a defesa dos direitos fundamentais do cidadão. Por isso mesmo, colho a oportunidade para consignar que deploro ver o início de minhas atividades do magistério em clima de tanto desprezo aos mais elevados valores jurídico-constitucionais. Quem lê a Constituição brasileira, inteirando-se dos seus fundamentos e, de seguida, observa o modo como vêm sendo aplicados seus dispositivos, se depara com uma distância abissal. Ao pensar nisso acode-nos à mente a advertência do Padre Antônio Vieira, no Sermão da Sexagésima. Diz ele: "O pregar que é falar, faz-se com a boca; o pregar que é semear, faz-se com a mão. Para falar ao vento bastam palavras; para falar ao coração, são necessárias obras".

De ver está que as palavras do legislador constituinte estão lá, falando ao vento; a obra de implantação efetiva desses preceitos, todavia, não aconteceu e, por incrível que pareça, proclama-se insistentemente a necessidade de reformas estruturais numa Constituição que sequer chegou a ser experimentada em muitos de seus pontos.

Como transmitir aos alunos a existência do princípio da anterioridade, conquista secular dos povos civilizados, para garantir o direito de previsibilidade dos administrados, quando os poderes constituídos reservam os últimos dias do ano para anunciar tributos novos ou aumento dos já existentes? De que maneira indicar a progressividade como diretriz constitucional do imposto sobre a renda, inserida no Texto Supremo de 1988, mas até agora sem qualquer esforço de implantação? Como mencionar o magno princípio da legalidade, quando uma Instrução Normativa do Ministério da Fazenda declara, em sua ementa, que vem introduzir modificações no tratamento jurídico-normativo de temas próprios e exclusivos de lei ordinária? Como continuar lecionando que a legislação tributária somente poderá redefinir institutos, categorias e formas de direito privado, quando os respetivos conceitos não tiverem sido utilizados pela Constituição para a discriminação das competências impositivas, se medida provisória acaba de equiparar "faturamento" a "receita bruta", alargando, grosseiramente o universo de contribuintes para certos impostos? Como ensinar que as medidas provisórias só serão admitidas diante dos pressupostos de urgência e de relevância, razão pela qual hão de entrar em vigor na data de sua publicação, ao mesmo tempo em que o Chefe do Poder Executivo da União as utiliza indiscriminadamente para disciplinar quase todos os assuntos, fixando o termo inicial da vigência, às vezes, para mais de três meses de sua edição? Como, enfim, aludir ao regime constitucional das matérias rejeitadas, que é e sempre foi restritivo, e admitir a reedição de medidas provisórias, castrando ao Poder Legislativo a prerrogativa constitucional de rejeitá-las por omissão?

É lamentável reconhecer que esse processo de desrespeito a cânones constitucionais e de degradação do conteúdo semântico de princípios arduamente obtidos pela sociedade brasileira, acontece nos nossos dias sob os olhares complacentes da comunidade jurídica nacional. E aqui se encaixa, à perfeição, a frase que o Professor Eros Grau acaba de pronunciar: "não existem espectadores inocentes!" Tenho para mim que no subsolo dessa atitude passiva e incompreensível, repousam sentimentos incertos e estimativas pouco discutidas pela consciência política e jurídica da nação. Em nome da chamada "globalização", uma série de atos lesivos aos interesses públicos são cometidos e o princípio da moralidade dos atos administrativos vem sofrendo sucessivos golpes.

Senhora Diretora, minhas senhoras e meus senhores.

Posso assegurar que a instabilidade atual de nossas instituições não afetará, de forma alguma, o ânimo que imprimirei ao meu labor docente e devo confessar, nesta cerimônia tão bonita, carregada com a vibração positiva de todos os que por aqui passaram, que me sinto imensamente honrado de poder integrar a Egrégia Congregação da Faculdade de Direito do Largo de São Francisco, tomando assento ao lado de personalidades de tão elevada estatura moral e intelectual que sempre admirei e respeitei. Comprometo-me a oferecer o melhor do meu trabalho e de estar a altura da dignidade do cargo e das funções que venha a exercer.

Por derradeiro, faço consignar meus efusivos agradecimentos a todos aqueles que, como os Professores Antônio Junqueira de Azevedo e Álvaro Vilaça, direta ou indiretamente, cooperaram para meu ingresso nesta Academia, mas registro com inflexão especial a participação sempre presente e decisiva de minha mulher e de minhas filhas, em todo o percurso de minha carreira acadêmica e profissional, pedindo a Deus que me permita cumprir, concreta e efetivamente, os propósitos que acabo de declarar.

Muito obrigado.

CONFERÊNCIAS & DEBATES

XIX JORNADAS LATINO-AMERICANAS DE DIREITO TRIBUTÁRIO*

TEMA 1: A CRIMINALIZAÇÃO DAS INFRAÇÕES FISCAIS

Perante o relatório do relator geral, Prof. Dr. Vicente Oscar Diaz (Argentina), os relatórios dos relatores nacionais, Drs. Jorge Damarco (Argentina), Jaime Araújo Chamaco (Bolívia), Dejalma de Campos (Brasil), Abella Zárate y Speyer Wells (Colômbia), Rodrigo Garcés Moreano (Equador), Andrea Amatucci (Itália), César Luna Victoria León (Peru), Marco Antonio Elizeche (Paraguai), Nuno de Sá Gomes (Portugal), Federico Berro (Uruguai), as comunicações técnicas apresentadas pelos Drs. Humberto Bertazza e Rodolfo Spiso (Argentina), Mario Leccisotti e Pasquale Pistone (Itália), Antonio Aparicio Pérez, Ramón Falcón y Tella, Rosa Galán Sánchez, Ana Isabel González González, Maria Amparo Grau Ruiz, Pedro Herrera Molina e Pablo Chico de la Cámara, Javier Martín Fernández, Jesús Rodríguez Márquez, Fernando Serrano Antón e Sonia Zaparta Canillas, Maria Teresa Soler Roch e Elva Ayala Agulló, e José Manuel Tejerizo López, e as valiosas opiniões resultantes do debate e de outros trabalhos apresentados nestas Jornadas e considerando:

— Que a análise de qualquer política criminal exige indagação sobre os pressupostos básicos de racionalidade em que se insere;

— Que a interpretação do direito penal fiscal se encontra vinculada a decisões valorativas contidas no ordenamento constitucional;

— Que os problemas que se verificam na criminalização das infrações fiscais decorrem de difícil e indeclinável integração dos setores jurídicos fiscal e penal, respectivamente, e de uma interdependência de que resultam os próprios tipos penais;

— Que a complexidade da matéria penal fiscal, onde convergem elementos de duas disciplinas jurídicas, o direito penal e o direito fiscal, exige, necessariamente, para compreender integralmente o ilícito fiscal, a análise dos aspectos fiscais dos fatos submetidos a julgamento;

— Que a criminalização fiscal não se pode apresentar à sociedade como mero instrumento de cobrança, isto é, que para definir o alcance da mesma devem existir razões de fundada identificação;

— Que a singularidade do delito fiscal deve ser considerada à luz das principais implicações da técnica tributária complementada com a análise das causas da formação do fato tributário de cada imposto;

— Que na perseguição do delito fiscal, em especial para a obtenção da *notitia criminis* e da *opinio delicti*, o poder da Administração não é absoluto;

* Lisboa, Portugal, de 11 a 16 de outubro de 1998.

— Que se reconhece como doutrina no âmbito da sanção penal fiscal que a extinção do procedimento penal pelo arrependimento espontâneo do presumível infrator é uma decisão de política criminal, contanto que os comportamentos relevantes da espontaneidade não tenham sido forçados pelas circunstâncias, *recomendam*:

1. A sanção penal terá caráter de último recurso do Estado quando este assegure, através de uma legislação clara e precisa, um controle igualitário e geral, bem como a correta administração da despesa pública.

2. A sua finalidade não deve afastar-se dos fins repressivos e preventivos do direito penal comum, sem recair em objetivos diretos de arrecadação.

3. A descrição dos tipos penais deve ajustar-se ao princípio de reserva, só podendo criminalizar-se comportamentos comandados por dolo específico que produzam danos no bem jurídico protegido.

4. A regularização espontânea da situação fiscal, antes que a Administração tenha iniciado formalmente a investigação, impede o exercício de ação penal.

5. A mera elisão como forma de não se realizar o fato tributável, com vista a minimizar, no âmbito das opções legais, o custo fiscal, não pode ser sancionada.

6. O erro na aplicação das normas fiscais exclui o elemento subjetivo do delito. A freqüência de erros neste campo, com origem na excessiva complexidade e em falta de cuidado na redação das normas fiscais, deve ser especialmente tida em conta como fator de desculpabilização.

7. Preconiza-se a especialização dos juízes encarregados da aplicação do direito penal fiscal.

8. A liquidação administrativa do imposto deve ser prévia a qualquer iniciativa da Administração conducente ao início do processo penal. A inatividade da Administração em caso algum deve prejudicar este requisito.

9. A aplicação sem restrições, no âmbito fiscal, dos princípios gerais do direito penal substantivo e adjetivo, em particular do princípio de não prestar declarações contra si próprio.

TEMA 2: O ENQUADRAMENTO FISCAL DA SUBCAPITALIZAÇÃO

Vistos:

— O relatório do relator geral, Prof. Rogério Fernandes Ferreira (Portugal);

— Os relatórios dos relatores nacionais, Dr. José Marcos Domingues de Oliveira (Brasil); Dr. Lucio Enrique Manosalva Afanador (Colômbia); Dr. José Luis Pérez de Ayala (Espanha), exposto pela Dra. Marta Villar Ezcurra; Dr. Sindulfo Blanco (Paraguai); Dr. Andrés Valle Billinghurst (Peru), exposto pelo Dr. Victor Gallart; Dra. Maria dos Prazeres Lousa (Portugal) e Dr. David Eibe Fernández (Uruguai);

— As comunicações técnicas apresentadas pelos Drs. Heleno Taveira Torres (Brasil); Dra. Amparo Navarro Faure (Espanha); Drs. Ana Maria Pita Grandal, Roberto Ignacio Fernández e Carmen Ruiz Hidalgo (Espanha); Dra. Piera Filippi (Itália) e Dr. Andrés Eloy León Rojas (Venezuela);

— As opiniões apresentadas durante o debate e as manifestadas em outros trabalhos apresentados durante estas Jornadas.

Considerando:

— Que a globalização dos mercados, particularmente do de capitais, e a sua mobilidade criam dificuldades crescentes na respectiva obtenção, em particular para países emergentes, como é o caso da maioria dos latino-americanos;

— Que, perante esta situação e com o objetivo de não encarecer os custos da sua utilização, as legislações positivas tendem a tratar mais favoravelmente os juros de empréstimos, ou outras formas de financiamento inovadoras, do que as entradas de capitais próprios, normalmente remuneradas através da distribuição de dividendos;

— Que se desenvolveram diversos mecanismos para igualar o tratamento, em imposto sobre o rendimento, entre juros e dividendos, entre os quais se podem mencionar:

— a possibilidade de dedução de modalidades de juros sobre o capital próprio investido nas empresas;

— a não-dedutibilidade dos juros de dívidas;

— idéias inovadoras sobre um imposto dualista sobre os rendimentos, que atinja os juros de capitais em forma cedular, em função da teoria da fonte, etc.

— Que no caso de empresas multinacionais ou em outras situações em que os acionistas ou sócios podem escolher livremente as modalidades de financiamento, poderá ser conveniente, do ponto de vista fiscal, que as mesmas se efetuem através de empréstimos, em vez de entradas de capital;

— Que a referida situação normalmente não se produz no caso de financiamentos por parte de terceiros; pelo contrário, nas hipóteses mencionadas no *considerando* anterior a maior tendência para o endividamento implica o fenômeno conhecido como "infracapitalização" ou "subcapitalização" (capitalização débil ou *thin capitalization*), o que pode dar origem a situações de evasão ou de redução da base do imposto sobre o rendimento, e eventualmente sobre o patrimônio;

— Que a situação descrita deveria ser objeto de ponderação em cada caso particular, e não através de normas presuntivas gerais, as quais poderiam afetar tanto a legislação de fundo civil como comercial, assim como o caso de empresas financiadas por terceiros de forma genuína;

— Que, do mesmo modo, se coloca a questão da compatibilidade das medidas nacionais com as cláusulas que proíbem a discriminação incluídas nas convenções para evitar a dupla tributação;

— Que a mesma compatibilidade deveria ser respeitada no relativo às cláusulas de não-discriminação constantes do Tratado de Roma constitutivo da Comunidade Européia, no âmbito dos países pertencentes à União Européia, bem como em outros tratados multilaterais;

AS XIX JORNADAS LATINO-AMERICANAS DE DIREITO TRIBUTÁRIO RECOMENDAM:

1. As legislações positivas deveriam estruturar-se de modo a respeitar padrões de eqüidade horizontal e neutralidade, procurando tributar de forma idêntica tanto o financiamento obtido de terceiros como o realizado com fundos próprios.

2. Quando por razões de política econômica se justifique estimular a captação de capitais, particularmente do exterior, através de um tratamento fiscal mais benigno, as eventuais práticas emergentes do aumento artificial de financiamento por via de endividamento em prejuízo do capital próprio (capitalização débil ou infracapitalização) poderiam ser neutralizadas mediante a atuação das Administrações Fiscais através da análise da transparência do financiamento.

Neste caso, e tratando-se de entidades vinculadas, caberia ponderar as relações entre credor e devedor, a origem dos capitais, a verossimilhança da operação, a aplicação do critério *arm's length*, os critérios de razoabilidade dos preços de transferência, a realização de acordos prévios com as Administrações Tributárias ou outros critérios semelhantes.

3. As normas positivas que pretendam evitar a infracapitalização poderiam conter presunções *iuris tantum*, respeitantes às referidas situações, e afetar apenas os juros que correspondam ao financiamento que se considere excessivo. Portanto, não devem aplicar-se presunções *iuris et de iure* e ficções que, além de alterarem a legislação de fundo tanto civil como comercial, poderão chegar a descaracterizar a base tributável do imposto sobre o rendimento e, eventualmente sobre o patrimônio, afetando aquelas empresas que observaram uma gestão correta, financiando-se em condições normais de mercado.

4. As referidas normas deveriam respeitar as proibições de não-discriminação ou constantes das convenções para evitar a dupla tributação, do Tratado de Roma constitutivo da Comunidade Européia, ou de outros tratados multilaterais, quer estabelecendo medidas que regulem a subcapitalização interna e internacional, quer estabelecendo, no caso da subcapitalização internacional, medidas probatórias que evitem um tratamento discriminatório para os não-residentes.

I CONGRESSO INTERNACIONAL DE DIREITO TRIBUTÁRIO*

CONCLUSÕES

O I Congresso Internacional de Direito Tributário tem por objeto a justiça tributária: direito do Fisco e garantia dos contribuintes nos atos de administração e no processo tributário.

1. Valor

O objeto é o valor justiça e justiça na área tributária.

O Direito posto é um conjunto de normas jurídicas dispostas hierarquicamente, formando um sistema. Sua unidade e consistência são dadas pelos princípios, valores objetivados que informam a criação de normas.

As normas construídas em desacordo com esses princípios ficam eivadas de vícios de inconstitucionalidade e podem ser expulsas do sistema pelos processos de controle por ele criados.

O valor justiça será assegurado mediante a realização dos princípios tributários insertos na Constituição.

Os valores privilegiados pelo Direito são basicamente três: liberdade, segurança e justiça.

O direito tributário, na área de direito público, é o que mais suscita e ressuscita o problema dos valores. Estes estão objetivados na Constituição e têm suma relevância, permitindo o equilíbrio que deve existir entre as partes — Estado e contribuinte — na relação jurídica tributária.

2. A igualdade

Igualdade nada mais é que a própria justiça, isto é, dar a cada um o que é seu, tratando igualmente os iguais e desigualmente os desiguais, na medida em que se desigualam.

No direito tributário a igualdade expressa-se pelo princípio da capacidade contributiva: cada qual contribuirá para os cofres públicos na medida de sua capacidade econômica (que não é necessariamente capacidade financeira). Os princípios da proporcionalidade e da progressividade auxiliam a configuração deste princípio.

• O sistema vedaria a criação de tributos fixos, isto é, os que não têm base de cálculo, nem alíquota.

• A regra geral para os impostos é a proporcionalidade, onde a alíquota é fixa e a base de cálculo variável.

• A progressividade, onde a alíquota aumenta à medida que a base de cálculo cresce, é exceção, aplicando-se, no nosso sistema, ao imposto sobre a renda.

* Vitória-ES, de 12 a 15 de agosto de 1998.

• Exterioriza-se a capacidade contributiva pela realização do fato gerador.

3. *Legalidade*

Interessa principalmente a legalidade material, o que significa dizer que a norma jurídica instituidora dos tributos deverá ter um conteúdo mínimo: descrever com precisão os critérios identificadores do fato jurídico tributário — critérios material, espacial, temporal — e prescrever a relação jurídica tributária. Deve apontar o sujeito passivo ou responsável, bem como a base de cálculo e alíquota, alem de exonerações, se houver.

A legalidade é indelegável.

A legalidade traz em si o princípio da igualdade, pois ao criar a norma geral e abstrata o legislador está a distinguir classes de indivíduos semelhantes de classes de indivíduos dessemelhantes.

4. *Praticidade*

A praticidade é um desmembramento do princípio da legalidade. Consiste na totalidade das condições que visam à eficácia da lei. Aflora sempre quando a Administração Tributária tem necessidade de aplicar a lei a milhares de casos.

É o caso da substituição tributária "para frente", que poderia ser tomada no ICMS, como pauta de valores, e no IPTU como planta de valores, técnica que violaria o direito de os contribuintes pagarem estes impostos, respectivamente, sobre o valor da operação e sobre o valor venal do imóvel.

• A praticidade não se sobrepõe à norma jurídica tributária e não prevalece sobre a igualdade.

• A comodidade da arrecadação não justifica a violação dos direitos do contribuinte.

5. *A irretroatividade e a anterioridade*

Os princípios relativos à temporalidade da lei são os da irretroatividade e da anterioridade. Realizam os princípios da não-surpresa e visam à segurança jurídica.

A irretroatividade significa que a lei deve estar em vigor antes da ocorrência do fato que pretende juridicizar e cujos critérios identificadores se encontram em sua hipótese de incidência.

A anterioridade determina que a lei deve ser publicada no ano anterior àquele em que o tributo será cobrado.

Isto significa que a lei poderá ser publicada até o dia 31 de dezembro e que o tributo poderá ser cobrado a partir de 1º de janeiro do ano seguinte, o que na verdade não cumpre, por si só, o princípio da não-surpresa.

O princípio da anterioridade, quanto ao imposto sobre a renda, só será assegurado se a lei do imposto estiver publicada antes do período-base.

6. *Princípio da não-cumulatividade*

Este princípio é pontual, não sistemático, aplicando-se apenas ao IPI, ICMS e impostos residuais da União, como expresso no art. 154, I, da CF.

Os tributos sobre o faturamento não atendem aos princípios da capacidade contributiva, proporcionalidade e progressividade e são altamente regressivos.

7. *Classificação dos tributos*

As espécies tributárias se definem pelos critérios conotativos descritos em lei. A expressão "regime jurídico", por ser vaga, não é suficiente para conceituá-las.

A classificação dos tributos é tema controverso.

Existe consenso em classificá-los em "vinculados" (a uma atuação estatal) e "não vinculados" (por se referirem a uma atividade do contribuinte). Esta divisão está apoiada no "sinalagma", ou seja, a existência ou não de contraprestação que o contribuinte possa exigir do Estado.

A taxa é exemplo de tributo "vinculado"; o imposto, de tributo "não vinculado". Parte da doutrina considera a existência de apenas duas espécies tributárias: a taxa e o imposto. As contribuições (consideradas por parte da doutrina uma terceira espécie tributária) seriam para alguns doutrinadores ou impostos, ou taxas. Outros ainda consideram três espécies tributárias: imposto, taxa e contribuição de melhoria.

Há também correntes que consideram a existência de uma quarta espécie tributária: os empréstimos compulsórios, estes sujeitos aos critérios jurídicos aplicados aos tributos na forma do art. 148 da CF; e há a corrente que considera a existência de cinco espécies tributárias: impostos, taxas, contribuições, contribuição de melhoria e empréstimos compulsórios.

O pagamento indevido não é empréstimo compulsório no sentido técnico-jurídico do termo.

8. *Planejamento tributário*

Planejamento tributário é a atividade de programar a prática de atos jurídicos de modo a retardar, reduzir ou evitar a carga fiscal ordinariamente vocacionada a gravar uma certa manifestação de riqueza.

Se o negócio for adequadamente qualificado do ponto de vista jurídico a lei fiscal não pode atribuir-lhe outra natureza, mas os vícios dos atos jurídicos projetarão efeitos fiscais.

9. *Harmonização fiscal*

A integração dos países do Mercosul exige um processo de harmonização dos impostos sobre a renda das empresas neles residentes. A finalidade é evitar a bitributação das rendas sobre o lucro obtido na exportação de capitais.

Harmonização fiscal não significa união legislativa, mas sim neutralidade de divergências, que redundará na diminuição da carga tributária em cada país, possibilitando às empresas de um país estabelecerem-se em outro, sem que sobre o lucro resultante de suas atividades o imposto seja mais oneroso do que aquele, se tributado somente em seu país de origem ou somente no país destinatário.

O problema da evasão e elisão fiscal levou o legislador brasileiro a editar regras que visam a coibir estes procedimentos, como, por exemplo, a Lei 9.249/95, que tributa os lucros auferidos por empresas brasileiras no exterior (diretamente através de controladoras ou subsidiárias), e a Lei 9.430/96, que fixou método de determinação dos preços de transferência adotados nos negócios de importação e exportação entre pessoas correspondentes e mesmo entre pessoas independentes quando uma das partes se encontra em paraíso fiscal (regiões hoje elencadas em ato normativo) de um país que não tributa a renda ou o faça a alíquota inferior a 20%.

A luta contra a elisão fiscal baseia-se no fato de que ela viola o princípio da capacidade contributiva. Alguns autores distinguem entre elisão e negócio jurídico indireto; outros fazem-na sinônimo de abuso de direito.

Os acordos para evitar a bitributação de renda constituem um dos mecanismos que visam à harmonização. Nesta matéria, todavia, podem os contribuintes pretender beneficiar-se de regras que não lhes seriam aplicáveis através do chamado *treaty shopping*.

Há certo consenso no sentido de que somente a adoção de cláusula específica nos tratados poderá evitar o *treaty shopping*.

Tanto quanto nos Estados Federais, existe, também, na área internacional uma preocupação com a chamada "concorrência fiscal danosa ou guerra fiscal", prática que no Brasil tem sido adotada por Estados e Municípios, e que denominamos "guerra fiscal".

A OCDE — Organização de Cooperação e Desenvolvimento Econômico acaba de baixar regras que visam a impedir a concorrência fiscal danosa ou guerra fiscal.

Em matéria fiscal, como em todas as outras, deve sempre prevalecer a ética, pois a ética é um princípio que não pode ter fim.

CONCLUSÕES POR PAINÉIS

Painel 1: Os Tributos no Sistema Constitucional Brasileiro

1.1.1 A classificação das espécies tributárias não é mera questão acadêmica, pois da capitulação de tais figuras como espécies tributárias depende sua sujeição aos princípios tributários, cuja aplicação pode modificar ou mesmo, em dadas circunstâncias, inviabilizar a exigência.

1.1.2 A tradicional classificação das obrigações em *ex lege* e *ex voluntate* como situações aparentemente excludentes não se sustenta. Trata-se, na verdade, de dois critérios que permitem a construção de quatro classes diversas: a) obrigações *ex lege* em que há a participação da vontade; b) obrigações *ex lege* em que não há a participação da vontade; c) obrigações *ex voluntate* sem previsão em lei; e d) obrigações sem previsão legal e nas quais a participação da vontade é irrelevante.

1.1.3 Na classificação intrínseca dos tributos, o critério de classificação define-se em função da *vinculação, ou não, de uma atividade estatal à hipótese de incidência (que há de ser confirmada ou infirmada pela base de cálculo)*. Tratando-se de *imposto*, quem realiza o fato imponível é o particular (contribuinte); cuidando-se de *taxa*, quem realiza a atividade expressa na hipótese de incidência é o Poder Público.

1.1.4 A classificação dos tributos no direito brasileiro está a exigir que se repensem os critérios classificatórios. A melhor doutrina demonstra a existência, no Brasil, de contribuições que são impostos finalísticos (COFINS, PIS etc.) e de contribuições verdadeiras, como é o caso das contribuições dos empregados e dos servidores, proporcionais ao salário percebido, com o propósito de mantê-lo ou tê-lo em determinada proporção no momento da aposentadoria, quando se apresentará a contraprestação do Estado (retribuição).

1.2.1 Para fins de classificação dos tributos que integram nosso sistema, três são os critérios que convivem no Texto Constitucional: o primeiro é a vinculação, ou não, de uma atividade estatal à hipótese de incidência (que levará aos *impostos*, na primeira hipótese, ou às *taxas*, na segunda); o segundo é a previsão do destino legal do produto da arrecadação do tributo (que nos levará às *contribuições*) e o terceiro é a previsão legal da restituição do tributo (que nos lavará aos *empréstimos compulsórios*).

1.2.2 Muito embora o art. 4º do CTN afirme que a destinação do produto da arrecadação não influi na definição da natureza jurídica do tributo, o que se extrai do atual Texto Constitucional é conclusão diversa, na medida em que as *contribuições* são tributos em que o destino do produto de sua arrecadação integra o regime jurídico dessa espécie tributária.

1.2.3 Mas a finalidade ou afetação nas contribuições, por si só, não as autonomiza como espécie tributária. Para que haja uma contribuição especial verdadeira, como subespécie, diversa da contribuição de melhoria, outra subespécie, é necessário que a atuação estatal eleita como fato gerador seja uma atuação mediata ou imediata do Poder Público, específica e relativa à pessoa do contribuinte. A atuação do Estado se dá sempre especificamente, relativamente à pessoa do contribuinte. Este o fundamento dos tributos vinculados a atuações estatais específicas. O constituinte sempre soube que as contribuições tinham natureza de imposto. Tanto que, para criar outra, além das que elencou no art. 195, exigiu o rito jurídico próprio dos impostos residuais.

1.3.1 Improcedente a conclusão de que a cobrança indevida de tributo transmuda-o em *empréstimo compulsório*. Tal conclusão confunde o *empréstimo compulsório*, como tipo tributário, com a cobrança indevida de um tributo (por confisco, invasão de competência, abuso de autoridade ou outra razão que a torne ilegal).

1.3.2 O traço tipificador do *empréstimo compulsório* repousa na afetação do produto proveniente de sua arrecadação, no caso com feição dúplice, uma vez que num primeiro momento os recursos devem destinar-se às finalidades estatuídas no art. 148 da CF, devendo, depois, obviamente, ser devolvidos ao sujeito passivo tributário.

1.3.3 A caracterização de um vínculo como prestação pecuniária compulsória que não decorra de ato ilícito é condição suficiente para que esse liame jurídico se submeta ao regime jurídico próprio dos tributos. Portanto, a qualidade de ser tributo não é efeito do regime jurídico aplicável. Os regime jurídico-tributários específicos aparecem em função de tratar-se de *tributo*, isto é, são *efeitos* e não *causas* definidoras das várias espécies tributárias. Assim, o salário-educação é contribuição porque tem hipótese tributária de tributo não-vinculado e está legalmente destinado a um fundo; em decorrência, aplica-se-lhe o regime tributário da contribuição, e não o inverso. Submeter-se a incidência de um tributo a uma *vacatio* de 90 dias não faz de nenhuma prestação jurídica uma contribuição social.

Painel 2: Segurança Jurídica e Normas Gerais em Matéria Tributária

2.1.1 A tributação consubstancia, no direito brasileiro, atividade administrativa, porque desempenhada pela Administração Pública, no exercício do poder de polícia. O art. 145, § 1º, da CF refere-se expressamente à figura da *Administração Tributária*.

2.1.2 A Constituição de 1988 inaugurou um capítulo dedicado à Administração Pública. Se uma das pedras de toque do Estado de Direito é a fixação de um regime jurídico administrativo, agora restou identificada a presença de um regime jurídico constitucional-administrativo, fundado em princípios constitucionais expressos: legalidade, impessoalidade, moralidade, publicidade e eficiência (art. 37, *caput*).

2.1.3 A *tributação* não foge à incidência dos princípios constitucionais da Administração Pública que acompanharão a dinâmica, no âmbito administrativo, da aplicação da lei tributária ao caso concreto. O cruzamento entre o direito tributário e o direito administrativo, na perspectiva do sistema constitucional, ocorre em sede de direito formal, justamente porque os princípios do procedimento e do processo administrativo incidirão, guardadas as devidas peculiaridades do regime específico da obrigação tributária, sobre o procedimento e o processo administrativo tributário.

2.1.4 O processo administrativo tributário constitui instrumento de tutela inspirado na efetividade, identificado não pelo nome, mas pelo conteúdo: contraditório e ampla defesa, com os meios e recursos a ela inerentes. Agregada à idéia de "garantia de meios e de resultados", a leitura do art. 5º, LIV — "ninguém será privado da liberdade ou de seus bens sem o devido processo legal" —, complementa o art. 5º, LV. Na esfera da *tributação* não pode haver privação de liberdade ou restrição patrimonial sem o cumprimento do *iter* processual.

2.1.5 Da incidência dos princípios constitucionais da Administração Pública, na perspectiva procedimental, sobre a *tributação* decorrerão, principalmente, (i) o *princípio da legalidade* estrita, os princípios do *formalismo moderado* e da *oficialidade* do procedimento administrativo tributário, (ii) o *princípio da impessoalidade*, as garantias de objetividade do procedimento administrativo tributário, (iii) o *princípio da moralidade*, o *princípio da boa-fé*, da *lealdade* nas relações entre Fisco e contribuinte, que importa a vedação da surpresa, (iv) o *princípio* da *publicidade*, a publicização do procedimento administrativo tributário, (v) o *princípio da eficiência*, a necessidade da fixação de um sistema coerente de competências administrativas tributárias e o estabelecimento dos procedimentos sumários, desenvolvidos em prol da tutela diferenciada. Da incidência dos princípios constitucionais do processo administrativo sobre a tributação decorrerá, principalmente, a aplicação do princípio do *contraditório*, da *ampla defesa* e do *juiz natural* no processo administrativo tributário.

2.2.1 O conceito — essencialista ou não — é produto da reflexão, expressando uma *suma de idéias*. Quando expressado, através do *termo*, o conceito envolve um *ato de expressão*. O *termo*, pois, é a expressão do conceito. Esta expressão é um *signo*. *Não existem "conceitos indeterminados"*.

2.2.2 Todo conceito é uma suma de idéias que, para ser conceito, tem de ser, *no mínimo*, determinada; o mínimo que se exige de um conceito é que seja determinado. Assim, a reiteradamente referida *indeterminação dos conceitos* não é deles, mas dos termos que os expressam.

2.2.3 A imensa maioria da doutrina brasileira pensa que a superação da indeterminação desses *conceitos* dá-se no campo da *discricionariedade*.

2.2.4 Parece devamos apartar as técnicas da *discricionariedade* e da *aplicação de conceitos indeterminados* na consideração dos juízos aos quais correspondem. No exercício da *discricionariedade* o sujeito cuida da emissão de *juízos de oportunidade*; na aplicação de *conceito indeterminados* o sujeito cuida da emissão de *juízos de legalidade*.

2.2.5 Assim definidas a inexistência de *conceitos indeterminados* e a circunstância de sua indeterminação ser superada mediante a prática da interpretação/aplicação, disso extrai-se outra conseqüência, agora atinente ao papel a ser desempenhado pelo Poder Judiciário diante da aplicação, pela Administração, dos *conceitos indeterminados*.

2.2.6 Todos e quaisquer atos de aplicação de "conceitos indeterminados" (= *juízo de legalidade*) estão sujeitos ao exame e ao controle do Poder Judiciário.

2.3.1 Liberdade, segurança e justiça são os valores ou idéias básicas do Direito. De uma certa forma, o pensamento jurídico continua a se concentrar em torno da tríade da Revolução Francesa: liberdade, igualdade e fraternidade.

2.3.2 Há tensões e contradições entre a liberdade, a segurança e a justiça, bem como entre os respectivos princípios, que devem ser superados na via legislativa ou constitucional pela correção do direito positivo, quando se tratar de antinomia incontornável, e no processo interpretativo mediante a ponderação de princípios, quando a tensão for superável.

2.3.3 É íntimo e essencial o relacionamento entre liberdade e tributo: o tributo nasce no espaço aberto pela *autolimitação da liberdade* e constitui o *preço da liberdade*.

2.3.4 A liberdade, nela incluídas as condições iniciais para o seu exercício, absolutamente genérica e abstrata, fundamenta os direitos naturais e vai se positivar, relativamente aos tributos, nas *declarações de direitos dos contribuintes*, parte integrante das declarações de direitos do homem e do cidadão. No Brasil a positivação se dá nos arts. 150, 151 e 152 da CF de 1988, que, sendo projeções do catálogo de direitos fundamentais declarados no art. 5º, estabelecem as limitações ao poder de tributar (imunidades e proibições de desigualdade); mas também está presente em outros dispositivos constitucionais, especialmente no que concerne aos mínimos sociais.

2.3.5 Segurança jurídica é certeza e garantia dos direitos. É paz. A segurança jurídica compreende as garantias *principiológicas*, *processuais* e *institucionais* enumeradas em diversos itens do art. 5º: irretroatividade da lei, acesso à Justiça, ampla defesa, *habeas corpus*, mandado de segurança, mandado de injunção etc. No que concerne especificamente ao direito tributário os princípios de segurança dos direitos dos contribuintes estão proclamados no art. 150: legalidade (inciso I), irretroatividade (inciso III, "a"), anterioridade (inciso III, "b"), transparência (§ 5º).

2.3.6 A justiça tributária positiva-se por intermédio de alguns princípios constitucionais explícitos ou implícitos, tais como:

a) *capacidade contributiva* (art. 145, § 1º, da CF/88), que sinaliza no sentido de que os impostos devem ser cobrados com base na capacidade econômica de cada um;

b) *custo/benefício* (art. 145, II e III, da CF), ou princípio da equivalência, que impera no campo dos tributos contraprestacionais (taxa, contribuições de melhoria). Orienta no sentido de que os serviços públicos mensuráveis e divisíveis devem ser pagos por quem deles usufruir e na medida da despesa causada ao Estado;

c) *solidariedade do grupo* (arts. 149 e 195 da CF), que informa a cobrança dos ingressos destinados à Seguridade Social. A incidência dá-se inclusive sobre as pessoas que não obtêm a vantagem direta do Estado, como acontece com as empresas, mas que solidariamente participam do mesmo processo social e econômico;

d) *distribuição de renda*, que indica dever o ordenamento jurídico tributário evitar a concentração de riqueza em mãos de grupos ou organizações.

2.3.7 Em síntese, é íntimo e permanente o contato entre o sistema tributário e o sistema de valores. O tributo nasce no espaço aberto pela liberdade, constitui o seu preço e por ele se limita. Está totalmente vinculado pelos princípios de segurança jurídica. Tem por objetivo realizar a justiça fiscal, espécie da justiça distributiva. Mas o sistema de tributos só conseguirá realizar os valores éticos e jurídicos se conseguir harmonizar-lhes os diversos princípios, corrigindo-lhes as contradições e balanceando-lhes as tensões.

Painel 3: Princípios Constitucionais em Matéria Tributária

3.1.1 A segurança jurídica do contribuinte, de um lado, está fortemente ancorada no princípio da reserva legal e, de outro, na irretroatividade. Lei de tributação que pudesse retroagir, aplicando-se a fatos pretéritos, esvaziaria a garantia da legalidade.

3.1.2 A lei em vigor tem efeito imediato e geral, o que mostra que a norma jurídica, em regra, projeta sua eficácia para o futuro. Isso não impede que, em certas situações, possa a lei reportar-se a fatos pretéritos, dando-lhes efeitos jurídicos, ou modificando os efeitos jurídicos que decorreriam da aplicação, àqueles fatos, da lei vigente à época de sua ocorrência. Leis como as de anistia ou remissão necessariamente atuam sobre fatos do passado.

3.1.3 A Constituição veda a aplicação retroativa de lei que crie ou majore tributo e o Código Tributário Nacional determina que a lei, em regra, é aplicável aos fatos futuros.

3.1.4 Pode-se falar em aplicação retroativa da lei tributária em duas situações: ou o aplicador da lei a invoca em relação a fato passado ou a própria lei expressa sua aplicação a fatos pretéritos. Nessas hipóteses, pode ser legítima a atuação da lei sobre fatos passados.

3.1.5 É óbvio que, nos casos em que o próprio legislador está impedido de ditar regras para o passado, o aplicador da lei não terá nenhum espaço para invocá-la na disciplina dos fatos pretéritos. E mais: mesmo onde o legislador puder ditar leis retroativas, o aplicador estará, em regra, proibido de aplicar retroativamente a lei nova. Assim, uma lei que extinga certo tributo pode determinar sua aplicação desde certa data no passado; mas, se não o fizer, resta vedado ao aplicador dessa lei invocar, em relação aos fatos passados, a revogação do tributo, direcionada apenas a fatos futuros.

3.1.6 Os dois grupos de exceções expressos no art. 106 do CTN dizem respeito à possibilidade de aplicação da lei nova para reger o passado mesmo que essa lei não o diga expressamente. É o caso da retroatividade benigna, em matéria de infrações, e das chamadas leis interpretativas.

3.1.7 A doutrina pátria tem-se dedicado à tarefa impossível de conciliar a retroação da lei interpretativa com o princípio constitucional da irretroatividade, afirmando que a lei interpretativa deve limitar-se a "esclarecer" o conteúdo da lei interpretada, sem criar obrigações novas, já que isso seria inconstitucional.

3.1.8 A lei interpretativa não escapa do dilema: ou ela inova o Direito anterior (e, por isso, é retroativa, com as conseqüências daí decorrentes), ou ela repete o que já dizia a lei anterior (e, nesse caso, ela é inócua).

3.1.9 Em suma, somente nos casos onde possa atuar lei retroativa (em matéria de anistia, por exemplo) é possível a atuação de lei interpretativa. Não vinga, pois, o pretexto de interpretar lei anterior para que uma lei tributária possa voltar-se para o passado. Ou a incidência já decorria da lei velha, ou não; no primeiro caso, a lei dita interpretativa é inócua; no segundo, é inconstitucional.

3.2.1 Dentre as diretrizes que norteiam o sistema constitucional no âmbito tributário guardam especial relevo os princípios da igualdade e da capacidade contributiva.

3.2.2 Afirma-se que somente a progressividade dos impostos atenderia aos princípios da isonomia e da capacidade econômica. Todavia, exame sistemático do Texto Constitucional parece apontar para a adoção da proporcionalidade dos tributos, e não para sua progressividade, como forma de atender-se àqueles princípios.

3.2.3 O Texto Constitucional parece satisfazer-se com a proporcionalidade, vedando a criação de tributos fixos. Apenas em alguns casos, expressamente previstos, previu a progressividade. Assim, nosso Texto Constitucional consagra como regra geral a proporcionalidade dos tributos, e como regra específica sua progressividade.

3.2.4 Fala-se em *graduação* quando há proporcionalidade em relação à base imponível (são os tributos *ad valorem*). Pela graduação realiza-se o princípio da capacidade contributiva.

3.2.5 Diz-se que há *progressão* quando à elevação da matéria tributável corresponde a elevação da alíquota. Por não atender ao princípio da capacidade contributiva, a progressividade só pode ser adotada (a) em razão de critérios extrafiscais e (b) nas hipóteses expressamente previstas na Constituição.

3.3.1 Os princípios da igualdade e da capacidade contributiva são abrandados (e freqüentemente violados) pela adoção do princípio da praticidade ou praticabilidade. Visa este último a evitar as execuções muito complicadas da lei, especialmente naqueles casos em que se deve aplicar a lei em massa.

3.3.2 A praticidade é um princípio geral e difuso, que não encontra formulação escrita no ordenamento jurídico nacional. Mas está implícito nas normas constitucionais. Para tornar a norma exeqüível, de aplicação cômoda ou viável, a lei ou o regulamento muitas vezes se utiliza de abstrações generalizantes fechadas (presunções, ficções, enumerações taxativas etc., que alguns autores denominam "tipificações").

3.3.3 A praticidade deve inspirar a elaboração das normas jurídicas, sendo um princípio implícito e difuso na Constituição, mas sem qualquer primazia sobre os princípios éticos que norteiam o sistema, como justiça, capacidade contributiva e igualdade.

3.3.4 A praticidade deve ser atendida e a execução das leis simplificada, porém sob a égide da estrita legalidade (somente à lei cabendo fixar presunções, pautas de valores mínimos, substituição tributária e outras técnicas que visam a simplificar a execução da lei) e com pleno atendimento dos princípios constitucionais da isonomia e da capacidade contributiva.

Painel 4 : Harmonização Fiscal e Planejamento Tributário no MERCOSUL

4.1.1 Em todo o processo de integração regional, questões da maior importância relativas a cada país-membro, tais como taxa de inflação, nível da carga tributária, produção industrial, distribuição de renda e outras, devem ser levadas em conta. Esses aspectos foram motivo de preocupação na União Européia e preocupam, igualmente, os países-membros do MERCOSUL. Nesse particular, deve observar-se que o Brasil é o país-membro que maiores distorções apresenta, sobretudo por ter um dos mais complexos e onerosos sistemas tributários e apresentar uma carga fiscal de cerca de 30% do PIB, fatores que dificultam sobremaneira a harmonização no MERCOSUL.

4.1.2 A preocupação atual, em relação aos aspectos tributários no MERCOSUL, limita-se, prioritariamente, às questões pertinentes à circulação de mercadorias, bens e serviços. Mas, para que se chegue à almejada integração regional, temos que discutir, também, a harmonização fiscal em matéria de Imposto sobre a Renda. Para que haja efetiva harmonização é indispensável a eliminação ou, pelo menos, a redução das divergências nas relações jurídicas em matéria tributária que envolvam mais de um ordenamento jurídico, a fim de que se chegue à neutralidade tributária quanto à produção de rendimentos no interior do Mercado Comum.

4.1.3 No momento, o processo de harmonização no âmbito do MERCOSUL restringe-se a uma simples "aproximação legislativa", que não oferece aos agentes econômicos a necessária certeza jurídica. A harmonização fiscal dos tributos ditos "diretos" é exigência presente para que o Mercado Comum não se apresente como um ajuntamento de sistemas funcionalmente "irracionais", um "mercado de diferenças", que finde por desencadear o surgimento de inúmeras anomalias econômicas que afetem, sobretudo, a concorrência.

4.1.4 Deve exigir-se dos países-membros maior empenho na construção de uma estrutura política, administrativa e jurídica capaz de criar as condições necessárias para que a harmonização tributária no MERCOSUL se torne uma realidade e os partícipes de seus programas possam desfrutar de segurança jurídica na consecução de seus compromissos econômicos. Para tanto, faz-se também mister a criação de uma Corte de Justiça permanente para a resolução de conflitos tributários que surjam no âmbito da área de integração, envolvendo ordenamentos jurídicos diversos.

4.2.1 Em matéria de elisão fiscal, os critérios normativos aplicáveis — por força das peculiaridades próprias do sistema de direito positivo brasileiro — não permitem o questionamento do desvio de propósito negocial (o *business purpose test* do direito anglo-saxão) em face do negócio jurídico privado validamente celebrado. Aqui, diferentemente do que ocorre nos países de *common law*, o negócio jurídico privado só poderá ser desconsiderado em face de vícios normativamente tipificados, tal como ocorre com a simulação (que, advirta-se, não tem o alcance incorretamente suposto por larga parcela de nossos juristas — e sobretudo pelas autoridades fiscais —, limitando-se às hipóteses taxativamente tipificadas na norma própria, que é o art. 102 do CC, fora das quais não é possível cogitar de sua caracterização).

4.2.2 O limite básico — mas não único — que se impõe ao indivíduo quando planeja seus negócios no campo do direito tributário é, antes de tudo, o da validade dos atos jurídicos que pretende praticar (Hermes).

4.2.3 Na distinção entre evasão e elisão pouca importância tem o elemento subjetivo, pois tanto numa como na outra a intenção do contribuinte é a de não pagar imposto, ou de pagá-lo no menor montante possível.

4.2.4 Os princípios da legalidade e da tipicidade estrita, dentre outros, garantem ao contribuinte o direito de organizar seus negócios da forma tributariamente mais econômica. Levada às ultimas conseqüências, essa liberdade chega, numa visão marcadamente liberal, a considerar como economia fiscal lícita a adoção de forma jurídica que tenha como única finalidade a fuga ao pagamento do imposto.

4.2.5 Se a elisão funda-se no princípio da legalidade, certamente frauda o da capacidade contributiva, pois o agente, utilizando forma distinta, não prevista em lei, acaba por alcançar objetivo econômico idêntico sem sujeitar-se à tributação originalmente prevista para aquela hipótese.

4.2.6 O agente que pratica determinado ato jurídico com a exclusiva finalidade de fugir ao imposto está abusando das formas jurídicas. Não pode ser considerada lícita a elisão, praticada sem qualquer finalidade negocial, senão pela simples economia de imposto.

4.3.1 Compatibilizar a aplicação dos princípios e regras tributárias inscritos na Constituição e no Código Tributário Nacional e, ao mesmo tempo, evitar o abuso de direito ou de formas jurídicas em planejamentos fiscais sem nenhum objetivo negocial tem sido o grande desafio do direito tributário em todos os países economicamente desenvolvidos.

4.3.2 O planejamento tributário faz parte de uma gama de procedimentos que visam ao não-desperdício de dinheiro — em sentido lato —, atitude que está presente diuturnamente na vida das pessoas, e cada vez com maior intensidade, porque, em razão da competitividade acirrada, inclusive pela globalização, e da inexistência de inflação, as margens estão cada vez menores, e o lucro depende de conter-se gastos, o que inclui a redução dos tributos incidentes sobre as operações da empresa.

4.3.3 Constitui obrigação do administrador de companhia empregar todos os recursos para atingir o objetivo da empresa (Lei 6.404/76, arts. 153 e 154). Para tanto, deve ele promover o planejamento empresarial, com deliberações quanto aos fornecedores, custeio da planta industrial etc., sendo que dentro desse contexto geral inclui-se a tributação. Atualmente, faz parte do quotidiano do administrador a preocupação com os custos fiscais das operações da empresa, desde novos projetos ou mudanças de operações até o mais corriqueiro ato comercial praticado pela equipe de vendas.

4.3.4 O "planejamento tributário" levanta a polêmica sobre a possibilidade de haver abuso do direito no fato de o contribuinte organizar-se visando a reduzir a carga impositiva. Mais do que isto, o tema pede uma reflexão quanto aos limites do planejamento e à garantia da autonomia privada.

4.3.5 Esse tema é dos que mais acendem as paixões dos que atuam no campo do direito tributário; seja porque os contribuintes se sentem ameaçados por qualquer visão ou teoria que admita a menor possibilidade que seja de o Fisco desconsiderar as operações que realizam, seja porque as autoridades fiscais ficam indignadas com operações meramente formais que em nada alteram a substância empresarial, funcional, de mercado ou econômica da atividade dos contribuintes, mas que têm efeito relevante na redução da arrecadação. Em suma, o tema do planejamento não é tema que possa passar despercebido ao tributarista deste fim de século.

4.3.6 O posicionamento adotado no sentido de que o direito de o contribuinte se organizar da maneira fiscalmente menos onerosa não é absoluto e que deve ser examinado no plano do seu exercício, para o fim de detectar a eventual existência de um abuso de direito, gerou tanto críticas atiladas quanto ampla acolhida, o que mostra ser o tema do abuso de direito de atualidade ímpar, tocando a sensibilidade de todos os tributaristas que se preocuparam em analisar a figura do planejamento tributário.

4.3.7 É inegável o direito de o contribuinte se organizar da forma menos onerosa possível do ponto de vista fiscal; mas o exercício deste direito é dependente da existência de uma razão extratributária, econômica, empresarial, familiar ou de outra natureza que o justifique. Não se trata de aplicar a chamada interpretação econômica das leis tributárias; cuida-se, apenas, de sustentar que os atos abusivos não serão oponíveis ao Fisco. Nem se há de pretender que o Fisco possa, a seu bel-prazer, desqualificar as operações realizadas pelos particulares; deve-se exigir que caiba ao Fisco o ônus da prova de que o único motivo da operação foi a busca de menor carga tributária.

4.3.8 Várias críticas foram dirigidas a tal posicionamento, das quais três merecem destaque. A primeira é no sentido de que a tese implicaria levar o contribuinte a sempre ter de optar pelo pagamento do maior imposto possível; a segunda é no sentido de que o simples fato de economizar impostos, por si só, caracterizaria um *business purpose*, pois o administrador de uma empresa deve agir no sentido de buscar a maior rentabilidade possível do empreendimento; a terceira se apóia na afirmação de que, onde a lei não proíbe, o contribuinte tudo pode fazer.

4.3.9 O ato abusivo pode ser válido e lícito sob a ótica do direito civil ou comercial; o que ocorre é que, em matéria fiscal, seus efeitos serão inibidos em relação às conseqüências que produziriam na obrigação tributária. O abuso de direito em matérias fiscal caracteriza-se por implicar "inoperância" ou "ineficácia" do ato em relação ao Fisco, e não por implicar ilegalidade ou ilicitude da operação.

4.4.1 Para ser lícito, o procedimento denominado "planejamento tributário" deve realizar-se antes de praticado o fato jurídico tributário cuja ocorrência se quer evitar, pois só com a concretização da hipótese de incidência nasce para o Fisco o direito ao tributo. Por outro lado, não deve o planejamento implicar a prática de ato ilegal.

4.4.2 Para o "planejamento tributário internacional", além das disposições normativas do país em que se pretenda vê-lo implementado, devem ser consideradas as normas de tributação dos demais países envolvidos nas diversas operações e negócios jurídicos entabulados entre os particulares, para verificar-se o procedimento mais adequado à economia tributária pretendida.

4.4.3 No plano internacional são as pessoas jurídicas — e dentre elas as empresas transnacionais — que com maior freqüência recorrem ao planejamento tributário. Tendo-se presente que o planejamento verifica-se antes ou no momento das distribuição de lucros pela pessoa jurídica, utilizam-se as empresas de programas elisivos ou evasivos por duas formas genéricas básicas: ou pelo aumento artificial de receitas ou despesas, com o conseqüente aumento ou redução do lucro em determinado país, conforme a conveniência fiscal da empresa; ou pela criação de *holdings* em "paraísos fiscais", a quem são distribuídos os lucros. A primeira modalidade é conhecida como "preços de transferências".

4.4.4 Os acordos internacionais em matéria tributária apresentam-se como instrumento de que se valem os Estados para, através de concessões mútuas, diminuir ou impedir a ocorrência do fenômeno da bitributação internacional em matéria do Imposto sobre a Renda, além de meio para combate à evasão fiscal.

4.4.5 A eliminação ou atenuação da bitributação internacional dá-se através do que Klaus Vogel denomina "normas de repartição". Através dessas normas, os Estados contratantes limitam sua própria competência impositiva, valendo-se basicamente de três métodos: a) isenção; b) crédito fiscal; e c) tributação reduzida no Estado da fonte.

4.4.6 No campo internacional deve-se ainda considerar o chamado *treaty shopping* e também o *directive shopping*.

4.4.7 Através do *treaty shopping* o investidor, domiciliado em país não-beneficiado por determinado tratado, procura constituir um terceiro interposto, domiciliado num dos países signatários de tal tratado, para, por um lado, fazer jus aos benefícios do acordo para evitar a bitributação da renda e, por outro, sofrer o mínimo de tributação em seu país de domicílio quando repassar os rendimentos ao real beneficiário dos mesmos, que é o investidor.

4.4.8 A técnica adotada no *treaty shopping* pode também aplicar-se, dentro de um mercado comum, em relação aos atos normativos (*directives*) vigentes nesse mercado. Assim, residente de país-membro do mercado que não teria benefício concedido a outros países-membros por tal ou qual ato normativo busca constituir empresa num desses últimos Estados para gozar do benefício.

4.4.9 A recente legislação brasileira destinada a coibir planejamentos tributários com a utilização de "paraísos fiscais" ou preços de transferência tem suscitado importantes questionamentos, sobretudo relacionados à possibilidade de adoção de presunções relativas e absolutas em matéria tributária, à constitucionalidade dessas normas e à prevalência de acordos internacionais sobre a legislação interna.

4.5.1 Quando se fala em "princípio" jurídico de imediato se tem presente aquele tipo de previsão positiva que veicula um vetor axiológico informador de determinada legislação específica, apontando uma diretriz a ser seguida pelo legislador na sua elaboração e pelo aplicador (juiz ou particular) na sua interpretação e aplicação.

4.5.2 Tratando-se de princípios, estamos perante algo mais importante do que simples normas. Os princípios assumem uma postura prospectiva, no sentido de consagrarem determinados valores a serem obtidos com o exercício de certas faculdades, poderes ou prerrogativas.

4.5.3 Porém, embora seja assim, e os princípios tenham tal importância, eles não se confundem com as normas jurídicas. As normas jurídicas dispõem concretamente, especificamente, sobre condutas certas a serem realizadas, enquanto os princípios indicam padrões a serem buscados ou resultados a serem obtidos, sem especificar concretamente quais condutas estão por eles diretamente regradas.

4.5.4 Parece fundamental ter presente que limitações constitucionais não se confundem com princípios constitucionais. Neste ponto, aliás, o próprio Texto Maior é explícito ao separar estas duas categorias em seções distintas dentro do capítulo do sistema tributário.

4.5.5 Mais do que uma simples distinção de taxionomia, existe uma diferença substancial entre princípios e limitações. Os princípios veiculam diretrizes positivas a serem atendidas no seu exercício, indicando um caminho a ser seguido pelo legislador ou pelo aplicador do Direito; como diretrizes positivas, apontam para algo desejado pelo ordenamento e que o constituinte quer ver alcançado. As limitações (como seu próprio nome diz) têm função negativa, condicionando o exercício do poder de tributar, e correspondem a barreiras que não podem ser ultrapassadas pelo legislador infraconstitucional; ou seja: apontam para algo que o constituinte não quer ver atingido ou quer protegido. Em suma, enquanto os princípios indicam um caminho a seguir, as limitações nos dizem por onde não seguir.

4.5.6 Legalidade, anterioridade, irretroatividade etc. não são princípios, não só em razão de seu conteúdo negativo, inibidor do exercício do poder de tributar, como também porque a própria Constituição Federal literalmente os considera limitações ao poder de tributar, e não princípios informadores do seu exercício. Princípios, no dizer da própria Constituição, são, por exemplo, a uniformidade do ordenamento tributário, dada pelo papel da lei complementar; a coerência do ordenamento, na medida em que existem espécies tributárias distintas.

4.5.7 Enquanto os princípios têm elevado grau de imprecisão semântica, as limitações, por serem restrições ao exercício do poder de tributar, têm alta precisão conceitual, demarcando o campo de atuação da tributação.

Painel 5: Sujeição Passiva e Capacidade Contributiva

5.1.1 No plano substancial, sucessor é aquele que — sem ser partícipe do pressuposto e sem realizá-lo de qualquer forma — se obriga ao pagamento do tributo em razão de uma particular relação com o elemento objetivo do pressuposto, isto é, com a coisa ou bem objeto da imposição. Trata-se, portanto, de uma responsabilidade objetivada (*obligatio propter rem*).

5.1.2 Na *sucessão a título universal* um sujeito de direitos ocupa o lugar de outro que desaparece do cenário impositivo, em razão de um fato ou relação unitária. Nesta hipótese, a exclusão do antecessor

— que sai do cenário impositivo — torna óbvia toda a problemática relacionada com o nexo de solidariedade tributária. Dentre as modalidades de sucessão a título universal podem ser assinaladas: *sucessão "causa mortis"*, *sucessão falimentar* e *sucessão por alteração do tipo societário*.

5.1.3 Por sua vez, na *sucessão a título particular* há o subingresso de um sujeito de direitos na relação jurídica, mas por força de um ato negocial que concreta a transferência de direitos e obrigações ao sucessor. Nesta categoria, diversamente, o antecessor não sai do cenário impositivo e continua a responder solidariamente com o sucessor. Só aqui, portanto, cabe referência à *solidariedade sucessiva*. Devem ser classificadas entre as modalidades de sucessão a título particular: *sucessão empresarial* e *sucessão imobiliária*.

5.1.4 A sucessão tributária também pode ser classificada em *sucessão negocial*, quando resultar de um ato negocial entre as partes, e *sucessão mandamental*, quando resultar de acontecimentos que sucedem na ordem jurídico-tributária, sem qualquer ato de vontade concretamente considerado.

5.1.5 No que concerne à transmissibilidade das multas fiscais aos sucessores tributários há grande divergência doutrinária, entendendo alguns autores que a transmissão das multas ao sucessor tributário ocorre nos casos de *sucessão negocial*, sendo inadmissível na *sucessão mandamental*.

5.2.1 O funcionamento do Estado depende de recursos financeiros, cujo fornecimento deveria, numa posição idealista, ser da responsabilidade de todos os cidadãos.

5.2.2 No entanto, o poder de tributar está sujeito a limites naturais ou limites resultantes da necessidade de compatibilizá-los com os direitos dos contribuintes.

5.2.3 Dessa forma, somente devem ser excluídas do dever jurídico de pagar tributos aquelas pessoas que não tenham um mínimo de capacidade econômica para cumprir esse dever cívico, valendo essa regra para toda e qualquer espécie de expropriação monetária, seja qual for a sua denominação legal, isto em razão de que a atividade ou prestação governamental não poder ser negada a quem não tenha capacidade contributiva. Por definição, também não pode ser compelida a cumprir um dever jurídico tributário a pessoa que exerça, originariamente, uma função governamental (imunidade tributária reciproca).

5.2.4 As limitações ou vedações impostas pela Constituição ao poder de tributar podem ser de duas espécies. As verdadeiras imunidades tributárias, ou *imunidades originárias*, são aquelas em que a pessoa não é sujeita ao dever tributário por uma qualidade própria que impede a sua subordinação a um outro poder tributário, como são as hipóteses de imunidade recíproca e da imunidade diplomática.

5.2.5 Na *imunidade tributária derivada* a não-incidência tributária decorre, exclusivamente, de dispositivo expresso da Constituição, equiparando-se a uma mera isenção constitucional ou limitação heterônoma à competência tributária ordinária.

5.2.6 As instituições filantrópicas criadas exclusivamente para atender a pessoas carentes de recursos não dispõem de capacidade econômica para a incidência de tributos, sendo titulares de imunidade originária. Já as atividades das entidades educacionais e assistenciais não são, por definição e por sua própria natureza, desprovidas de interesse econômico, ocorrendo uma hipótese de imunidade derivada.

5.2.7 Nas hipóteses de imunidade derivada pode-se estabelecer uma descrição legal reguladora dos requisitos e condições referentes às entidades que merecem a outorga do incentivo constitucional da intributabilidade. No entanto, as instituições titulares da imunidade originária não podem sofrer perda ou restrição em seus direitos com a regulamentação que vier a ser emitida para delimitar ou determinar os contornos da concessão constitucional da imunidade tributária derivada.

5.2.8 Caso as entidades filantrópicas, assistenciais ou educacionais exerçam atividade extravagante, ou seja, fora de suas funções próprias favorecidas, deverão sujeitar-se ao regime tributário próprio da atividade empresarial, para não ferir o princípio máximo da isonomia tributária.

Painel 7: Justiça Tributária no Processo Judicial e Administrativo

7.1.1 A Constituição de 1988 estendeu ao processo administrativo, em sua organização e estrutura, os princípios do contraditório e da ampla defesa (art. 5º, LV). Desse modo, aplica-se ao processo administrativo o devido processo legal, que compreende dois aspectos fundamentais, quais sejam: o *direito de ser ouvido* e o *direito de oferecer e produzir provas*. Embora o significado e a extensão destes princípios sejam de aceitação praticamente unânime na doutrina, nem sempre o legislador ordinário os observa.

7.1.2 A Lei 9.532, de 10.12.97, ao alterar preceitos do Decreto 70.235, de 6.3.72, que regula o processo administrativo tributário da União, impôs limitações à produção de provas documentais em momento posterior à impugnação do auto de infração e estabeleceu a confissão presumida das matérias não impugnadas. Desse modo, os preceitos da referida lei não estão em consonância com os princípios informadores do processo administrativo tributário.

7.2.1 O mandado de segurança é uma garantia constitucional destinada à proteção de direitos lesados ou ameaçados por ato ilegal ou abusivo de autoridade, sendo hoje pacífico na jurisprudência o seu cabimento para impugnar ilegalidades ou abusos na atividade administrativa de tributação.

7.2.2 No entanto, muitas restrições à utilização do mandado de segurança em matéria tributária ainda são feitas, especialmente na via processual, em decorrência de uma visão distorcida do processo, que privilegia o formalismo em detrimento do direito material e da administração da justiça.

7.2.3 Impetração contra lei em tese não se confunde com impetração preventiva, posto que a primeira é incabível, enquanto a segunda é uma garantia constitucional. Contra lei em tese é impetração contra norma que não incidiu. Se houve incidência da norma, e apenas não se consumou a exigência que se reputa ilegal, a impetração é preventiva.

7.2.4 Também é cabível a impetração do mandado de segurança contra resposta oferecida pela autoridade administrativa a consulta fiscal, bem como para garantir o direito à compensação (Lei 8.383/91, art. 66).

7.3.1 A teorização do processo tributário deve ser concebida de modo a conferir *plena efetividade a postulados de espeque constitucional*, tais como a legalidade e a tipicidade em matéria tributária, a inafastabilidade da tutela jurisdicional e o devido processo legal.

7.3.2 As tutelas cautelares em matéria tributária representam um significativo avanço na busca da efetiva tutela judicial do contribuinte, configurando um dos aspectos do notável aperfeiçoamento do contencioso tributário registrado na doutrina e no direito latino-americanos na última década.

7.3.3 A antecipação de tutela não é novidade no direito pátrio, pois, não obstante a sua renovada adoção na nova redação do art. 273 do CPC, há muito os magistrados concedem verdadeiras tutelas antecipadas, como em diversas hipóteses de liminares em mandado de segurança.

7.3.4 Em síntese, pode afirmar-se serem os seguintes os requisitos legais para a antecipação de tutela: 1) requerimento da parte; 2) prova inequívoca; 3) verossimilhança da alegação; 4) fundado receio de dano irreparável ou de difícil reparação *ou* 5) abuso de direito de defesa, *ou* manifesto propósito protelatório do réu; 6) reversibilidade do provimento antecipado.

7.3.5 A satisfatividade é fenômeno peculiar à própria antecipação do efeito mandamental da sentença definitiva, não sendo, portanto, como pensam alguns, razão para que a medida deixe de ser concedida.

7.3.6 É cabível a suspensão de exigibilidade do crédito tributário, através da antecipação de tutela, tendo em vista o poder geral de cautela dos magistrados e a inexistência de óbice legal.

7.3.7 Admite-se, de modo geral, em nossos Tribunais a utilização da antecipação de tutela em matéria tributária, variando a interpretação para cada caso, quanto à presença de seus pressupostos.

Condorcet Rezende

Presidente da Comissão Relatora das Conclusões do Congresso

COMISSÃO JULGADORA DAS MONOGRAFIAS

Relatório final

Da *Comissão Julgadora das Monografias* participaram representantes do Brasil, da Argentina e do Peru:

Presidente: Sidney Saraiva Apocalipse (SP)

Relator: Sandoval Zigoni Jr. (ES)

Luís Cesar Souza de Queiroz (RJ), Paulo Ayres Barreto (SP), Eurico Marcos Diniz de Santi (SP), Luís Fernando Neves (MT) e Marcelo Cerqueira Fortes (SP) (Brasil), Jorge Bravo Cucci (Peru), Alejandro Messineo e Daniel Lamberti (Argentina).

Após o recebimento das monografias da Coordenação do Congresso, os Julgadores receberam por *e-mail*, do Presidente da Comissão, as diretrizes para a avaliação dos trabalhos.

No Congresso, foram procedidas discussões entre os Julgadores para a fixação definitiva, nos termos regulamentares, dos critérios, que foram assim estipulados:

— originalidade das conclusões;

— inovação ou contribuição científica para o tema;

— objetividade e clareza no desenvolvimento do tema;

— originalidade do tema.

Após as reuniões e debates acerca da aplicação às monografias dos critérios adotados, classificando-as, procedeu a Comissão à escolha das seguintes dissertações:

1. "Teoria geral do direito tributário" — *Prêmio Alfredo Augusto Becker*:

— "Considerações sobre a presunção de legitimidade do lançamento tributário", de Susy Gomes Hoffmann.

2. "Direito tributário internacional e/ou evasão e elisão fiscal" — *Prêmio Antônio Roberto Sampaio Dória*:

— "A vedação constitucional à isenção heterônoma no âmbito dos tratados internacionais e a questão da soberania", de Daniela Ribeiro de Gusmão.

3. "Direito constitucional tributário" — *Prêmio Geraldo Ataliba*:

— "Imunidade tributária e finalidades essenciais da pessoa imune", de Sílvia Faber Torres.

4. "Processo tributário" — *Prêmio Gilberto de Ulhôa Canto*:

— "O fundamento constitucional dos Conselhos de Contribuintes", de Gustavo Amaral.

5. "Tributos em espécie" — *Prêmio Rubens Gomes de Sousa*:

— "Os tributos no sistema constitucional brasileiro", de Márcio Severo Marques.

Vitória-ES, Brasil, agosto de 1998.

CONSIDERAÇÕES SOBRE A PRESUNÇÃO DE LEGITIMIDADE DO LANÇAMENTO TRIBUTÁRIO E SUA RELAÇÃO COM AS PROVAS

SUSY GOMES HOFFMANN
Mestre e Doutora em Direito Tributário pela PUC/SP
— Professora de Direito Tributário e de Constitucional — Advogada em Campinas

1. Introdução

A fim de melhor demonstrarmos a nossa tese acerca da presunção da legitimidade do lançamento tributário e sua relação com as provas no processo tributário, é necessário fazer algumas considerações sobre o que entendemos por lançamento tributário.

Consoante nosso entendimento, para a materialização da incidência tributária é imprescindível a expedição da norma individual e concreta que documenta a incidência tributária e que trará, necessariamente, o relato da ocorrência de um fato jurídico tributário que se enquadra na classe de fatos prevista no antecedente da norma geral e abstrata tributária, que, por sua vez, enuncia o tipo tributário; bem como irá instituir a relação obrigacional tributária.

Entendemos, também, que essa norma individual e concreta terá efeitos declaratórios ao relatar a ocorrência do acontecimento fático que se enquadra na classe dos fatos previstos pela norma geral e abstrata tributária e terá efeitos constitutivos ao instaurar a relação jurídico-tributária.

Para nós o lançamento tributário é ato administrativo que, por corolário, é próprio da Administração Pública.

O sujeito passivo da relação obrigacional tributária, por sua vez, pode, de acordo com nosso sistema positivo, emitir uma norma individual e concreta que relatará a ocorrência do fato jurídico tributário e instituirá a relação jurídica tributária; todavia, nosso sistema positivo não atribui a essa norma individual e concreta expedida pelo sujeito passivo o *status* de lançamento tributário como ato administrativo.

Assim, o lançamento tributário somente pode compreender a norma individual e concreta tributária expedida pelo agente administrativo.

Todavia, nos tributos em que compete ao sujeito passivo enunciar a norma individual e concreta enunciadora do fato jurídico tributário e instituidora da relação jurídica tributária, caberá sempre à Administração Pública proceder à fiscalização de tal atribuição, e nesse processo fiscalizatório, ao verificar que não houve a constituição do crédito tributário ou que tal constituição se deu de forma irregular, poderá proceder ao lançamento tributário a fim de constituir o crédito que verificou não ter sido constituído.

A Administração Pública irá editar os atos administrativos para lançar o tributo quando a lei que institui o tributo determinar que o faça diretamente, ou irá editá-la no decorrer de um processo fiscalizatório em que verificar que o sujeito passivo deixou de constituir determinado crédito, por meio da norma individual e concreta que lhe competia enunciar.

E o sujeito passivo poderá, de forma legal, expedir uma norma individual e concreta em que relate a ocorrência do fato jurídico tributário e constitua a relação tributária, formalizando o crédito tributário, dando conhecimento desses atos à Administração Pública; porém, tal ato do sujeito passivo não pode ser admitido como lançamento tributário.

2. *A presunção de legitimidade dos atos administrativos, e dentre eles do lançamento tributário*

A presunção de legitimidade caracteriza os atos administrativos. Segundo nosso entendimento, essa presunção impera para o lançamento tributário, que é um ato administrativo, tornando-o válido e apto a produzir efeitos; todavia, uma vez impugnado esse lançamento, não pode militar em favor de qualquer das partes a presunção de veracidade, devendo a Administração e o administrado provar o alegado.

Segundo os ensinamentos do professor Celso Antônio Bandeira de Mello, presunção de legitimidade "é a qualidade, que reveste tais atos, de se presumirem verdadeiros e conformes ao Direito, até prova em contrário. Isto é, milita em favor deles uma presunção *juris tantum* de legitimidade; salvo expressa disposição legal, dita presunção só existe até serem questionados em juízo. Esta característica é comum aos atos administrativos em geral".[1]

Então, a presunção de legitimidade não vigora sobre o conteúdo do ato administrativo, mas sobre sua pertinencialidade ao mundo jurídico. Em vista de tal afirmação, podemos concluir que ele é legítimo até que seja impugnado e posto fora do sistema, se assim for decidido; mas, ao ser impugnado, caberá a verificação sobre seu conteúdo, não lhe sendo imputada qualquer presunção em seu favor. Analisemos melhor essa questão.

3. *Análise da presunção de legitimidade do lançamento tributário*

Consoante o entendimento da doutrina, ao lançamento tributário emitido por um agente administrativo será imputada a presunção de legitimidade, de sorte que — nas palavras do professor Estevão Horvath —, "posto no mundo jurídico pelo agente público competente, mediante o cumprimento dos requisitos colocados na lei para a sua emanação, diremos que o lançamento é válido e, portanto, na linguagem kelseniana, existente. Estando, depois disso, em vigor o ato administrativo tributário, ou seja, apto a reger comportamentos dos sujeitos passivos e a produzir conseqüências de direito que o ordenamento jurídico lhe atribui, somente pode ser modificado pela autoridade administrativa competente e de conformidade com o procedimento que a lei determina, ou pelo Judiciário".[2]

O professor Paulo de Barros Carvalho afirma que "a presunção de legitimidade está presente em todos os atos praticados pela Administração e, certamente, também qualifica o lançamento. Dado a conhecer ao sujeito passivo, será tido como autêntico e válido, até que se prove o contrário, operando em seu benefício a presunção *juris tantum*. Por mais absurda que se apresente a pretensão tributária nele contida, o ato se sustenta, esperando que outra decisão de hierarquia superior o desconstitua, quer por iniciativa do sujeito passivo, quer por providência de ofício, nos sucessivos controles de legalidade a que os atos administrativos estão subordinados".[3]

Não pretendemos discutir a pertinência do lançamento tributário ao sistema, pois é certo que, uma vez enunciado o ato administrativo do lançamento tributário, somente será retirado do sistema por outra norma jurídica, na forma definida pelo próprio sistema.

Porém, havendo impugnação ao lançamento tributário, não há que prevalecer a presunção em seu favor, visto que sua legitimidade não se encontra no fato de ter sido emitido por agente competente, mas em corresponder a um enunciado fático que se enquadra a uma hipótese legal. Para tanto, é preciso que o relato constante do an-

1. *Curso de Direito Administrativo*, 8ª ed., São Paulo, Malheiros Editores, 1996, p. 240.

2. *Lançamento Tributário e "Autolançamento"*, São Paulo, Dialética, 1997, p. 63.

3. *Direito Tributário: Fundamentos Jurídicos da Incidência Tributária*, São Paulo, Saraiva, 1998, p. 229.

tecedente da norma individual e concreta do lançamento tributário esteja corroborado pelo relato sobre os fatos tributários e que se constituem em meios de prova aceitos pelo Direito.

Assim, o lançamento tributário não se sustenta por si só. Uma vez enunciado, será dado o conhecimento de seu teor ao sujeito passivo, que pode reconhecer a imposição e pagar o tributo — porque admitiu como legítimo o enunciado nele contido — ou pode com ele não concordar, seja pela impugnação (administrativa ou judicial) a tal imposição — porque não reconheceu como legítimo o enunciado nele contido e não concordou com a relação obrigacional imposta.

Daí que a presunção de legitimidade está para o ato administrativo do lançamento tributário da mesma forma que para todas as normas do sistema jurídico, isto é, para que o sistema possa funcionar é preciso presumir que todas as normas jurídicas estão consonantes com as regras do ordenamento, até que essa validade seja questionada pelos meios adequados.

Sobre essa questão escreveu Gian Antonio Michelli: "Não pode ser, ao reverso, invocada a presunção de legitimidade inerente ao ato administrativo, de vez que ela não é suficiente para explicar os seus efeitos no âmbito do processo em questão, exatamente porque, nele, o juiz administrativo é posto na condição de formar seu próprio convencimento com a máxima liberdade e, portanto, a precitada presunção não está com força para vincular a formação da decisão judicial, no caso de dúvida".[4]

Nesse mesmo sentido é a posição do professor José Eduardo Soares de Melo, *ipsis verbis*: "No lançamento dos tributos, o ônus da prova cabe ao Poder Público por competir-lhe, de modo privativo e obrigatório, a constituição do crédito tributário, compelindo-o à comprovação da existência de todos os elementos componentes do fato tributário".[5]

Então, conclui-se que dita presunção de legitimidade não determina que o que estiver descrito no lançamento tributário seja válido e se sustente independentemente das provas.

A presunção de legitimidade em favor do ato administrativo do lançamento quer significar que, por ter sido emitido por agente público competente, se presume válido, até que seja posto fora do sistema por outra norma.

Por conseguinte, não é porque o funcionamento do sistema de Direito exige a presunção de que todas as normas postas são válidas até que sejam postas fora do sistema, pelos meios competentes, que se pode concluir, como certo, que o conteúdo dessas normas está em sintonia com as regras do sistema e com os enunciados fáticos a que devem corresponder.

Além do mais, não pode ser invocado o princípio da supremacia do interesse público ao interesse particular para fortalecer o entendimento de que há a presunção de legitimidade do conteúdo do ato administrativo do lançamento tributário, pois é certo que o interesse público, em nosso ordenamento, é pelo cumprimento da lei, de modo que, se for verificado que no ato do lançamento tributário não se observaram o detalhado relato do fato e a necessária adequação do fato e da relação jurídica instaurada aos padrões definidos na norma geral e abstrata, não deve prevalecer tal ato, devendo ser expulso do sistema, em detrimento do fato de que da sua manutenção no sistema poderia advir receita ao Estado.

O cumprimento da lei, no Estado de Direito, é mais importante do que a obtenção de receitas. Aí se pode observar o papel dos valores como um consenso retórico fruto de uma convenção de representantes da sociedade que elegeram os valores da

4. *L'Onere delle Prove*, apud Paulo Celso B. Bonilha, *Da Prova no Processo Administrativo Tributário*, 2ª ed., São Paulo, Dialética, 1997, p. 75.

5. "Lançamento", in *Caderno de Pesquisas Tributárias* 12/96, São Paulo, Resenha Tributária, 1997.

justiça e da supremacia da lei como superiores aos da utilidade.

Ainda, é oportuno observar que em nosso sistema positivo não há normas jurídicas que imponham a presunção de legitimidade ao lançamento tributário no que se refere ao seu conteúdo, pois, ao ser analisado por órgão ou pessoa hierarquicamente superior a quem o emitiu (ou até mesmo, em alguns casos, pelo próprio agente), poderá ser revisto integralmente. É o que determina o art. 145 do CTN, ao enunciar que "o lançamento regularmente notificado ao sujeito passivo só pode ser alterado em virtude de: I — impugnação do sujeito passivo; II — recurso de ofício; e III — iniciativa da autoridade administrativa, nos casos previstos no art. 149".

Então, temos por certo que não há presunção — no sentido de que não precisa ser provado — com referência ao *conteúdo do ato* — do enunciado fático do acontecimento e da relação jurídica —, mas há a validade do ato jurídico administrativo do lançamento tributário, no sentido de existir no sistema do Direito como norma válida e eficaz até que sofra impugnação ou que seja revisto de ofício.

Esse é o parecer do professor Hugo de Brito Machado, ao expor que:

"Não se aplica ao lançamento tributário a doutrina segundo a qual os atos administrativos gozam de presunção de validade, cabendo sempre ao particular o ônus da prova dos fatos necessários a infirmá-los. O tributo somente é devido se ocorre o fato que, nos termos da lei, cria a obrigação tributária correspondente. Seria, assim, absurdo admitir que o contribuinte teria de pagar um tributo apenas porque não teve condições de provar a inocorrência de determinado fato.

"O desconhecimento da teoria da prova, ou a ideologia autoritária, tem levado alguns a afirmarem que no processo administrativo fiscal o ônus da prova é do contribuinte. Isto não é nem poderia ser correto em um Estado de Direito Democrático. O ônus da prova no processo administrativo fiscal é regulado pelos princípios fundamentais da teoria da prova, expressos, aliás, pelo Código de Processo Civil, cujas normas são aplicáveis ao processo administrativo fiscal."[6]

4. As provas e o lançamento tributário. A questão do ônus da prova

Deve ser considerado que em qualquer questão jurídica é certo que se deve provar o alegado. Quem alega um fato deve prová-lo. É a regra do Direito (art. 333 do CPC).

No caso do direito tributário não é diferente. Se o agente administrativo imputa a ocorrência de um fato jurídico tributário que resultará numa relação obrigacional tributária a qual terá necessariamente uma pessoa na qualidade de sujeito passivo e de pagadora do valor do tributo, é certo que terá de provar a imputação que lhe faz — a de que ocorreu o fato jurídico tributário e de que a relação tributária deve ser instaurada em face daquele determinado sujeito, segundo aquele valor.

Desse modo, não há como negar a necessidade de constituir, numa linguagem aceita pelo Direito, as provas que foram colhidas e que dão ensejo ao surgimento da relação jurídica tributária.

Cabe lembrar que o Direito não admite qualquer linguagem, por isso que muitas vezes há divergência entre o ocorrido e o conhecido pelo Direito, pois pode ser conhecido por meio de uma linguagem vulgar um determinado evento que ao ser relatado na linguagem admitida pelo Direito se apresentou de forma diversa. Na coerência imposta pelo sistema, deverá prevalecer a linguagem que o sistema normativo admite como válida — no caso, a linguagem do enunciado da norma individual e concreta —, a identidade da sentença será com a linguagem sobre o fato jurídico, e não sobre o evento social.

É a questão da linguagem do direito positivo que incide sobre a linguagem da

6. "O devido processo legal administrativo tributário e o mandado de segurança", in *Processo Administrativo Fiscal*, v. 1, São Paulo, Dialética, 1997, p. 85.

realidade social e que produz a linguagem da facticidade jurídica, como explica o professor Paulo de Barros Carvalho, ao afirmar: "é que, muitas vezes, o direito posto não se satisfaz com a linguagem ordinária que utilizamos em nossas comunicações corriqueiras: exige uma forma especial, fazendo adicionar declarações perante autoridades determinadas, requerendo a presença de testemunhas e outros requisitos mais".[7]

Então, temos que, além de ter de provar a ocorrência do fato, essa prova deve estar revestida da linguagem técnica e hábil.

No caso do direito tributário essa linguagem irá variar de acordo com o tributo que estará em discussão ou que será o objeto do lançamento tributário, e também irá depender do tipo de prova que o caso requer.

Entretanto, o que é básico em nosso estudo é que sem as provas que devem apresentar-se pela linguagem técnica aceita pelo Direito não poderá ser relatada a ocorrência do fato jurídico tributário, e, por conseqüência, não poderá ser enunciado o lançamento tributário.

E — é fundamental entender — quem tem que apresentar essas provas é quem enunciou o fato jurídico tributário, o que, no caso do lançamento tributário, faz com que o agente da Administração, no ato do lançamento tributário, indique as provas quc fundamentam o fato enunciado.

Paulo Celso B. Bonilha, em seu estudo sobre o tema, ensina que:

"Não há, portanto, em decorrência da presunção de legitimidade do ato de lançamento, qualquer relação direta com a repartição do ônus da prova na relação processual tributária. Não se pode pretender que a carga probatória venha a ser atribuída em função da posição processual de quem está na contingência de agir. O que importa é perquirir sobre os fatos relacionados com a situação material a que se refere a relação processual e deduzir a quem cabe o ônus da prova.

"Sob essa perspectiva, a pretensão da Fazenda funda-se na ocorrência do fato gerador, cujos elementos configuradores supõem-se presentes e comprovados, atestando a identidade de sua matéria fática com o tipo legal. Se um desses elementos se ressentir de certeza, ante o contraste da impugnação, incumbe à Fazenda o ônus de comprovar a sua existência."[8]

Por fim, para nós é certo que da presunção de legitimidade que caracteriza o lançamento tributário, como ato administrativo que é, não decorre a inversão do ônus da prova no processo administrativo tributário. Na verdade, cabe à Administração sempre comprovar a ocorrência do fato jurídico tributário, por meio das provas hábeis, na conformidade da lei.

Importa ressaltar, novamente, que a norma individual e concreta que documenta a incidência tributária irá, no seu antecedente, relatar a ocorrência de um fato, especificando esse acontecimento a fim de caracterizá-lo como pertencente à classe de fatos hipoteticamente prevista na hipótese da norma geral e abstrata — no caso, a norma enunciadora da regra-matriz de incidência tributária.

Ao relatar esse fato, será necessário apresentar todos os elementos que o constituem, sempre por meio de uma linguagem admitida pelo Dircito.

Entendemos que as provas da ocorrência do fato jurídico tributário devem estar aptas a demonstrar a ocorrência desse fato e prontas para serem analisadas por quem de direito. Assim, se quem relatou o fato jurídico tributário foi o agente da Administração, deverá apresentar ao sujeito passivo, juntamente com a notificação do lançamento tributário, as provas relativas ao fato jurídico tributário enunciado. Da mesma forma, quando couber ao sujeito passi-

7. *Direito Tributário: Fundamentos Jurídicos da Incidência*, São Paulo, Saraiva, 1998, p. 90.

8. *Da Prova no Processo Administrativo Tributário*, 2ª ed., São Paulo, Dialética, 1997, pp. 75 e 76.

vo enunciar a norma individual e concreta que documenta a incidência tributária, deverá fazê-lo mediante os meios de prova escolhidos pelo sistema — meios, esses, que deverão estar prontos para verificação pelos agentes administrativos competentes.

Então, para nós, a legitimidade da norma individual e concreta que documenta a incidência tributária — entendendo legítimo aquilo que é realizado de acordo com as regras do sistema e que, portanto, deverá prevalecer — será reconhecida, no que se refere ao seu conteúdo, pela verificação de que o acontecimento fático narrado e a relação jurídica instaurada estão relacionados com as provas — que se apresentam por meios e linguagens impostos pelo Direito.

5. A alterabilidade do lançamento tributário

Tratar de presunção de legitimidade pressupõe também tratar da questão da alterabilidade do lançamento tributário.

Em vista de o lançamento tributário constituir-se num ato administrativo do tipo vinculado, somente poderá ser alterado pela expedição de uma norma individual e concreta emanada por agente competente e de hierarquia superior ao que expediu a norma que se pretende alterar.

Essa alteração ocorrerá por meio da invalidação do lançamento tributário. Consoante os ensinamentos do professor Celso Antonio Bandeira de Mello, "os atos administrativos praticados em desconformidade com as prescrições jurídicas são inválidos. A noção de invalidade é antitética à de conformidade com o Direito (validade)".[9]

Sobre esse tema escreveu o professor Eurico Marcos Diniz de Santi:

"Uma norma jurídica só pode ser invalidada por outra norma jurídica que como norma nasce de fato jurídico juridicizado por outra norma jurídica.

"Desta forma, o ato-norma de lançamento tributário só poderá ser alterado de acordo com os modos de produção dessas normas jurídicas que alteram outras normas, as quais incidem conforme disposição do ordenamento jurídico."[10]

O ordenamento jurídico prevê a alteração do lançamento tributário de acordo com regras gerais que estão previstas no Código Tributário Nacional e por meio de normas específicas, impostas nas legislações relativas a cada tributo.

Todavia, é certo que entre os diversos motivos elencados para a invalidação do lançamento tributário estarão aqueles relacionados às provas.

Ora, se afastarmos os motivos de ordem formal — tais como lançamentos feitos por agentes incompetentes ou sem as observações formais e processuais necessárias — e os motivos de inconstitucionalidade da norma geral e abstrata que impôs a regra-matriz de incidência, todos os outros motivos de alteração ou de anulação do lançamento tributário são relativos à prova e à sua relação aos fatos.

Há que ser anotado que a própria Administração Pública poderá, de ofício, alterar o lançamento tributário se, revendo o ato, verificar que ocorreu algum erro formal ou material no ato analisado.

6. A alterabilidade do lançamento tributário em face das provas que fundamentam o fato jurídico tributário

Para melhor entender a possibilidade de alteração do lançamento tributário em face das provas, podemos esmiuçar o tema em itens, tomando a precaução de demonstrar que todos eles se resumem à invalidação do lançamento tributário porque o fato ou a relação jurídica tributária não se coaduna com as provas. Porém, a escolha

9. *Curso de Direito Administrativo*, 8ª ed., São Paulo, Malheiros Editores, 1996, p. 273.

10. *Lançamento Tributário*, São Paulo, Max Limonad, 1996, p. 208.

pela divisão em itens deve-se à maior possibilidade de esclarecer nossa idéia.

Assim, podemos afirmar que o lançamento tributário, em face das provas, poderá ser alterado nos seguintes casos:

a) por se verificar que não há provas que sustentem o relato contido em seu enunciado;

b) pela falta de relação de identidade entre a linguagem das provas sobre o evento e a linguagem que relata o fato jurídico tributário ou a relação jurídica que compõe a norma individual e concreta do lançamento;

c) porque se constata que as provas tomadas pela Administração Pública não se sustentam em face de outras provas apresentadas;

d) em vista da ocorrência de ilicitude na tomada das provas que sustentam o fato.

Ora, de acordo com os arts. 145 e 149 do CTN, o lançamento tributário, que é regularmente notificado ao sujeito passivo, somente será alterado pela impugnação do sujeito passivo ou por recurso de ofício da autoridade administrativa.

O Código Tributário Nacional não especifica os motivos para que o sujeito passivo apresente impugnação ao lançamento tributário; mas, pela análise do sistema, pode-se concluir que são os motivos a que nos referimos no início desse item. E, pela análise do teor do art. 149 do CTN, os motivos para a revisão de ofício do lançamento tributário serão relativos à formação da prova que sustenta o ato administrativo do lançamento tributário.

Passemos à analise dos motivos relativos à prova e que podem alterar ou anular o lançamento tributário.

6.1 A ausência de provas que sustentem o enunciado do lançamento tributário

Como afirmamos, quem alega um fato deve prová-lo. Se a Administração Pública, por agente competente, enuncia a ocorrência de um fato jurídico tributário, deve prová-lo, indicando as linguagens nas quais se baseou para elaborar o enunciado da norma individual e concreta que constitui o lançamento tributário.

A indicação do fato formaria o pressuposto objetivo do ato administrativo do lançamento tributário, pois consiste no motivo do ato. Nesse sentido, o professor Estevão Horvath afirma que: "Motivo é o pressuposto de fato que autoriza ou exige a prática do ato. No lançamento tributário, sempre teremos como motivo de sua prática a ocorrência, no mundo fenomênico, daquele fato previsto hipoteticamente em a norma jurídica tributária, isto é, o fato imponível. A ocorrência do fato imponível é, portanto, a atuação que deve ser tomada em conta para a prática do ato administrativo de lançamento. Em rigor, o motivo está na lei, na necessidade de se obedecer à lei; o fato é ocasião, ensejo ou pretexto necessário à prática do ato".[11]

Assim, na esteira desse pensamento, concluímos que é certo que, se o agente administrativo enunciador do ato do lançamento tributário não apresentar o fato jurídico tributário, relacionando-o, por meio das provas, ao evento (ao acontecimento do mundo fenomênico sobre o qual incidiu a norma tributária), se terá por nulo o ato, pela falta de um de seus pressupostos.

É importante observar que não basta que o agente administrativo enuncie o fato jurídico tributário. É necessário que ele o faça por meio de uma linguagem que dê validade a esse enunciado. E válida será a linguagem que for elaborada de acordo com as regras; e as regras do nosso ordenamento voltam-se para a comprovação das alegações, de modo que quem alega a ocorrência do fato jurídico tributário com as caracterizações a ele referentes deverá, por conseqüência, fundar-se em provas relativas a esse fato.

Esse seria o caso, por exemplo, de um lançamento tributário relativo à contribuição de melhoria decorrente de valorização

11. *Lançamento Tributário e "Autolançamento"*, São Paulo, Dialética, 1997, pp. 44 e 45.

do imóvel. Cabe à Administração Pública a demonstração da valorização imobiliária pelo meio competente. Não basta a mera alegação de que ocorreu tal valorização imobiliária, pois se somente ocorrer a alegação o ato jurídico do lançamento tributário deverá ser invalidado.

6.2 Ausência de identidade entre a linguagem das provas sobre o evento e a linguagem que relata o fato jurídico tributário que compõe a norma individual e concreta do lançamento

Poderá haver uma discrepância entre a linguagem do fato jurídico tributário (que constou do antecedente da norma individual e concreta) e a linguagem do evento — acontecimento social; neste caso, o lançamento tributário deverá ser invalidado, porque não terá sustentação em face da análise de duas linguagens, considerando-se que a linguagem do evento e de suas provas é a sustentação da linguagem do fato jurídico tributário.

De uma maneira bem simples, podemos dar o seguinte exemplo: determinada empresa apurou prejuízo num determinado período de apuração. A Administração, equivocadamente, tomou aquele valor como lucro e lançou o crédito relativo ao imposto sobre a renda. Ao se proceder a uma verificação entre a linguagem do enunciado do lançamento e a linguagem tomada por fundamento, verificar-se-á que há entre elas uma dissonância, de modo que o lançamento tributário não se sustenta em face da linguagem da prova indicada pelo próprio emissor do ato administrativo. Daí resultará a invalidação desse ato administrativo do lançamento tributário.

6.3 Pela constatação de que as provas tomadas pela Administração Pública não se sustentam em face de outras provas apresentadas

Toda vez que se demonstrar, por meio das provas admitidas em Direito, que foi enunciado um determinado fato jurídico tributário que não se relaciona ao evento, deverá ser invalidado o lançamento tributário, porque se verificará que no mundo fenomênico o evento se deu de outra forma, com outras características, e faltarão, por conseqüência, provas sobre aquele fato descrito no lançamento tributário.

Então, se as provas apresentadas pelo sujeito passivo demonstrarem que não ocorreu aquele fato jurídico tributário que compôs o antecedente da norma individual e concreta do lançamento tributário, só restará a invalidação desse ato administrativo.

Esse caso é muito próximo do visto anteriormente, porém naquele a divergência ocorria pela verificação da prova apresentada pela própria Administração; neste, a prova é apresentada pelo sujeito passivo, que demonstrará que o que foi enunciado no antecedente da norma individual e concreta não se sustenta pelas linguagens a ele referentes.

6.4 Pela ocorrência de ilicitude na tomada das provas que sustentam o fato jurídico tributário

Sempre que se verificar que as provas que sustentam o lançamento tributário foram obtidas por meios ilícitos, seja por dolo, fraude, violação à privacidade, quebra de sigilo sem autorização judicial, abuso de autoridade, entre outros, deverá ser considerado que o fato enunciado no lançamento tributário não está fundado em provas.

Tal conclusão é conseqüência da garantia constitucional prevista no art. 5º, LVI, que prevê que "são inadmissíveis no processo as provas obtidas por meios ilícitos".

Resta evidente, portanto, que o ordenamento jurídico positivo requer que o fato jurídico tributário tomado pelo agente administrativo para instaurar a relação obrigacional tributária esteja referido a uma prova.

E disto resulta que a alteração desse ato administrativo, em geral, se dará pela impugnação à prova, seja no que se refere ao seu conteúdo, seja pela sua falta, seja pela sua produção sem atenção aos princípios do sistema.

Daí que se faz necessário, segundo nosso entendimento, que o sujeito passivo sempre tenha acesso a todas as provas que serviram de base para que pudesse ser enunciada a norma individual e concreta do lançamento tributário.

E disto também resulta que o lançamento tributário somente prevalecerá e terá legitimidade se seu conteúdo estiver relatado na linguagem hábil para o Direito e se estiver essa linguagem fundada na linguagem das provas.

7. A alterabilidade da norma individual e concreta enunciadora do fato jurídico tributário e instauradora da relação tributária enunciada pelo sujeito passivo

Por estarmos tratando do tema de presunção de legitimidade, imperioso destacar que esse estudo também se aplica à norma individual e concreta que retrata a incidência tributária e expedida pelo sujeito passivo.

De acordo com o que já afirmamos, entendemos que para determinados tributos a norma individual e concreta que documenta a incidência tributária será elaborada pelo sujeito passivo.

Nesses casos, o próprio sujeito passivo, se verificar que cometeu algum erro ao elaborar a dita norma individual e concreta, poderá retificá-la, sujeitando-se às eventuais penalidades impostas pela lei.

Todavia, caberá sempre à Administração Pública proceder à fiscalização do ato do administrado que enuncia a norma individual e concreta que documenta a incidência tributária, podendo alterá-la se verificar que essa norma não está elaborada de acordo com as regras do sistema.

É certo que a Administração Pública procederá a essa alteração por meio de um ato administrativo, que deve obedecer às regras que regem a matéria, e que já foram expostas anteriormente nesse trabalho.

Assim, sempre que alterar a norma individual e concreta expedida pelo sujeito passivo, a Administração Pública, por meio de seus agentes, terá de fundamentar seu ato, apresentando as provas de que aquela norma expedida pelo sujeito passivo não deve ser admitida como válida no sistema.

Porém, deve ser verificado que também a norma individual e concreta que documenta a incidência tributária expedida pelo sujeito passivo possui uma presunção de validade. Ora, uma vez enunciada pelo sujeito passivo, ela somente poderá ser alterada pelo próprio sujeito passivo ou pela Administração Pública de acordo com regras específicas e a partir da demonstração de que aquele primeiro enunciado não condiz com os aspectos formais relativos ao ato, ou não se harmoniza com os relatos sobre o evento social que deu causa à tributação, isto é, quando ficar demonstrado, por meios de prova, que aquele enunciado do antecedente da norma individual e concreta não se sustenta em face da análise das provas.

8. A alterabilidade da norma individual e concreta enunciadora do fato jurídico tributário e instauradora da relação tributária enunciada pelo sujeito passivo em face das provas

A alteração da norma individual e concreta que documenta a incidência tributária expedida pelo sujeito passivo ocorrerá, na grande maioria das vezes, em face das provas.

Ora, todas as vezes que se verificar que o enunciado pelo sujeito passivo não se sustenta em face das provas por ele apresentadas ou por meio de provas licitamente colhidas pela Administração Pública, a norma individual e concreta que documenta a incidência tributária deverá ser alterada.

Podemos aproveitar, para o presente caso, os itens anunciados na alterabilidade do lançamento tributário, com exceção das provas tomadas pela Administração por meios ilícitos.

Todavia, podemos acrescentar à presente análise a ocorrência da alterabilidade da norma individual e concreta enunciada pelo sujeito passivo se a Administração Pública demonstrar que as provas que fundamentam essa norma expedida pelo sujeito passivo foram obtidas mediante fraude, conluio ou dolo, com o objetivo de modificar o fato jurídico tributário a fim de reduzir o valor do montante do tributo a ser definido na relação tributária.

Enfim, é certo que toda alteração feita na norma individual e concreta que documenta a incidência tributária expedida pelo sujeito passivo em face das provas, seja pelo próprio sujeito passivo, a título de retificação da primeira norma, seja pela Administração Pública, deverá estar fundada em novas provas que demonstrem que os fatos alegados não resistem à confrontação entre a sua linguagem (dos fatos) e a linguagem dessas provas.

9. Considerações finais

Pelo exposto nessa monografia, buscamos demonstrar que a aclamada presunção de legitimidade do lançamento tributário apenas significa que o ato administrativo do lançamento tributário pertence ao sistema até que seja dele expulso, nos casos previstos em lei e pelos meios adequados.

Todavia, a presunção de legitimidade do lançamento tributário não pode significar que esse ato independe da fundamentação em provas, e que tal presunção teria o condão de inverter o ônus da prova, em processos tributários.

Na verdade, entendemos que a regra segundo a qual quem alega um fato deve prová-lo deve ser respeitada também pelo Estado, razão suficiente para que o conteúdo do lançamento tributário deva ser provado e, portanto, fundado em provas.

Além do mais, essas provas devem ser conhecidas pelo sujeito passivo.

E concluímos, também, que a norma enunciadora da incidência tributária que é instituída pelo sujeito passivo também deve estar fundada em provas. Sem as provas admitidas pelo Direito não podem ser alegados fatos.

Desse modo, a legitimidade da norma individual e concreta enunciadora da incidência tributária estará na sua emissão por quem de direito e na notificação desse ato também a quem de direito, bem como estará no conteúdo dessa norma referir-se à linguagem das provas previstas no Direito.

10. Conclusões

10.1 A norma individual e concreta que documenta a incidência tributária trará em seu antecedente o enunciado do fato jurídico tributário, apresentando todos os seus elementos, e esse fato deverá se enquadrar ao suposto da norma geral e abstrata que impôs a hipótese tributária, e no seu conseqüente instituirá a relação obrigacional tributária, determinando os sujeitos da relação, especificando os valores a serem pagos, bem como discriminando a base de cálculo e a alíquota.

10.2 A norma individual e concreta que documenta a incidência tributária poderá ser expedida pela Administração Pública, caso em que teremos o lançamento tributário, ou poderá ser expedida pelo sujeito passivo.

10.3 De acordo com o direito posto, o lançamento tributário poderá ocorrer em duas situações distintas: a) quando a norma instituidora do tributo impuser que a enunciação da norma individual e concreta que documenta a incidência tributária será feita pela Administração Pública; e b) quando a norma instituidora do tributo impuser que a enunciação da norma individual e concreta que documenta a incidência tributária será feita pelo sujeito passivo e que caberá à Administração Pública proceder à fiscalização dos atos impostos ao sujeito passivo; e se nessa fiscalização for verificado que o sujeito passivo não procedeu à correta emissão da norma individual e concreta, terá o agente fiscal poderes para enunciar outra norma individual e concreta que documentará a incidência tributária que não foi relatada ou documentada pelo sujeito passivo.

10.4 O sujeito passivo pode enunciar a norma individual e concreta que documenta a incidência tributária, cumprindo todos os deveres instrumentais e formais e enunciando o fato jurídico tributário e a relação jurídica tributária daí decorrente, dando ciência à Administração Pública.

10.5 O lançamento tributário não se sustenta por si só. Uma vez enunciado, será dado o conhecimento de seu teor ao sujeito passivo, que pode reconhecer a imposição e pagar o tributo — porque admitiu como legítimo o enunciado nele contido — ou pode impugnar tal imposição — porque não reconheceu como legítimo o enunciado nele contido e não concordou com a relação obrigacional imposta.

10.6 A presunção de legitimidade está para o ato administrativo do lançamento tributário da mesma forma que para todas as normas do sistema jurídico, isto é, para que o sistema possa funcionar é preciso presumir que todas as normas jurídicas são válidas até que sejam questionadas pelos meios adequados.

10.7 A presunção de legitimidade não determina que o que estiver descrito no lançamento tributário se sustenta independentemente das provas.

10.8 Em nosso sistema positivo não há normas jurídicas que imponham a presunção de legitimidade ao lançamento tributário no que se refere ao seu conteúdo, pois ao ser analisado por órgão ou por pessoa, em regra, hierarquicamente superior a quem o emitiu poderá ser revisto integralmente.

10.9 Não há presunção — no sentido de que não precisa ser provado — com referência ao *conteúdo do ato* — do enunciado fático do acontecimento e da relação jurídica —, mas há a validade do ato jurídico administrativo do lançamento tributário, no sentido de existir no sistema do Direito como norma válida e eficaz até que sofra impugnação.

10.10 A norma individual e concreta que documenta a incidência tributária expedida pelo sujeito passivo também possui presunção de legitimidade, no sentido de que, uma vez enunciada, ela somente poderá ser alterada pelo próprio sujeito passivo ou pela Administração Pública, de acordo com regras específicas.

10.11 A legitimidade da norma individual e concreta que documenta a incidência tributária — entendendo legítimo aquilo que é realizado de acordo com as regras do sistema, e que, portanto, deverá prevalecer — será reconhecida, no que se refere ao seu conteúdo, pela verificação de que o acontecimento fático narrado e a relação jurídica instaurada estão relacionados.

10.12 O lançamento tributário constitui-se num ato administrativo do tipo vinculado e somente poderá ser alterado pela expedição de uma norma individual e concreta emanada por agente competente e normalmente de hierarquia superior ao que expediu a norma que se pretende alterar. Essa alteração ocorrerá por meio da invalidação do lançamento tributário.

10.13 O lançamento tributário e a norma individual e concreta expedida pelo sujeito passivo sofrerão alterações, na maioria das vezes, em face das provas.

10.14 Essas alterações podem dar-se nos seguintes casos: a) por se verificar que não há provas que sustentem o relato contido em seu enunciado; b) pela falta de relação de identidade entre a linguagem das provas sobre o evento e a linguagem que relata o fato jurídico tributário ou a relação jurídica que compõe a norma individual e concreta que documenta a incidência tributária; c) porque se constata que as provas tomadas pelo emissor da norma individual e concreta que documenta a incidência tributária não se sustentam em face de outras provas apresentadas; e d) em vista da ocorrência de ilicitude na tomada ou na elaboração das provas que sustentam o fato jurídico tributário.

10.15 O ônus da prova no direito tributário pertence a quem alegou o fato. Então, quem tem que apresentar essas provas é quem enunciou o fato jurídico tributário — o que, no caso do lançamento tributário, faz com que o agente da Administração indique as provas que fundamentam o fato enunciado, e no caso em que compete ao sujeito passivo enunciar a norma individual e concreta que relata a incidência tributária caberá a ele indicar e manter as provas do fato jurídico tributário.

10.16 A legitimidade da norma individual e concreta enunciadora da incidência tributária estará na sua emissão por quem de direito e na notificação desse ato também a quem de direito, bem como estará no conteúdo dessa norma referir-se à linguagem das provas previstas no Direito.

A VEDAÇÃO CONSTITUCIONAL À ISENÇÃO HETERÔNOMA NO ÂMBITO DOS TRATADOS INTERNACIONAIS E A QUESTÃO DA SOBERANIA

DANIELA RIBEIRO DE GUSMÃO

Introdução — Itaipu Binacional e o Gasoduto Brasil-Bolívia — Soberania e autonomia — União "vs." Estado Federal — Lei nacional "vs." lei federal — O art. 98 do CTN — Tratados-contrato "vs." tratados-lei — Vedação constitucional à concessão de isenções heterônomas — A isenção heterônoma no âmbito internacional — Isenções relativas ao ICMS e ISS — Conclusão — Bibliografia.

Introdução

O presente estudo pretende analisar a vedação instituída pela Constituição Federal de 1988 quanto à concessão de isenções, por parte da União, de tributos estaduais e municipais, no âmbito dos tratados internacionais. Esta proibição possui fundamento na autonomia conferida a estes entes pela Carta de 1988 e na competência tributária outorgada constitucionalmente a estas pessoas políticas. Até aqui nada há a opor. No entanto, tais fundamentos não são suficientes quando a vedação gera efeitos no contexto internacional.

Isto porque o Estado Federal, representado pela União, ao celebrar tratados internacionais, pode versar sobre matéria tributária, sem ferir a disciplina da competência tributária outorgada aos entes políticos de direito interno. Neste sentido, o Estado Federal não estaria invadindo as regras de competência tributária constitucionalmente traçadas, pois tais normas apenas são oponíveis reciprocamente, entre as pessoas políticas de direito interno, não sendo aplicáveis ao Estado Federal enquanto pessoa jurídica internacional.

Não deve ser outro o entendimento, pois não se pode conceber que negócios de importância primordial para o crescimento econômico do país sejam obstados em conseqüência do incorreto entendimento dos constituintes a respeito de conceitos tributários básicos. Certo que a questão da autonomia dos Estados-membros e dos Municípios é fundamental, não sendo correto, entretanto, que os constituintes tenham se olvidado de apreciar certas circunstâncias, como a que ora se apresenta, a saber: a impossibilidade de aplicação do art. 151, III, da CF nos casos em que a União estiver funcionando como ente internacional.

O objetivo, portanto, será o de provar que o Estado Federal, quando celebrante de acordos internacionais, pode conceder isenções tributárias, sem que esteja ferindo ou invadindo a competência tributária das pessoas jurídicas de direito público interno, estabelecida pela Constituição Federal de 1988. Os tratados e convenções internacionais, em matéria tributária, devem prevalecer sobre as leis federais, estaduais e municipais, tendo em vista os interesses do país e a sedimentação das suas relações internacionais.

Admitir a possibilidade de conceder isenções heterônomas no âmbito dos tratados internacionais não é afrontar a Constituição Federal, e muito menos subtrair sua supremacia no ordenamento jurídico. Pelo contrário, se à União for vedada tal possibilidade, estar-se-á impedindo o país de manter relações econômicas com os demais países.

Itaipu Binacional e o Gasoduto Brasil-Bolívia

Dois exemplos interessantes sobre a utilidade do entendimento acima exposto são o Tratado de Itaipu, firmado entre a República Federativa do Brasil e a República do Paraguai, em 26 de abril de 1973, e o Tratado de Montevidéu (Gasoduto Brasil-Bolívia), firmado em 12 de agosto de 1980.

A letra "b" do art. XII do Tratado de Itaipu vedou a cobrança de impostos, taxas e empréstimos compulsórios que viessem a onerar direta ou indiretamente a Itaipu Binacional, caracterizando a concessão de isenção heterônoma por parte da União.

O mesmo ocorreu no caso do Gasoduto, visto que o *Acordo de Alcance Parcial sobre Promoção de Comércio entre Brasil e Bolívia (Fornecimento de Gás Natural)*, firmado entre o Governo da República Federativa do Brasil e o Governo da República da Bolívia, concedeu isenção de tributos federais, estaduais e municipais incidentes sobre a implementação do projeto, como estabelecido em seu art. 1º:

"1. Estarão isentas dos impostos atualmente vigentes nas diversas esferas de competência das Partes Contratantes,[1] assim como daqueles que se criem no futuro pelas autoridades competentes das referidas Partes, as operações que compreendam:

"(...)

"2. Estas isenções serão aplicáveis quando as mencionadas operações forem realizadas ou contratadas pelos executores do Gasoduto, diretamente ou por intermédio de empresas especialmente por eles selecionadas para esse fim."

A isenção fiscal prevista nesse Acordo atende ao duplo objetivo de estimular o desenvolvimento de novas fontes gasíferas na Bolívia e de fortalecer uma maior participação do gás natural na matriz energética brasileira, criando oportunidades de investimentos produtivos e de geração de empregos.

Soberania e autonomia

Em face da *autonomia*, cada ente da Federação (União, Estados, Distrito Federal e Municípios) atua no âmbito de suas competências, todos sob a égide da Lei Maior. Os entes autônomos exercem, na ordem jurídica interna, parcela de soberania que lhes é deferida pela própria Constituição Federal.

Segundo o ensinamento de Vítor Uckmar, "o conceito de autonomia pode ser entendido nos dois sentidos no âmbito do direito público, isto é, de independência de um ente da Administração Central e de potestade do ente de ditar normas".[2]

Já a *soberania* é concentrada na Nação, que, politicamente organizada, forma a República Federativa do Brasil, estando a mesma, no contexto internacional, representada pela União. Como estabelecido no art. 21 da CF, a União, no contexto externo, é o único ente soberano, representante dos Estados-membros no contexto internacional.

O Estado só é verdadeiramente Estado quando o poder que o dirige é soberano. Hoje, quando se fala em Estado, automaticamente vem à mente a idéia de uma ordem estatal que não esteja submetida a nenhuma outra ordem da mesma espécie. A esta ausência de subordinação dá-se o nome de *soberania*, característica que faz-se imprescindível ao Estado.

O poder do Estado pode ser caracterizado como soberano quando é ilimitado do ponto de vista jurídico. O Estado soberano não tem o dever de obedecer a nenhum outro Estado.

1. Por "Partes Contratantes" leia-se o Governo da República Federativa do Brasil e o Governo da República da Bolívia.

2. *Princípios Comuns de Direito Constitucional Tributário*, São Paulo, Ed. RT/EDUC, 1976.

Partindo da premissa de que os Estados-membros e os Municípios gozam de autonomia dentro das competências que lhes são fixadas pela Constituição Federal, o que se quer afirmar é que os Estados-membros são autônomos do ponto de vista do direito interno, enquanto que o Estado Federal é soberano no âmbito do direito internacional.

União "vs." Estado Federal

Como já explicitado, no âmbito interno, assim como os Estados-membros não são soberanos, também não o é a própria União. Na realidade, o Estado Federal caracteriza-se exatamente pelo igual nível jurídico de convivência entre o órgão central e os órgãos regionais, restando claro que tal igualdade se dá no nível interno apenas.

A União, no âmbito do direito nacional, é apenas pessoa jurídica de direito público interno, tal como o são os Estados e os Municípios, constituindo, cada qual, uma ordem jurídica parcial. No momento em que as ordens jurídicas parciais da União, dos Estados e dos Municípios se conjugam obtém-se uma ordem jurídica total, regulada pela Constituição.

A República Federativa do Brasil possui como um de seus alicerces básicos a soberania, predicado cabível somente aos sujeitos de direito internacional. O desenho constitucional diz competir à União manter relações com outros Estados (art. 21, I) em nome da República, na pessoa do seu presidente (art. 84, VII), a quem foi imputada a específica competência de celebrar tratados, atos e convenções internacionais (art. 84, VIII), com o beneplácito do Congresso Nacional (art. 49, I).

É de notar que o art. 18 da CF distinguiu acertadamente os conceitos de República Federativa e União, ao estabelecer que "a organização político-administrativa da República Federativa do Brasil *compreende a União, os Estados, o Distrito Federal e os Municípios*, todos autônomos, nos termos desta Constituição".

Esta República, representando não apenas a União, mas todos os Estados federados que a integram, é competente para firmar tratados internacionais como ente político de direito público internacional. *Desse modo, no âmbito dos tratados internacionais a União agirá dotada de soberania, atuando perante o "direito das gentes" e podendo, inclusive, conceder isenção de impostos federais, estaduais e municipais.*

O brilhante professor Roque Antônio Carrazza esclarece este ponto com proficiência, ao afirmar que:

"*No plano internacional*, (a União) representa a totalidade do Estado brasileiro (...). Sob esse enfoque, concentra a soberania da Nação, que exerce, em pé de igualdade, perante os demais Estados independentes (art. 21, I e II, da CF). (...).

"Já, no *plano interno*, a União é pessoa política, autônoma, investida pela Constituição de atribuições privativas (art. 21, 34, 145, 153, 154 etc.). Semelha-se, aqui, aos Estados-membros, que, como ela, são autônomos."[3]

E complementa seu entendimento citando Pontes de Miranda, para quem "os Estados são pessoas de direito das gentes. O Brasil, como Estado, mantém relações com outros Estados. *Não as podem ter e manter os Estados-membros componentes do Brasil*, porque não são pessoas de direito das gentes, e sim tão-só de direito público do Brasil. São Estados-membros. Unidades infra-estaduais".

O sistema constitucional brasileiro veda a possibilidade de os Estados-membros celebrarem tratados ou convênios com Estados estrangeiros — por lhes faltar soberania e, por conseqüência, em virtude de não serem reconhecidos pela ordem jurídica internacional. Esta vedação está contida no anteriormente mencionado art. 21, I, da CF.

O entendimento de alguns autores no sentido de convocar os Estados-membros, o Distrito Federal e os Municípios interes-

3. *Curso de Direito Constitucional Tributário*, 11ª ed., São Paulo, Malheiros Editores, 1998, p. 98.

sados para aprovar a aplicação do tratado aos tributos de seu interesse é criticada com perfeição pelo professor Luciano Amaro: "A solução é inviável por diferentes razões, de ordem prática e legal. Basta lembrar que temos mais de cinco mil e quinhentas entidades políticas integrando a Federação brasileira; imagine-se (na improvável hipótese de todos se porem de acordo) a cerimônia de troca dos instrumentos de ratificação. Por outro lado, por melhor boa vontade que tivessem, os entes da Federação (com a única exceção da União) não têm autoridade para comparecer como entes soberanos perante nações estrangeiras".[4]

A Constituição atual demonstra a existência de competências reservadas ou exclusivas da União, dos Estados-membros e dos Municípios. Assim, somente quem recebeu a competência para dispor sobre certa matéria o pode fazer, sob pena de inconstitucionalidade.

Disto decorre que, na sua matéria tributável, um Poder não deve sofrer ingerência de outro, o que reforça a sua recíproca independência e beneficia a autonomia estadual e municipal. Como ensina Marcelo Viana Salomão, "a Constituição em matéria tributária foi extremamente minuciosa, e com isso a competência outorgada por ela aos entes tributantes só pode, e deve, ser exercida dentro dos estritos limites que a própria Constituição estabeleceu".[5]

Entretanto, o entendimento de que esta autonomia não pode sofrer ressalvas termina por impossibilitar a efetivação de alguns negócios firmados pela União em nome da Nação brasileira, como será demonstrado no decorrer deste trabalho.

Lei nacional "vs." lei federal

De fato, os tratados internacionais, validamente introduzidos no ordenamento jurídico interno, são leis nacionais. O professor Roque Antônio Carrazza evidencia que:

"O Brasil, como Estado livre e soberano, pode perfeitamente firmar, com outras nações, tratados internacionais. Estes tratados (pactos, acordos) podem versar quaisquer matérias, nada impedindo, pois, tratem de assuntos tributários. Apenas, para que o assunto versado no acordo internacional se converta em direito interno, *é indispensável que este pacto seja confirmado por decreto legislativo federal*.

"Assim, a fonte primária do direito tributário não é o tratado internacional — como preceitua, *v.g.*, o art. 98 do CTN —, mas o decreto legislativo do Congresso Nacional que o ratifica."[6]

No momento em que o Estado Federal, no plano do direito internacional, subscreve tratados que, após os trâmites necessários, passam a integrar a ordem jurídica nacional, está veiculando norma de caráter nacional, capaz de obrigar todos os cidadãos. Ensina o professor Luciano Amaro,[7] corroborado pelo mestre Valdir de Oliveira Rocha,[8] que o tratado não é ato que se limite à esfera federal, pois atua na esfera nacional, ainda que a Nação seja representada pelo aparelho legislativo e executivo da União.

O art. 98 do CTN

A doutrina brasileira, em matéria tributária, vem se mantendo inalterada, prestigiando a supremacia do tratado internacional sobre o direito pátrio, seja ele federal, estadual, distrital ou municipal. Esta supremacia é afirmada por Aliomar Baleeiro, para quem "o art. 98 do CTN expressa a

4. *Direito Tributário Brasileiro*, 2ª ed. revista, São Paulo, Saraiva, 1998, pp. 174-178.

5. "Das inconstitucionalidades do IPVA sobre a propriedade de aeronaves", *Revista Dialética de Direito Tributário* 13/52.

6. *Princípios Constitucionais Tributários e Competência Tributária*, São Paulo, Ed. RT, 1986, p. 47.

7. *Direito Tributário Brasileiro*, cit., pp. 176 e 177.

8. "Tratados internacionais e vigência das isenções por eles concedidas, em face da Constituição de 1988", *Repertório IOB de Jurisprudência* 5/83 e 84.

hierarquia do tratado sobre a legislação tributária antecedente ou superveniente".[9]

Divergindo desta opinião, Helenílson Cunha Pontes assevera que "a prevalência dos tratados sobre as leis internas que lhes sucedem dá-se não porque estes situam-se em patamar hierárquico-normativo superior, mas porque constituem *lex specialis* diante das leis internas".[10]

É importante ressaltar que o art. 98 do CTN tem sido entendido por parte da doutrina como norma inconstitucional,[11] argumentando-se que (i) esta norma fere o princípio federativo, pois interfere na autonomia dos Estados, (ii) não possui respaldo no texto constitucional, (iii) a forma correta de dirimir um conflito entre a norma de direito interno e a norma de direito internacional é a aplicação do princípio da "lei posterior", devendo prevalecer a última vontade do Congresso Nacional.

O problema da revogabilidade do tratado pela lei interna foi objeto de acórdão prolatado no RE 80.004 pelo STF, tendo esse Tribunal decidido pela inexistência da supremacia das normas da Convenção de Genebra sobre decreto-lei posterior (n. 427/69). Todavia, o entendimento do STF não é aplicável às questões de direito tributário. Isto porque o direito tributário possui autonomia suficiente para estabelecer regra específica no que tange aos tratados internacionais.

Em decisões relativas ao ICM[12] (hoje ICMS), onde se discutiu a prevalência das modificações introduzidas pelos Estados em face da inovação introduzida pela denominada Emenda "Passos Porto" (EC 23/83), o STF reafirmou, ainda que implicitamente, a plena aplicabilidade do art. 98 do CTN, afastando em definitivo a tese de sua inconstitucionalidade.

Na verdade, a vertente majoritária da doutrina sustenta a constitucionalidade do art. 98 do CTN, sob o argumento básico de que ali se consagrou, em termos categóricos, o princípio da superioridade do direito internacional convencional sobre o direito interno.

Com base nesse princípio, não faria o menor sentido que a Nação, ao ratificar tratados ao lado dos demais Estados do mundo, sendo estes tratados introduzidos validamente no ordenamento jurídico por ato do Congresso, visse seu acordo frustrado pelas modificações operadas no direito interno, sem que tenha havido expressa intenção de tornar esse tratado nulo.

Por isso, a lógica contida no art. 98 do CTN, neste sentido, faz-se absolutamente correta. Não seria correto que inovações legislativas ocorridas no plano interno pudessem alterar matérias contidas em tratados internacionais que conflitassem com tais inovações, sem que os legisladores tivessem visado a esse fim. Ademais, não há como exigir que o legislador perceba a possibilidade de ocorrer esta situação, pois o Congresso Nacional, ao legislar sobre o ordenamento jurídico nacional, o faz sob a ótica dos problemas internos, onde não figura a questão da integração de nações ou de povos.

Um outro problema surgiria se prevalecesse o entendimento de que a União não mais poderia conceder isenção de impostos estaduais e municipais e de que, não podendo celebrar tratados contrários à Constituição Federal, os tratados já firmados perderiam a eficácia nesse particular, criando-se um sério problema no âmbito internacional.

Se assim fosse, desde a entrada em vigor da nova Carta Constitucional todas

9. *Direito Tributário Brasileiro*, 6ª ed., Rio de Janeiro, Forense, 1974, p. 364.

10. "A contribuição social sobre o lucro e os tratados para evitar a dupla tributação sobre a renda", in *Grandes Questões Atuais do Direito Tributário*, São Paulo, Dialética, 1997, p. 45.

11. Neste sentido José Alfredo Borges ("Tratado internacional em matéria tributária como fonte de Direito", *RDT* 27-28/161). Posicionando-se pela constitucionalidade do artigo: José Carlos Faleiro, "A supremacia dos acórdãos internacionais sobre a legislação interna", in *Comentários ao Código Tributário Nacional*, v. 3, São Paulo, José Bushatsky Editor, 1977, p. 71.

12. RE 119.814-1-SP, 116.335-6-SP, 116.198-1-SP, 113.759-2-SP.

as regras de tratados internacionais que versassem sobre isenções de tributos estaduais e municipais estariam derrogadas, inclusive as regras consagradoras do princípio da equivalência de tratamento fiscal. Além disso, o art. 98 do CTN só teria eficácia no âmbito da União, não tendo mais aplicabilidade em relação aos Estados, Municípios e ao Distrito Federal.

O professor Heleno Torres,[13] apesar de ressaltar as virtudes do art. 98 do CTN, por ser uma disposição necessária ao correto entendimento da recepção e da execução dos tratados e acordos internacionais, assevera que o problema da prevalência poderia ser resolvido independentemente da existência deste artigo.

Tratados-contrato "vs." tratados-lei

No que tange aos tratados internacionais, a doutrina os classifica em duas espécies diferentes, conforme a sua finalidade, a saber: tratados normativos e tratados contratuais. Com base nesta distinção, o STF e o STJ[14] posicionaram-se no sentido de que a norma contida no art. 98 do CTN seria aplicável apenas aos tratados de natureza contratual, isto é, aos acordos firmados pelo Brasil a propósito de assuntos específicos.

Este entendimento baseia-se no fato de que estes tratados contratuais funcionam como acordos entre as partes, sendo, portanto, um ato juridicamente perfeito. Desta feita, faz-se absolutamente necessário o resguardo desses tratados-contrato celebrados pelo Brasil, os quais devem ser cumpridos conforme estabelecidos, tendo em vista sua essência contratual, de lei entre as partes.

No julgamento de RE 80.004, de 1.6.77, mencionado anteriormente, o relator, Min. Cunha Peixoto, observou em seu voto que "o tratado pode ser normativo ou contratual, e que o referido dispositivo (art. 98 do CTN) só tem aplicação no caso de tratado de natureza contratual, que deve ser respeitado pelas partes por ser título de direito subjetivo, não sendo o princípio, portanto, de ordem geral".

Há corrente, entretanto, que considera incorreto estabelecer qualquer tipo de distinção ou mesmo hierarquia entre os tipos de tratado no que se refere à legislação tributária, cabendo mencionar o julgamento do Plenário do STF no RE 90.824,[15] no qual, através de voto vencedor, o Min. Moreira Alves esclarece que, "em matéria tributária, *independentemente da natureza do tratado internacional*, se observa o princípio contido no art. 98 do CTN".

Vedação constitucional à concessão de isenções heterônomas[16]

O poder de isentar apresenta simetria com o poder de tributar, isto é, "o poder de isentar é o próprio poder de tributar visto ao inverso". Assim, da mesma forma que existem limitações constitucionais ao poder de tributar, observam-se limites que não podem ser ultrapassados pelo poder de isentar.

Como visto, a isenção, em princípio, pode ser considerada como renúncia ao poder de tributar, isto é, autolimitação de competência tributária. No entanto, é possível verificar que, excepcionalmente, ela pode decorrer de limitações heterônomas ao poder de tributar, como nas hipóteses de isenções, concedidas por leis complementares, de tributos estaduais e municipais.

Tal situação podia ser verificada no § 2º do art. 19 da CF de 1967, com a redação dada pela EC 1/69, que permitia à União, mediante lei complementar e atendendo ao

13. *Pluritributação Internacional sobre a Renda das Empresas*, São Paulo, Ed. RT, 1997.

14. Sobre a aplicação do conceito de tratado-contrato pelo STJ v. os seguintes julgados: REsp 41.784, de 9.3.94, e 36.555-4, de 8.9.93.

15. *RTJ* 95/350.

16. Por "isenção heterônoma" entenda-se aquela concedida por ente político que não seja o titular da competência tributária para instituir o tributo objeto da isenção.

relevante interesse social ou econômico nacional, conceder isenção de impostos estaduais e municipais.

Tanto Geraldo Ataliba[17] quanto Souto Maior Borges[18] entendem que este dispositivo possuía um caráter excepcional na sistemática constitucional de repartição de competências legislativas. No entender desses autores, este dispositivo não visava a invalidar a eficácia do princípio da isonomia, mas apenas confirmava, pela exceção, a existência da igualdade jurídica entre a União, os Estados-membros e os Municípios.

Neste ponto é importante observar a utilização da lei complementar. As pessoas constitucionais têm suas competências delimitadas pela própria Constituição Federal, sendo certo que a competência tributária resulta da autorização e limitação constitucionais para a instituição do tributo. Assim, não cabe à lei complementar estabelecer limitações à competência tributária da União, Estados-membros e Municípios.

Com base nessa premissa, Souto Maior Borges aduz que "a competência tributária estadual ou municipal permanece intacta no campo privativo que lhe é constitucionalmente deferido, mesmo com a superveniência da lei complementar isentante de impostos locais".[19]

Certo é que este dispositivo constitucional, ao conceder à União a competência excepcional para isentar de impostos estaduais e municipais, determinava um comando negativo para os governos locais ao mesmo tempo em que regulava positivamente a competência da União.

No entanto, não poderia ser de outra forma, pois a isenção deveria ser sempre fundada em interesse social ou econômico nacional e os Estados-membros e os Municípios não possuíam, como hoje não possuem, competência para determinar a existência de interesse social ou econômico nacional relevante.

No que se refere ao conceito de *interesse nacional*, o saudoso professor Geraldo Ataliba ensina que "não é o interesse do Governo Federal que induz a competência para edição de lei complementar de isenção, mas sim o interesse nacional. E o *discrímen* é muito importante porque, se se admitisse que o interesse simplesmente do Governo Federal pudesse autorizar tais isenções, ficaria estabelecida sua supremacia sobre os Estados, rompendo-se a isonomia informadora do princípio federal, com irremediável ruptura de todo o sistema".[20]

Incorreto dizer, portanto, que o fundamento dessa norma constitucional é a supremacia ou a superioridade da competência legislativa federal sobre a competência local, ainda mais que não havia, e não há, níveis de competência no Direito brasileiro.

É possível sustentar, outrossim, que a existência de "relevante interesse social ou econômico nacional" possuía o condão de afastar constitucionalmente as competências legislativas dos Estados-membros e dos Municípios, cessando, portanto, nesse caso, a competência tributária estadual e municipal.

Perfeito é o entendimento de Souto Maior Borges[21] ao afirmar que, de acordo com o § 2º do art. 19 da CF de 1967, com a redação da EC 1/69, a competência tributária estadual e municipal já nascia limitada no tocante às isenções concedidas em razão de relevante interesse social ou econômico nacional.

Desse modo, enfrentando-se uma situação considerada especial — que, estando sujeita à norma geral, cause prejuízo ao interesse nacional —, deve existir o direito de aplicar a esta situação um mandamento

17. *Lei Complementar na Constituição*, São Paulo, Ed. RT, 1971.

18. *Lei Complementar Tributária*, São Paulo, Ed. RT/EDUC, 1975.

19. *Lei Complementar Tributária*, cit.

20. *Lei Complementar na Constituição*, cit.

21. *Isenções Tributárias*, 2ª ed., São Paulo, Sugestões Literárias, 1969.

particular e também especial. É exatamente nesta premissa que se fundamenta a norma isencional contida no § 2º do art. 19 da CF de 1967.

Caminhando em sentido contrário, o inciso III do art. 151 da CF de 1988 impede que a União conceda isenções de tributos da competência dos Estados-membros, do Distrito Federal ou dos Municípios.[22] A base para esta proibição está na ampliação da autonomia dos Estados, do Distrito Federal e dos Municípios, trazida pela Constituição atual. O raciocínio de que o tributo deve ser instituído por lei própria do ente dotado de competência para tal, e que o mesmo deve ocorrer com a isenção desse tributo, é o fundamento para que se entenda que as isenções de impostos estaduais e municipais, concedidas por meio de lei complementar da União, não foram recepcionadas pela Constituição Federal de 1988.[23]

Além do raciocínio acima exposto, existe ainda o entendimento de que não mais subsistem as isenções concedidas pela União até 28 de fevereiro de 1989 (só a partir de 1º de março de 1989 entrou em vigor o novo Sistema Tributário Nacional). Alguns autores sustentam que não devem ser tidas por recepcionadas pela nova ordem constitucional as isenções concedidas pela União, via de lei complementar (ou decretos-leis, como o de n. 406/68, que fizeram o papel de lei complementar enquanto posto em recesso forçado o Congresso Nacional).[24]

De acordo com esta linha de raciocínio, a partir da entrada em vigor da atual Carta ficou restabelecida a incidência normal dos tributos isentos até 1988. Para restabelecer a isenção as Municipalidades deveriam encaminhar propostas legislativas às respectivas Câmaras Municipais. Caso não o fizessem no prazo de dois anos, a isenção estaria automaticamente revogada. Tal raciocínio tem fulcro no art. 41, § 1º, do ADCT.

Desse modo, a isenção, a partir da Constituição Federal de 1988, já não vigoraria, sendo necessária sua confirmação por texto de lei para que continuasse a vigorar. No sentido contrário, para se exigir o tributo antes isento não haveria necessidade de lei que decretasse o fim da isenção, pois para isto bastaria a vedação imposta pelo art. 151, III, da CF.

A base para tal entendimento seria o fato de que a nova Carta trouxe uma ampliação da autonomia dos Estados, do Distrito Federal e dos Municípios. Desse modo, não seria factível admitir-se que essa vedação a que se conceda isenções não implicaria o afastamento da isenção que tivesse sido concedida pela União. Se estas isenções não findassem, observar-se-ia, com relação a estes entes, uma autonomia total que, em situações como esta, se tornaria parcial.

Faz-se oportuno ressaltar, no entanto, o entendimento do STF. O Min. Carlos Velloso, em voto prolatado no julgamento do RE 159.343-1, posicionou-se no sentido de que não há revogação, "senão após dois anos a partir da promulgação da nova Carta, se lei municipal, imediatamente após a promulgação da nova Constituição, não tivesse realizado tal revogação". No mesmo sentido foi o voto do Min. Marco Aurélio, entendendo que, "ou a unidade federada editou a lei conforme previsto no art. 41, ou não o fez, e o benefício continuou

22. "Art. 151. É vedado à União:

"(...)

"III — instituir isenções de tributos de competência dos Estados, do Distrito federal ou dos Municípios."

23. Entendem vedada a isenção heterônoma: o Des. Bady Curi, do TJMG, no julgamento da ACautelar 88.360-5; Alcides Jorge Costa (*ICM na Constituição e na Legislação Complementar*, São Paulo, Resenha Tributária, 1978, pp. 170 e 171); José Eduardo Soares de Mello ("Tributação no Mercosul", *Pesquisas Tributárias* 3/198-201, Nova Série); Diva Malerbi (idem, p. 80); Helenílson Cunha Pontes (idem, pp. 375-383); Hugo de Brito Machado (*Curso de Direito Tributário*, 8ª ed., São Paulo, Malheiros Editores, 1993, p. 191).

24. Cf. Roque Antônio Carrazza, *Curso de Direito Constitucional Tributário*, cit.

em vigor até dois anos após a promulgação da Carta de 1988".

A isenção heterônoma no âmbito internacional

No que tange à concessão de isenções heterônomas no âmbito internacional o problema é mais grave. A própria CF, em decorrência do disposto em seu art. 21, I, estabelece que a União é competente para representar a República Federativa do Brasil no âmbito do direito público internacional, sendo dotada de soberania e podendo agir em nome de todos os entes políticos (a própria União, os Estados-membros, o Distrito Federal e os Municípios).

No momento em que um tratado é firmado com o intuito de conceder isenções de impostos federais, estaduais e municipais, o ente competente para celebrá-lo e, via de conseqüência, conceder tal isenção será a União.

Como anteriormente exposto, a celebração de tratados, convenções e atos internacionais compete privativamente ao presidente da República, estando tais atos sujeitos a referendo do Congresso Nacional.

Aliás, ao presidente da República também compete, privativamente, manter relações com Estados estrangeiros e acreditar seus representantes diplomáticos. Tais competências fazem do presidente da República também chefe de Estado, visto que na República Federativa do Brasil essa função se concentra na mesma pessoa que exerce a chefia do Poder Executivo da União.

O Estado Federal é resultante da soma da União, Estados-membros, Distrito Federal e Municípios. A Constituição Federal assinalou a estes entes menores competência em matéria de instituição de tributos. Esta competência assegura a autonomia de cada ente; mas autonomia, como visto anteriormente, é menos do que soberania, e esta apenas o Estado brasileiro possui.

Ao vedar isenções heterônomas no plano interno das competências tributárias autônomas não o fez em relação aos atos da União enquanto representante da República Federativa do Brasil, no plano externo, onde sobreleva a soberania do país.

Em matéria de direito internacional não é a União, como pessoa jurídica de direito interno, quem se apresenta perante as demais nações. Como visto anteriormente, não basta apenas possuir autonomia para figurar ao lado dos demais Estados do mundo, no âmbito do direito internacional. É preciso estar dotado de total soberania.

No plano do direito das gentes a União é a verdadeira representante dos demais entes participantes do sistema federativo. Se assim não fosse, não haveria outra forma de os Estados-membros e de os Municípios concederem isenções de impostos seus no âmbito internacional. Isto porque, por não serem dotados da soberania necessária para ratificar tratados internacionais, necessitam de um ente que os representem perante o direito internacional.

A vedação constante deste dispositivo refere-se às isenções heterônomas no âmbito das competências das pessoas jurídicas de direito público interno, estabelecendo conflitos no aspecto do direito internacional, pois ali todos os entes da Federação respondem juntos pelos atos emanados.

Não há que se falar, portanto, em invasão de competência nos casos de isenções estaduais ou municipais concedidas através de tratados internacionais, pois a República Federativa do Brasil é também composta por Estados, Distrito Federal e Municípios.

É possível afirmar, então, que a vedação contida no art. 151, III, da CF dirige-se apenas à União enquanto pessoa jurídica de direito interno, e não à União como pessoa jurídica de direito internacional, representante da República Federativa do Brasil.[25]

25. Consideram válida a concessão de isenções heterônomas: Natanael Martins ("Tratados interna-

Desse modo, a Constituição Federal de 1988, ao vedar as isenções heterônomas, o fez no plano interno das competências tributárias autônomas, não abrangendo, tal vedação, os atos celebrados pela União enquanto representante da República Federativa do Brasil, no plano externo das relações internacionais, onde sobreleva a soberania da Nação.

O revigoramento do Convênio ICM-10/75, pelo CONFAZ, representa o tácito acolhimento por parte dos Estados-membros da República Federativa do Brasil, *in verbis*:

"1. Os tratados internacionais celebrados antes da Constituição Federal de 1988, que envolvam exonerações de tributos estaduais ou municipais, permanecem em vigor, vez que não conflitam com a nova ordem jurídica.

"2. Se as exonerações de tributos estaduais e municipais concedidas pela União antes de 1988 não conflitam com a nova ordem jurídica, tem-se que esta nova ordem não proíbe tal concessão por meio de tratado ou acordo internacional. Desse modo, é inaplicável a norma do art. 151, III, da Constituição Federal aos tratados internacionais."

Se assim não fosse, esta vedação à isenção heterônoma estaria atingindo a República Federativa do Brasil como um todo, ao invés de apenas resguardar as competências tributárias de cada ente da Federação. Assim, a proibição de isenção heterônoma na ordem interna não deve ser utilizada como argumento para impedir que a República Federativa do Brasil disponha sobre o regime tributário em encerros de tratado internacional.

Perfaz-se impossível assimilar o art. 151, III, sem criticar a lacuna deixada pelo constituinte no que tange aos tratados e acordos celebrados no plano internacional. Certamente trata-se de lacuna, pois não parece provável que a intenção do legislador tenha sido a de restringir os efeitos dos tratados e acordos internacionais apenas à esfera jurídica da União, desobrigando os Estados-membros, pois tal ato seria altamente prejudicial à economia brasileira.

Isenções relativas ao ICMS e ISS

A atual Constituição determina que, por meio de lei complementar, a União pode conceder isenções tanto de ICMS, sobre as exportações de serviços de transporte interestadual e intermunicipal e de comunicação, e de mercadorias que não forem produtos industrializados (art. 155, § 2º, XII, "e", da CF), quanto de ISS, sobre as exportações de serviços (art. 156, § 4º, II, da CF).

Desse modo, entende Roque Antônio Carrazza[26] que, mesmo não sendo permitido que a União conceda isenções de tributos da competência dos Estados, do Distrito Federal ou dos Municípios por meio de lei ordinária, a Constituição Federal de 1988 consagrou duas possibilidades de isenções heterônomas através de lei complementar. Entende, contudo, que tal possibilidade está adstrita a estes dois casos, não sendo possível à União conceder isenções de quaisquer outros impostos estaduais ou municipais através de lei complementar.

Relativamente a estas isenções, perfeita é a conclusão de Luciano Amaro, para quem a questão da isenção de tributos estaduais e municipais por lei da União sempre esteve mal-posta, pois "o que a Constituição anterior previa (art. 19, § 2º) é a possibilidade de a *lei complementar* (editada pelo aparelho legislativo federal) dispor sobre isenções de tributos estaduais e municipais, em determinadas situações; ora, a atual Constituição, em certa medida, autoriza algo análogo (cf. art. 155, § 2º, XII,

cionais em matéria tributária", in *Imposto de Renda — Estudos n. 20*, São Paulo, Resenha Tributária, 1991, p. 142); Heleno Torres (*Pluritributação Internacional sobre a Renda das Empresas*, cit.); Hugo de Brito Machado ("Tributação no Mercosul", cit., pp. 90 e 91); Valdir de Oliveira Rocha (idem, pp. 279-281).

26. *Curso de Direito Constitucional Tributário*, cit.

'e'; art. 156, § 3º, II). Em casos mais estritos, portanto, a Constituição vigente continua autorizando a lei complementar (elaborada pelo Legislativo da União) a excluir certas situações da incidência de tributo estadual ou municipal".[27]

Conclusão

No sistema tributário nacional da Constituição Federal de 1988 as isenções de quaisquer tributos podem ser decorrentes de tratados internacionais. Se concedidas antes da nova Constituição Federal, foram por ela recepcionadas. Isto porque o tratado devidamente promulgado é lei interna do Estado brasileiro, e não simplesmente da União, obrigando a esta da mesma forma que obriga aos demais entes que formam a República Federativa do Brasil.

Assim sendo, um acordo tributário internacional celebrado pela União que conceda isenções de tributos de competência estadual e municipal não fere a vedação constante do art. 151, III, da CF/88 (veda à União a faculdade de instituir isenções de tributos de competência dos Estados, do Distrito Federal e dos Municípios).

A limitação constitucional ao poder de tributar do art. 151, III, do CTN há que ser entendida com uma restrição: no caso de celebração de tratados, a União poderá, por força da aplicação destes, conceder isenções de tributos estaduais e municipais. Os Estados-membros e os Municípios, por sua vez, não poderão legislar contrariamente à disposição de tratado, nem em suas Leis Orgânicas ou Constituições, se o tratado lhes impuser isenções tributárias, pois o art. 98 do CTN, ainda que possua disposição extravagante, goza de plena eficácia.

Tal posição não tem o condão de afirmar que o direito internacional paira absoluto sobre a ordem jurídica brasileira. É imperativa a compreensão de que o objeto disciplinado por um tratado internacional só causa conseqüências internas se não for contrário à Constituição Federal e se o Congresso Nacional aprovar devidamente o ato do presidente da República.

Este estudo buscou demonstrar que a possibilidade de concessão de isenções heterônomas no âmbito dos tratados internacionais não deve ser reconhecida apenas com base no art. 98 do CTN, visto que outras premissas, até mais substanciosas, devem ser utilizadas como fundamentos para tal supremacia.

Além disso, apesar dos fundamentos apresentados para a correta interpretação do art. 151, III, da atual Magna Carta, em virtude da importância e da segurança das relações internacionais, seria bastante profícua a inclusão de um parágrafo único ao citado artigo, com o objetivo de excetuar as isenções concedidas por tratados internacionais da vedação ali estabelecida, o que poderia ser feito através da Reforma Tributária que se aproxima.

Bibliografia

AMARO, Luciano. *Direito Tributário Brasileiro.* 2ª ed. revista. São Paulo, Saraiva, 1998.

ATALIBA, Geraldo. *Hipótese de Incidência Tributária.* 5ª ed., 7ª tiragem. São Paulo, Malheiros Editores, 1998.

———. *Lei Complementar na Constituição*. São Paulo, Ed. RT, 1971.

BALEEIRO, Allomar. *Direito Tributário Brasileiro*. 6ª ed. Rio de Janeiro, Forense, 1974.

BORGES, José Alfredo. "Tratado internacional em matéria tributária como fonte de Direito". *RDT* 27-28.

BORGES, Souto Maior. *Isenções Tributárias.* 2ª ed. São Paulo, Sugestões Literárias, 1969.

———. *Lei Complementar Tributária.* São Paulo, Ed. RT, 1975.

BRASIL, Francisco de Paula S. "Legislação tributária e tratados internacionais". *RF* 308.

CARRAZZA, Roque Antônio. *Curso de Direito Constitucional Tributário.* 11ª ed. São Paulo, Malheiros Editores, 1998.

———. *Princípios Constitucionais Tributários e Competência Tributária.* São Paulo, Ed. RT, 1986.

27. *Direito Tributário Brasileiro*, cit., pp. 174-178.

COSTA, Alcides Jorge. *ICM na Constituição e na Legislação Complementar*. São Paulo, Resenha Tributária, 1978.

FALEIRO, José Carlos. "A supremacia dos acórdãos internacionais sobre a legislação interna". *Comentários ao Código Tributário Nacional*. v. 3. São Paulo, José Bushatsky Editor, 1977.

GRECO, Marco Aurélio. "Tributação no Mercosul". *Pesquisas Tributárias* 3. Nova Série.

MACHADO, Hugo de Brito. *Curso de Direito Tributário*. 8ª ed. São Paulo, Malheiros Editores, 1993.

————. "Tributação no Mercosul". *Pesquisas Tributárias* 3. Nova Série.

MALERBI, Diva. "Tributação no Mercosul". *Pesquisas Tributárias* 3. Nova Série.

MARTINS, Natanael. "Tratados internacionais em matéria tributária". *Imposto de Renda — Estudos n. 20*. São Paulo, Resenha Tributária, 1991.

PONTES, Helenílson da Cunha. "A contribuição social sobre o lucro e os tratados para evitar a dupla tributação sobre a renda". *Grandes Questões Atuais do Direito Tributário*. São Paulo, Dialética, 1997.

————. "Tributação no Mercosul". *Pesquisas Tributárias* 3. Nova Série.

ROCHA, Valdir de Oliveira. "Tratados internacionais e vigência das isenções por eles concedidas, em face da Constituição de 1988". *Repertório IOB de Jurisprudência* 5.

SALOMÃO, Marcelo Viana. "Das inconstitucionalidades do IPVA sobre a propriedade de aeronaves". *Revista Dialética de Direito Tributário* 13.

SOARES DE MELLO, José Eduardo. "Tributação no Mercosul". *Pesquisas Tributárias* 3. Nova Série3.

TORRES, Heleno. Pluritributação Internacional sobre a Renda das Empresas. *São Paulo, Ed. RT, 1997.*

IMUNIDADE TRIBUTÁRIA E FINALIDADES ESSENCIAIS DA PESSOA IMUNE

SÍLVIA FABER TORRES
Procuradora da Universidade do Estado do Rio de Janeiro (UERJ)

I — Introdução. II — Limites constitucionais à imunidade tributária. III — A interpretação das imunidades tributárias. IV — O fundamento dos limites às imunidades tributárias. V — A imunidade do IPTU. VI — A imunidade do IOF. VII — Conclusão. VIII — Bibliografia.

I — Introdução

A imunidade em matéria tributária é, sem dúvida, um tema que sempre assumiu posição de destaque no meio jurídico brasileiro. Não chega a ter o seu conteúdo modificado com o advento da nova ordem constitucional, mas pode-se dizer que nos últimos anos — em virtude, principalmente, da reestruturação do regime político e do refluxo do positivismo, a que se deve atribuir, inclusive, a abertura à imprescindível absorção de valores e idéias estrangeiras — o debate vem gradualmente se refinando e hoje exibe contornos mais democráticos, a exemplo da inovadora obra do professor Ricardo Lobo Torres (*Os Direitos Humanos e a Tributação*, ed. Renovar), para quem as imunidades tributárias são instrumento de proteção da liberdade individual e da igualdade.

Ocorre, porém, que, embora exaustivamente tratada pela doutrina e pela jurisprudência em vários de seus aspectos, a intributabilidade freqüentemente paira sobre zonas cinzentas — e nesse particular a Constituição Federal tem copiosos exemplos —, situando-se no limiar entre a proibição de tributar e o dever de custeio dos serviços públicos gerais. É exatamente nesse delicado momento que o jurista e o aplicador da lei devem valer-se de redobrada cautela no trato da matéria, sob pena de inviabilizar o gozo do direito público subjetivo de pessoas e entidades imunes.

O tema ora proposto — que busca apreciar a extensão do vínculo que o patrimônio, a renda e os serviços do ente imune devem guardar às suas finalidades essenciais para que se dê ensejo à tutela da imunidade — figura nesse campo duvidoso, carecendo, pois, de uma apreciação doutrinária mais detida. É de salientar-se que, não obstante haja hodiernamente um número razoável de decisões judiciais acerca da matéria, em especial dos Tribunais de Justiça de todo o país, a doutrina mostra-se acanhada, motivo precípuo da presente contribuição.

II — Limites constitucionais à imunidade tributária

Como é sabido, a CF declara, em seu art. 150, VI, a imunidade tributária das pessoas jurídicas de direito público (letra "a"), a dos templos (letra "b"), a dos partidos políticos, das entidades sindicais de trabalhadores e das instituições de educação e de assistência social sem fins lucrativos (letra "c"), quanto ao seu patrimônio, à sua renda e aos seus serviços.

A seguir, impõe a Carta Constitucional limites à imunidade antes reconhecida, com condicionar a vedação ao poder de tributar aos casos em que o patrimônio, a renda e os serviços das pessoas mencionadas estejam vinculados ou relacionados às suas finalidades essenciais.

Com efeito, as restrições ao aludido benefício encontram-se da seguinte forma estabelecidas:

"Art. 150. (...)

"(...)

"§ 2º A vedação do inciso VI, 'a', é extensiva às autarquias e às fundações instituídas e mantidas pelo Poder Público, no que se refere ao patrimônio, à renda e aos serviços, vinculados a suas finalidades essenciais ou às delas decorrentes.

"(...)

"§ 4º. As vedações expressas no inciso VI, alíneas 'b' e 'c', compreendem somente o patrimônio, a renda e os serviços relacionados com as finalidades essenciais das entidades nelas mencionadas."

O constituinte de 1988, ao limitar a desoneração tributária nos termos dos dispositivos acima transcritos, manteve-se fiel à ordem constitucional anterior no que concerne à imunidade recíproca — reproduzindo, à exceção da inclusão da fundação como ente beneficiário, o que estatuía o § 1º do inciso III do art. 19 da CF/69 — e inovou no tocante às entidades relacionadas na atual alínea "c" do art. 150, VI, ao estender-lhes expressamente a vedação.

É indene de contestação que andou bem o legislador constituinte ao reduzir explicitamente o espectro da intributabilidade para as finalidades essenciais dos entes imunes, haja vista que a elas é que se atribui, em última análise, a justificativa do reconhecimento do benefício. Nada obstante, a redação das disposições em referência não se isenta de críticas, eis que, sendo extremamente genérica e dúbia, acaba por ensejar interpretações das mais restritas — muitas das vezes frustrando o cristalino direito de uma entidade imune — às mais extensas, subvertendo o próprio fundamento da imunidade.

De fato, das expressões vinculados ou relacionados às suas finalidades essenciais, assim entendidas o seu objetivo social, exsurge a dúvida acerca do alcance desse vínculo ou dessa relação. Nesse desiderato, torna-se imperioso definir: o patrimônio, a renda e os serviços das pessoas titulares de imunidade devem estar diretamente vinculados às suas finalidades essenciais, a exemplo do que estatui o art. 14, § 2º, do CTN, ou, ao revés, basta que a relação seja indireta, sendo o suficiente a mera afetação a tais finalidades?

Objetiva-se, assim, verificar quando o patrimônio, a renda e os serviços devam ser considerados como vinculados ou relacionados às finalidades essenciais do ente imune, o que se fará à luz de dois casos concretos compreendidos no âmbito dessa área de penumbra.[1] Sob essa problemática, pois, encontram-se as hipóteses concernentes ao IPTU — segundo a qual impende reconhecer se o imóvel alugado a terceiros por pessoa titular da imunidade, cujo valor locativo é integralmente revertido à consecução de suas finalidades essenciais, está amparado pela tutela da imunidade do IPTU prevista na Carta Constitucional — e ao IOF — que, por sua vez, suscita a questão sobre se a renda da entidade aplicada no mercado financeiro descaracteriza a vinculação às suas atividades.

III — A interpretação das imunidades tributárias

Antes, porém, de analisarmos tais hipóteses em concreto, seria aconselhável traçarmos breves considerações acerca da já cediça interpretação das imunidades tributárias, dado que o cerne da questão ora proposta não é outro senão interpretar a amplitude das normas constitucionais limitativas insculpidas nos §§ 2º e 4º do art. 150 da CF e seus efeitos sobre as benesses imunizatórias.

Pode-se dizer que a doutrina brasileira acolhe quase que unanimemente a interpretação ampla das imunidades fiscais. É esse o magistério de Bernardo Ribeiro de

1. Optou-se por apreciar particularmente casos relativos ao IPTU e ao IOF por encontrarem-se na "ordem do dia". Ressalte-se, porém, que outras tantas exações também poderiam ser abordadas, a exemplo do ISS, o que se deixa de fazer, contudo, por não caber aqui uma discussão demasiadamente vasta.

Moraes,[2] Ives Gandra da Silva Martins,[3] Amílcar de Araújo Falcão,[4] Gilberto de Ulhôa Canto,[5] entre outros. No mesmo sentido sedimentou-se a jurisprudência pretoriana, como se lê das decisões dos RE 87.049-SP[6] e 102.141-RJ.[7]

No que concerne a esta posição majoritariamente defendida entre nós, Ricardo Lobo Torres[8] verificou que ela, não raro, teve o condão de, por um lado, transformar as imunidades em meros privilégios de grupos e empresas e, de outro, banalizar o próprio conceito de imunidade, ao confundi-la com qualquer não-incidência constitucional. Alerta, em seguida, que a interpretação das imunidades, no Estado Social Fiscal, visa à garantia dos direitos da liberdade, sem se descurar, entretanto, dos princípios derivados da idéia de justiça, principalmente a capacidade contributiva. Ensina, por fim, que a interpretação das imunidades fiscais adota o pluralismo metodológico mas é sempre iluminada pela dimensão teleológica.

Endossando essa lição, procuraremos, em momento próprio, considerar a imunidade de que se trata em seu devido contexto teleológico, ao fito, sobretudo, de evitar uma interpretação demasiadamente extensa que desfigure a razão de ser da imunidade, ou uma interpretação que peque pela restrição, ao ponto de aniquilar o direito da pessoa imune.

IV — O fundamento dos limites à imunidade tributária

Prima facie, esclareça-se que não buscamos, aqui, discorrer sobre os próprios fundamentos das imunidades tributárias declaradas no art. 150, VI, da CF, eis que tal abordagem, além de demandar um alto grau de elaboração teórica, requer pesquisas e estudos de singular complexidade, notadamente de direito comparado, o que fugiria aos restritos objetivos deste trabalho. Contudo, como essa questão é prejudicial àquela que ora buscamos, alguns comentários, ainda que superficiais, devem ser tecidos.

Assim, não se pode olvidar que o dispositivo constitucional declaratório da imunidade impregna-se de conteúdo eminentemente social e político, eis que se norteia na menor oneração de entes e instituições cujos objetivos reputam-se de alta relevância social e política.[9]

Em breves linhas podem-se delinear, por praticamente pacífico o entendimento doutrinário e jurisprudencial, os fundamentos das imunidades aludidas:

A vedação procedida pela alínea "a" do art. 150, VI, a denominada "imunidade recíproca", visa basicamente à manutenção do sistema federativo pela autonomia financeira de cada ente federado.

A vedação de instituição de impostos sobre templos de qualquer culto, por seu turno, procura garantir a liberdade de manifestação religiosa, evitando o seu cerceamento através da imposição fiscal.

A imunidade declarada no art. 150, VI, "c", visa a garantir o direito de expressão de pensamento político (imunidade dos partidos políticos), a assegurar a liberdade sindical (imunidade das entidades sindicais dos trabalhadores),[10] a incentivar a atividade educacional (imunidade das institui-

2. *Curso de Direito Tributário. Sistema Tributário da Constituição de 1969*, São Paulo, Ed. RT, 1979, p. 467.

3. *Sistema Tributário na Constituição de 1988*, São Paulo, Saraiva, 1989, p. 151.

4. *Fato Gerador da Obrigação Tributária*, Rio de Janeiro, Forense, 1994, p. 67.

5. "Algumas considerações sobre imunidade tributária dos entes públicos", *RDA* 52/34.

6. *RTJ* 87/608.

7. *RTJ* 116/207.

8. *Os Direitos Humanos e a Tributação*, Rio de Janeiro, Renovar, 1995, pp. 80 e 81.

9. Aliomar Baleeiro, *Limitações Constitucionais ao Poder de Tributar*, Rio de Janeiro, Forense, 1977, p. 7.

10. Cf. Ricardo Lobo Torres, que não reconhece a natureza de imunidade da desoneração de tais entidades sindicais: "(...) a intributabilidade das entidades sindicais dos trabalhadores se classificará como mera não-incidência constitucional, pelo lugar que ocupa no texto de 1988, ou como privilégio" (ob. cit., p. 222).

ções de educação) e, finalmente, a fomentar a saúde e assistência social (imunidade das instituições de assistência social).

Saliente-se que as pessoas compreendidas no art. 150, VI, da CF, que prestam relevantes serviços à sociedade, têm despesas elevadas na satisfação de suas finalidades estatutárias, e muitas delas têm na locação de imóveis ou na aplicação do seu capital uma de suas principais fontes de receita, sem perder, com isso, a natureza de entidades sociais e, muitas vezes, filantrópicas. A mesma averbação vale para os entes públicos titulares da imunidade recíproca, eis que não auferem receita exclusivamente por meio de tributos.

Ocorre que, com fulcro nos já transcritos parágrafos do art. 150 da CF, Municípios de todo o país vêm lançando o IPTU sobre os imóveis das entidades que, embora ordinariamente imunes, alugam-nos a terceiros, sob o argumento de que tais imóveis não seriam empregados na consecução das finalidades essenciais dos beneficiários, ainda que o valor locativo seja integralmente revertido à realização de tais finalidades. Da mesma forma, a União vem exigindo o IOF tanto dos demais entes políticos como das entidades imunes, aduzindo que a aplicação de suas rendas na ciranda financeira constitui especulação e, portanto, não são diretamente revertidas às suas finalidades primordiais.

Vê-se, pois, que os Fiscos municipais e federal têm emprestado às expressões "vinculados" e "relacionados às suas finalidades essenciais" um sentido rigorosamente limitado, exigindo que a vinculação do patrimônio da pessoa imune aos seus objetivos sociais seja direta, vale dizer, que o imóvel, no caso do IPTU, ou a renda, no caso do IOF, sejam utilizados exclusivamente para o desenvolvimento das finalidades institucionais do beneficiário.

A exegese do enunciado dos §§ 2º e 4º do art. 150 da CF, contudo, não pode ser tratada com tamanha simplicidade como o vêm fazendo os entes políticos titulares do poder impositivo. Ao revés, dados os valores que alberga a vedação tributária, bem assim os efeitos que se irradiam da matéria, impõe-se o exame acurado do caso em tela, sempre observando que a interpretação da imunidade, como se teve oportunidade de frisar, deve ser informada pela sua dimensão teleológica.

Assim, e sobretudo diante das conseqüências sociais que, na prática, as interpretações implicam, há de se buscar, inicialmente, o verdadeiro objetivo da inserção dos limites às imunidades de que se trata. Para tanto, faz-se imprescindível um exame sistemático da questão — levando em conta a unidade do sistema, já magistralmente preconizada por Norberto Bobbio[11] —, recorrendo-se, essencialmente, aos princípios gerais do Estado de Direito.

Ora, numa estrutura econômica que pugna pela liberdade de comércio como a nossa, onde a livre iniciativa (art. 1º, IV, da CF) e a justa competição (art. 173, § 4º, da CF) são erigidas em princípios constitucionais, o gozo de qualquer imunidade repele a configuração de uma concorrência desleal. E pode-se dizer, seguramente, que uma tal situação teratológica ver-se-ia instaurada caso uma entidade imune, livre dos pesados gravames tributários, realizasse idênticas atividades comerciais e industriais de uma empresa estatutariamente constituída para gerar lucros, a qual, conseqüentemente, suporta aqueles ônus. O próprio sistema tributário, em suma, estaria, absurda e contraditoriamente, favorecendo um competidor em detrimento de outro.

Os juristas americanos vêm se debruçando sobre a questão, à mercê do obscuro significado de *related business ventures of nonprofits* a que se referiu o *Internal Revenue Code* (IRC),[12] como atividade

11. *Teoria do Ordenamento Jurídico*, Brasília, ed. Universidade de Brasília, 1994, pp. 71 e ss.

12. "Revenue Act of 1950, Pub. L. n. 81-814, §§ 301, 331, 64 Stat. 906, 947-53, 957-59 (codfied at 26 U.S.C. §§ 502-514 (1976))", *apud* Susan Rose-Ackerman, "Unfair competition and corporate income taxation", *Stanford Law Review* 34/1.017, 1982.

isenta de taxação. Com efeito, a seção 511 (a)(1) do *Internal Revenue Code* torna legítima a cobrança de imposto sobre a renda vinculada a negócios tributáveis (*unrelated business taxable income* — UBTI), sendo tais negócios definidos nas seções subseqüentes (seções 512 (a)(1) e 513 (a)) como qualquer comércio ou negócio não substancialmente relacionado com a atividade essencial da entidade isenta (*any trade or business the conduct of which is not substantially related*).

A imposição do tributo sobre a renda auferida de negócio não substancialmente relacionado aos objetivos da instituição isenta data do *Revenue Act of 1950*, Ch. 994, 64 Stat. 906 (1950 Act). O dispositivo foi criado para evitar que tais instituições, ao se engajarem em atividades lucrativas, não recebessem o privilégio da isenção em detrimento de outras empresas competidoras cujos lucros eram duramente taxados, procurando restringir, portanto, a concorrência desleal (*unfair competition*) com impor impostos sobre os *unrelated business taxable income*.

Todavia, a dificuldade em definir-se as expressões *related* e *unrelated* colocou o *Internal Revenue Service* (IRS) em confronto, na prática, com questões concernentes a entidades sem fins lucrativos (*nonprofits*) que realizam algumas atividades rentáveis, considerando-as uma forma de angariar fundos a serem revertidos às suas finalidades primordiais. As vozes mais autorizadas da doutrina norte-americana, em substanciosos estudos sobre o tema, vão buscar a solução no verdadeiro fundamento de que se valeu o Congresso para decretar o UBTI, sobrepondo o critério da concorrência desleal ao critério do intuito de lucro (*profit motive*) de que estaria supostamente imbuída a entidade beneficiada.[13]

A Suprema Corte americana, no caso "United States *vs.* American Bar Endowment",[14] fez incidir a regra do UBTI, enfatizando, para tanto, o que chamou de "intenção do Congresso" (*Congress's purpose*),[15] ou seja, que se tratava de vero caso de *unfair competition*.

Veja-se, ademais, que nem todas as rendas aparentemente desvinculadas das finalidades da pessoa titular do privilégio fiscal são compreendidas na definição de UBTI, pelo quê várias delas se mantêm protegidas contra tributação. É o caso dos "rendimentos passivos", expressamente excluídos daquela definição pelo *Internal Revenue Code*, a juízo de não terem o condão de criar riscos de competição desleal.[16] Destacam-se, entre tais rendimentos, juros, dividendos, anuidades, *royalties* e rendimentos de propriedade imóvel.

Nesse desiderato, dado que a Constituição brasileira também propugna por um sistema capitalista, incentivando e protegendo a livre iniciativa, é autorizado concluir-se que a exclusão do benefício da imunidade deve ser procedida com o fito de inibir a concorrência desleal. Não pode, portanto, ser aceita uma interpretação extremamente dilargada dos §§ 2º e 4º do art. 150 CF, que poderia conduzir ao resultado de que todas as atividades realizadas pela entidade imune estariam relacionadas aos seus objetivos essenciais, eis que destinadas a auferir receitas para o desenvolvimen-

13. "Notes: 'Tax-exempt entities, notional principal contracts and the unrelated business income tax'", *Harvard Law Review*, 105(6)/1.273 e 1.274; S. Rose-Ackerman, ob. cit., pp. 1.018 e 1.019: "(...) Congress and IRS will have to decide whether to facilitate or impede these activities, placing new strains on a generation-old policy. *The particular problem of competition from profits raises a more general issue*".

14. 477 U.S. 105 (1986).

15. "Notes" cit., p. 1.274: "The undisputed purpose of the unrelated business income tax was to prevente tax-exempt organizations from competing unfairly with businesses whose earnings were taxed... This case presentes an example of precisely the sort of unfair competition that Congress intended to prevent... If ABE may escape taxes on its earnings, it need not be as profitable as its commercial counterparts in order to receive the same return on its investment. Should a commercial company attempt to displace ABE as the group policyholder, therefore, it would be at a decided disadvantage".

16. Idem, ibidem.

to de tais objetivos. Dessa forma, ainda que indiretamente relacionada às finalidades básicas da pessoa titular da imunidade, qualquer atividade realizada estranha ao seu objetivo institucional deverá ser tributada se houver outras empresas que igualmente exploram-na economicamente.

A tese supradesenvolvida está em perfeita consonância com autorizadas vozes da doutrina brasileira. Leia-se a lição de Ives Gandra da Silva Martins,[17] para quem, da mesma forma, a restrição ao gozo da imunidade nos termos do § 4º do art. 150 da CF tem como objetivo precípuo inibir a concorrência desleal, expressamente proibida pelo art. 173, § 4º, da mesma Carta Federal. Eis, compiladamente, os termos de sua arguta observação:

"Parece-me que o § 4º elimina as dúvidas sobre as atividades econômicas de entidades imunes, que não gozam de tal benefício sempre que seus concorrentes estejam sujeitos à imposição tributária.

"(...)

"Com efeito, se uma entidade imune explorasse atividade pertinente apenas ao setor privado, não houvesse a barreira e ela teria condições de dominar mercados e eliminar a concorrência ou pelo menos obter lucros arbitrários, na medida em que adotasse idênticos preços de concorrência, mas livres de impostos."

Fortalecendo os argumentos expendidos está o § 3º do art. 150 da CF, que, não obstante referir-se exclusivamente aos entes públicos, pode perfeitamente estender-se a todas as situações vislumbradas pelo inciso VI do citado dispositivo constitucional. Por sua clareza de sentido, vale transcrevê-lo: "§ 3º. As vedações do inciso VI, 'a', e do parágrafo anterior não se aplicam ao patrimônio, à renda e aos serviços relacionados com exploração de atividades econômicas regidas pelas normas aplicáveis a empreendimentos privados, ou em que haja contraprestação ou pagamento de preços ou tarifas pelo usuário, nem exoneram o promitente comprador da obrigação de pagar imposto relativamente ao bem imóvel".

Diogo de Figueiredo Moreira Neto,[18] distinguindo o instituto da "exploração direta de atividade econômica" (art. 173 da CF) do instituto da "prestação direta do serviço público" (art. 175 da CF), ensina que, quando se fala em exploração direta de atividade econômica, está-se indicando a modalidade concorrencial de intervenção do Estado na economia, e isso porque, através dela, abre-se uma exceção ao princípio constitucional da livre concorrência.

Conclui-se da leitura da precisa lição retro-aludida que a livre concorrência é princípio primordialmente protegido pela Constituição, só podendo ser ilidida nos casos expressamente autorizados pela própria Carta Política, a título de exceção.

Mas se é certo, por um lado, que os termos "vinculação" e "relação" não podem ser tomados em acepção demasiadamente ampla, por outro lado, não se pode acolher a restrita interpretação que as Fazendas federal e municipais vêm emprestando aos dispositivos constitucionais em apreço, que acaba por prejudicar, com o risco, mesmo, de aniquilar, a prestação de serviços sociais de relevância incalculável realizada pelas entidades sem fins lucrativos, que, na linguagem dos americanos, são essencialmente *nonprofits*.

Dessa forma, faz-se mister que o intérprete tente lograr um meio-termo entre a vinculação direta e aquela absolutamente divorciada dos objetivos do titular da benesse imunizatória, a que caberá justificar a limitação ao poder de tributar levada a efeito pela incidência da imunidade. O busílis da questão, portanto, consiste em determinar o grau da relação indireta do patrimônio do beneficiário às suas finalidades, nos limites do qual esse mesmo beneficiário há de ser mantido sob a tutela da imunidade.

17. *Comentários à Constituição do Brasil*, São Paulo, Saraiva, 1988, pp. 203, 205 e 206.

18. *Ordem Econômica e Desenvolvimento na Constituição de 1988*, Rio de Janeiro, APEC, 1989, p. 70.

Concede-nos a solução, se recorrermos ao direito positivo, o art. 173, § 4º, da CF, como frisado.

Há, ainda, uma outra ponderação a ser feita, que diz com a questão da capacidade contributiva. Vejamos, em sintética análise.

O exercício do poder tributário, como se sabe, está condicionado à observância de determinados princípios, de onde se destaca, como princípio de justiça material, o da capacidade contributiva, segundo o qual a contribuição para os gastos do Estado deve ser feita na proporção da riqueza de cada cidadão por eles legalmente responsável. Veja-se, contudo, como ensina Francesco Moschetti, que só é passível de considerar-se capacidade contributiva a riqueza que pode ser subtraída sem prejudicar a sobrevivência da organização econômica gravada.[19] Todavia, afigura-se claro que esse limite não seria observado se o titular do poder impositivo tributasse o imóvel ou a operação financeira da qual a entidade imune extrai rendas, aplicando-as às suas finalidades essenciais, eis que daquelas receitas, muitas vezes, deriva o próprio êxito dessas finalidades. Aliás, considerando-se que a tributação só se pode efetivar onde exista riqueza, não incidiria jamais a exação tributária na hipótese em análise, eis que tal movimentação sequer exterioriza riqueza da entidade.

Sobre o assunto manifesta-se com muita propriedade Rui Barbosa Nogueira:

"Como já vimos, 'o patrimônio', 'as rendas' e os 'serviços' ou atividades dessas instituições são a sua *universitas facti*, toda ela afetada a seus objetivos, pois um dos requisitos para a própria criação, existência e operatividade dessas instituições como tais é precisamente de 'aplicarem *integralmente*, no país, *os seus recursos* na *manutenção* dos seus objetivos institucionais (item II do art. 14 do CTN).

"Logo, é evidente que a vírgula colocada após a palavra 'patrimônio' e constante do § 4º do art. 150 da CF significa que a *universitas facti* da instituição é e está, pelos estatutos, *100% afetada* aos seus fins, ou seja, que tais instituições efetivamente contribuem para o Estado não com imposto *in pecunia* mas *in natura* e *in labore*, cuja capacidade econômica ou contributiva já ficou integralmente esgotada.

"São *imunes* do *imposto 'in pecunia'*, porque realmente não têm, nem podem ter, 'capacidade econômica' ou contributiva *in pecunia*, uma vez que a integralidade de seus recursos, *ex vi legis*, tem que ser, como são, integralmente aplicados na manutenção dos seus objetivos institucionais."[20]

De outra parte, a preocupação com o princípio da capacidade contributiva ora demonstrada também se faz presente na doutrina norte-americana, para quem as sociedades imunes, tidas como "prestadoras de serviços públicos" no sentido mais amplo do termo, não chegam a auferir "riquezas", pelo quê deve protegê-las o manto do privilégio financeiro.[21]

Analisados o conteúdo e a extensão das expressões "vinculadas" e "relacionadas" às finalidades essenciais da entidade, insculpidas nos §§ 2º e 4º do art. 150 da CF, passemos, agora, ao exame das exações tributárias que na prática situam-se sob tal problemática.

V — A imunidade do IPTU

Por tudo quanto foi exposto, deve-se assentar que a obtenção de rendimentos pro-

19. *El Principio de Capacidad Contributiva*, trad. espanhola, Madri, Instituto de Estudios Fiscales, 1980, p. 74.

20. *Imunidades*, São Paulo, Resenha Tributária, 1990, pp. 170 e 171.

21. Boris I. Bittker e George K. Rahdert, "The exemption of nonprofit organizatios from federal income taxation", *The Yale Law Journal* 85/305: "To foreshadow our conclusions, we will argue that nonprofit organizations engaged in 'public service' activities, broadly conceived, should be wholly exempted from incom taxation, because they do not realize 'income' in the ordinary sense of that term and because, even if they did, there is no satisfactory way to fit the tax rate to the ability of the beneficiaries to pay".

venientes da exploração não especulativa do imóvel da entidade imune, aplicada no custeio de suas atividades essenciais, não afronta o princípio da justa competição. Não há, enfim, como se vislumbrar que a concorrência desleal se afigura nos casos em que a renda obtida em atividade desprovida de natureza comercial, como o é a locação de imóvel, seja inteiramente aplicada nas atividades essenciais das entidades imunes. Ressalte-se que outra seria a solução — e invoquem-se, aqui, exemplos que, a par de serem de grande simplicidade, são também de grande valia, porque didáticos — caso o imóvel tributado, em lugar de gerar renda para a entidade, fosse utilizado como espaço recreativo de seus órgãos de direção, ou, ainda, se a renda auferida de sua locação fosse revertida a finalidades diversas das que deram causa à sua existência ou fosse distribuída entre os seus dirigentes, ou, enfim, se fosse empregada na aquisição de outros imóveis para atuar no mercado imobiliário.

Ora, o que é de todo em todo incabível, sob pena, mesmo, de incorrer-se em uma imensa contradição, é privar a pessoa imune da tutela do benefício quando, ao pretender custear seus objetivos institucionais, obtivesse, sem intuito de lucro, rendimentos através dos seus bens — os quais, saliente-se, integram o seu patrimônio imune. É que um dos mais conspícuos fundamentos da desoneração constitucional, em singelas palavras, é viabilizar a solidária prestação de serviços de interesse público, atendendo, em última análise, às próprias finalidades do Estado.

Arrematem-se, por perfeita adequação a tais ponderações, os comentários de Ives Gandra sobre a problemática: "Exemplificando. Uma entidade imune tem um imóvel e o aluga. Tal locação não constitui atividade econômica desrelacionada de seu objetivo nem fere o mercado ou representa uma concorrência desleal. Tal locação do imóvel não exige, pois, incidência do IPTU, ou goza a entidade de imunidade para não pagar imposto de renda".[22]

22. Ob. cit., p. 206.

Desse entender não dissente, ainda uma vez, Ricardo Lobo Torres,[23] ao sustentar que o patrimônio das entidades dado em locação não poderá sofrer a incidência do IPTU, ainda que haja a possibilidade jurídica de o locador repassar para o locatário o ônus do tributo, tendo em vista que a obtenção de recursos financeiros em caráter não especulativo se torna fundamental.

A corroborar a tese aqui perfilhada está o entendimento esposado pelo nosso maior mestre em direito tributário, Aliomar Baleeiro,[24] que, em hipótese ainda mais duvidosa, asseverou: "A instituição de educação não significa apenas a de caráter estritamente didático, mas toda aquela que aproveita à educação e à cultura em geral, como o laboratório, centro de pesquisas, o museu, o *atelier* de pintura ou escultura, o ginásio de desportos, academias de letras, artes e ciências, sem intuitos lucrativos, ainda que, para sua manutenção, *ceda onerosamente* direitos autorais, patentes de invenção e descobertas etc. Importa não a denominação da entidade, que pode ser um disfarce, mas a natureza real de suas atividades e finalidades desinteressadas de lucro ou proveitos para fundadores e administradores".

Ora, embora os casos comportem nuanças distintas, trata-se da mesma tese. No caso abordado pela obra citada, Baleeiro chega a aceitar que uma entidade imune negocie direitos autorais, patentes e descobertas de que é titular, desde que o faça para sua própria manutenção. No caso ora em desenvolvimento, o beneficiário de imunidade também cede, a título oneroso, o uso e gozo de imóvel integrante de seu patrimônio imune, e com a mesma finalidade de aplicar o respectivo produto em suas atividades essenciais. Note-se que a primeira hipótese, em tese, tem um caráter mais especulativo que a seguinte, objeto do presente estudo.

Vê-se, pois, que não há qualquer fundamento para que não seja aceita uma vin-

23. Ob. cit., p. 237.

24. *Direito Tributário Brasileiro*, Rio de Janeiro, Forense, 1981, p. 91.

culação indireta do patrimônio, da renda e dos serviços do ente imune às finalidades essenciais de que se incumbe, desde que — saliente-se uma vez mais — a exploração do patrimônio não configure ato de comércio, especulação financeira ou fuja ao objetivo de mantença daquelas finalidades, o que enfraqueceria — e aqui está o fundamento principal das limitações dos mencionados parágrafos — a competição comercial protegida e valorizada pela ordem constitucional.

Não é demais lembrar que a debilidade estrutural e financeira que em geral apresentam as instituições assistenciais e de saúde, os templos religiosos e os próprios entes públicos os impede de agir eficazmente para a satisfação dos deveres que lhes foram estatutária ou, no último caso, legal ou constitucionalmente cometidos. A escassez dos recursos financeiros do Estado e de entidades sem fins lucrativos, portanto, impõe a busca de receitas, as quais, logicamente, podem ter por origem qualquer fonte, desde que lícita, inclusive na administração do patrimônio imune.

Observe-se, nestes termos, a lição de Rui Barbosa Nogueira, que, ao examinar hipótese idêntica, em que o imóvel adquirido por entidade imune é alugado a título oneroso a terceiros, preleciona: "A própria Constituição prevê, reiteradamente, que a instituição está imune quanto às suas 'rendas' ou 'rendimentos', pois o que é necessário é que a *integralidade* de seus recursos seja aplicada na manutenção dos seus objetivos institucionais. Seria um absurdo e contra-senso se fosse condenada a não obter rendas de seu patrimônio, pois não teria recursos para manutenção de seus objetivos estatutários".[25]

A jurisprudência pátria, percebendo o verdadeiro objetivo da restrição à imunidade inserta nos §§ 2º e 4º do art. 150 da CF e cedendo à realidade das pessoas titulares dessa benesse, vem, reiteradamente, reconhecendo a limitação absoluta à exigência do IPTU àqueles titulares quando o imóvel objeto da tributação encontra-se locado a terceiro mas cuja receita é aplicada na realização dos seus objetivos primordiais. Vejam-se alguns julgados, cujas ementas a seguir transcrevemos.

"Imóvel alugado a terceiros por instituição de educação, cujo valor locativo é integralmente utilizado para a consecução de finalidades filantrópicas, satisfaz plenamente os requisitos legais que lhe permitem auferir o benefício da imunidade tributária prevista na Carta Constitucional."[26]

"Imposto predial e territorial urbano (IPTU) — Imunidade — Entidade assistencial — Locação de imóvel de sua propriedade — Produto obtido que é revertido em benefício de suas finalidades essenciais (art. 150, VI, 'c' e § 4º, da CF) — Imunidade reconhecida — Recursos improvidos."[27]

"Imunidade fiscal — IPTU — Venerável Ordem Terceira de São Francisco da Penitência da Cidade de São Paulo — A autora é uma entidade religiosa, sem fins lucrativos, sendo que todo o seu patrimônio, bem como sua renda, advinda de contribuições e algumas locações, se destinam, exclusivamente, a promover o regular exercício do culto religioso e, ainda, na manutenção de obras assistenciais, quer no setor de educação de crianças, quer no amparo dos idosos necessitados — Reconhecimento de imunidade constitucional."[28]

Os nossos Tribunais Superiores, no exame de hipóteses conexas à problemática ora discutida, também já se manifestaram sobre a matéria, reconhecendo a imunidade do imóvel da entidade locado a terceiros. Assim, entendeu o egrégio STJ: "IPTU — Imunidade tributária — Imóvel locado. A posse tributável é a que exterioriza o domínio, não aquela exercida pelo locatário ou pelo comodatário meros titu-

25. Ob. cit., p. 173.

26. TJMG, 5ª C. Civil, Ap. 14.421-2, j. 10.3.94.

27. 1º TACivSP, 3ª C., Ap. 624.070-6, *IOB* 9/97, p. 203.

28. 1º TACivSP, 2ª C., Ap. 597.370-2, *IOB* 24/96, p. 534.

lares de direitos pessoais limitados em relação à coisa. Gozando a proprietária do imóvel de imunidade tributária, não se pode transferir ao locatário a responsabilidade do pagamento do IPTU".[29]

Ora, na medida em que o egrégio STJ coíbe a transferência da responsabilidade pelo IPTU do proprietário imune ao locatário, está claramente reconhecendo que o sujeito passivo, o dono do imóvel, ao locá-lo a terceiro, não se vê privado do benefício da intributabilidade.

Também reconhecendo a subsistência da imunidade do ente, mantendo, ainda, a possibilidade de transferir contratualmente ao inquilino a obrigação de pagar o IPTU, decidiu o egrégio STF: "Não importa existir cláusula contratual de locação que estipule a obrigação do inquilino pagar o imposto se for ele devido, pois tal transferência condicional do gravame não retira a imunidade do titular do benefício".[30]

Por pertinente à matéria, vale lembrar que o Pretório Excelso[31] considerou "desvinculado às finalidades essenciais da entidade imune" o terreno baldio que, por ser lote vago, "não está vinculado, direta ou indiretamente, às finalidades essenciais da autarquia recorrida".

Diante de tão autorizados argumentos, parece induvidoso que o aluguel do imóvel da entidade imune a terceiros, cujo produto aproveita ao desempenho das suas atividades essenciais sem agredir o princípio da justa competição comercial, não afasta a vedação absoluta ao poder de tributar dos Municípios, nos termos dos §§ 2º e 4º do art. 150 da CF.

VI — A imunidade do IOF

Questão que ainda suscita divergências mas que, dia a dia, vem se tornando praticamente pacífica, em razão, sobretudo, de uma posição definitiva assumida pelo Pleno de nosso Pretório Excelso, é a que diz respeito à imunidade do IOF sobre os entes que, ao fito de resguardarem o valor monetário de seu capital, aplicam-no no mercado financeiro, obtendo, dessa operação, rendimentos revertidos às suas atividades essenciais.

Inicialmente, cabe esclarecer que, embora haja uma certa dissensão jurisprudencial e até doutrinária[32] sobre quais impostos estariam compreendidos na vedação de tributar estabelecida pelo art. 150, VI, da CF — vale dizer, se somente os impostos sobre o patrimônio, renda e serviços assim classificados pelo Código Tributário Nacional, ou, de forma mais abrangente, qualquer imposto que indiretamente venha a incidir sobre aqueles fatos —, a matéria não será cuidada com maiores delongas, por não ser aqui lugar e hora para tanto. Assim, no passo da jurisprudência brasileira mais moderna e absolutamente predominante,[33] partiremos do pressuposto de que o IOF situa-se efetivamente entre as imunidades tributárias a que se refere o dispositivo constitucional supracitado, eis que, como muito bem assevera Ricardo Lobo Torres,[34] a imunidade protege contra a incidência de impostos que atingem economicamente o patrimônio, a renda e os serviços.

Ressalte-se, ainda, que a jurisprudência pátria vai além: ela vem unanimemente reconhecendo que o IOF, mais do que um imposto sobre circulação, onera a própria

29. STJ, 1ª T., REsp 40.240-9-SP, j. 15.12.93, *RSTJ* 59/380.

30. STF, 2ª T., RE 97.708, j. 18.5.84, *RTJ* 111/694.

31. STF, 2ª T., RE 98.382-1-MG, j. 12.11.82, *RDA* 151/198.

32. Cf. Sacha Calmon Navarro Coêlho, *Comentários à Constituição de 1988*, p. 344.

33. STF, 2ª T., AgRg no Ag. 180.139-5-SC, v.u.: "A referência a patrimônio, renda ou serviços uns dos outros, contida na alínea em comento, tem o alcance de afastar a cobrança de todo e qualquer imposto. O Diploma Maior não distingue, não é dado ao intérprete fazê-lo" (*IOB* 12/97, p. 274). Cf. tb. STF, Pleno, ACOr 468-3-MS, v.u.: "Está ao amparo da imunidade tributária recíproca (art. 150, VI, 'a', da Constituição) a incidência do imposto sobre operações financeiras, em razão das aplicações realizadas, no mercado financeiro, pelo Estado" (*IOB* 7/97, p. 154).

34. Ob. cit., p. 203.

renda do ente imune, pois o lucro obtido através da aplicação financeira se enquadra naquela definição de renda. Assim, tem sido reiteradamente recusada a tese restritiva da União segundo a qual o referido imposto não incidiria sobre a renda creditada ao investidor, mas sobre as operações de natureza financeira ou relativas a títulos mobiliários, ou seja, sobre a própria operação de aplicação no mercado de capitais.[35]

Todavia, superada essa fase preliminar, insiste o ente federal em atribuir inteligência diversa ao preceito constitucional imunizatório, defendendo com ardor a tese de que as operações financeiras realizadas pelas pessoas titulares de imunidade não estão relacionadas com as suas finalidades essenciais, do que resultaria legítima a incidência do imposto a que se vem aludindo. É esse, em suma, o cerne da questão aqui analisada, para cujo deslinde faz-se mister recorrermos aos relevantes argumentos expendidos nos itens introdutórios do presente trabalho, dado tratar-se de idêntica matéria de fundo.

De vez que o ordenamento jurídico constitui um sistema coerente, compreende-se o intuito do constituinte em incorporar ao texto constitucional a limitação à imunidade tributária por ele mesmo declarada, entendendo inadequado promover a livre iniciativa e a justa competição e manter, simultaneamente, espaços abertos a que esses princípios sejam inobservados. Contudo, também aqui há de discernir o alcance da norma o intérprete, a fim de que não se degenere o direito à imunidade dos entes constitucionalmente protegidos.

E, para que se possa aferir a extensão ou não da imunidade do IOF sobre as receitas de entidade imune provenientes da aplicação de seu capital no mercado financeiro, o que se há de frisar é que as operações de natureza financeira realizadas pelo ente imune, que, segundo a União Federal, constituem o fato gerador do IOF, não configuram exploração de atividade econômica, porque não têm o lucro como objetivo primordial, não sendo, portanto, passíveis de caracterizarem uma concorrência desleal.

Ora, a aplicação a que se refere tem em mira sobretudo a manutenção do valor do patrimônio mobiliário da entidade imune, a fim de que se possibilite a continuidade de atendimento dos seus compromissos essenciais. É, enfim, uma obrigação imprescindível à administração da entidade, notadamente se a operação é realizada em época de altos índices inflacionários, quando, por razões óbvias, não se pode deixar o capital desindexado. Assim, como se verifica, não resta descaracterizada a vinculação do resultado dessa aplicação às finalidades do ente, eis que efetuada para desviar-se da depreciação monetária a riqueza mobiliária da pessoa titular da imunidade.

Destaque-se, por absolutamente pertinente, trecho do voto proferido pelo Juiz João V. Fagundes, da 4ª Turma do TRF-1ª Região, em decisão em processo com matéria de direito idêntica: "Entendo que as aplicações financeiras em tela não configuram 'exploração de atividade econômica' porque não têm por objetivo principal o lucro; antes de tudo, são efetuadas ao fito de se evitar a depreciação do dinheiro público, durante o tempo necessário à destinação do último; nessa linha de pensamento, concluo que aquelas não são alcançáveis pelo art. 150, § 3º, CF, excludente da imunidade".[36]

Note-se, contudo, que o fenômeno da inflação, embora de extrema relevância, não é a única razão justificadora das aplicações do patrimônio imune da entidade beneficiada no mercado financeiro. É que o resulta-

35. Cf. despacho do Min. Marco Aurélio, do STF: "Não há como emprestar ao vocábulo 'renda', inserto na norma, interpretação que acaba por restringir a imunidade. É o que pretende a União ao sustentar a tese de que o imposto sobre operações financeiras não incide sobre a renda, mas sobre a operação financeira formalizada" (*Revista Dialética de Direito Tributário* 14/182).

36. TRF-1ª R., 4ª T., j. 24.5.95, *RT — Cadernos de Direito Tributário e Finanças Públicas* 15/295.

do dessas operações, além de não consistir em exploração de atividade econômica, se classifica efetivamente como renda a ser aplicada na satisfação dos objetivos da entidade. Afinal, não é outro o objetivo do investimento pela entidade senão o de angariar fundos que suportem sua atividade de cunho eminentemente social. Se assim não fosse, a discussão que ora se desenvolve seria absolutamente inócua, eis que a vinculação ou a relação da renda, patrimônio ou serviços da entidade às suas finalidades institucionais não seria sequer indireta.

A jurisprudência pátria, como já se teve oportunidade de esclarecer, é praticamente unânime na extensão da imunidade ao ente que aplica o capital no mercado financeiro com os objetivos apontados. Procurando não pecar pela insipidez, arrolemos apenas algumas decisões de nossas Cortes de Justiça que denotam com perfeição o acerto dos fundamentos aqui desenvolvidos.

Comecemos com o despacho do Min. Maurício Corrêa,[37] do egrégio STF, em negativa de seguimento de agravo de instrumento interposto pela União: "No caso em exame, os valores que foram investidos constituem patrimônio do Município; os ativos financeiros decorrentes do investimento constituem-se renda, que integra o patrimônio do ente federado. Logo, o imposto sobre operações financeiras — IOF, de competência da União Federal (art. 153, V, da CF), não poderia incidir sobre a renda do Município, em face da imunidade tributária recíproca. Os valores investidos e a renda auferida pela Municipalidade estão imunes do imposto, vez que a destinação desses está vinculada às suas finalidades essenciais, não se enquadrando nas hipóteses previstas na vedação inserta no § 3º, VI, do art. 150 da Constituição Federal".

Veja-se, ainda, por elucidativo, o despacho do Min. Marco Aurélio,[38] também do STF: "(...) Descabe o enfoque restritivo empolgado pela União. A imunidade prevista no preceito constitucional (...) encerra a imunidade recíproca quanto a impostos, sem jungi-la a este ou àquele tributo, ou especificar a este ou aquele fato gerador. Tanto vulnera a lei aquele que inclui no campo de aplicação hipótese não contemplada, como o que exclui caso por ela abrangido. Pouco importa se o Município aufere ganhos a partir da ciranda financeira e, portanto, do que a União aponta como especulação. O que previsto na Lei Básica não está submetido a qualquer condição. Pelas razões supra, nego seguimento a este extraordinário".

Aliás, diga-se que esse é o entendimento da composição integral da Corte Suprema, que o enunciou em decisão plenária unânime: "Está ao amparo da imunidade tributária recíproca (art. 150, VI, 'a', da Constituição) a incidência do imposto sobre operações financeiras, em razão das aplicações realizadas, no mercado financeiro, pelo Estado".[39]

Por absolutamente pacífica, o TRF-4ª Região transformou a matéria em enunciado de Súmula: "34. Os Municípios são imunes ao pagamento de IOF sobre suas aplicações financeiras".

A respeito do investimento no mercado financeiro do capital das pessoas imunes, vale trazer à colação, uma vez mais, a experiência americana, cuja doutrina vem

37. Despacho no AI 180.113-1-SC, *DJU*-I 29.3.96, pp. 9.403 e 9.404. No mesmo sentido, v. o despacho do Min. Celso de Mello no AI 182182-5-PR, *DJU*-I 12.12.96, p. 49.989: "A jurisprudência do Supremo Tribunal Federal — tendo presente a cláusula de garantia representada pelo art. 150, VI, 'a', da Carta Política, que consagra o postulado da *imunidade tributária recíproca* — reconhece que essa limitação ao poder de tributar, essencial à própria preservação da harmonia federativa, *afeta* a atividade impositiva da União Federal, *impedindo-a* de fazer incidir o IOF sobre os rendimentos auferidos pelos Municípios com a aplicação de recursos públicos municipais no mercado financeiro (RE 196.820-PR, rel. Min. Ilmar Galvão; RE 196.820-PR, rel. Min. Carlos Velloso; Ag. 175.133-PR (AgRg), rel. Min. Marco Aurélio — *v.g.*).

38. Despacho no RE 197.940-2, *IOB* 8/96, p. 186.

39. ACOr 468-3-MS, *IOB* 7/97, p. 154.

admitindo que determinadas operações, como o *swap*, por exemplo, sejam mantidas afastadas da tributação federal.[40]

VII — Conclusão

Diante do contexto constitucional e na linha dos conceitos doutrinários apontados, pode-se concluir que a restrição à imunidade contida nos §§ 2º e 4º do art. 150 tem efetivamente o propósito de inibir a concorrência desleal — denominada pela doutrina americana como *unfair competition* —, e não o de reduzir o benefício nos casos em que a receita obtida através de atividade não concorrencial seja utilizada para a consecução das finalidades essenciais da instituição imune.

Entendimento contrário iria tanto de encontro às pacíficas doutrina e jurisprudência pátrias, segundo as quais a imunidade deve ser interpretada amplamente, como enfraqueceria financeiramente a entidade, prejudicando sobremaneira sua eficiência na prestação de serviços que o Estado, pela exígua verba pública de que se tem notícia, não tem condições de assumir.

Assim, as entidades contempladas pelo art. 150, VI, da CF, entre as quais os entes públicos, podem perfeitamente procurar outras fontes de custeio de suas atividades, desde que não explorem atividades econômicas em concorrência com empresas de fins lucrativos, sob pena de, não o fazendo, encerrarem ou reduzirem a capacidade de prestação de serviços de alta relevância social.

Nesse sentido, não há que se negar a possibilidade de as entidades imunes angariarem receitas a partir de seu patrimônio imobiliário, com alugá-lo a terceiros, ou de seu patrimônio mobiliário, aplicando seu capital no mercado financeiro, permanecendo, portanto, imunes tanto ao IPTU quanto ao IOF.

Rio de Janeiro, 13 de julho de 1998

40. Cf. "Notes" cit., p. 1.284.

VIII — Bibliografia

BALEEIRO, Aliomar. *Direito Tributário Brasileiro*. Rio de Janeiro, Forense, 1981.

———. *Limitações Constitucionais ao Poder de Tributar*. Rio de Janeiro, Forense, 1977.

BITTKER, Boris I., e RAHDERT, George K. "The exemption of nonprofit organizatios from federal income taxation". *The Yale Law Journal* 85/301-358.

BOBBIO, Norberto. *Teoria do Ordenamento Jurídico*. Brasília, ed. Universidade de Brasília, 1994.

COÊLHO, Sacha Calmon Navarro. *Comentários à Constituição de 1988*.

COSTA, Alcides Jorge. "IPTU: inexigência de proprietário injustamente desapossado". *Revista Dialética de Direito Tributário* 3/93-97.

FALCÃO, Amílcar de Araújo. *Fato Gerador da Obrigação Tributária*. Rio de Janeiro, Forense, 1994.

MARTINS, Ives Gandra da Silva. *Comentários à Constituição do Brasil*. São Paulo, Saraiva, 1988.

———. *Sistema Tributário na Constituição de 1988*. São Paulo, Saraiva, 1989.

MORAES, Bernardo Ribeiro de. *Curso de Direito Tributário. Sistema Tributário da Constituição de 1969*. São Paulo, Ed. RT, 1979.

MOREIRA NETO, Diogo de Figueiredo. *Ordem Econômica e Desenvolvimento na Constituição de 1988*. Rio de Janeiro, APEC, 1989.

MOSCHETTI, Francesco. *El Principio de Capacidad Contributiva*. Madri, Instituto de Estudios Fiscales, 1980.

NOGUEIRA, Ruy Barbosa. *Imunidades contra Impostos na Constituição Anterior e sua Disciplina Mais Completa na Constituição de 1988*. São Paulo, Resenha Tributária, 1990.

"Notes: 'Tax-exempt entities, notional principal contracts and the unrelated business income tax'". *Harvard Law Review* 105(6)/1.265-1.284. 1992.

ROSE-ACKERMAN, Susan. "Unfair competition and corporate income taxation". *Stanford Law Review* 34/1.017-1.039. 1982.

TORRES, Ricardo Lobo. *Os Direitos Humanos e a Tributação*. Rio de Janeiro, Renovar, 1995

ULHÔA CANTO, Gilberto de. "Algumas considerações sobre imunidade tributária dos entes públicos". *RDA* 52/34-41.

O FUNDAMENTO CONSTITUCIONAL DOS CONSELHOS DE CONTRIBUINTES
(Ponto do temário: *Processo Tributário*)

GUSTAVO AMARAL

Com a instituição da necessidade de depósito para a admissão de recursos no âmbito dos Conselhos de Contribuintes do Ministério da Fazenda e do Conselho de Recursos da Previdência Social, embasada inicialmente pelo Parecer PGFN/CRJ-2.070/97,[1] da lavra do procurador Aldemário Araújo Castro, veio à baila um tema subjacente: há direito constitucionalmente assegurado dos contribuintes ao duplo grau administrativo? Há sede constitucional para os Conselhos de Contribuintes?

O tema ganhou ainda mais relevo com a apresentação do Projeto de Lei 4.530/98 pelo deputado Luís Carlos Hauly, extinguindo os Conselhos de Contribuintes no âmbito do Ministério da Fazenda.

Neste trabalho procuraremos tratar do tema.

A posição do parecer acima referido é claramente no sentido da dispensabilidade do recurso e do Conselho. Mais forte que isso, há referência a diversos precedentes do STF que, aparentemente, deixariam claro não haver direito constitucionalmente assegurado a um recurso nas vias administrativas, de modo que o legislador poderia, até, tornar definitiva no âmbito administrativo a decisão da autoridade que hoje ocupa a primeira instância, tornando-a instância única.

Conferindo os precedentes do STF, vê-se que, de fato, a posição predominante é de que a Constituição Federal não garante o direito de recurso na via administrativa. Há vários julgados, mas os dois precedentes citados sempre são o que analisou a validade do depósito prévio da multa administrativa para recorrer das decisões do CADE e a ADIn 1.049-2,[2] sendo certo que o primeiro ainda não foi publicado.

Analisando a ADIn 1.049-2, vê-se que o fundamento principal é que a Constituição não garantiria a existência de recurso na via administrativa, mas apenas o direito de petição, o que permitiria instituir depósito recursal ou mesmo extinguir o recurso. Não haveria um direito ao duplo grau nem mesmo na via judicial, já que a própria Constituição prevê hipóteses de instância única, e nas causas singelas poderia a instância ser reduzida a apenas o juízo de primeiro grau.

Ao contrário da posição majoritária até aqui no STF, a razão parece estar com Hely Lopes Meirelles: "Os recursos administrativos são um corolário do Estado de Direito e uma prerrogativa de todo administrado ou servidor atingido por qualquer ato da Administração. Inconcebível é a decisão administrativa única e irrecorrível, porque isto contraria a índole democrática de todo julgamento que possa ferir direitos individuais e afronta o princípio constitucional da ampla defesa, que pressupõe mais de um grau de jurisdição. Decisão única e irrecorrível é a consagração do arbítrio, intolerado pelo nosso Direito".[3]

Cândido Rangel Dinamarco,[4] ainda sob a ordem constitucional anterior, entendia ser o direito de recorrer decorrência do

1. *DOU*-I 12.12.97, pp. 29.562-29.564, e *Revista Dialética de Direito Tributário* 30/123-131

2. Cf. RE 169.077-1, 201.297-1, 210.235-1 e 221.797-9.

3. *Direito Administrativo Brasileiro*, 23ª ed., São Paulo, Malheiros Editores, 1998, p. 550.

4. *Fundamentos do Direito Processual Civil Moderno*, São Paulo, Ed. RT, 1986, pp. 84-100.

contraditório, mas não é este o enfoque que se pretende aqui.

Há, todavia, aspectos específicos do processo administrativo fiscal não examinados nos precedentes do STF, que nos parecem fundamentais, quais sejam: o princípio democrático e a regra do art. 10 da CF.

O Estado brasileiro tem como característica constitucionalmente assegurada no art. 1º ser um Estado Democrático, finalidade, inclusive, da reunião dos constituintes (preâmbulo da Constituição). Tal democracia não é apenas a representativa, mas também a direta, conforme estabelecido no parágrafo único do art. 1º.

O princípio democrático não tem sua cogência limitada à realização de pleitos, mas abrange a participação popular em todas as formas de exercício do Poder. Cândido Rangel Dinamarco, em seu festejado *Fundamentos do Direito Processual Civil Moderno*,[5] lecionava que o princípio democrático tornava obrigatório o contraditório em processo civil mesmo sob a égide da Carta de 1969 (que só o assegurava nominalmente para o processo penal), pois o contraditório é uma decorrência daquele princípio, na medida em que assegura a participação popular, restrita ao interessado, no exercício do poder pelo Judiciário.

Já sob a égide da Carta de 1988 um tema vem ocupando sensivelmente os administrativistas, a saber: as audiências públicas e a chamada processualidade ampla. Diogo de Figueiredo Moreira Neto[6] analisou a questão em artigo recentemente publicado. Desse trabalho, que constituiu tese aprovada no XXIII Congresso Nacional de Procuradores de Estado, extraímos os trechos abaixo:

"O primeiro desses fenômenos prende-se ao conceito de processualidade ampla, no sentido de que na atividade estatal, embora não apenas nela, não basta disciplinar o ato que contém a manifestação da vontade, mas o processo, que é toda a seqüência de atividades que a ela conduzem. Neste sentido, o processo não é um fenômeno restrito ao âmbito da manifestação da vontade do Estado no exercício da função jurisdicional, mas se estende, com idêntica importância, aos âmbitos de manifestação da vontade estatal no exercício de todas as demais funções: a legislativa, a administrativa bem como as das advocacias públicas (que, no sentido amplo, abrangem todas as funções essenciais à justiça).

"(...)

"Uma vez assente a existência da processualidade administrativa, passa a ser facilmente assimilável a idéia-matriz de sua pertinência e indispensabilidade ao exercício do poder, estabelecendo-se os correlatos princípios, preceitos e garantias, apropriados às relações intersubjetivas que se estabelecem no processo.

"O segundo desses fenômenos de destacada expressão contemporânea é a expansão da consensualidade na atividade administrativa pública, não apenas substituindo as expressões imperativas tradicionais como as complementando vantajosamente.

"(...)

"Com efeito, a administração pública subordinativa é unilateral, hierarquizada e linear, ao passo que a administração pública coordenativa é multilateral, eqüiordenada e radial, o que confere a esta modalidade um respeitável rol de vantagens sobre a tradicional, como, por exemplo:

"(...)

"Ora, na convergência desses dois fenômenos situa-se a participação, agora considerada, à luz da Política e do Direito, como um conceito comum a ambas as disciplinas e como algo mais que um Direito criado e outorgado pelo Estado: na verdade, a tendência é vê-la como uma expressão da liberdade fundamental do homem em sociedade.

"(...)

"Assoma, assim, a participação política como uma espécie de reserva de poder

5. Idem, ibidem.

6. "Audiências públicas", *RDA* 210/11-23 (pp. 11-14).

consubstancial à pessoa, transferível às suas criações personalizadas, que se expressa, basicamente, pela possibilidade de manifestação de uma vontade juridicamente eficaz sobre o poder estatal.

"Existem institutos polivalentes e univalentes, ou específicos, de participação. Polivalentes são considerados aqueles que se dirigem à atuação de quaisquer entes ou poderes do Estado, como o são a representação política, a publicidade, a informação, a certidão e a petição.

"Entre os institutos univalentes ou específicos para a participação administrativa, em lista não exaustiva, pode-se arrolar: a coleta de opinião, o debate público, a audiência pública, o colegiado público, a co-gestão de órgão ou entidade, a assessoria externa, a delegação atípica, a provocação de inquérito civil, a denúncia aos tribunais ou conselhos de contas e a reclamação relativa à prestação de serviços públicos."

No mesmo sentido é a lição de Baracho, para quem a concepção moderna de cidadania está ligada a diversas formas de participação política, incluindo aí a própria Administração Pública, através das instituições participativas, dentre as quais estão os órgãos colegiados.[7]

O constitucionalismo tradicional havia concentrado o princípio representativo popular ao Poder Legislativo, de onde, pelo papel predominante da lei, atingia os demais Poderes, ordenando sua aplicação e execução.[8]

Hodiernamente, contudo, há a preponderância do Estado Administrativo, em contraposição ao liberalismo clássico, onde o predomínio estava no Estado Legislativo.[9]

Deslocado o eixo do poder e da potencialidade danosa ao cidadão, a democracia, com seu valor de participação popular, passou a demandar instrumentos de intervenção na atividade estatal no âmbito do Executivo.

Os Conselhos de Contribuintes são forma de colegiado público, funcionando, pois, como forma de participação popular no exercício do poder de tributar, o que lhes dá caráter de explicitação concreta de forma de democracia direta.

Se mesmo naquelas situações onde a doutrina clássica vislumbrava haver discricionariedade pura do administrador agora põe-se como necessária a participação popular, pela via da processualidade ampla, com muito mais razão não se pode recuar no caminho iniciado há mais de sete séculos atrás, da limitação do poder de tributar em prol das liberdades fundamentais do homem.

Vale lembrar, aqui, que a própria figura da legalidade surge como limitação ao poder de tributar, com o advento do art. 12 da Magna Carta imposta pelo baronato inglês. Boa parte das grandes revoluções que o mundo viu até hoje, em sua grande maioria, tiveram em sua raiz a insurreição contra o abuso do Estado quanto ao poder de tributar, incluindo-se, aí, a independência dos Estados Unidos, a Inconfidência Mineira e até mesmo a Guerra de Secessão americana — vários historiadores recusam que a questão da escravatura pudesse ser causa do movimento separatista, indicando, inclusive, que ante a decisão da Suprema Corte no caso "Dred Scott", em 1857, a escravatura jamais esteve mais segura que no limiar da eclosão do conflito.[10]

Como destaca Marçal Justen Filho, "o poder tributário é uma das manifestações mais agressivas do poder estatal em relação à cidadania. Não por acaso, reconhece-se semelhança entre direito tributário e direito

7. José Alfredo de Oliveira Baracho, "Teoria geral dos procedimentos de exercício da cidadania perante a Administração Pública", in *RT* 743/26-63, setembro/97.

8. Eduardo García de Enterría e Tomás-Ramón Fernández, *Curso de Derecho Administrativo*, 4ª ed., reimpr., v. II, Madri, 1995, p. 86.

9. Cf. Carl Schmitt, "Legalità e Legittimità", in Emanuele Castrucci, *Introduzione alla Filosofia del Diritto Pubblico di Carl Schmitt*, Turim, 1991, p. 88.

10. Cf. Charles Adams, *For Good and Evil — The Impact of Taxes on the Course of Civilization*, Lanham/Maryland, Madison Boods, 1994, pp. 323-337.

penal".[11] "Não se olvide, ademais, que os instrumentos penal e tributário são potencialmente hábeis a destruir os fundamentos do Estado Democrático. A História evidencia que os governos mais despóticos se caracterizavam pelo desprezo aos princípios da legalidade penal e tributária. As maiores revoltas populares foram manifestações de rejeição contra o arbítrio, especialmente contra o arbítrio penal e tributário."[12]

A gênese do Estado de Direito está no surgimento das liberdades fiscais da pessoa, não só no direito de não ser esmagado pelo poder tributante, como também no de não pagar por tributo para o qual não tenha consentido, ainda que através de seus representantes.

A legalidade tributária tem o sentido de tributação consentida ou autotributação. Estando ela amparada expressamente no art. 150, I, da Carta de 1988, impõe-se, também, no âmbito da Administração Tributária a administração coordenativa de que fala Diogo de Figueiredo (cit. *supra*), seja como decorrência direta do princípio da democracia tal como o contraditório cível sob o pálio da Carta de 1967/1969 (cf. C. R. Dinamarco, cit. *supra*), seja como princípio constitucional fundamental decorrente.

Afora o princípio democrático, parece-nos que os Conselhos de Contribuintes não podem ser suprimidos por força do disposto no art. 10, antes citado. É que, por força de todo o exposto, por força da não-taxatividade das garantias fundamentais (art. 5º, § 2º), pela natureza de cláusula pétrea reconhecida pelo STF às garantias do contribuinte (ADIn 939), não cabe restringir a aplicabilidade do art. 10 somente às hipóteses de créditos previdenciários.

Lendo o citado artigo desgarrado de qualquer contexto, pode-se pensar que está ali estabelecido apenas que, havendo órgãos colegiados onde se debata questões do interesse profissional ou previdenciário de trabalhadores ou empregadores, estes devem participar, nada impedindo que o Governo, ao seu inteiro alvedrio, possa simplesmente extinguir tais órgãos ou transformá-los em unipessoais. Se fosse assim, de nada valeria o artigo.

Pode-se também pensar, desgarrado de qualquer contexto, que só as matérias previdenciárias estariam abrangidas, excluindo os tributos que não tivessem essa característica. Tal raciocínio peca, contudo, pela estreiteza de sua ótica. Em primeiro lugar, estamos em sede de materialização do princípio democrático, um direito fundamental, que, portanto, não comporta interpretação restritiva. Em segundo lugar, o artigo está dentro do Capítulo II do Título II da Carta, que lista, em seu art. 6º, serem direitos sociais a saúde, a previdência social e a assistência dos desamparados. Pela leitura conjunta dos arts. 6º e 10, e considerando ainda os arts. 194 e 195, fica evidente que, ao falar em "interesses profissionais ou previdenciários", o artigo não quis, de maneira alguma, excluir as matérias que envolvam outros interesses securitários que não sejam previdência social em sentido estrito. Não custa lembrar que, ao menos quanto aos empregadores, a Constituição não prevê qualquer contribuição previdenciária (= vinculada à previdência social), mas securitária (= ligada à seguridade social, que abrange saúde, previdência e assistência social). A lei ordinária é que vinculou algumas contribuições exclusivamente à previdência (folha de salários, por exemplo) e outras para a seguridade social (PIS, COFINS e CSL). Ao fazê-lo, por evidente, não poderia obliterar a garantia constitucional do art. 10.

As contribuições sociais chamadas PIS, COFINS e Contribuição Social sobre o Lucro Líquido são administradas pela Secretaria da Receita Federal, sendo, inclusive, impossível sua administração pelo INSS, conforme reconhecido pelo STF. Assim, ao menos quanto a esses três tributos é indispensável a existência de um ór-

11. "Considerações sobre o processo administrativo fiscal", in *Revista Dialética de Direito Tributário* 33/117 e 118.

12. Idem, p. 119.

gão colegiado com participação dos contribuintes.

Não nos parece, contudo, que haja obrigatoriedade da permanência do Conselho apenas quanto a matéria relacionada às contribuições sociais. A interpretação do art. 10 deve abranger também as demais formas de tributos, pois envolve direitos fundamentais, onde a interpretação deve sempre ser ampla, em obséquio ao art. 5º, § 2º, da Lei Maior, até porque todas as formas de tributação (com a única exceção dos tributos sobre o patrimônio) estão indissociavelmente ligadas aos interesses profissionais, seja de pessoas consideradas isoladamente, seja em associações com fins econômicos (CF/88, art. 5º, XVII, e Pacto de San José da Costa Rica, art. 16, 1, c/c art. 29, "a").

Conclusão

Assim, há que se reconhecer, em nosso ordenamento constitucional, a existência de garantia não a um duplo grau administrativo genérico, mas, sim, ao direito de os contribuintes levarem suas demandas fiscais, na esfera administrativa, a órgãos colegiados onde seja assegurada a participação de seus pares.

Via de conseqüência, medidas como a garantia de instância ou a extinção dos Conselhos não podem ter amparo do Judiciário.

Bibliografia

ADAMS, Charles. *For Good and Evil — The Impact of Taxes on the Course of Civilization*. Lanham/Maryland, Madison Boods, 1994.

BARACHO, José Alfredo de Oliveira. "Teoria geral dos procedimentos de exercício da cidadania perante a Administração Pública". *RT* 743. Setembro/97.

CASTRO, Aldemário Araújo. "Parecer PGFN/CRJ n. 2.070/97". *DOU*-I de 12.12.97, pp. 29.562-29.564.

DINAMARCO, Cândido Rangel. *Fundamentos do Direito Processual Civil Moderno*. São Paulo, Ed. RT, 1986.

ENTERRÍA, Eduardo García de, y FERNÁNDEZ, Tomás-Ramón. *Curso de Derecho Administrativo*. 4ª ed., reimpr., v. II. Madri, 1995.

JUSTEN FILHO, Marçal. "Considerações sobre o processo administrativo fiscal". *Revista Dialética de Direito Tributário* 33.

MEIRELLES, Hely Lopes. *Direito Administrativo Brasileiro*. 23ª ed. São Paulo, Malheiros Editores, 1998.

MOREIRA NETO, Diogo de Figueiredo. "Audiências públicas". *RDA* 210.

SCHMITT, Carl. "Legalità e legittimità". In: CASTRUCCI, Emanuele. *Introduzione alla Filosofia del Diritto Pubblico di Carl Schmitt*. Turim, 1991.

OS TRIBUTOS NO SISTEMA CONSTITUCIONAL BRASILEIRO

MÁRCIO SEVERO MARQUES

Mestre em Direito Tributário — Auxiliar de Ensino da PUC/SP — Advogado em São Paulo

Norma jurídica — Norma de estrutura e norma de comportamento — Norma jurídica tributária — Classificação e critérios de classificação — Os tributos na Constituição — Os critérios de classificação adotados e a identificação das espécies impositivas — Conclusão.

Analisamos neste trabalho os tributos e sua classificação jurídica, no âmbito do sistema do direito positivo brasileiro, a partir das disposições constitucionais que outorgam competência impositiva às pessoas políticas de direito público interno.[1]

Antes, porém, de iniciarmos o exame dessas disposições constitucionais, parece-nos conveniente a explicitação de alguns conceitos utilizados ao longo da exposição, a fim de evitar confusão semântica para o interlocutor, comprometendo a comunicação do objeto de estudo.

Norma jurídica — Norma de estrutura e norma de comportamento

A delimitação do conteúdo semântico da expressão "norma jurídica" é necessária à classificação de tributos pretendida, razão por que se impõe esclarecer sua conotação, neste contexto.

Vislumbramos a norma jurídica como o resultado da interpretação, pelo sujeito cognoscente, dos comandos veiculados pelo texto legislado, na esteira do pensamento de Hans Kelsen:[2] "A norma funciona como esquema de interpretação. Por outras palavras: o juízo em que se enuncia que um ato de conduta humana constitui um ato jurídico (ou antijurídico) é o resultado de uma interpretação específica, a saber, de uma interpretação normativa".[3]

Assim também entende o professor Paulo de Barros Carvalho, que descreve a norma jurídica como o resultado da interpretação do produto legislado, ou seja, a idéia que a leitura do texto legal transmite

1. Tivemos oportunidade de desenvolver o estudo do tema em dissertação apresentada à Faculdade de Direito da PUC/SP, como exigência parcial para obtenção do título de Mestre em direito tributário, sob orientação do professor Paulo de Barros Carvalho, em maio/98.

2. *Teoria Pura do Direito*, trad. de João Baptista Machado, São Paulo, Martins Fontes, 1994, p. 4.

3. E sobre a distinção entre texto legal e norma jurídica o Mestre de Viena é ainda mais específico. Relacionando o ato de coerção ao Direito, aduz: "Se a 'coerção', no sentido aqui definido, é um elemento essencial do Direito, então as normas que formam uma ordem jurídica devem ser normas que estipulam um ato coercitivo, *i.e.*, uma sanção. Em particular as normas gerais devem ser normas nas quais certa sanção é tornada dependente de certas condições, sendo essa dependência expressada pelo conceito de 'dever-ser'. *Isso não significa que os órgãos legislativos tenham necessariamente de dar às normas a forma de um enunciado com um 'dever-ser' hipotético. Os diferentes elementos de uma norma podem estar contidos em produtos bem diferentes do procedimento legislativo e podem ser exprimidos lingüisticamente de várias maneiras diferentes*. Quando o legislador proíbe o roubo, ele pode, por exemplo, definir em primeiro lugar o conceito de roubo em uma série de frases que forma o artigo de um estatuto e, então, estipular a sanção em outra frase, que pode ser parte de outro artigo do mesmo estatuto ou até mesmo parte de um estatuto inteiramente diverso" (grifos nossos) (*Teoria Geral do Direito e do Estado*, São Paulo, Martins Fontes, 1992, p. 48).

ao nosso intelecto acerca de uma dada matéria por ele regulada.[4] Eis nossa compreensão a respeito do conceito de norma jurídica.

E como o sistema do direito positivo regula a própria produção das normas jurídicas que o compõem, então, no interior desse mesmo sistema haveremos de encontrar dois tipos de normas jurídicas distintas, em razão da peculiar finalidade que lhes fundamenta a existência: um primeiro tipo, que são as normas dirigidas à conduta humana, à disciplina do comportamento dos indivíduos em sociedade, nas suas relações recíprocas; e um segundo tipo, correspondente às normas que veiculam procedimentos e regras para a criação daquelas primeiras normas. As primeiras são denominadas pela doutrina como normas de comportamento ou de conduta, enquanto as últimas, como normas de estrutura ou de competência.

Neste trabalho procuramos destacar estas últimas — as normas de estrutura —, pois como tal se qualificam as disposições constitucionais que outorgam competência impositiva às pessoas políticas de direito público interno. E isto porque tais normas, no sistema positivo brasileiro, prescrevem exigências formais e materiais que não podem deixar de ser atendidas pelo legislador infraconstitucional ao editar as normas de tributação, sob pena de invalidade do produto legislado. Daí por que entendemos útil proceder-se à classificação dos tributos a partir da análise dessas normas.

Norma jurídica tributária

Também entendemos pertinente a delimitação semântica do conceito de "tributo", a fim de evitar-se equivocidades de interpretação. Dentre as acepções do termo inferidas do texto constitucional adotamos a de tributo como norma jurídica, referida pelo professor Paulo de Barros Carvalho nos seguintes termos: "A penúltima grandeza semântica que o termo assume é a de norma jurídica, equivale a afirmar, 'tributo' como regra de Direito, como preceito normativo. Quem der revista no texto constitucional irá encontrar, à farta, prescrições que aludem àquela realidade jurídica, como norma ou plexo de normas, especialmente no capítulo destinado ao Sistema Tributário".[5]

É com base nessa acepção de tributo que procedemos ao exame e classificação de suas espécies no âmbito do sistema constitucional positivo brasileiro, considerando-se, para tanto, as normas de estrutura que autorizam sua criação pela União, Estados, Distrito Federal e Municípios, delimitando o procedimento formal e o próprio conteúdo material das espécies impositivas assim autorizadas.

Classificação e critérios de classificação

As palavras são utilizadas para indicar conceitos de objetos. Quando qualificam um mesmo conceito, reúnem sob uma mesma designação vários objetos, os quais possuem certas características que permitem a sua identificação com aquele conceito. Dessa reunião de objetos sob o mesmo conceito surge a idéia de classificação, como ensinam Guibourg, Ghigliani e Guarinoni: "(...) agrupamos los objetos individuales en conjuntos o *clases*, y establecemos que un objeto pertencerá a una clase determinada cuando reúna tales o cuales condiciones (...). Así, en distintos idiomas, las *palabras silla*, *chaise*, *sella* o *chair* designan aproximadamente un mismo concepto; y este concepto agrupa idealmente una multitud de objetos (...)".[6]

4. *Curso de Direito Tributário*, São Paulo, Saraiva, 1997, p. 6.

5. *Curso de Direito Tributário*, cit., p. 15. Segundo o professor Paulo de Barros Carvalho, seriam as seguintes as acepções do termo "tributo", considerando os textos do direito positivo, doutrina e jurisprudência: (i) como quantia em dinheiro; (ii) como prestação correspondente ao dever jurídico do sujeito passivo; (iii) como direito subjetivo de que é titular o sujeito ativo; (iv) como sinônimo de relação jurídica tributária; (v) como norma jurídica tributária; e (vi) como norma, fato e relação jurídica.

6. *Introducción al Conocimiento Científico*, Editorial Universitaria de Buenos Aires, 1985, p. 39.

Classificar consiste, assim, em distribuir objetos em categorias distintas, de acordo com as semelhanças — e dessemelhanças — existentes entre os diversos objetos componentes do conjunto analisado. A diferença é o atributo que distingue duas espécies entre si, enquanto a diferença específica é a característica que aparta a própria espécie do gênero a que corresponde.[7]

As classificações podem ser bipartidas ou pluripartidas, dependendo do número de elementos distintivos considerados entre as espécies apresentadas, concernentes ao mesmo gênero. Na primeira hipótese (classificações bipartidas) utiliza-se somente uma variável e como resultado surgem apenas dois conjuntos diversos (espécies). Na segunda hipótese são consideradas duas ou mais variáveis, identificando-se — em relação proporcional ao número de elementos distintivos utilizados — três ou mais espécies distintas daquele gênero.

No âmbito da ciência do Direito as classificações são utilizadas como método para a apreensão de fenômenos normativos que se submetem a regimes jurídicos distintos. Assim, a opção pela adoção de uma classificação bipartida ou pluripartida depende da análise do próprio sistema normativo de que se trate, para verificação do número de variáveis ou elementos distintivos suficientes para a identificação das espécies impositivas e respectivos regimes jurídicos.[8]

Em termos de classificaçao de tributos (normas jurídicas de tributação), portanto, interessa-nos verificar as diferenças existentes entre as diversas espécies identificadas, segundo a análise das normas de estrutura que fundamentam sua validade, pois a partir delas foram estabelecidos os respectivos regimes jurídicos, tal como positivados, pela Constituição.

Os tributos na Constituição

O art. 145 da CF inaugura o Sistema Tributário Nacional, outorgando às pessoas políticas de direito público interno competência impositiva para a instituição de impostos, taxas e contribuições de melhoria. A partir daí segue uma série de outros dispositivos que informam e delimitam o exercício dessa competência impositiva, demarcando os limites materiais e formais que devem ser atendidos pelo legislador infraconstitucional ao criar as normas de tributação, sob pena de comprometer sua validade, no âmbito do sistema positivo brasileiro.

O inciso I do art. 145 refere-se aos impostos, cujas materialidades foram expressamente indicadas pelo texto constitucional, em seus arts. 153, 155 e 156, tendo sido, inclusive, utilizadas como critério para a discriminação das competências atribuídas à União, Estados, Distrito Federal e Municípios, forma de assegurar-se o princípio federativo.

Nesse sentido, observa-se que nenhuma das circunstâncias indicadas pelos referidos dispositivos constitucionais concerne a uma atividade estatal referida ao contribuinte, ou seja, a Constituição não condiciona a exigência de impostos a qualquer contraprestação por parte do Estado. Tampouco estabelece destinação específica para o produto de sua arrecadação; aliás, pelo contrário, a vinculação da receita decorrente de impostos — a despesa específica — é expressamente vedada pelo texto constitucional, conforme se verifica pela leitura do inciso IV do art. 167.

Em outras palavras: o texto constitucional autoriza a instituição de impostos independentemente de qualquer contraprestação por parte do Estado referida ao contribuinte, seja no que tange ao fato descrito pelo antecedente normativo (aspecto material da hipótese de incidência tributária),

7. Em parecer sobre a classificação de produtos industrializados, o professor Paulo de Barros Carvalho trata do tema com clareza e acuidade científica ("IPI — Comentários sobre as regras gerais de interpretação da Tabela NBM/SH — TIPI/TAB", *Revista Dialética de Direito Tributário* 12/42 e ss.).

8. O professor Luciano da Silva Amaro analisa o tema da classificação dos tributos com bastante precisão e coerência em estudo sobre os tributos na Constituição ("Conceito e classificação dos tributos", *RDT* 55/280).

seja no que concerne à destinação específica para o produto de sua arrecadação.

Com relação às taxas (também de competência impositiva concorrente entre as pessoas políticas de direito público interno), a análise do inciso II do art. 145 da CF deixa claro que sua validade fica condicionada à sua instituição em razão do exercício do poder de polícia ou pela utilização, efetiva ou potencial, de serviços públicos específicos e divisíveis, prestados ao contribuinte ou postos à sua disposição.

Nesse sentido, as taxas distinguem-se dos impostos porque têm a materialidade da hipótese tributária vinculada a uma atuação do Estado referida ao contribuinte. São tributos vinculados, em contraposição àqueles (impostos), considerados não vinculados, sob a perspectiva deste critério (materialidade do antecedente normativo).

No que concerne à destinação do produto de arrecadação das taxas, por outro lado, a leitura desse mesmo art. 145, II, da CF permite vislumbrar a exigência de que a receita assim arrecadada seja destinada ao custeio da atividade estatal que autorizou sua cobrança (eis a própria razão da autorização constitucional para sua instituição). E, nesta medida, o legislador ordinário fica obrigado a editar outra norma jurídica que — hipoteticamente, no plano abstrato — assegure a destinação da receita resultante da cobrança da taxa ao custeio da atividade de polícia ou do serviço público prestado ou posto à disposição do contribuinte, como condição de validade da imposição tributária.

Verifica-se, assim, que as taxas diferem-se dos impostos não apenas porque há exigência constitucional no sentido de que (i) a materialidade do antecedente normativo (hipótese tributária) seja vinculada ao exercício de uma atividade estatal, referida ao contribuinte, mas também porque constitucionalmente exige-se que (ii) o produto de sua arrecadação tenha destinação específica, para o custeio dessa atividade.

As contribuições de melhoria também são de competência impositiva concorrente entre União, Estados, Distrito Federal e Municípios, e, segundo a dicção do inciso III do art. 145 da CF, só podem ser exigidas em decorrência de obra pública. Mas não é qualquer obra pública que autoriza a criação dessa espécie impositiva, senão aquela que cause valorização imobiliária, conforme entendimento assente na doutrina e na jurisprudência.[9]

Nesse sentido, o aspecto material da hipótese tributária (o antecedente normativo), nas contribuições de melhoria, consiste em auferir (obter) valorização imobiliária, decorrente de obra pública. Exige, assim, o texto constitucional que tenha havido uma atuação por parte do Estado, concernente à realização da obra pública; e que desta obra pública tenha resultado valorização de imóvel, para que ao respectivo beneficiário possa ser imputada a obrigação tributária relativa à contribuição de melhoria.

Observe-se, portanto, que, assim como as taxas, as contribuições de melhoria também estão vinculadas a uma atuação estatal referida ao sujeito passivo (no que concerne à consistência material da hipótese tributária). Assim, como ambas as espécies têm a materialidade do antecedente normativo vinculada a uma atividade do Estado referida ao contribuinte, por expressa disposição constitucional, também adotamos a exigência de previsão legal de destinação específica para o produto de sua arrecadação como critério para a identificação destas espécies impositivas. É que, enquanto nas taxas a receita percebida deve ter destinação específica, concernente ao custeio da atividade estatal que legitimou sua instituição, o produto de arrecadação das contribuições de melhoria pode ser livremente utilizado pelo Estado,[10] porque não há qualquer previsão constitucional condicionan-

9. Verifiquem-se, a propósito: Geraldo Ataliba, *Hipótese de Incidência Tributária*, 5ª ed., 7ª tiragem, Malheiros Editores, 1998; e Roque Antônio Carrazza, *Curso de Direito Constitucional Tributário*, 11ª ed., São Paulo, Malheiros Editores, 1997.

10. Desde que, por óbvio, seja atendido o interesse público, nos termos da lei.

do sua destinação (ou seja, exigindo a previsão legal de destinação específica para o produto de sua arrecadação, como condição de validade do tributo).

Com efeito, verificando a materialidade do fato tributado, nas contribuições de melhoria, observamos que sua instituição está condicionada à verificação de uma valorização imobiliária resultante de uma obra pública. Há, nessa medida, efetiva vinculação dessa materialidade ao exercício de uma atividade por parte do Estado referida ao contribuinte, correspondente à obra pública realizada e que causou a valorização imobiliária tributada. E, no que tange à destinação do produto de sua arrecadação, verificamos que não existe qualquer exigência constitucional no sentido de especificar sua destinação, como acontece com as taxas.

A par do disposto no art. 145, a CF outorga competência exclusiva à União para a instituição de empréstimos compulsórios e contribuições.

Os empréstimos compulsórios foram autorizados pelo art. 148, que não exige a vinculação da materialidade do antecedente normativo ao exercício de uma atividade estatal, referida ao sujeito passivo. No entanto, por força do princípio federativo (art. 1º da CF), pode-se afirmar que a União, no exercício da competência que lhe foi outorgada pela referido dispositivo constitucional (art. 148), não pode utilizar-se de materialidades de tributos de competência impositiva das demais pessoas políticas de direito público interno.

Seja como for, fato é que não há determinação constitucional vinculando a materialidade da hipótese de incidência dos empréstimos compulsórios ao exercício de uma atividade estatal referida ao contribuinte, ao contrário do que ocorre no caso das taxas e das contribuições de melhoria.

No que tange à destinação do produto de arrecadação do tributo, por outro lado, o parágrafo único do art. 148 da CF determina expressamente que "a aplicação dos recursos provenientes do empréstimo compulsório será vinculada à despesa que fundamentou sua instituição". Daí por que se exige do legislador infraconstitucional a previsão legal de destinação específica para o produto de sua arrecadação, além da — previsão legal de — devolução do produto arrecadado ao contribuinte, ao cabo de determinado período, como condição de validade da exação.

As contribuições, por fim, estão previstas pelo art. 149 da CF e subdividem-se em três (sub)espécies: (i) sociais (aqui incluídas aquelas destinadas ao custeio da seguridade social, previstas pelo art. 195 da CF), (ii) de intervenção no domínio econômico e (iii) de interesse das categorias profissionais ou econômicas, como instrumento de sua atuação nas respectivas áreas.[11]

À exceção das contribuições destinadas à seguridade social, também não houve indicação no texto constitucional da materialidade destes tributos. E, com relação àquelas contribuições (para a seguridade social), as materialidades autorizadas foram expressamente indicadas pela Constituição, sendo que nenhuma delas está vinculada ao exercício de uma atividade estatal referida ao sujeito passivo.

Nessa medida, pode-se afirmar que não existe qualquer exigência constitucional relativa à vinculação da materialidade da hipótese de incidência das contribuições ao exercício de uma atividade estatal referida ao sujeito passivo. Em compensação, exige-se do Estado destinação específica para o produto da respectiva arrecadação.

Deveras, a contribuição de intervenção no domínio econômico é instrumento legal para gerar recursos destinados a cobrir despesas incorridas — ou a serem incorridas — pelo Estado em virtude de sua ingerência na economia (essa é a razão de

11. Não analisamos as contribuições de competência dos Estados, Distrito Federal e Municípios destinadas ao custeio de sistemas de previdência e assistência social de seus servidores, porque têm a mesma estrutura normativa das demais.

sua instituição). Daí a necessidade de previsão legal de destinação específica para o produto de sua arrecadação, que deve ser aplicado no custeio dessa atividade, concernente à sua intervenção na economia, para regulamentação e disciplina de gastos e/ou investimentos pertinentes a setores específicos do mercado.

As contribuições de interesse das categorias profissionais ou econômicas, por outro lado (e conforme estabelecido pela própria Constituição), servem como instrumento de atuação do Estado nas respectivas áreas. Há também, portanto, previsão de uma certa atividade estatal relacionada ao produto de arrecadação do tributo, concernente à sua — dele, Estado — atuação nas áreas de interesse das categorias profissionais ou econômicas, bem como a indicação de que tal atividade seja custeada por esta espécie de contribuição.

Com relação às contribuições sociais, embora tenham fundamento de validade no art. 149 do texto constitucional, quando destinam-se à seguridade social ficam condicionadas ao atendimento das exigências prescritas em seu art. 195, que também exige destinação do produto de sua arrecadação, para financiamento, manutenção e expansão da seguridade social.

O mesmo se diga em relação à contribuição do salário-educação, cujo produto de arrecadação serve como fonte adicional de financiamento do ensino fundamental público, nos termos do art. 212, § 5º, da CF.

Observe-se, assim, que a estrutura normativa dessas contribuições é absolutamente a mesma: enquanto não há exigência constitucional relativa à vinculação da materialidade da hipótese tributária a uma atividade do Estado referida ao contribuinte, exige-se destinação específica para o produto de sua arrecadação.

Analisadas, assim, as disposições constitucionais que outorgam competência impositiva à União, Estados, Distrito Federal e Municípios, passamos a informar os critérios de classificação adotados, para identificação e classificação das espécies impositivas autorizadas.

Os critérios de classificação adotados e a identificação das espécies impositivas

Entendemos que a exigência constitucional de previsão legal de vinculação do aspecto material da hipótese de incidência tributária ao exercício de uma atividade estatal referida ao contribuinte é critério relevante e imprescindível para a identificação das espécies impositivas. Este critério foi magistralmente exposto pelo saudoso professor Geraldo Ataliba, além de consagrado pela doutrina nacional e estrangeira para a classificação dos tributos (vinculados e não vinculados a uma atividade estatal referida ao contribuinte).[12]

Mas parece-nos que a consideração de apenas um elemento distintivo (uma variável: a exigência de previsão legal de vinculação — ou não — do aspecto material do antecedente normativo a uma atividade estatal referida ao contribuinte) não é suficiente ao intérprete para discernir os diferentes tributos autorizados pelo texto constitucional brasileiro. É que a forma como foi positivado o sistema tributário engendrado pela Constituição de 1988, em que a validade dos empréstimos compulsórios e das contribuições foi condicionada à exigência de destinação específica para o produto da respectiva arrecadação (além da exigência de restituição do produto arrecadado ao particular, ao cabo de determinado período, no caso dos empréstimos compulsórios), reclama a aplicação de regimes jurídicos próprios para essas espécies impositivas, distintos daqueles que disciplinam e autorizam os impostos, as taxas e as contribuições de melhoria.

12. Verifiquem-se, entre outros: Rubens Gomes de Sousa, *Compêndio de Legislação Tributária*, São Paulo, Resenha Tributária, 1975; Alfredo Augusto Becker, *Teoria Geral do Direito Tributário*; Héctor Villegas, *Curso de Direito Tributário*, São Paulo, Ed. RT, 1980; Dino Jarach, *O Fato Imponível*, São Paulo, Ed. RT, 1989.

Dessa forma, impõe-se a consideração de outras variáveis, para apartá-los — os empréstimos compulsórios e as contribuições sociais — das demais espécies, outros elementos distintivos que permitam diferenciá-los daqueles tributos.

Nesse sentido, verificamos que a Constituição, ao outorgar competência impositiva às pessoas políticas para a criação de alguns tributos, vinculou o produto de sua arrecadação ao custeio de despesas — ou investimentos — específicas do Estado (contribuições e empréstimos compulsórios); e em certas hipóteses estabeleceu, ainda, a necessidade de previsão legal da devolução do respectivo montante ao contribuinte, ao cabo de determinado período (empréstimos compulsórios).

Nesses casos, os comandos que estabelecem a destinação específica para o produto de arrecadação desses tributos assim como os que determinam a restituição do respectivo montante ao particular foram preestabelecidos pelas respectivas normas de estrutura que fundamentam sua validade. Dessa forma, por exigência constitucional, devem ser — esses comandos — considerados para a atribuição do regime jurídico peculiar a cada uma das espécies impositivas cuja validade encontra-se assim condicionada.

A nosso ver, portanto, três são os critérios ou variáveis a serem considerados para efeito de classificação dos tributos, segundo as normas de estrutura que outorgam competência impositiva às pessoas políticas de direito público interno, no sistema positivo brasileiro, porque três são os elementos distintivos necessários à identificação das espécies tributárias autorizadas pelo texto constitucional.

Por um lado, há tributos em relação aos quais a Constituição já preestabeleceu a vinculação da materialidade do antecedente normativo ao exercício de uma atividade estatal referida ao contribuinte, e outros em que esta vinculação absolutamente não existe, conforme a lição pioneira do professor Geraldo Ataliba. Eis a primeira variável adotada como critério para a classificação dos tributos, já endossada e consagrada pela doutrina nacional e estrangeira: a exigência de previsão legal de vinculação da materialidade da norma de tributação a uma atividade estatal referida ao sujeito passivo.

Por outro lado, como pudemos verificar, há tributos autorizados pela Constituição cuja validade está condicionada à previsão legal de destinação específica do produto de arrecadação ao custeio de despesas determinadas do Estado. Outros tributos, no entanto, não têm esta vinculação preestabelecida pelo texto constitucional, hipótese em que o Estado é livre para utilizar-se desses recursos segundo sua conveniência. Eis aí o segundo elemento distintivo adotado como critério para a classificação dos tributos: a exigência de previsão legal estabelecendo a vinculação — ou não — do produto de arrecadação do tributo a uma despesa específica incorrida pelo Estado.

Há ainda, por fim, uma terceira variável a ser considerada para a identificação das espécies impositivas, consistente na exigência de previsão legal de restituição ao contribuinte do montante arrecadado, ao cabo de determinado período, que verificamos condicionar a validade dos empréstimos compulsórios.

E, considerados estes três critérios, aplicamo-los para a identificação das espécies impositivas, assim:

(a) tributos cuja validade (a.1) não está condicionada à previsão legal de vinculação da materialidade do antecedente normativo ao exercício de uma atividade estatal referida ao contribuinte; (a.2) não está condicionada à previsão legal de destinação específica para o produto de sua arrecadação, que é vedada; e (a.3) não está condicionada à previsão legal de devolução do montante arrecadado ao contribuinte, ao cabo de determinado período — os impostos;

(b) tributos cuja validade (b.1) está condicionada à previsão legal de vinculação da materialidade do antecedente normativo ao exercício de uma atividade estatal referida ao contribuinte; (b.2) está condicionada à previsão legal de destinação específica para o produto de sua arrecadação; e (b.3) não está condicionada à previsão legal de devolução do montante arrecadado ao contribuinte, ao cabo de determinado período — as taxas;

(c) tributos cuja validade (c.1) está condicionada à previsão legal de vinculação da materialidade do antecedente normativo ao exercício de uma atividade estatal referida ao contribuinte; (c.2) não está condicionada à previsão legal de destinação específica para o produto de sua arrecadação; e (c.3) não está condicionada à previsão legal de devolução do montante arrecadado ao contribuinte, ao cabo de determinado período — as contribuições de melhoria;

(d) tributos cuja validade (d.1) não está condicionada à previsão legal de vinculação da materialidade do antecedente normativo ao exercício de uma atividade estatal referida ao contribuinte; (d.2) está condicionada à previsão legal de destinação específica para o produto de sua arrecadação; e (d.3) não está condicionada à previsão legal de devolução do montante arrecadado ao contribuinte, ao cabo de determinado período — as contribuições;

(e) tributos cuja validade (e.1) não está condicionada à previsão legal de vinculação da materialidade do antecedente normativo ao exercício de uma atividade estatal referida ao contribuinte; (e.2) está condicionada à previsão legal de destinação específica para o produto de sua arrecadação; e (e.3) está condicionada à previsão legal de devolução do montante arrecadado ao contribuinte, ao cabo de determinado período — os empréstimos compulsórios.

São essas, a nosso ver, as espécies impositivas autorizadas pelo texto constitucional, para as quais foram estabelecidos regimes jurídicos diferenciados: impostos, taxas, contribuições de melhoria, contribuições e empréstimos compulsórios.

A aplicação de regimes jurídicos diferenciados entre as espécies identificadas

A análise necessária à identificação das espécies tributárias, tal como autorizadas pelo texto constitucional, deve levar em consideração as diferentes exigências impostas pelas normas de estrutura que informam e delimitam o exercício da competência impositiva outorgada às pessoas políticas de direito público interno.

No que tange aos impostos, verificamos a inexistência de exigência constitucional de vinculação da materialidade do antecedente normativo ao exercício de uma atuação estatal referida ao sujeito passivo da obrigação tributária, o que impõe a observância ao princípio da capacidade contributiva.

O mesmo se diga em relação aos empréstimos compulsórios e às contribuições, em relação aos quais também não há exigência constitucional de vinculação entre a materialidade da hipótese de incidência (antecedente normativo) e o exercício de uma atividade do Estado referida ao sujeito passivo da obrigação tributária. Nestes casos, portanto, entendemos que o princípio da capacidade contributiva também deve ser atendido, sob pena de se comprometer a validade da norma de tributação instituída sem a sua observância.

É que a inexistência de uma atuação do Estado referida ao contribuinte impede dimensionar o fato tributado (aspecto material do antecedente normativo ou hipótese tributária) pela despesa que o produto de sua arrecadação visa a cobrir, razão por que o texto constitucional delimita a atividade do legislador ordinário e complementar por meio de característica relacionada àqueles potencialmente sujeitos ao respectivo encargo tributário, nesses casos: sua capacidade de concorrer com os gastos públicos. Deveras, para a eleição de um elemento objetivo que dimensione o fato tributado (materialidade da hipótese tributária), ao qual não corresponde qualquer contraprestação direta por parte do Estado, referida ao sujeito passivo, a única forma de atender à isonomia é respeitar sua capacidade econômica. É o princípio da capacidade contributiva, pois, utilizado para alcançar tal desiderato; e, nessa medida, deverá ser observado quando da descrição legislativa de tributos em relação aos quais não haja vinculação entre a materialidade do antecedente normativo e o exercício de uma atividade estatal referida ao contribuinte, como é o caso dos impostos, empréstimos compulsórios e contribuições.

Mas distinguem-se estes últimos daqueles primeiros, porque para os impostos não há exigência de previsão legal de destinação específica para o produto da respectiva arrecadação, enquanto para os empréstimos compulsórios e as contribuições a previsão legal desta destinação de receita aparece como condição de validade da norma tributária.

Há outra diferença que, por sua vez, aparta os empréstimos compulsórios das contribuições: é que no caso dos primeiros a validade da norma de tributação também está condicionada à previsão legal de restituição do montante arrecadado ao particular, ao cabo de determinado período, o que não se exige em relação às contribuições.

Essas diferenças, atinentes à estrutura normativa dos impostos, empréstimos compulsórios e contribuições, permitem a perfeita identificação destas três espécies tributárias, em relação às quais o princípio da anterioridade confirma a existência de regimes jurídicos distintos.[13]

Com efeito, apenas três dos sete impostos previstos pelo art. 153 da CF estão sujeitos ao princípio da anterioridade, previsto em seu art. 150, III, "b": o imposto sobre a renda e proventos de qualquer natureza, o imposto sobre a propriedade territorial rural e o imposto sobre grandes fortunas. E isto porque, nos termos do § 1º do art. 150, este princípio não se aplica ao imposto de importação, ao imposto de exportação, ao imposto sobre produtos industrializados e ao imposto sobre operações de crédito, câmbio e seguro, ou relativas a títulos ou valores mobiliários.[14]

Dependendo, pois, da (sub)espécie de imposto de que se trate, o imposto estará ou não sujeito ao princípio da anterioridade, conforme a materialidade da hipótese tributária descrita pelo legislador infraconstitucional.

O mesmo se diga em relação aos empréstimos compulsórios, já que apenas quando instituídos com fundamento de validade no inciso II do art. 148 — investimento público de caráter urgente e relevante interesse nacional — estarão sujeitos ao primado da anterioridade. No caso de despesas extraordinárias decorrentes de calamidade pública, guerra externa ou sua iminência (inciso I do art. 148), portanto, tal anterioridade não precisa ser observada.

Assim, mesmo que seja utilizada — pelo legislador complementar — a materialidade do imposto sobre a renda (que — como imposto — se sujeita ao art. 150, III, "b", da CF), desde que haja previsão legal (i) exigindo destinação específica para o produto de sua arrecadação (cobrir as despesas que autorizaram sua instituição), bem como (ii) sobre a restituição do respectivo montante ao contribuinte ao cabo de determinado período, o tributo irá caracterizar-se como empréstimo compulsório. E sua cobrança poderá ser imediata, sendo desnecessário aguardar o início do exercício financeiro seguinte ao da publicação da norma de tributação para o termo *a quo* de sua vigência.

13. Para nós o princípio da anterioridade traduz-se em norma jurídica de estrutura, que impede o termo inicial de vigência da norma tributária. A anterioridade, nesse sentido, corresponde ao período de tempo em que a norma jurídica, veiculada por lei oficialmente publicada, ainda não entrou em vigor (período entre a publicação e o início da vigência da norma jurídica), e, portanto, não pode incidir, para efeito de juridicizar fatos (tornando-os fatos jurídicos).

14. Além dos impostos extraordinários, previstos pelo art. 154, II, do texto constitucional, cuja autorização é absolutamente excepcional.

Por outro lado, fundamentando-se o empréstimo compulsório no inciso II do art. 148, mesmo que a materialidade utilizada pelo legislador complementar seja a de imposto que não esteja sujeito ao disposto no art. 150, III, "b", da CF (sobre produtos industrializados, por exemplo), deverá atender à anterioridade estabelecida pelo referido dispositivo constitucional, norma de estrutura que aparece como condição de validade da norma de tributação.[15]

Verifica-se, portanto, que há efetiva diversidade de regimes jurídicos aplicáveis aos impostos e aos empréstimos compulsórios no que concerne ao postulado da anterioridade, o que já permitiria diferençar essas duas espécies tributárias.

Mas há, ainda, outra diferença que aparta os regimes jurídicos aplicáveis sobre esses dois tributos, concernente ao procedimento formal a ser atendido pelo legislador infraconstitucional, já que para os empréstimos compulsórios — e independentemente da (sub)espécie de que se trate — se exige sua veiculação por lei complementar, enquanto para os impostos (excetuada a hipótese de exercício da competência impositiva residual, outorgada com exclusividade à União) a lei ordinária é suficiente para legitimá-los.

No que tange às contribuições, a aplicação do princípio da anterioridade também é diferente relativamente a uma de suas espécies: as contribuições destinadas à seguridade social. Neste caso há previsão específica estabelecida pelo texto constitucional, constante do § 4º do art. 195, autorizando a entrada em vigor do tributo após o prazo de 90 dias da data da publicação da lei que o tiver instituído.

Independentemente, portanto, da materialidade que vier a ser adotada pelo legislador ordinário (respeitada, por óbvio, a faixa de competência impositiva outorgada à União), (i) tratando-se de contribuições para a seguridade social, limita-se a anterioridade ao prazo de 90 dias contados da data da publicação da lei que as houver instituído ou aumentado, e (ii) tratando-se das demais contribuições sociais, de contribuições de intervenção no domínio econômico ou de interesse das categorias profissionais ou econômicas, aplica-se a regra geral de anterioridade, prevista pelo já referido art. 150, III, "b", do texto constitucional.

No que diz respeito às taxas e às contribuições de melhoria (em contraposição aos impostos, empréstimos compulsórios e contribuições), a estrutura normativa apresenta-se completamente diversa, pois — conforme visto — nestes tributos há exigência constitucional de previsão legal de vinculação da materialidade do antecedente normativo a uma atuação do Estado referida ao contribuinte, como condição de validade da respectiva exação.

E esta vinculação limita o alcance e a própria aplicação do princípio constitucional da capacidade contributiva, pois não é nenhum fato relacionado ao contribuinte que é tomado como critério para determinar a incidência da norma jurídica de tributação. Pelo contrário, o fato tributado (aspecto material do antecedente normativo) diz respeito a uma atividade exercida pelo Estado, seja para efeito de tributar o próprio custo (valor) desta atividade, seja para o de tributar o benefício dela decorrente, auferido pelo particular.

Conclusão

Pela análise das normas de estrutura que informam e delimitam a competência

15. Supondo-se a hipótese de investimento público de caráter urgente e relevante interesse nacional, em que a União invoca o inciso II do art. 148 da CF para criar empréstimo compulsório incidente sobre produtos industrializados (materialidade de imposto que não está sujeito ao art. 150, III, "b", do texto constitucional), prevendo a destinação específica para o produto de sua arrecadação, assim como a devolução do respectivo montante ao particular, ao cabo de determinado período. Neste caso, o tributo só poderia ser exigido no exercício subseqüente ao da publicação da lei que o instituiu, porque, tendo fundamento no art. 148, II, do texto constitucional, estaria sujeito ao princípio da anterioridade.

impositiva outorgada às pessoas políticas de direito público interno, adotando os critérios de classificação propostos, logramos identificar as espécies impositivas autorizadas pelo texto constitucional, em relação às quais foram estabelecidos regimes jurídicos diversos.

Esses critérios consideram três variáveis distintas para efeito de classificação dos tributos, a saber: (i) a exigência de previsão legal de vinculação da materialidade do antecedente normativo ao exercício de uma atividade estatal referida ao sujeito passivo, (ii) a exigência de previsão legal de destinação específica para o produto de arrecadação e (iii) a exigência de previsão legal de restituição do produto arrecadado ao particular, ao cabo de período de tempo determinado.

E, aplicados esses critérios, identificamos as cinco espécies impositivas autorizadas pelo texto constitucional: impostos, taxas, contribuições de melhoria, contribuições e empréstimos compulsórios.

Esta classificação, a nosso ver, conforma-se às disposições constitucionais que disciplinam o Sistema Tributário Nacional, revelando-se útil na medida que autoriza ao intérprete verificar a efetiva constitucionalidade das normas de tributação editadas pelo legislador infraconstitucional, mediante o exame de sua conformação às normas de estrutura que fundamentam sua validade.

JURISPRUDÊNCIA

SUPREMO TRIBUNAL FEDERAL

IR – HIPÓTESE DE INCIDÊNCIA – SÓCIO COTISTA – RETENÇÃO DE FONTE

Recurso extraordinário 172058-1
Relator: Ministro Marco Aurélio
Recorrente: União Federal
j. 30.6.95

Recuso extraordinário – Ato normativo declarado inconstitucional – Limites*. Alicerçado o extraordinário na alínea "b" do inciso III do artigo 102 da Constituição Federal, a atuação do Supremo Tribunal Federal faz-se na extensão do provimento judicial atacado. Os limites da lide não a balizam, no que verificada declaração de inconstitucionalidade que os excederam. Alcance da atividade precípua do Supremo Tribunal Federal – de guarda maior da Carta Política da República.*

Tributo – Relação jurídica Estado/contribuinte – Pedra de toque*. No embate diário Estado/contribuinte, a Carta Política da República exsurge com insuplantável valia, no que, em prol do segundo, impõe parâmetros a serem respeitados pelo primeiro. Dentre as garantias constitucionais explícitas, e a constatação não exclui o reconhecimento de outras recorrentes do próprio sistema adotado, exsurge a de que somente à lei complementar cabe "a definição de tributos e de suas espécies, bem como, em relação aos impostos discriminados nesta Constituição, a dos respectivos fatos geradores, bases de cálculo e contribuintes" – alínea "a" do inciso III do artigo 146 do Diploma Maior de 1988.*

Imposto de renda – Retenção na fonte – Sócio cotista*. A norma insculpida no artigo 35 da Lei n. 7.713/88 mostra-se harmônica com a Constituição Federal quando o contrato social prevê a disponibilidade econômica ou jurídica imediata, pelos sócios, do lucro líquido apurado, na data do encerramento do período-base. Nesse caso, o citado artigo exsurge como explicitação do fato estabelecido no artigo 43 do Código Tributário Nacional, não cabendo dizer da disciplina, de tal elemento do tributo, via legislação ordinária. Interpretação da norma conforme o Texto Maior.*

Imposto de renda – Retenção na fonte – Acionista*. O artigo 35 da Lei n. 7.713/88 é inconstitucional, ao revelar como fato gerador do imposto de renda na modalidade "desconto na fonte", relativamente aos acionistas, a simples apuração, pela sociedade e na data do encerramento do período-base, do lucro líquido, já que o fenômeno não implica qualquer das espécies de disponibilidade versadas no artigo 43 do Código Tributário Nacional, isto diante da Lei n. 6.404/76.*

Imposto de renda – Retenção na fonte – Titular de empresa individual*. O artigo 35 da Lei n. 7.713/88 encerra explicitação do fato gerador, alusivo ao imposto de renda, fixado no artigo 43 do Código Tri-*

butário Nacional, mostrando-se harmônico no particular, com a Constituição Federal. Apurado o lucro líquido da empresa, a destinação fica ao sabor de manifestação de vontade única, ou seja, do titular, fato a demonstrar a disponibilidade jurídica. Situação fática a conduzir a pertinência do princípio da despersonalização.

Recurso extraordinário – Conhecimento – Julgamento da causa. *A observância da jurisprudência sedimentada no sentido de que o Supremo Tribunal Federal, conhecendo do recurso extraordinário, julgará a causa aplicando o direito à espécie (verbete n. 456 da Súmula), pressupõe decisão formalizada, a respeito, na instância de origem. Declarada a inconstitucionalidade linear de um certo artigo, uma vez restringida a pecha a uma das normas nele insertas ou a um enfoque determinado, impõe-se a baixa dos autos para que, na origem, seja julgada a lide com apreciação das peculiaridades. Inteligência da ordem constitucional, no que homenageante do devido processo legal, avesso, a mais não poder, às soluções que, embora práticas, resultem no desprezo à organicidade do Direito.*

ACÓRDÃO

Vistos, relatados e discutidos estes autos, acordam os Ministros do Supremo Tribunal Federal, em sessão plenária, na conformidade da ata do julgamento e das notas taquigráficas, por unanimidade de votos, em conhecer do recurso extraordinário para, decidindo a questão prejudicial da validade do artigo 35 da Lei n. 7.713/88, declarar a inconstitucionalidade da alusão a "o acionista", a constitucionalidade das expressões "o titular de empresa individual" e "o sócio cotista", salvo, no tocante a esta última, quando, segundo o contrato social, não dependa do assentimento de cada sócio a destinação de lucro líquido a outra finalidade que não a de distribuição. No mérito, deliberou dar provimento parcial ao recurso para devolver o caso ao tribunal *a quo*, a fim de que o decida, conforme o julgamento de prejudicial de inconstitucionalidade e os fatos relevantes do caso concreto. Vencido, em parte, o Ministro Ilmar Galvão, que declarava a constitucionalidade integral do dispositivo questionado.

Brasília, 30 de junho de 1995. Sepúlveda Pertence, Presidente. Marco Aurélio, Relator.

RELATÓRIO

O Senhor Ministro Marco Aurélio: A Corte de origem, adotando a óptica do respectivo Plenário, revelada quando do julgamento da argüição de inconstitucionalidade no mandado de segurança 91.04.04947-0/RS, assentou a inconstitucionalidade do artigo 35 da Lei n. 7.713, de 22 de dezembro de 1988, que tem o seguinte teor: "o sócio cotista, o acionista ou o titular da empresa individual ficará sujeito ao imposto sobre a renda na fonte à alíquota de 8% (oito por cento), calculado com base no lucro líquido apurado pelas pessoas jurídicas na data do encerramento do período-base". Em síntese, asseverou-se que a lei ordinária não poderia dispor a respeito, já que envolvida a fixação de fato gerador do imposto de renda. O Código Tributário Nacional teria sido recepcionado pela atual carta como lei complementar, prevendo, quanto à matéria, mediante o preceito do artigo 43, que "o imposto, de competência da União, sobre a renda e proventos de qualquer natureza tem como fato gerador a aquisição da disponibilidade econômica ou jurídica".

Consoante depreende-se da leitura do aresto atacado, na espécie passara-se a ter fato gerador diverso, visto que o artigo 35 em comento dispensaria a aquisição da disponibilidade quer sob o ângulo econômico, quer mesmo sob o prisma jurídico. Daí a declaração de inobservância à norma insculpida na Carta Política, segundo a qual cabe à lei complementar definir os fatos geradores dos tributos – alínea "a" do inciso III do artigo 146. Eis como ficou redigida a ementa do acórdão impugnado:

Constitucional. Tributário. Artigo 35 da Lei n. 7.713/88. Imposto de renda pessoa jurídica.

1. O Tribunal Pleno, no julgamento da argüição de inconstitucionalidade suscitada na AMS 91.04.04947-0/RS, declarou inconstitucional o art. 35 da Lei n. 7.713/88, uma vez que o estabelecimento de fato gerador é matéria reservada à lei complementar.

2. Negado provimento à remessa oficial e ao apelo (folha 64).

Já o acórdão que serviu de referência consigna que:

Constitucional Tributário. Art. 35 da Lei n. 7.713/88. Questão preliminar desacolhida, eis que figurada a hipótese de inconstitucionalidade. Violação do princípio da hierarquia das leis, constitucionalmente assegurado. Criação de novas hipóteses de fato gerador do imposto de renda das pessoas jurídicas, por via de lei ordinária, com alteração de disposição contida em lei complementar.

1. Reconhecido ser, o Código Tributário Nacional, lei ordinária, mas com força de inconstitucionalidade e não de ilegalidade, já que usurpada competência reservada pelo Texto Maior àquele diploma. Precedentes do extinto Tribunal Federal de Recursos no julgamento da AMS 89.825/RS e do Colendo Supremo Tribunal Federal na apreciação do RE 101.084/PR.

2. Questão preliminar que, por maioria, é rejeitada.

3. Estabelecendo, o art. 35 da Lei 7.713/88, que os lucros das pessoas jurídicas, ainda não distribuídos, sofrerão tributação na fonte pelo imposto de renda, viola o disposto no art. 43 do Código Tributário Nacional (Lei 5.172/66), posto que cria nova hipótese de fato gerador, dispersa das previstas em texto de maior hierarquia.

4. Em assim estabelecendo, o texto – art. 35 da Lei 7.713/88 – violentou o princípio da hierarquia das leis constitucionalmente estabelecido no art. 59 da Lei Maior.

5. Argüição acolhida quanto ao mérito, após a reeleição da prefacial (folha 90).

A União, com o extraordinário de folhas 78 a 89, interposto com fundamento na alínea "b" do inciso III do artigo 102 da Constituição Federal, afirma a harmonia do mencionado artigo 35 com o Código Tributário Nacional, que, na previsão do artigo 43, estaria a dispor sobre a incidência do imposto, a ocorrer com base no lucro líquido apurado pelas pessoas jurídicas na data do encerramento do período-base. Discorre-se sobre o fato gerador do imposto de renda, apontando-se que a hipótese guarda pertinência com o definido no artigo 43 do Código Tributário Nacional, no que exsurge como a aquisição de disponibilidade econômica ou jurídica de renda. Na aquisição da disponibilidade jurídica estaria compreendida a espécie. De acordo com tal raciocínio, o lucro líquido exsurge como acréscimo patrimonial, revelando-se, conforme as razões apresentadas, típico fato provocador da incidência do imposto de renda. A partir da lição de Rui Barbosa Nogueira, comenta-se sobre os conceitos de separação e realização, ressaltando-se que a primeira tem lugar quando os frutos se tornam suscetíveis de circulação autônoma, enquanto a segunda – a realização – pressupõe, separados os frutos, a transformação em moeda. Aduz-se que a referência legal à disponibilidade jurídica decorreu dos Decretos-leis 4.178/42 e 5.844/43, ainda em vigor, na roupagem do § 1º do artigo 87 do regimento do imposto de renda. Em 1966, a expressão fora consagrada, mediante dispositivo do Código Tributário Nacional. As razões recursais esteiam-se na premissa de que, apurado o lucro líquido da pessoa jurídica, tem-se a definição da parte cabível ao sócio cotista, ao acionista ou ao titular individual, operando-se, assim, a separação do rendimento. Daí a conclusão no sentido de que verifica-se, na oportunidade, um acréscimo no patrimônio do beneficiado, passando a estar sujeito à incidência do imposto, muito embora a realização efetiva desse acréscimo ainda dependa de outros atos. Destarte, o artigo 35 da Lei 7.713/88 nada mais encerraria, segundo as razões apresentadas, senão o alcance, a explicitação, alfim, a revelação do que se contém no artigo 43 do Código Tributário Nacional.

Por último, argumenta-se que, de qualquer forma, possível conflito não se resolve no campo da inconstitucionalidade, mas no da ilegalidade, a que José Afonso da Silva denominou de *ilegitimidade constitucional*. Daí a conclusão de que não cabia à Corte de origem declarar inconstitucionalidade do artigo 35 da Lei 7.713/88, no que foi tido como extravasar o âmbito do artigo 43 do Código Tributário Nacional.

Com o recurso extraordinário, trouxe-se aos autos a íntegra do acórdão concernente à argüição de inconstitucionalidade. À folha 146, está a decisão do juízo primeiro de admissibilidade sobre a impertinência do recurso especial, seguindo-se a referente ao trânsito deste extraordinário. À folha 151, despachei, determinando que viesse a ser esclarecida a interposição, ou não, de agravo contra a decisão que implicara o trancamento do especial. Consoante informa-se no ofício de folha 155, ocorreu a preclusão maior. Despachei à folha 157, nos seguintes termos:

1. A Corte de origem, diante do que decidido em argüição de inconstitucionalidade nos autos da apelação em mandado de segurança 91.04.04947-0/RS, assentou a inconstitucionalidade do artigo 35 da Lei 7.713/88, no que dispôs sobre a incidência do imposto de renda na fonte com base no lucro líquido das pessoas jurídicas. Considerou a inexistência de lei complementar versando sobre tal matéria, e, portanto, o conflito com o inciso III do artigo 146 da Carta Federal.

2. O tema ainda não passou pelo crivo deste tribunal. Assim, impõe-se o seguimento do extraordinário, no que interposto com esteio na alínea "b" do inciso III do artigo 102 do Diploma Maior.

3. Remetam-se estes autos à Procuradoria-Geral da República, com pedido de preferência, objetivando estabelecer o *leading case*.

4. À assessoria, para a manutenção do contato com o órgão, visando a preferência e ao acompanhamento devidos. Observe-se o sobrestamento de processos que cuidem de idêntica hipótese, evitando-se, destarte, o aumento da sobrecarga que vem suportando a Procuradoria-Geral da República.

5. Publique-se.

Brasília, 29 de maio de 1994.

A Procuradoria-Geral da República, em parecer do subprocurador Dr. Artur de Castilho Neto – folhas 159 a 176, remete a julgamentos procedidos por esta Corte, nos quais teria deixado prevalecer o interesse social – ação direta de inconstitucionalidade 318-6, relativa à indexação pela taxa referencial, e recurso extraordinário 166.722-9, alusivo à contribuição social sobre remuneração de administradores autônomos e avulsos. A seguir, considera que não houve a criação, mediante o artigo 35 da Lei 7.713/88, de uma nova hipótese de incidência do imposto sobre a renda cuja disciplina respectiva tem enquadramento, segundo a óptica externada, no artigo 43 do Código Tributário Nacional. Por último, salienta o Ministério Público, a ocorrência da separação, no que o fenômeno estaria revelado pela apuração do lucro quando do balanço de encerramento. A conclusão é pelo conhecimento do provimento do recurso.

Recebi estes autos em 1º de dezembro de 1994 e os liberei, para inclusão em pauta, após o recesso e as férias coletivas de janeiro de 1995. Assim procedi em 5 de abril de 1995, decorrendo o extravasamento do prazo regimental de trinta dias não só da sobrecarga que vem sendo suportada por esta Corte – no ano de 1994 equacionei 3.322 processos – como também da atuação simultânea no Tribunal Superior Eleitoral. Apregoado o processo na Turma, deliberou esta no sentido de afetá-lo a este Plenário.

É o relatório.

VOTO

O Senhor Ministro Marco Aurélio (relator): Na interposição deste recurso foram observados os pressupostos de recorribilidade que lhe são próprios. A petição de encaminhamento está subscrita por Procurador da Fazenda Nacional, sendo que o acórdão impugnado teve notícia veiculada no *Diário* de 23 de dezembro de 1992 – quarta-feira (folha 65) – ocorrendo a manifestação do inconformismo em 18 imediato – quinta-feira (folha 78). Por outro lado, o recurso restou enquadrado no permissivo da alínea "b" do inciso III do artigo 102 da Constituição Federal. A Corte de origem declarou a inconstitucionalidade do artigo 35 da Lei 7.713/88. Conheço do recurso.

Antes de proceder ao exame da matéria, sinalizo ao ilustre Subprocurador-Geral da República que subscreveu o parecer de folhas 159 a 176 que esta Corte, no julgamento dos dois casos acima mencionados, atendeu ao interesse social, que reside, acima de tudo, na predominância da ordem constitucional, evitando, assim, verdadeira babel, em nenhuma hipótese justificável, nem mesmo em face a deficiências de caixa deste ou daquele órgão.

Também registro a nova quadra vivida pela Procuradoria da Fazenda Nacional, presente nesta Corte na voz abalizada da Dra. Silvia Maria Carneiro Brito, que procedeu à sustentação oral. Para o julgador é sempre salutar o acesso a maior gama de informações possíveis e nisto sobressaem memoriais e brilhantes sustentações como as efetuadas pela citada Procuradoria e pelo Dr. André Martins de Andrade.

Neste recurso extraordinário, a União, alicerçada em ensinamento de José Afonso da Silva e olvidando conflito de maior envergadura, sustenta que a espécie resolve-se no campo da ilegalidade – denominada pelo ilustre professor como "ilegitimidade constitucional". A norma do artigo 35 da Lei 7.713/88 teria implicado, quando muito, ou seja, diante das premissas do acórdão atacado, a incompatibilidade com o artigo 43 do Código Tributário Nacional.

A controvérsia não foi equacionada sob tal ângulo. A partir do entendimento do que a incidência do imposto sobre renda, na modalidade do desconto na fonte, considerando o lucro líquido apurado pelas pessoas jurídicas na data do encerramento do período-base, isto tendo em vista a situação jurídica do sócio cotista, do acionista ou do titular da empresa individual, não se enquadra no disposto no artigo 43 no Código Tributário Nacional, concluiu-se pela inobservância da regra insculpida no artigo 146 da Constituição Federal, no sentido de o fato gerador ser previsto não em lei comum, mas em lei complementar. A referência à norma do Código Tributário Nacional – e, portanto, o cotejo do disposto no artigo 35 da Lei 7.713/88 com o que nela se contém – fez-se no mundo dos fatos para saber-se da compreensão, ou não, no âmbito da primeira, do fato gerador revelado na segunda. Em síntese, mediante mecanismo, buscou-se elucidar sobre o artigo 43 do Código Tributário Nacional, no que preceitua como fato gerador do imposto sobre a renda e proventos de qualquer natureza a aquisição da disponibilidade econômica ou jurídica de renda ou de proventos, alberga, ou não, o imposto sobre a renda na fonte, relativamente às situações jurídicas do sócio cotista, do acionista ou do titular da empresa individual frente ao lucro líquido apurado pelas pessoas jurídicas na data do encerramento do período-base. O caso resolve-se não sob o ângulo da harmonia ou conflito do citado artigo 35 com o artigo 43 do Código Tributário Nacional, mas em face à regra inafastável da alínea "a" do inciso III do artigo 146 da Carta Política da República, segundo a qual cabe à lei complementar a definição de tributos e espécies, bem como, em relação aos impostos discriminados na própria Constituição, a dos respectivos fatos geradores, bases de cálculos e contribuintes. Não vinga, assim, o que articulado pela União, muito embora formalizado a partir da lição, a toda evidência inadequada à espécie, do inigualável José Afonso da Silva.

O deslinde da controvérsia, ou seja, a definição quanto à consonância, ou não, do texto do artigo 35 da Lei 7.713/88 com a alínea "a" do inciso III do artigo 146 da Lei Maior, pode ser sintetizada em uma indagação: a incidência do imposto sobre a renda na fonte, presentes as situações do sócio cotista, do acionista ou do titular da empresa individual e considerado o lucro líquido apurado pelas pessoas jurídicas na data do encerramento do período-base escora-se em disponibilidade econômica ou jurídica daqueles que se tem como favorecidos?

A leitura do teor do artigo 43 do Código Tributário Nacional revela que o fato gerador do imposto sobre a renda e proventos de qualquer natureza é a aquisição da disponibilidade econômica ou jurídica ou de proventos. Assim, há de se perquirir o alcance da expressão "aquisição da disponibilidade econômica ou jurídica de renda". Sob o ângulo vernacular, disponibilidade é a qualidade do que é disponível (Caldas Auletti). No *Novo Dicionário Aurélio*, diz-se da faculdade de dispor dos bens, aludindo-se ao fato destes encontrarem-se desimpedidos, desembaraçados, passíveis até mesmo de serem transferidos para o patrimônio de terceiro. Sob o prisma jurídico, Humberto Piragibe Magalhães e Christóvão Piragibe Tostes Malta consignam a possibilidade de dispor (*Dicionário Jurídico*, Edições Trabalhistas, 3ª ed.). Já De Plácido e Silva assevera que, sob a vertente do Direito Civil, o vocábulo "disponibilidade" indica a qualidade daquilo de que se pode dispor, em virtude do que se diz que é alienável. Sob o aspecto econômico e financeiro, ressalta que "exprime o vocábulo a soma de bens de que pode se dispor, sem qualquer ofensa à normalidade dos negócios de uma pessoa". A partir dessas concepções é que se constata, no Código Civil, a regra segundo a qual a lei assegura ao proprietário o direito de usar, gozar e dispor de seus bens, e de reavê-los do poder de quem quer que injustamente os possua – artigo 524. Tendo em vista o teor deste artigo, Washington de Barros Monteiro ensina que o direito de dispor consiste no poder de consumir a coisa, de aliená-la, de gravá-la de ônus e de submetê-la a outrem – *Curso de Direito Civil*, Saraiva, São Paulo, 4ª ed., 1961, p. 90.

Ora, a ordem jurídica revela-nos que a aquisição da disponibilidade, quer econômica ou jurídica dos lucros líquidos das pessoas jurídicas não ocorre, quanto ao sócio cotista e aos acionistas, na data de apuração, ou seja, o encerramento do período-base. É que a legislação vigente – Lei 6.404, de 15 de dezembro de 1986 – afasta a automaticidade indispensável a que se possa cogitar a aquisição da disponibilidade. À assembléia geral ordinária das sociedades anônimas compete deliberar sobre a destinação do lucro líquido do exercício e a distribuição de dividendos (inciso II do artigo 132), sendo que, juntamente com as demonstrações financeiras do exercício, os órgãos da administração da companhia apresentarão à assembléia geral ordinária proposta sobre a destinação acertada ao lucro líquido do exercício (artigo 192). Sendo retirados 5% e o máximo de 20% do capital social para a constituição da reserva legal (artigo 193), pode a assembléia geral deliberar reter parcela do lucro líquido do exercício previsto em orçamento de capital por ela previamente aprovado (artigo 196), notando-se que, no campo do dividendo obrigatório, alude-se ao comprometimento de metade do lucro líquido do exercício, diminuído ou acrescido de certos valores (artigo 202).

Pois bem, diante do contexto legal supra, impossível é dizer da aquisição da disponibilidade jurídica pelos acionistas com a simples apuração, e na data respectiva, do lucro líquido pelas pessoas jurídicas. O encerramento do período-base aponta-o, mas o faz relativamente a situação que não extravasa o campo de interesses da própria sociedade. Ocorre, é certo, uma expectativa, mas, enquanto simples expectativa, longe fica de resultar na aquisição da disponibilidade erigida pelo artigo 43 do Código Tributário Nacional como fato gerador. Uma coisa é a incidência do imposto de renda sobre o citado lucro e, portanto, a obrigação tributária da própria pessoa jurídica. Algo diverso é a situação dos sócios, no que não passam, com a simples apuração do lucro líquido na data do encerramento do período-base, a ter a disponibilidade reveladora do fato gerador. Imagine-se, apenas para exemplificar, quadro em que a assembléia de acionistas, respeitado o percentual alusivo dos dividendos obrigatórios, resolva promover investimentos. Descabe, na hipótese, partir para o campo da presunção, equiparando a apuração do lucro líquido à distribuição deste, ou mesmo, à aquisição da disponibilidade pelos sócios. É que o recurso a tal método normativo – da presunção legal – pressupõe harmonia com os princípios norteadores do Direito, especialmente do Direito Constitucional e, mais do que isso, também com os princípios lógicos da identidade, não-contradição e do terceiro excluído. Os lucros apurados em balanço da pessoa jurídica integram o patrimônio desta e não dos sócios, já que estes, considerados isoladamente, deles não dispõem, quer sob o ângulo econômico, quer, até mesmo, sob o jurídico.

Outro não é o entendimento da melhor doutrina. Antônio Carlos Garcia de Souza, Gilberto Ulhôa Canto e Ian de Porto Alegre Muniz, aludindo à natureza das coisas, informam que não se pode cogitar de fato gerador do imposto sobre a renda com base no lucro líquido das pessoas jurídicas se os sócios destas não tem poder de dispor, ou seja, não contam ainda com os atributos necessários para acionar a faculdade de dar ao bem a utilidade que desejem. E arrematam "não há aquisição de disponibilidade de bem ou direito que alguém não tenha faculdade de usar, em relação ao qual não se esteja em condições de exercer os demais atributos do domínio". Elucidando a ambigüidade dos conceitos de disponibilidade econômica e jurídica, definem a primeira como a revelar que "alguém pode, efetivamente, tomar, usar e alienar bem ou direito". A segunda configura-se quando o "titular pode, embora não haja recebido fisicamente a coisa ou o direito, dele fazer uso ou tirar os proveitos resultantes do domínio, porque a lei ou contrato lhe o permitem, mesmo sem que seja preciso ter a sua detenção material" (*Caderno de Pesquisas Tributárias*, v. XI). No mesmo sentido, Antônio Manoel Gonçalvez ressaltou que a disponibilidade jurídica "é o nascimento do direito a receber um crédito (receita e realizar)", enquanto a econômica "é a percepção efetiva do rendimento em dinheiro (receita realizada)" (ob. cit., pp. 49 e 50). Carlos da Rocha Guimarães, no mesmo *Caderno*, aduz, à folha 77, que a aquisição de disponibilidade, quer sob o ângulo econômico ou jurídico do rendimento, há de estar assentada no poder daquele que se beneficiou do acréscimo patrimonial dele dispor efetivamente. Conforme exsurge da Lei das Sociedades Anônimas, a apuração, em si, do lucro líquido pela pessoa jurídica não revela a disponibilidade pelos sócios. No trabalho realizado para o *Caderno de Pesquisas Tributárias*, o referido tributarista alude o acórdão do Tribunal Federal de Recursos, da lavra do Ministro Justino Ribeiro, quando se decidiu que: "a disponibilidade econômica ou jurídica implica a possibilidade de entrega da coisa (arts. 675 e 676 do Código Civil), pressuposto indispensável à interpretação do artigo 43 do CTN". Esse acórdão foi atacado mediante recurso extraordinário, quando o Vice-Presidente do Tribunal Federal de Recursos, a seguir Ministro desta Corte – Adir Passarinho –, teve-o como não enquadrado no permissivo constitucional, deixando a União de interpor agravo. Ainda no *Caderno de Pesquisas*, encontramos enfoque de Gustavo Miguez de Mello. Após ressaltar que a disponibilidade econômica ou jurídica de renda e proventos de qualquer natureza constitui elemento essencial do fato gerador do imposto de renda previsto na lei complementar – Código Tributário Nacional, artigo 43 – transcreveu lição de Bulhões Pedreira, consoante a qual "disponibilidade jurídica é a presumida por força de lei, que define como fato gerador do imposto a aquisição virtual, e não efetiva, do poder de dispor. A disponibilidade é virtual quando já ocorreram todas as condições necessárias para que se torne efetiva" (p. 183). No caso, sem a deliberação da assembléia competente, não se pode cogitar da disponibilidade, sequer virtual, dos lucros apurados em balanço. Seguem-se, no citado *Caderno*, os pronunciamentos, em idêntico sentido, de Hugo de Brito Machado, Ives Gandra da Silva Martins e José Eduardo Soares de Melo, valendo notas as palavras sempre oportunas do mestre Rubens Gomes de Souza em *Pareceres 3 – Imposto de Renda*, Resenha Tributária, São Paulo, p. 277:

> O elemento essencial do fato gerador é a aquisição da disponibilidade de riqueza nova, definida em termos de acréscimo patrimonial. (...) a disponibilidade adquirida pode, nos termos da definição, ser "econômica" ou "jurídica" (CTN, art. 43, *caput*). A aquisição de "disponibilidade econômica" corresponde ao que os economistas chamam "separação" de renda: é a sua efetiva percepção em dinheiro ou outros valores (RIR, art. 498).
>
> A aquisição de "disponibilidade jurídica" corresponde ao que os economistas chamam de "realização" da renda: é o caso em que embora o rendimento ainda não esteja "economicamente disponível" (isto é, efetivamente percebida), entretanto, o beneficiário já tenha título hábil para percebê-la (RIR, art. 95, § 1º).

A conclusão a que se chega é que, na verdade, o artigo 35 da Lei 7.713/88, ao desprezar a aquisição da disponibilidade econômica ou jurídica como fato gerador do imposto sobre a renda, acabou por trazer à balha fato gerador diverso, ou seja, o consubstanciado na simples apuração do lucro líquido na data do encerramento do período-base. Ao fazê-lo, mostrou-se distanciado da regra que impõe, como veículo próprio a constituição quer de fato gerador, quer de base de cálculo dos tributos previstos na Carta Federal, a lei complementar.

Dir-se-á que, na espécie, a contribuinte é uma sociedade por cotas de responsabilidade limitada. Essa circunstância não altera o julgamento deste recurso extraordinário. É que o vetusto e lacunoso Decreto 3.708/19, ao regular a constituição da sociedade por cotas de responsabilidade limitada, remete às normas das sociedades anônimas: "serão observadas quanto às sociedades por cotas de responsabilidade limitada, no que não for regulado no estatuto social e na parte aplicável, as disposições da lei das sociedades anônimas".

Relativamente às sociedades por cotas, cumpre sempre perquirir, à luz do contrato social, a disciplina do lucro líquido. Prevista a imediata disponibilidade econômica ou mesmo jurídica ou, ainda, definição diversa a exigir a manifestação da vontade de todos os sócios, tem-se o fato gerador fixado no artigo 43 do Código Tributário Nacional. No caso, não se abre campo propício à aplicação da Lei das Sociedades Anônimas, porque sempre subsidiária, a depender do silêncio do contrato social e da compatibilização ante as regras mínimas constantes do Decreto 3.708/19.

Quanto ao titular de empresa individual, com a apuração do lucro líquido, exsurge a disponibilidade. É que a destinação depende somente dele, titular, confundindo-se as vontades. O quadro sugere a despersonalização.

Diante das premissas supra, concluo:

a) o artigo 35 da Lei 7.713/88 conflita com a Carta Política da República, mais precisamente com o artigo 146, III, "a", no que diz respeito às sociedades anônimas e, por isso, tenho como inconstitucional a expressão "o acionista" nele contida;

b) o artigo 35 da Lei 7.713/88 é harmônico com a carta, ao disciplinar o desconto do imposto de renda na fonte em relação ao titular de empresa individual, uma vez que o fato gerador está compreendido na disposição do artigo 43 do Código Tributário Nacional, recepcionado como lei complementar;

c) o artigo 35 da Lei 7.713/88 guarda sintonia com a Lei Básica Federal, na parte em que disciplinada a atuação do sócio cotista, quando o contrato social encerra, por si só, a disponibilidade imediata, quer econômica, quer jurídica, do lucro líquido apurado. Caso a caso, cabe perquirir o alcance respectivo.

Esclareço que a razão de ser deste voto abrangente, embora a lide envolva tão-somente a situação jurídica de sociedade por cota de responsabilidade limitada, está na circunstância de a Corte de origem haver declarado a inconstitucionalidade do artigo 35, tantas vezes referido, como um todo, ou seja, no que nele residem três normas diversas sobre disciplina – é certo, sob a mesma inspiração – do desconto na fonte relativamente ao sócio cotista, ao acionista e ao titular da empresa individual. Assim, os limites da lide não revelam os parâmetros da atuação desta Corte, porque foram excedidos na prolação do acórdão atacado. Cabe, ultrapassada a barreira do conhecimento do extraordinário, avançar, em atuação condizente com a atividade precípua que a Constituição Federal impõe ao Supremo – de Guarda Maior dela própria. Indaga-se: o que ocorrerá a não se entender dessa forma? Limitada a apreciação à parte envolvida na lide – desconto na fonte quanto aos cotistas – permanecerá sem o crivo do Supremo Tribunal Federal o provimento do Tribunal Regional Federal no que declarada, também, a inconstitucionalidade do artigo quanto ao acionista e ao titular da empresa individual. Cumpre, na espécie, construir, atento o Plenário ao princípio da razoabilidade.

Por tudo, provejo parcialmente este extraordinário. Havendo juízo e o Tribunal Regional Federal declarado a inconstitucionalidade linear do artigo 35, não tendo apreciado a causa considerado o contrato social da recorrida, deixo de observar o verbete de n. 456 que integra a Súmula da Jurisprudência predominante desta Corte, segundo o qual o "Supremo Tribunal Federal, conhecendo o recurso extraordinário, julgará a causa aplicando direito à espécie". Faço-o em consideração ao devido processo legal, à defesa das partes, porquanto, até aqui, não dirimida a lide à luz do citado contrato. Baixem os autos à origem, para julgamento cabível.

É o meu voto.

JURISPRUDÊNCIA

TRIBUNAL REGIONAL FEDERAL DA 5ª REGIÃO

Apelação civil 78.040-AL (95.05. 07787-4)

Relator: O Exmo. Sr. Juiz José Delgado

Apelante: INSS-Instituto Nacional do Seguro Social

Advogada: Auzeneide Maria da Silva Walraff e outros

Apelante: Cia/Açucareira Central Sumauma

Advogada: Maria Fernanda Quintela B. Vilela

Apelados: os mesmos

Origem: 3ª Vara-AL

Processual civil e previdenciário. Prescrição qüinqüenal em ações declaratórias e constitutivas. Trabalhador rural. Conceito. Contribuições previdenciárias incidentes sobre a folha de salários de trabalhador rural antes da Lei 8.212/91. Lei Complementar 11/71 e 16/73.

1. As ações puramente declaratórias não produzem, em tese, sanção, pois seus efeitos jurisdicionais não têm resultado de condenação quanto ao conteúdo principal, esgotando-se a função jurisdicional.

2. Existindo efeitos patrimoniais concretos, mesmo em ações de cunho declaratório, há que se verificar a possibilidade da ocorrência da prescrição, não se extirpando o objetivo da pretensão que é, apenas, a busca da certeza jurídica.

3. Consistindo a pretensão jurisdicional na constituição de um direito, ou seja, objetivando a modificação, criação ou extinção de uma situação jurídica, a ação é declaratória no tocante ao pedido de declarar a inexistência de relação jurídica, e, "nitidamente constitutiva" quanto a ser declarada a ilegalidade e o direito à restituição de tributos. No caso, há a possibilidade da prescrição.

4. Empregado rural, segundo a Lei 5.889/73 é aquele que, em propriedade rural ou prédio rústico, presta serviços de natureza não eventual a empregador rural, sob a dependência deste e mediante salário.

5. Quando um litigante decai apenas em parte mínima do pedido, o outro responderá, por inteiro, pelas despesas e honorários.

6. Apelações improvidas.

ACÓRDÃO

Vistos, relatados e discutidos os presentes autos, em que são partes as acima identificadas.

Decide a Segunda Turma do Tribunal Regional Federal da 5ª Região, à unanimidade, negar provimento às apelações, nos termos do relatório, voto do juiz relator e notas taquigráficas constantes nos autos, que passam a integrar o presente julgado.

Custas, como de lei. Recife, 16 de maio de 1995 (data de julgamento). Juiz José Delgado, Relator.

RELATÓRIO

O Exmo. Sr. Juiz José Delgado (relator): Trata-se de ação declaratória de inexistência de relação jurídica interposta por

Cia/Açucareira Central Sumauma contra o Instituto Nacional do Seguro Social-INSS, objetivando:

a) A declaração de inexistência de relação jurídica entre autora e réu, consistente na inexigibilidade do pagamento de contribuições à Previdência Social Urbana, alusiva às categorias de trabalhadores rurais;

b) A declaração de ilegabilidade da exigência dos pagamentos realizados à Previdência Social Urbana, relativos às categorias de trabalhadores rurais, no período de 1971/1991;

c) A declaração do direito a devolução, atualizada pelos índices reais da inflação.

Alega que durante o período 1971/1991, anteriormente, portanto, à Lei 8.212/91, recolheu aos cofres do INSS contribuições previdenciárias dos trabalhadores do setor industrial (previdência urbana), incidentes sobre a folha de salários; dos trabalhadores do setor agrícola (previdência rural), incidentes sobre o valor comercial dos produtos rurais; e dos trabalhadores qualificados no setor agrícola (previdência urbana), incidente sobre a folha de salários.

Assim, recolhia em duplicidade os valores relativos aos trabalhadores do setor agrícola (Leis Complementares 11/71 e 16/73), percentual incidente sobre o valor comercial dos produtos e os trabalhadores rurais qualificados como urbanos, incidentes sobre a folha de salários.

Dessa forma, considerando a bitributação, insurge-se contra o entendimento da autarquia-ré, que incluiu entre os trabalhadores urbanos, parte dos seus trabalhadores do setor agrícola, tais como: o administrador de fazendas, o analista de laboratório rural, o almoxarife agrícola, o caldeireiro agrícola, o zelador de fazendas, dentre muitas outras categorias laborais enunciadas às fls.

O Instituto Nacional do Seguro Social contesta o feito aduzindo, preliminarmente, o instituto prescricional qüinqüenal, e, no mérito, defende a cobrança da contribuição previdenciária, incidente sobre a folha de salários, dos empregados de empresa rural de nível universitário ou cuja atividade não o caracterizava como trabalhador rural.

Evoca, alfim, o princípio da primazia da realidade, segundo a qual é empregado rural aquele que realiza tarefas que buscam a produção rural, independentemente do nome do cargo que ocupa.

Perícia contábil, constante nos autos.

O magistrado de 1º grau julgou a ação parcialmente procedente, entendendo ser qüinqüenal o prazo prescrional do direito do particular à restituição de contribuições indevidamente pagas à previdência social, e, no mérito, que eram vinculados à previdência rural todos os empregados comprometidos com o empreendimento agrícola, das empresas agroindustriais, independentemente do tipo de atividades que desenvolvessem. Condenação da ré em custas e honorários advocatícios fixados em 10% sobre o valor atualizado da causa.

Apelação da autora insurgindo-se contra o prazo prescricional, que entende inexistir, por tratar-se de ação declaratória.

Apelação do INSS pugnando pela reforma do *decisum*, com vistas a serem enquadrados os trabalhadores constantes no item 12, da exordial, como trabalhadores urbanos, a teor das Leis Complementares 11/71 e 16/73.

Contra-razões apontadas nos autos.

É o relatório.

VOTO

O Exmo. Sr. Juiz José Delgado (relator): A questão, ora posta em análise, trata sobre a exigibilidade, ou não, da contribuição previdenciária incidente sobre a folha de salários de empregados que laboram para o setor agrícola da autora, mas que, as Leis Complementares 11/71 e 16/73 classificam como trabalhadores urbanos, haja vista o tipo de atividade desenvolvida pelos mesmos.

Além disso, a controvérsia também se firma no prazo prescricional, se o inexistente, por tratar-se de ação meramente declaratória, defendido pela autora ou o qüinqüenal, advogado pelo INSS e decidido em 1ª instância.

Fixados os pontos controvertidos, passo a analisar, primeiramente, a questão preliminar.

A autora afirma que não há prescrição a ser observada, no caso concreto, vez que se está diante de uma ação eminentemente declaratória, sem qualquer finalidade de repetição dos valores recolhidos a maior.

A apelação constante às fls., destaca:

> Não há qualquer ação de repetição de indébito *proposta. Tampouco pode ser havido como tal pedido de declaração sobre o direito à restituição. Positivado este, sequer há possibilidade de execução no âmbito da ação declaratória.* A discussão sobre prescrição, *em sendo o caso,* seria transferida para a ação repetitória (a ser ajuizada posteriormente) (grifei).

Acompanho o entendimento defendido pela autora de que as ações tipicamente declaratórias não são atingidas pelo instituto prescricional.

As ações declaratórias não produzem sanção, pois dos seus efeitos jurisdicionais não advém condenação quanto ao conteúdo principal, pois nenhuma prestação é or denada ao vencido. Dessa forma, a ação declaratória visa, tão-somente, a declaração de existência ou inexistência de uma relação jurídica, repousando aí o seu clímax e esgotando sua finalidade.

Na visão de Moacyr Amaral Santos, na ação declaratória, o interesse de agir "consistirá apenas na obtenção de uma *decisão*, declarando a existência ou inexistência de uma relação jurídica, ou a autenticidade ou falsidade de um documento" (*Enciclopédia Saraiva do Direito*, pp. 280-282, v. 2).

Com efeito, a sentença oriunda da ação declaratória a nada condena. Somente declara, e, ao declarar, tem como esgotada a função jurisdicional. Tanto é assim que a doutrina tem consagrado o ensinamento de que o autor, depois de ser vitorioso na declaratória, se quiser exigir o seu direito que já foi tornado certo por meio dessa decisão, está obrigado a propor uma nova ação, de natureza condenatória, isto é, com capacidade de gerar efeitos patrimoniais concretos. É de se lembrar que o art. 290, do Código Processual Civil de 1939, de modo expresso determinava:

> Na ação declaratória, a sentença que passar em julgado valerá como preceito, mas a execução do que houver sido declarado somente poderá promover-se em virtude de sentença condenatória.

No Código de Buzaid, o ditame legal não foi respeitado. Necessário, também, não se fazia, em face do posicionamento científico e doutrinário sobre a matéria.

Celso Agrícola Barbi, in *Comentários ao Código de Processo Civil*, v. I, t. I, p. 82, argumenta que "obtida essa certeza, esgota-se a sua função".

No caso concreto, a declaração de existência ou inexistência de relação jurídica, encontra-se assim peticionada:

> a — julgar esta ação procedente para declarar a inexistência de relação jurídica tributária entre autora e réu, consistente na inexigibilidade do pagamento de contribuições à Previdência Social Urbana, alusiva às categorias de trabalhadores rurais relacionados nesta petição no item 12 (fls. 60).

Assim, inexistindo efeitos patrimoniais concretos, não há que se falar em prescrição, pois, o objetivo da pretensão é, apenas, a busca da certeza jurídica.

Entretanto, verifico que a pretensão da autora não é apenas esse, pois sucessivamente ao pedido exposto na letra "a", do rol elencado, vem a autora:

> b — declarar a ilegalidade da exigência dos pagamentos realizados à Previdência Social Urbana, relativos às categorias de trabalhadores rurais arrolados

nesta petição, item 12, no período 1971/1991, cujos recolhimentos estão noticiados no anexo 04 e comprovados nos documentos juntos e nos que serão periciados;

c — declarar o direito a devolução, devidamente atualizada pelos reais índices da inflação brasileira, das contribuições compulsoriamente pagas, porém indevidas, durante o mesmo período retro-indicado.

Ora, pelo visto, não estamos mais diante de uma ação meramente declaratória, pois, conforme exposto anteriormente, a mesma visa, apenas, a declaração da existência ou inexistência de relação jurídica ou a autenticidade ou falsidade de documento (art. 4º, CPC), o que não é o caso dos autos.

A prestação jurisdicional perseguida pela autora consiste, também, na constituição do direito pretendido, ou seja, além de ser declarado que inexiste, a relação jurídica que obrigue a exigibilidade da contribuição (declaração), postula o reconhecimento judicial de ser ilegal, no período de 1971/1991 e conseqüente direito à sua devolução, devidamente atualizada.

Pois bem, a doutrina é assente na tese de que as ações constitutivas objetivam a modificação de uma situação jurídica anterior, criando uma situação nova, ou seja, produzem o efeito de criar, modificar ou extinguir uma relação jurídica.

No dizer de Moacyr Amaral, "por via das ações constitutivas se propõe a verificação e declaração da existência das condições segundo as quais a lei permite a modificação de uma relação ou situação jurídica e, em *conseqüência dessa declaração, a criação, modificação ou extinção de uma relação ou situação jurídica.* Para que a sentença crie, modifique ou extinga uma relação ou situação jurídica entre as partes, deverá primeiro, declarar se ocorrem as condições legais que autorizam a isso e, em seguida, no caso afirmativo, criar, modificar ou extinguir a relação ou situação jurídica" (*Primeiras Linhas de Direito Processual Civil*, v. 1, p. 181).

Tomo, por empréstimo, o exemplo trazido na eminente obra: "a ação que visa a rescindir um contrato por inadimplemento: verificada a condição e assim declarado, isto é, verificado o inadimplemento, segue-se a decretação da rescisão do contrato".

A mesma lógica é aplicada no caso vertente. Partindo-se da premissa que inexiste a relação jurídica que a obrigue a recolher os valores previdenciários daquela determinada categoria laboral, a autora postula a ilegalidade dos pagamentos realizados entre 1971 a 1991 e seu direito a devolução.

Assim, a ação é declaratória no tocante ao pedido de "declarar a inexistência de relação jurídica..." e, *nitidamente constitutiva* quanto a ser declarada a ilegalidade do que recolheu no período 1971/1991 e o direito a sua restituição.

Tanto é verídico que acosta inúmeros comprovantes de recolhimento, é realizada a perícia contábil, e, finalmente, os valores discutidos.

Destaco, por oportuno, notas de rodapé do *Código de Processo Civil*, de Theotonio Negrão, 25ª ed.:

> A ação declaratória não se presta à elucidação de fatos controvertidos ou passíveis de alguma dúvida sobre a real existência dos mesmos, salvo no que se refere à falsidade ou autenticidade de documento (*RT* 654/78).
>
> Os fatos não são suscetíveis de acertamento por meio de declaratória (*RJTJERGS* 133/251).

À autora cabe razão ao dizer que "não há qualquer ação de repetição de indébito proposta", e, portanto, não se trata de ação condenatória. O que ocorre é que sua pretensão tem cunho declaratório e constitutivo, e, como tal foi decidido pelo magistrado de 1º grau.

Em conclusão, rejeito a matéria preliminar, objeto do apelo da autora, confirmando a decisão monocrática, isto é, obedecendo ao prazo prescricional relativo ao qüinqüenio anterior à propositura da ação.

Como conseqüência, nego provimento à sua apelação.

Passo, agora, a analisar o inconformismo do INSS, o qual encontra-se pautado nos seguintes termos:

> a — que os trabalhadores constantes na relação exposta no item 12, da exordial, sejam classificados como urbanos, a teor das Leis Complementares 11/71 e 16/73, o Decreto 83.081/79 e Portaria 02/79, do Secretário de Previdência Social;
>
> b — seja reconhecida a reciprocidade, em parte iguais, da sucumbência e conseqüente compensação da verba honorária.

O art. 5º, inciso VIII, do Decreto 83.081/79 possui a seguinte dicção:

> Art. 5º. É segurado obrigatório da previdência social urbana, filiado ao regime da CLPS e legislação posterior, ressalvadas as exceções expressas: (...) VIII — o empregado da empresa agroindustrial ou agrocomercial que presta serviço no seu setor agrário e no seu setor industrial *ou comercial, indistintamente* (grifei).

Por sua vez, a Portaria 02/79, item 31.2, traz: "O motorista ou tratorista com habilitação profissional que exerce habitualmente a sua profissão, ainda que prestando serviço a empregador ou empresa rural, continua filiado ao regime da CLPS, como empregado ou como trabalhador autônomo, conforme o caso".

Então, o confronto a ser resolvido pauta-se na exigibilidade da contribuição previdenciária, incidente sobre a folha de salários, no período anterior à Lei 8.212/91, dos empregados da autora pertencentes ao setor agrário.

A autora aduz que tais empregados são rurais, visto que laboram para o setor rural da empresa, devendo contribuir para o instituto-réu não através da folha de pagamento dos empregados citados, mas sim, apenas sobre o valor relativo ao valor comercial de seus produtos rurais, conforme artigo 15, da Lei Complementar 16/73, com a redação anterior pela Lei Complementar 11/71, pois, de forma contrária, contribuiu duas vezes: a primeira incidindo sobre o valor comercial de seu produtos rurais, e a segunda, incidente sobre a folha de pagamento dos empregados que laboram no setor agrícola.

O INSS, por sua vez, alega que não há de se confundir o conceito de empregado rural pela atividade do empregador, devendo-se obedecer o princípio da primazia da realidade, segundo a qual deve observar-se não o nome do cargo, mas sim a real ocupação dos trabalhadores.

A Lei 5.889/73 define como empregado rural típico aquele que, em propriedade rural ou prédio rústico, presta serviços de natureza não eventual a empregador rural, sob a dependência deste e mediante salário.

Segundo Márcio Túlio Viana, em artigo pertinente à matéria, extraído do livro *Memória à Célio Goyatá*, por Alice de Barros Monteiro, p. 293, entende que "será rurícola o trabalhador que cultiva uma horta em pleno centro de São Paulo; e urbano o empregado de um armazém no mais perdido dos sertões".

E continua: "faz alguma diferença a natureza do trabalho prestado?"

"Para Barreto Prado, sim. A seu ver, só são rurícolas os que prestam serviços 'diretamente relacionados com os objetivos da empresa agrária...'. Por sua vez, Süssekind só exclui o empregado que "se integrar em categoria profissional diferenciada, ou seja, um profissional liberal".

"A nosso ver, a razão está com Süssekind. Ao contrário do que fazia no art. 7º, *b*, da CLT, a Lei 5.889 nada diz sobre a natureza dos serviços prestados pelo rurícola. *Seja ele lavrador ou carpinteiro, tratorista ou mesmo datilógrafo, será sempre empregado rural, se trabalhar para empregador rural, em propriedade rural ou prédio rústico.*"

Portanto, entendo sem respaldo jurídico o Decreto 83.081/79 e a Portaria 02/79, do Secretário da Previdência Social.

Em processo similar em que fui relator (AC 75.192-AL), assim me pronunciei, ao registrar o entendimento do MM. julgador naqueles autos, *verbis*:

Destaco o pensamento esposado pelo eminente magistrado "a quo", cujas razões adoto como fundamentos do meu voto:

Não tem base legal, e muito menos lógica, o pensamento da ré de pretender separar, do universo de empregados comprometidos com a empresa rural, aqueles que se utilizam de instrumentos rudimentares de trabalho, dos demais que não têm esta condição, para somente emprestar aos primeiros a conceituação de empregado rural. Empregado rural, gize-se, é todo aquele que empresta sua força de trabalho ao empreendimento de natureza agrícola ou pastoril.

E não aproveita a ré a tese de que se apóia em dispositivos insertos em decreto ou instrução normativa, dado que tais diplomas, infra-legais, não têm eficácia contra disposições legais.

No caso dos autos, a tarefa de separar os empregados jungidos à atividade rural, daqueles outros vinculados à urbana, é de certo modo facilitada. É que a estrutura das usinas de açúcar, embora imensamente complexa, ou talvez por isso mesmo, era monitorada pelo governo federal, na época dos fatos que determinaram o presente litígio, através do Instituto do Açúcar e do Álcool-IAA. Compõe este monitoramento o "Plano de Contas", aprovado pela Resolução 652/52. Dito plano, contém a indicação das atividades vinculadas ao empreendimento agrícola das usinas, bem assim das atividades integrantes do empreendimento industrial e comercial delas. Trata-se do instrumento instituído por autarquia federal, responsável pelo controle, normatização e fiscalização das usinas de açúcar, donde merecer crédito ilimitado, máxime para servir de prova contra quem o produziu.

De outra parte, a perícia realizada na contabilidade da autora, em laudo neste aspecto unânime, subscrito pelo experto e pelos assistentes técnicos das partes, concluiu que a autora tem contabilidade montada, respeitando na divisão de seus empregados entre rurais e urbanos, os títulos integrantes do "Plano de Contas" antes referido.

É verdade que a perícia esclareceu que nem todas as categorias de empregados, reputados rurais pelo rol inserido na peça vestibular, se encontravam presentes na folha de pagamento da autora. E este esclarecimento vem cifrado nas razões finais da ré como se tratasse de elemento definidor da sem razão da postulante. Mas não é assim. O que a perícia cuidou de esclarecer é que o rol de categorias de empregados rurais, mencionadas na inicial, continha títulos que não existiam na empresa, tais como analista de custo, digitador e enfermeiro (resposta dada em audiência, às fl. 484). Contudo, também a perícia esclareceu que todos os empregados classificados como rurais na contabilidade da autora faziam parte do rol inserido na inicial, bem assim encontravam correspondência nos títulos genéricos integrantes do "Plano de Contas" do IAA.

Diante destes achados, demonstrados pela perícia e não infirmados por prova em contrário, tenho como procedente a irresignação da autora contra o critério utilizado pela ré na definição da natureza dos empregados da autora. Aliás, há no particular confissão aberta da ré quando reafirma somente considerar rural o trabalhador braçal das usinas de açúcar.

Quanto à irresignação do INSS no tocante aos honorários advocatícios, mantenho a decisão atacada nos exatos termos.

O artigo 21, do CPC, prevê que serão recíproco e proporcionalmente distribuídos e compensados os honorários se cada litigante for em parte vencedor e vencido. Por sua vez, o parágrafo único determina que se um litigante decair da parte mínima do pedido, o outro responderá, por inteiro, pelas despesas e honorários.

Ora, os pedidos foram julgados procedentes, com exceção do prazo prescricional, que deve ser obedecido.

A meu ver, a autora decaiu apenas em uma parte mínima do pedido, vez que tal decisão não trará efeitos patrimoniais nesta ação, motivo pelo qual, não acato a tese do Instituto-réu.

Diante de todo exposto, nego provimento às apelações, mantendo a decisão monocrática em todos os seus termos.

É como voto.

JURISPRUDÊNCIA

TRIBUNAL DE ALÇADA DO ESTADO DO PARANÁ

Apelação cível e reexame necessário 106.930-9, de Londrina – 6ª Vara Cível

Apelante: União Administradora de Consórcios Ltda.

Apelado: Município de Londrina

Relator: Juiz Prestes Mattar

Apelação cível e reexame necessário — Ação ordinária — Substituição tributária — Possibilidade — Lei tributária municipal em consonância com a lei tributária federal — Retenção na fonte — Bases fixas ou variáveis — Ausência de ofensa ao princípio da capacidade contributiva — Decisão correta — Recurso desprovido — Reexame necessário desprovido.

A substituição tributária decorre da aplicação direta da lei, não existindo dúvidas quanto à responsabilidade de recolhimento do ISS pela empresa contratante de serviços de autônomos ou liberais, quando estes não estão inscritos no Cadastro Municipal de Contribuintes.

Vistos, relatados e discutidos estes autos de apelação cível 106.930-9, de Londrina – 6ª Vara Cível, em que é apelante União Administradora de Consórcios Ltda., sendo apelado Município de Londrina.

Trata-se de recurso de apelação interposto pela União Administradora de Consórcios Ltda. contra decisão que julgou parcialmente procedente a ação ordinária proposta contra o Município de Londrina.

Alega a apelante, pretendendo a reforma da decisão hostilizada, que não pode a apelante ser substituída dos profissionais liberais ou autônomos, para responder pelo ISS, incidentes sobre os serviços por estes prestados; que em sendo o cálculo do ISS sobre bases fixas, não existe possibilidade da apelante apurar o valor devido no momento em que os serviços lhe são prestados, não lhe podendo ser atribuída tal responsabilidade e, não estando a apelante ligada materialmente aos profissionais autônomos, pelos serviços contratados, não pode ser enquadrada como substituta tributária, por absoluta impossibilidade jurídica.

Em resposta, o Município apelado aduz que, além do contribuinte, outras pessoas podem vir a figurar na relação tributária, sendo obrigadas ao recolhimento do imposto, sendo esta a figura do substituto tributário; que não estando o prestador de serviços inscrito no Cadastro Municipal de Contribuintes, deve ser aplicada a alíquota que consta na Tabela II, ou seja, alíquota de 5% sobre o valor do serviço prestado (art. 41, § 1º da Lei 3.629/83); que o ISS incide sobre o valor bruto dos serviços e que não houve ofensa ao princípio da capacidade contributiva, em razão de que, sendo a apelante substituta tributária, deve reter o valor, e assim não fazendo, torna-se responsável pelo recolhimento.

O representante do Ministério Público opinou no sentido de ser mantida a sentença recorrida, opinião esta ratificada pelo representante da Douta Procuradoria-Geral de Justiça.

É o relatório.

O presente recurso não merece provimento.

Cinge-se a questão à possibilidade de substituição tributária dos prestadores de serviço pela contratante, em caso de recolhimento do ISS.

A ação teve fundamento na notificação recebida pela apelante para recolher Impostos Sobre Serviços de Qualquer Natureza (ISS), face a responsabilidade tributária que lhe é atribuída por lei municipal, em razão de ter contratado serviços de profissionais autônomos não inscritos no Cadastro da Prefeitura Municipal.

Tal responsabilidade decorre de Lei Municipal, no sentido de que a apelante é responsável pelo recolhimento do imposto, quando o prestador de serviços assim não o fizer ou não emitir nota fiscal.

Insta salientar que tal Lei faculta ao contratante descontar o imposto do verdadeiro contribuinte, o que impede o aumento da carga tributária alegada pela apelante.

Cabe transcrever parte do parecer ministerial de fls. 1.937, que assim diz:

> A autora é responsável pelo imposto quando contrate serviços de prestador não inscrito no Cadastro Municipal e, desse valor, tem pronta restituição, uma vez que o retém, descontando o crédito tributário do valor do serviço a ser pago ao contribuinte direto.
>
> No caso presente não há antecipação do fato gerador, mas sua ocorrência no momento exato em que o serviço é prestado. E sua responsabilidade decorre de contratar serviços de quem não esteja regularmente inscrito no CM. Ao não tomar este cuidado, assume ela a obrigação de reter o tributo. E não o retendo em conformidade com as alíquotas estabelecidas na lei, fica obrigada a recolher a diferença e seus consectários.

O artigo 41, §§ 1º e 2º da Lei 3.629/83, assim dispõe:

> Art. 41. Quem se utilizar de serviços prestados por firmas ou autônomos deverá certificar-se de que o prestador de serviços é inscrito na Prefeitura como contribuinte de Imposto Sobre Serviços de Qualquer Natureza.
>
> § 1º. Não estando o prestador inscrito, o usuário reterá o imposto devido, de acordo com a Tabela II, recolhendo-o no prazo previsto em regulamento declinando nome e endereço e atividade do prestador de serviço na guia de recolhimento.
>
> § 2º. A falta de retenção do imposto, na forma do parágrafo anterior, implica responsabilidade do pagador pelo valor do imposto devido, além das penalidades cabíveis.

No inciso VIII, da Tabela II, anexa à Lei 3.629/83, está disposto: "Demais atividades, ... e retenção na fonte ... 5% sobre a receita bruta".

Ora, a aplicação da lei é clara e direta, não existindo margem para tantas dúvidas, como postas na presente ação.

Quanto à base de cálculo, alega a apelante que os profissionais autônomos estão sujeitos à tributação do ISS em bases fixas, cumpre esclarecer que a lei não menciona que a tributação para o trabalho pessoal deva ser realizada em bases fixas, pois o artigo 9º, § 1º da Lei 406/68 menciona que nestes casos o imposto será calculado por meio de alíquotas fixas ou variáveis, em função da natureza do serviço ou de outros fatores pertinentes, incluindo-se a importância paga a título de remuneração do próprio trabalho.

No presente caso, a referência é a retenção na fonte, como estabelecido na Lei, e sobre esta retenção, incide a alíquota de 5% sobre a receita bruta, que é o preço de serviço.

A empresa contrata um prestador de serviços, este lhe cobra X (preço do serviço); ora, não estando, *verbi gratia*, inscrito no Cadastro Municipal, deve a empresa reter, na fonte, ou seja, na hora do pagamento, 5% sobre o valor cobrado, e repassá-lo à Prefeitura. Assim não fazendo, evidente que é a responsável pelo recolhimento do imposto, pois, não se poderá cobrar duas vezes do prestador de serviços que, em princípio, já cumpriu sua obrigação.

Se a empresa não verifica que o prestador está inscrito ou não no Cadastro Municipal e não recolhe na fonte o imposto, é responsável pela sua própria inércia, devendo arcar com as conseqüências.

Aliomar Baleeiro in *Direito Tributário Brasileiro* ensina:

> Base para o trabalho pessoal — O Dec.-lei 406, no art. 9º, estabeleceu três critérios diferentes conforme a natureza dos serviços. Se estes consistirem na prestação de trabalho pessoal do próprio contribuinte, a lei ordinária municipal deverá estabelecer alíquotas fixas ou variáveis, em função da natureza do serviço e outros fatores pertinentes. A eleição desses é deixada ao discricionarismo honesto do legislador local, resguardado o art. 153, § 4º da CF. Mas, nestes fatores, não poderá ser contemplado o rendimento auferido pelo trabalhador que, sob este ponto de vista, só poderá ser tributado pelo imposto de serviços sobre o imposto de renda, sob o fundamento de que o primeiro apenas tomava para base de cálculo a receita bruta, inconfundível com a renda líquida sujeita ao último (Forense, 10ª ed., p. 300, citada no parecer ministerial de fls. 204).

O Código Tributário Nacional, em seu art. 128, permite a transferência da responsabilidade tributária a terceira pessoa, desde que esteja vinculada ao fato gerador da respectiva obrigação, como é o caso da apelante.

Assim, como o esclarecido pelo Douto Procurador às fls. 2.044, "o artigo 41 e §§ do Código Tributário Municipal de Londrina tem respaldo no que dispõe o artigo 128 do Código Tributário Nacional, não ferindo qualquer dispositivo da Constituição.

"A substituição tributária prevista na Lei Tributária Municipal de Londrina não aumenta a carga tributária da apelante posto que o que lhe cabe não seria recolher o valor do imposto com numerário de seu próprio caixa mas realizar retenção e recolher o valor que reteve do contribuinte substituído. Somente arcará com o recolhimento desse tributo se não cumprir a obrigação legal de efetuar retenção quando da ocorrência do fato gerador."

Desta forma, a cobrança dos valores da apelante está correta, e igualmente a decisão que acolheu o laudo pericial, determinando que os lançamentos realizados fossem adequados às alíquotas corretas, encontradas pelo sr. perito.

Assim, voto no sentido de ser mantida integralmente a muito bem lançada decisão monocrática, julgamento improcedente a apelação, bem como o reexame necessário.

Pelo exposto acordam os Juízes integrantes da Sétima Câmara Cível do Tribunal de Alçada do Paraná, por unanimidade de votos, em negar provimento ao apelo, bem como ao reexame necessário, nos termos do voto do Juiz Relator.

Participaram do julgamento os senhores Juízes Waldemir Luiz da Rocha, Presidente, e Lauro Augusto Fabrício de Melo.

Curitiba, 18 de agosto de 1997. Prestes Mattar, Relator.

JURISPRUDÊNCIA

1ª INSTÂNCIA

PARTICIPAÇÃO DOS MUNICÍPIOS DO ICMS

6ª Vara da Fazenda Pública da Capital do Estado de São Paulo

Procs. 1.315/94 (ordinária) e 1.252/94 (cautelar)

VISTOS

1. O Município de Urupês, por seu procurador, propõe contra a Fazenda do Estado duas ações.

A principal (proc. 1.315/94) é ação de rito ordinário, na qual o autor afirma que, entre outras fontes de renda, tem ele a participação constitucional de 25% dos valores arrecadados pela Secretaria da Fazenda do Estado do Imposto de Circulação de Mercadorias e Serviços-ICMS, nos termos do artigo 158, IV, da Constituição Federal. A lei estadual regulamentou a forma de apuração do *quantum*, sendo este obtido, entre outros componentes, sobre o valor adicionado produzido no território do Município, que contribui para a formação do índice de participação. A ré, para apurar o índice de cada Município, faz com que os contribuintes do ICMS, nas datas por ela fixadas, apresentem a declaração denominada DIPAM (Declaração de Dados Informativos necessários à apuração dos Índices de Participação dos Municípios Paulistas no produto da arrecadação do ICMS), que contém os valores correspondentes ao seu movimento econômico durante o período do exercício fiscal anterior. A ré, de posse desses elementos, encontra o índice de participação de cada Município, após tirar a média dos dois últimos exercícios, fixando-o para vigorar no exercício seguinte. Fixados os índices, os Municípios passam a participar no exercício seguinte do montante a ser distribuído, que corresponde a 25% da arrecadação do ICMS, e creditados em sua conta corrente junto ao Banco do Estado de São Paulo, no segundo dia útil de cada semana. A ré, ao publicar os índices definitivos de participação, com a resolução SF31, a pretexto de determinação do Poder Judiciário, criou um índice próprio para essa reserva, passando, desta forma, a ré também a participar da distribuição do ICMS, pertencente aos Municípios. Assim, ilegal o procedimento, que está a lesar o direito líquido e certo dos Municípios, reduzindo a participação direta do autor na distribuição do percentual acima reduzido. Passa a fazer longas considerações, com citação de legislação, afirmando estar a ocorrer autêntico confisco, o que é vedado pela Constituição. Requer, por fim, que seja a ré condenada a repassar corretamente o índice de participação a que tem direito, além de obrigar a ré a restituir as importâncias indevidamente retidas, desde julho de 1987 até esta data, mais juros e correção monetária, honorários advocatícios e demais combinações legais. Protesta por provas e dá à causa o valor de R$ 5.500,00 (cinco mil e quinhentos reais).

Com a inicial veio a documentação de fls. 11/26.

Regularmente citada (fls. 29), a ré apresentou a contestação de fls. 31/34. Em resumo, afirma que o pedido não pode prosperar, pois impôs-se a criação sistemática atacada pelo autor em face das diversas demandas judiciais, movidas por Municípios do Estado de São Paulo, que questionavam os seus percentuais de participação no Fundo de Participação dos Municípios. Como diversas dessas demandas foram julgadas procedentes (enquanto diversas outras foram julgadas improcedentes), a ré necessitou, como administradora do Fundo, criar um sistema que possibilitasse a divisão eqüitativa do *quantum* recolhido e destinado aos Municípios. A ré não tem participação nenhuma nessa verba. Apenas administra-a. Pede, por fim, a improcedência da demanda, com a condenação do autor no pagamento dos ônus da sucumbência.

Veio a réplica de fls. 36/42.

As partes dispensaram a produção de provas.

Em apenso aos autos da ação principal, encontram-se os autos da medida cautelar inominada de n. 1.252/94, movida também pelo Município de Urupês contra a Fazenda do Estado.

Resumidamente o autor traz à baila a mesma argumentação constante da petição inicial da ação principal, ressaltando a necessidade da concessão de medida liminar, para o fim de "coagir" (*sic!*) a ré a sustar as retenções do percentual fixado para o exercício de 1994, retidos por força da resolução baixada, devendo as importâncias objeto da retenção ser depositadas à disposição desse juízo em conta aberta especialmente para esse fim, que deverá incorporar a correção monetária e juros de 1%. Também pede a condenação da ré no pagamento de honorários e demais combinações legais, dando à causa o valor de R$ 1.500,00 (hum mil e quinhentos reais).

Com a inicial veio a documentação de fls. 12/31.

A liminar foi negada (fls. 32).

Regularmente citada a ré (fls. 34), apresentou a contestação de fls. 36/38. Negou a existência do direito pleiteado, e, em especial, dos requisitos do *fumus boni juris* e do *periculum in mora*. Pede, ao final, a improcedência da cautelar, com a condenação do autor no pagamento dos ônus da sucumbência.

Veio aos autos a réplica de fls. 40/43.

Foi sustado o andamento da cautelar, para julgamento conjunto com a ação principal.

Vieram-me os autos conclusos.

É o relatório.

DECIDO

2. Impõe-se o julgamento antecipado da lide, nos termos do art. 330, I, do Código de Processo Civil, pois a matéria tratada é apenas de direito.

A Constituição Federal, em seu art. 158, estabelece que pertencem os Municípios:

"IV – vinte e cinco por cento do produto da arrecadação dos impostos do estado sobre Operações Relativas à Circulação de Mercadorias e sobre Prestação de Serviços de Transporte Interestadual e Intermunicipal e de Comunicação".

O parágrafo único do referido artigo dispõe sobre a forma de distribuição de tal percentual:

"Parágrafo único. As parcelas de receita pertencentes aos Municípios, mencionadas no inciso IV, serão creditadas conforme os seguintes critérios:

"I – três quartos, no mínimo, na proporção do valor adicionado nas operações relativas à circulação de mercadorias e nas prestações de serviços, realizadas em seus territórios;

"II – até um quarto, de acordo com o que dispuser lei estadual ou, no caso dos territórios, lei federal."

Desta forma, não é cabível qualquer discussão quanto à existência do direito em si. A Constituição é claríssima, indicando não só a existência do mencionado direito, como do percentual a ser empregado e indicando a forma de distribuição. Ou, ao menos, dando as linhas gerias para tanto.

Contudo, já há muitos anos discutia-se a respeito da forma como se processaria a divisão do *quantum* arrecadado daquilo que seria encaminhado aos Municípios, *inclusive sobre a égide da Constituição Federal anterior* (art. 23, § 9º e incisos I e II).

Assim, foram propostas inúmeras ações a respeito da matéria, tendo, em muitos casos, os Municípios de nosso Estado logrado obter sucesso, enquanto outros eram vencidos.

Evidente, daí, a completa desorganização que se abateu sobre o Fundo, o que levou a Fazenda do Estado a buscar meios de melhor administrar o mesmo, dentro dos parâmetros estabelecidos pela Constituição Federal atualmente em vigor.

Daí a sistemática denunciada na petição inicial, que, ao contrário do afirmado enfaticamente pelo autor, não pode ser tida como ilegal, nem inconstitucional.

Ou seja, a Fazenda do Estado instituiu um Fundo de Reserva, objetivando, pura e simplesmente, a garantia do cumprimento das decisões judiciais que já estão a pulular, aqui e ali, a respeito da matéria, como ocorria sobre a égide da Constituição Federal anterior, ora num sentido, ora noutro. Visa a Fazenda, apenas, a estabilizar a distribuição do percentual em questão.

Ou, como bem lembra o digno magistrado, Dr. José Roberto Furquim Cabella, em decisão a respeito da matéria: "outra não poderia ser a conduta da Fazenda do Estado, notadamente porque se o montante a ser distribuído é limitado, vai daí que o aumento do valor destinado a um Município influi, necessária e negativamente, na esfera econômica de todos os demais, não havendo dúvida alguma, portanto, de que serão estes mesmos beneficiários que deverão entre si suportar as diferenças recorrentes do que vier a ser decidido nas demandas judiciais pendentes de interesse de co-partícipes da mesma parcela arrecadatória" (proc. 1.346/92, da egrégia 2ª Vara da Fazenda Pública).

Destarte, o que se vê é que, quando algum Município sai vencedor da demanda, aumentando a sua participação, os outros, por ser limitado o Fundo, acabam tendo a sua arrecadação diminuída, em face da decisão emanada do Poder Judiciário.

Esta é a razão pela qual a Fazenda, agindo como gestora do Fundo, criou o percentual de reserva, com o fim de atender às eventuais precedências de ações ajuizadas pelos Municípios que vierem a questionar os critérios de distribuição de 25% do ICMS.

Não se vê, efetivamente, intenção, por parte da ré, de se apropriar de verba do Fundo, mas apenas de bem administrá-la, tarefa esta que, pelas razões aqui já expostas, aparentemente não tem sido fácil.

Não se vislumbrando, portanto, *ilegalidade* na conduta da Fazenda do Estado, ao proceder da maneira atacada pelo autor por intermédio do presente pedido, *só pode concluir que o mesmo não prospera.*

No que toca à medida cautelar em apenso, por todas as razões até aqui expostas, é de se concluir, também, pela existência de fundamento sólido que a embase, sendo a mesma também julgada improcedente, em face de seu caráter acessório, em relação à demanda principal.

3. Isto posto e considerando o mais que dos autos consta, *julgo improcedentes* tanto a ação principal (proc. 1.315/94) como a medida cautelar em apenso (proc. 1.252/94), condenando o autor, em conseqüência, no pagamento de custas e despesas processuais, mais honorários advocatícios, que fixo, com base no art. 20, § 3º, do Código de Processo Civil, em 10% *dos valores atribuídos às duas ações*, devidamente atualizados.

Estando a presente decisão sujeita ao reexame necessário, nos termos do art. 475, II, do Código de Processo Civil, subam os autos, oportunamente, ao egrégio Tribunal de Justiça do Estado de São Paulo, com as cautelas e homenagens de estilo.

P.R.I.

São Paulo, 25 de maio de 1995. Wanderley José Federighi, Juiz de Direito.

Impressão e acabamento:
GRÁFICA PAYM
Tel. (011) 4392-3344

RDT 72

CADERNOS DE DIREITO TRIBUTÁRIO: CONTRIBUIÇÕES SOCIAIS – Ricardo Lobo Torres • A TAXA DE FISCALIZAÇÃO DOS MERCADOS DE TÍTULOS E VALORES MOBILIÁRIOS (TAXA DE FISCALIZAÇÃO DA CVM) – Condorcet Rezende • CERTIDÃO NEGATIVA: TERATOLOGIA JURÍDICA – Eduardo Marcial Ferreira Jardim • ANOTAÇÕES SOBRE O CABIMENTO DA ANTECIPAÇÃO DE TUTELA EM MATÉRIA TRIBUTÁRIA – James Marins • BASE DE CÁLCULO DO ICMS NO REGIME DE SUBSTITUIÇÃO TRIBUTÁRIA PARA FRENTE – EXCLUSÃO DOS DESCONTOS INCONDICIONAIS – Misabel Abreu Machado Derzi e Sacha Calmon Navarro Coelho • INCIDÊNCIA DO ICMS SOBRE O PREÇO DA VENDA E NÃO SOBRE O VALOR DO FINANCIAMENTO – Heron Arzua • OS CRÉDITOS DE ICMS E A REDUÇÃO DA BASE DE CÁLCULO – José Eduardo Soares de Melo • RESPONSABILIDADE TRIBUTÁRIA E CONCESSÃO DE ISENÇÕES EM FACE DO PRINCÍPIO DA CAPACIDADE CONTRIBUTIVA – Aurélio Pitanga Seixas Filho • ATOS JUDICIAIS NA SUSPENSÃO DA EXIGIBILIDADE DO CRÉDITO TRIBUTÁRIO – Alberto Nogueira • ***NOTAS E COMENTÁRIOS:*** REFORMA TRIBUTÁRIA: DE SALOMÃO A SOUTO, UMA ARMADILHA – José Roberto Vieira • PREJUDICIAL DA LIDE PENAL TRIBUTÁRIA – Antônio Corrêa • BASES PARA UMA METODOLOGIA DA PESQUISA EM DIREITO – João Maurício Adeodato • O ICMS E AS OPERAÇÕES COM A ZONA FRANCA DE MANAUS – Carlos Alberto de Moraes Ramos Filho • HARMONIZAÇÃO DA LEGISLAÇÃO TRIBUTÁRIA NO MERCOSUL – Alessandra Machado Brandão Teixeira • A MEDIDA PROVISÓRIA 1.621-30/97 E A SUPRESSÃO DE DIREITOS DO CONTRIBUINTE – Reinaldo Pizolio • A NATUREZA JURÍDICA DA CONTRIBUIÇÃO AO COMPLEMENTO DO FINANCIAMENTO DO SEGURO DE ACIDENTES DO TRABALHO-SAT E SUA MANIFESTA INCONSTITUCIONALIDADE NOS MOLDES COMO ESTÁ SENDO EXIGIDA – Ricardo Conceição Souza • ***CONFERÊNCIA E DEBATES:*** Saudação do Prof. Eros R. Grau ao Prof. Paulo de Barros Carvalho, na sessão solene de posse do cargo de Prof. Titular de Direito Tributário da Faculdade de Direito da USP • Discurso de posse do Prof. Paulo de Barros Carvalho no cargo de Prof. Titular de Direito Tributário na Faculdade do Largo de São Francisco (14.12.98) • XIX JORNADAS LATINO-AMERICANAS DE DIREITO TRIBUTÁRIO (Lisboa, 11-16.10.98) • I CONGRESSO INTERNACIONAL DE DIREITO TRIBUTÁRIO (Vitória-ES, 12-15.8.98): CONCLUSÕES; CONCLUSÕES POR PAINÉIS; COMISSÃO JULGADORA DAS MONOGRAFIAS; MONOGRAFIAS: CONSIDERAÇÕES SOBRE A PRESUNÇÃO DE LEGITIMIDADE DO LANÇAMENTO TRIBUTÁRIO E SUA RELAÇÃO COM AS PROVAS – Susy Gomes Hoffmann • A VEDAÇÃO CONSTITUCIONAL À ISENÇÃO HETERÔNOMA NO ÂMBITO DOS TRATADOS INTERNACIONAIS E A QUESTÃO DA SOBERANIA – Daniela Ribeiro de Gusmão • IMUNIDADE TRIBUTÁRIA E FINALIDADES ESSENCIAIS DA PESSOA IMUNE – Sílvia Faber Torres • O FUNDAMENTO CONSTITUCIONAL DOS CONSELHOS DE CONTRIBUINTES – Gustavo Amaral • OS TRIBUTOS NO SISTEMA CONSTITUCIONAL BRASILEIRO – Márcio Severo Marques • ***JURISPRUDÊNCIA***

MALHEIROS EDITORES

Revista de Direito Tributário

84